古文字詁林編纂委員會編纂

古文字詁林

修訂本

第十二册

上海教育出版社

第一版出版工作人員

責任編輯　夏　軍
封面設計　郭偉星
版式設計　侯雪康　俞　弘
特約審校　俞　良
校　　對　王　瑩　劉順菊　蔡鑫龍
出版統籌　王爲松　談德生
出版指導　陳　和
印刷監製　周鎔鋼
總 監 製　包南麟

修訂本出版工作人員

責任編輯　徐川山　毛　浩
封面設計　陸　弦
責任校對　馬　蕾　魯　妤　陳　萍　何懿璐
　　　　　丁志洋　方文琳　任換迎　宋海云
印刷監製　葉　剛
技術支持　楊鉷應

封面題簽　王元化

上海市古籍整理出版規劃重點項目

古文字詁林學術顧問

以姓氏筆劃爲序

朱德熙　李學勤　胡厚宣　馬承源

張政烺　裘錫圭　戴家祥　顧廷龍

古文字詁林編纂委員會

主　編　李　圃

副主編　汪壽明

編　委　以姓氏筆劃爲序，有*號者爲常務編委

*王元鹿　王文耀　*王世偉　王　鐵　史舒薇　吳　平

吳振武　*李　圃　李露蕾　何　峭　*汪壽明　徐時儀

*徐莉莉　*傅　傑　華學誠　董　琨　*詹鄞鑫　*臧克和

*劉志基　*鄭　明

資料工作人員　張春華　張友榮　袁根娣　凌玉泰

目録

检字表

第一册至第十册檢字表

部首表

字頭	楷書	頁碼
哭	哭	二·一八二
走	走	二·一九一
止	止	二·二三三
癶	癶	二·二五二
步	步	二·二六〇
此	此	二·二八四
正	正	二·二八七
是	是	二·三〇二
辵	辵	二·三一〇
彳	彳	二·四七〇
廴	廴	二·五二六
㢟	㢟	二·五三三
行	行	二·五三八
齒	齒	二·五五五
牙	牙	二·五七三

字頭	楷書	頁碼
足	足	二·五七六
疋	疋	二·六一〇
品	品	二·六一五
龠	龠	二·六二三
冊	册	二·六三〇
㗊	㗊	二·六四三
舌	舌	二·六五〇
干	干	二·六五四
谷	谷	二·六六〇
只	只	二·六六三
㕯	㕯	二·六六五
句	句	二·六七四
丩	丩	二·六八一
古	古	二·六八三
十	十	二·六八九

字頭	楷書	頁碼
卅	卅	二·七〇六
言	言	二·七二二
誩	誩	三·一二八
音	音	三·一三七
䇂	䇂	三·一四五
丵	丵	三·一五六
菐	菐	三·一六九
𠬞	𠬞	三·一七七
𠬜	𠬜	三·二一一
共	共	三·二二二
異	異	三·二二七
舁	舁	三·二三七
𦥑	𦥑	三·二三九
晨	晨	三·二四一
爨	爨	三·二五〇

革	三·二五六
鬲	三·二八九
䰜	三·三一七
爪	三·三三〇
丮	三·三四六
鬥	三·三六八
又	三·三七四
ナ	三·四五八
史	三·四六二
支	三·四八九
聿	三·四九一
聿	三·五〇〇
畫	三·五〇五
隶	三·五一五
臤	三·五一七
臣	三·五二一
殳	三·五四〇
殺	三·五七〇
几	三·五七四
寸	三·五七八
皮	三·五九八
㼱	三·六〇二
攴	三·六〇三
教	三·七一四
卜	三·七二〇
用	三·七四〇
爻	三·七六五
㸚	三·七七〇
旻	三·七七五
目	三·七七八
䀠	四·一
眉	四·五
盾	四·一三
自	四·一六
白	四·二三
鼻	四·二六
皕	四·四八
習	四·五一
羽	四·五六
隹	四·七八
奞	四·一二九
雈	四·一三五
𠁥	四·一四七
苜	四·一四八
羊	四·一六三

彝	彝	四·一九四
瞿	瞿	四·一九五
雔	雔	四·一九七
雥	雥	四·二〇〇
鳥	鳥	四·二〇六
烏	烏	四·二五五
𠦒	𠦒	四·二六六
冓	冓	四·二八三
幺	幺	四·二九一
𢆶	𢆶	四·二九五
叀	叀	四·三〇三
玄	玄	四·三一五
予	予	四·三一九
放	放	四·三三三
𠬪	𠬪	四·三三七

𣦼	𣦼	四·三六五
歺	歹	四·三七二
死	死	四·三八八
冎	冎	四·四〇〇
骨	骨	四·四〇五
肉	肉	四·四一二
筋	筋	四·五一五
刀	刀	四·五一六
刃	刃	四·五八〇
㓞	㓞	四·五八四
丯	丯	四·五八五
耒	耒	四·五八八
角	角	四·六〇一
竹	竹	四·六二六
箕	箕	四·七〇二

丌	丌	四·七二二
左	左	四·七三二
工	工	四·七四二
㠭	㠭	四·七五八
巫	巫	四·七六〇
甘	甘	四·七六五
曰	曰	五·一
乃	乃	五·一九
丂	丂	五·二九
可	可	五·三八
兮	兮	五·四二
号	号	五·五一
亏	于	五·五四
旨	旨	五·六八
喜	喜	五·七三

壴	壴	五·七七
鼓	鼓	五·八九
豈	豈	五·九五
豆	豆	五·九七
豊	豊	五·一〇六
豐	豐	五·一一四
虘	虘	五·一三三
虍	虍	五·一三五
虎	虎	五·一四二
虤	虤	五·一六四
皿	皿	五·一六七
凵	凵	五·二二一
厺	去	五·二二二
血	血	五·二三八
丶	丶	五·二四九

丹	丹	五·二五五
靑	青	五·二六〇
井	井	五·二六四
皀	皀	五·二七八
鬯	鬯	五·三〇〇
食	食	五·三一五
亼	亼	五·三七七
會	會	五·四〇〇
倉	倉	五·四〇七
入	入	五·四一八
缶	缶	五·四三五
矢	矢	五·四五五
高	高	五·四八九
冂	冂	五·五二二
𩫏	𩫏	五·五二五

京	京	五·五三五
亯	亯	五·五四八
㫗	㫗	五·五六〇
畗	畗	五·五七〇
㐭	㐭	五·五八一
嗇	嗇	五·五九八
來	來	五·六〇九
麥	麥	五·六二九
夊	夊	五·六三九
舛	舛	五·六八五
䑞	舜	五·六九〇
韋	韋	五·六九二
弟	弟	五·七一〇
夂	夂	五·七一四
久	久	五·七一八

字	頁
桀	五·七二一
木	五·七二八
東	六·一
林	六·一一
才	六·三〇
叒	六·三九
之	六·四九
帀	六·六八
出	六·七四
𣎵	六·八一
生	六·九五
乇	六·一〇三
𠂹	六·一〇五
𠌶	六·一〇六
華	六·一〇七

字	頁
禾	六·一〇九
稽	六·一一〇
巢	六·一一三
桼	六·一一四
束	六·一一六
㯻	六·一二一
囗	六·一二九
員	六·一六四
貝	六·一六七
邑	六·二三五
𨛜	六·三六四
日	六·三七一
旦	六·四四二
倝	六·四四六
㫃	六·四五二

字	頁
冥	六·四八二
晶	六·四八四
月	六·四九三
有	六·五〇四
明	六·五〇八
冏	六·五一三
夕	六·五一八
多	六·五三一
毌	六·五三六
马	六·五四〇
㮚	六·五五〇
卤	六·五五二
齊	六·五五九
朿	六·五六七
片	六·五七二

鼎	鼎	六·五七七
亭	克	六·五八六
彔	彔	六·五九〇
禾	禾	六·五九二
秝	秝	六·六六四
黍	黍	六·六六八
香	香	六·六八〇
米	米	六·六八二
毇	毇	六·七〇三
臼	臼	六·七〇四
凶	凶	六·七一三
朩	朩	六·七二〇
𣏟	𣏟	六·七二三
麻	麻	六·七二七
尗	尗	六·七二九

耑	耑	六·七三〇
韭	韭	六·七三三
瓜	瓜	六·七三五
瓠	瓠	六·七三八
宀	宀	六·七三八
宮	宮	六·八七三
呂	呂	六·八八二
穴	穴	六·八八七
㝱	㝱	七·一
疒	疒	七·一四
冂	冖	七·七二
𠔼	𠔼	七·七九
冃	冃	七·九八
㒳	㒳	七·一〇九
网	网	七·一二〇

襾	襾	七·一四四
巾	巾	七·一四八
巿	巿	七·二〇七
帛	帛	七·二一〇
白	白	七·二一五
㡀	㡀	七·二三九
黹	黹	七·二三七
人	人	七·二五〇
匕	七	七·四三七
匕	匕	七·四五一
从	从	七·四六八
比	比	七·四八二
北	北	七·四八七
𠀉	丘	七·四九九
㐺	㐺	七·五〇七

色	色	八·二一八
卯	卯	八·二二一
辟	辟	八·二三〇
勹	勹	八·二三五
包	包	八·二六四
苟	苟	八·二六六
鬼	鬼	八·二七六
由	由	八·二九八
厶	厶	八·三〇五
嵬	嵬	八·三〇七
山	山	八·三〇八
屾	屾	八·三三七
屵	屵	八·三三八
广	广	八·三四一
厂	厂	八·三九二
丸	丸	八·三一七
危	危	八·三一九
石	石	八·三三〇
長	長	八·三四五
勿	勿	八·三五四
冄	冄	八·三六四
而	而	八·三六八
豕	豕	八·三七二
㣇	㣇	八·三九三
彑	彑	八·四〇二
豚	豚	八·四一〇
豸	豸	八·四一三
𤉡	𤉡	八·四二九
易	易	八·四三五
象	象	八·四四三
馬	馬	八·四五〇
廌	廌	八·五〇四
鹿	鹿	八·五一三
麤	麤	八·五四四
㲋	㲋	八·五四七
兔	兔	八·五五五
萈	萈	八·五六一
犬	犬	八·五六三
㹜	㹜	八·六二三
鼠	鼠	八·六二七
能	能	八·六三四
熊	熊	八·六四〇
火	火	八·六四二
炎	炎	八·七二九
黑	黑	八·七三八

字頭	楷定	頁碼
囱	囱	八·七五四
燚	燚	八·七五九
炙	炙	八·七六二
赤	赤	八·七六四
大	大	八·七七一
亦	亦	八·八〇二
夨	夨	八·八〇七
夭	夭	八·八二〇
交	交	八·八三三
尢	尢	八·八三九
壺	壺	八·八四二
壹	壹	八·八四六
㚔	㚔	八·八五〇
奢	奢	八·八七五
亢	亢	八·八七六
夲	夲	八·八七八
夰	夰	八·八九二
亣	亣	八·八九五
夫	夫	八·九〇六
立	立	八·九一〇
竝	並	八·九一九
囟	囟	八·九二九
思	思	八·九三四
心	心	八·九三七
惢	惢	八·一〇六九
水	水	九·一
沝	沝	九·二五六
頻	瀕	九·二六一
く	く	九·二六三
巜	巜	九·二六四
川	川	九·二六五
泉	泉	九·二八三
灥	灥	九·二八九
永	永	九·二九二
𠂢	𠂢	九·二九九
谷	谷	九·三〇一
仌	仌	九·三〇五
雨	雨	九·三二一
雲	雲	九·三六八
魚	魚	九·三七三
𩺰	𩺰	九·四〇七
燕	燕	九·四一三
龍	龍	九·四一七
飛	飛	九·四三三
非	非	九·四三九

字頭	楷書	頁碼
卂	卂	九・四四六
乚	乚	九・四四七
不	不	九・四五四
𦤳	至	九・四七三
卥	西	九・四九〇
鹵	鹵	九・四九九
鹽	鹽	九・五〇七
戶	户	九・五〇九
門	門	九・五一九
耳	耳	九・五六五
𦣝	𦣝	九・五九八
手	手	九・六〇一
𠦬	𠦬	九・七二八
女	女	九・七三一
毋	毋	九・九〇二
民	民	九・九〇六
丿	丿	九・九〇八
厂	厂	九・九一六
乀	乀	九・九二一
氏	氏	九・九二三
氐	氐	九・九三四
戈	戈	九・九三六
戉	戉	九・九八四
我	我	九・九八九
亅	亅	九・九九七
珡	琴	九・九九七
乚	乚	九・一〇〇〇
亾	亡	九・一〇〇三
匸	匸	九・一〇一四
匚	匚	九・一〇一九
𠙹	曲	九・一〇三〇
甾	甾	九・一〇三三
瓦	瓦	九・一〇三八
弓	弓	九・一〇五〇
弜	弜	九・一〇八八
弦	弦	九・一一一〇
系	系	九・一一一五
糸	糸	九・一一三四
素	素	十・一
絲	絲	十・四
率	率	十・八
虫	虫	十・一一
䖵	䖵	十・七九
蟲	蟲	十・九三
風	風	十・九八

字頭	楷書	卷・頁
它	它	十・二一六
龜	龜	十・二二八
黽	黽	十・二三三
卵	卵	十・二五四
二	二	十・二五七
土	土	十・二八一
垚	垚	十・三〇五
堇	堇	十・三〇九
里	里	十・三一九
田	田	十・三三三
畕	畕	十・三八八
黃	黃	十・三九三
男	男	十・四〇七
力	力	十・四二二
劦	劦	十・四三九

字頭	楷書	卷・頁
金	金	十・四五五
幵	幵	十・六一三
勺	勺	十・六二三
几	几	十・六一七
且	且	十・六二一
斤	斤	十・六三九
斗	斗	十・六六〇
矛	矛	十・六九一
車	車	十・六九五
𠂤	𠂤	十・七五四
阜	阜	十・七七〇
𨺅	𨺅	十・八四七
厽	厽	十・八四九
四	四	十・八五一
宁	宁	十・八五六

字頭	楷書	卷・頁
叕	叕	十・八六一
亞	亞	十・八六四
五	五	十・八七五
六	六	十・八八一
七	七	十・八八五
九	九	十・八九二
禸	禸	十・八九八
嘼	嘼	十・九一九
甲	甲	十・九二九
乙	乙	十・九三九
丙	丙	十・九五七
丁	丁	十・九六四
戊	戊	十・九七六
己	己	十・九九二
巴	巴	十・一〇〇九

字頭	楷書	頁碼
庚	庚	十二・一〇二三
辛	辛	十二・一〇一八
辡	辡	十二・一〇四八
壬	壬	十二・一〇四八
癸	癸	十二・一〇五五
子	子	十二・一〇六五
了	了	十二・一〇九六

字頭	楷書	頁碼
孨	孨	十二・一〇九八
𠫓	𠫓	十二・一一〇一
丑	丑	十二・一一〇七
寅	寅	十二・一一一二
卯	卯	十二・一一一六
辰	辰	十二・一一二一
巳	巳	十二・一一二八

字頭	楷書	頁碼
午	午	十二・一一三七
未	未	十二・一一四三
申	申	十二・一一四五
酉	酉	十二・一一五二
酋	酋	十二・一一九五
戌	戌	十二・一二〇五
亥	亥	十二・一二二一

部首檢字表

【一部】

【上部】

【示部】

珽	珽	一・二六七
瑁	瑁	一・二六七
璬	璬	一・二六八
珩	珩	一・二六九
玦	玦	一・二六九
瑞	瑞	一・二六九
珥	珥	一・二七〇
瑱	瑱	一・二七一
琫	琫	一・二七一
珌	珌	一・二七一
璏	璏	一・二七二
瑵	瑵	一・二七三
瑑	瑑	一・二七三
珇	珇	一・二七三
璂	璂	一・二七四

璪	璪	一・二七四
瑬	瑬	一・二七四
璹	璹	一・二七四
瓃	瓃	一・二七四
瑳	瑳	一・二七五
玼	玼	一・二七五
璱	璱	一・二七六
瑮	瑮	一・二七六
瑩	瑩	一・二七六
璊	璊	一・二七六
瑕	瑕	一・二七七
琢	琢	一・二七八
琱	琱	一・二七八
理	理	一・二八〇
珍	珍	一・二八〇

玩	玩	一・二八一
玲	玲	一・二八一
瑲	瑲	一・二八一
玎	玎	一・二八一
琤	琤	一・二八二
瑣	瑣	一・二八二
瑝	瑝	一・二八二
瑀	瑀	一・二八二
玤	玤	一・二八二
玪	玪	一・二八三
⿱執玉	⿱執玉	一・二八三
琚	琚	一・二八三
璓	璓	一・二八三
玖	玖	一・二八三
⿰王𦣞	⿰王𦣞	一・二八四

珢	玴	璅	璡	瑨	璁	⿰王虒	瑋	⿱臤玉	⿰王夒	珣	琣	璶	琟	瑦
珢	玴	璅	璡	瑨	璁	⿰王虒	瑋	⿱臤玉	⿰王夒	珣	琣	璶	琟	瑦
珢	玴	璅	璡	瑨	璁	⿰王虒	瑋	⿱臤玉	⿰王夒	珣	琂	璶	琟	瑦
一·二八四	一·二八四	一·二八五	一·二八五	一·二八五	一·二八五	一·二八五	一·二八五	一·二八六	一·二八六	一·二八六	一·二八六	一·二八七	一·二八七	一·二八七

琄	璒	⿰王厶	玗	⿰王叟	瑎	碧	琨	珉	瑤	珠	玓	瓅	玭	珕
琄	璒	⿰王厶	玗	⿰王叟	瑎	碧	琨	珉	瑤	珠	玓	瓅	玭	珕
瑁	璒	⿰王厶	玗	⿰王殳	瑎	碧	琨	珉	瑤	珠	玓	瓅	玭	珕
一·二八七	一·二八七	一·二八八	一·二八八	一·二八八	一·二八九	一·二八九	一·二八九	一·二九〇	一·二九〇	一·二九一	一·二九二	一·二九二	一·二九二	一·二九三

珧	玟	瑰	璣	琅	玕	珊	瑚	珋	琀	⿱髟金	璗	靈	珈	璩
珧	玟	瑰	璣	琅	玕	珊	瑚	珋	琀	⿱髟金	璗	靈	珈	璩
珧	玟	瑰	璣	琅	玕	珊	瑚	珋	琀	⿱髟金	璗	靈	珈	璩
一·二九三	一·二九三	一·二九四	一·二九四	一·二九五	一·二九五	一·二九六	一·二九六	一·二九六	一·二九七	一·二九七	一·二九八	一·二九八	一·二九九	一·三〇〇

萁　一·三八一

薆　一·三八二

虆　一·三八二

妞　一·三八三

蔿　一·三八四

菔　一·三八四

苺　一·三八四

冀　一·三八五

芓　一·三八六

茬　一·三八七

芺　一·三八七

荳　一·三八七

葵　一·三八八

薑　一·三八七

蓼　一·三八八

祖　一·三八八

蒙　一·三八八

薇　一·三八九

蓷　一·三八九

遮　一·三八九

釀　一·三八九

莧　一·三九〇

芌　一·三九一

营　一·三九一

蘬　一·三九一

菊　一·三九二

華　一·三九二

蘘　一·三九二

菁　一·三九三

蘆　一·三九三

菔　一·三九四

芋　一·三九五

苣　一·三九五

臣　一·三九六

蕡　一·三九六

藍　一·三九六

蕙　一·三九七

营　一·三九七

蘭　一·三九八

姦　一·三九八

葰　一·三九八

芃　一·三九九

蠟　一·三九九

離　一·三九九

苴　一·四〇〇

字	頁碼
虆	一・四〇〇
薰	一・四〇〇
[艹+海]	一・四〇〇
萹	一・四〇一
茿	一・四〇一
藒	一・四〇一
芞	一・四〇二
苺	一・四〇二
茖	一・四〇二
苷	一・四〇二
芧	一・四〇三
藎	一・四〇三
蒾	一・四〇三
葱	一・四〇三
萇	一・四〇四
薊	一・四〇四
荲	一・四〇四
藋	一・四〇五
芨	一・四〇五
葥	一・四〇五
[艹+稜]	一・四〇六
蓩	一・四〇六
[艹+漫]	一・四〇六
[艹+攣]	一・四〇七
[艹+戾]	一・四〇七
荍	一・四〇七
[艹+毗]	一・四〇七
萬	一・四〇七
萸	一・四〇八
薛	一・四〇八
苦	一・四一〇
菩	一・四一二
薏	一・四一二
茅	一・四一二
菅	一・四一三
蘄	一・四一三
莞	一・四一四
藺	一・四一五
蒢	一・四一五
蒲	一・四一五
蒻	一・四一六
[艹+深]	一・四一六
蓷	一・四一六
萑	一・四一七
茥	一・四一七

莙	莙	莙	一・四一八
⿱艹睆	⿱艹睆	⿱艹睆	一・四一九
蓠	蓠	蓠	一・四一九
苢	苢	苢	一・四一九
蕁	蕁	蕁	一・四二〇
⿱艹毄	⿱艹毄	⿱艹毄	一・四二〇
蓲	蓲	蓲	一・四二〇
⿱艹固	⿱艹固	⿱艹固	一・四二〇
蘇	蘇	蘇	一・四二〇
藷	藷	藷	一・四二二
蔗	蔗	蔗	一・四二二
薣	薣	薣	一・四二二
⿱艹賜	⿱艹賜	⿱艹賜	一・四二二
⿱艹中	⿱艹中	⿱艹中	一・四二二
萯	萯	萯	一・四二三
芺	芺	芺	一・四二三
⿱艹弦	⿱艹弦	⿱艹弦	一・四二三
⿱艹⿵冂𣡕	⿱艹⿵冂𣡕	⿱艹⿵冂𣡕	一・四二三
莩	莩	莩	一・四二三
蔩	蔩	蔩	一・四二三
荓	荓	荓	一・四二三
蕕	蕕	蕕	一・四二三
荌	荌	荌	一・四二三
藄	藄	藄	一・四二三
莃	莃	莃	一・四二四
夢	夢	夢	一・四二四
蕧	蕧	蕧	一・四二五
苓	苓	苓	一・四二五
⿱艹贛	⿱艹贛	⿱艹贛	一・四二五
藑	藑	藑	一・四二五
蕾	蕾	蕾	一・四二六
葍	葍	葍	一・四二六
蓨	蓨	蓨	一・四二六
苗	苗	苗	一・四二六
⿱艹易	⿱艹易	⿱艹易	一・四二七
薁	薁	薁	一・四二七
葴	葴	葴	一・四二七
⿱艹睿	⿱艹睿	⿱艹睿	一・四二七
蔽	蔽	蔽	一・四二八
蔞	蔞	蔞	一・四二八
藟	藟	藟	一・四二八
蒬	蒬	蒬	一・四二八
茈	茈	茈	一・四二八
⿱艹⿰豸頁	⿱艹⿰豸頁	⿱艹⿰豸頁	一・四二九
葥	葥	葥	一・四三〇

蒐 一·四三〇
茜 一·四三一
蕼 一·四三二
薜 一·四三二
荵 一·四三二
苞 一·四三二
艾 一·四三三
蔁 一·四三七
芹 一·四三七
蘵 一·四三七
蔦 一·四三八
芸 一·四三八
蔌 一·四三九
葎 一·四四〇
茦 一·四四〇

苦 一·四四〇
葑 一·四四〇
薺 一·四四一
莿 一·四四一
董 一·四四一
蘻 一·四四三
蕿 一·四四三
苄 一·四四三
薟 一·四四三
荃 一·四四三
芩 一·四四四
藨 一·四四四
⿱艹鷏 一·四四五
蔆 一·四四五
芰 一·四四五

薢 一·四四六
茩 一·四四六
芡 一·四四六
蘜 一·四四六
蘥 一·四四七
藗 一·四四七
⿱艹私 一·四四七
蒹 一·四四七
薍 一·四四七
⿱艹刻 一·四四八
薕 一·四四八
⿱艹煩 一·四四八
茚 一·四四九
⿱艹邑 一·四四九
芀 一·四四九

莂	一・四四九
菡	一・四五〇
萏	一・四五〇
蓮	一・四五〇
茄	一・四五二
荷	一・四五二
蔤	一・四五二
蕅	一・四五二
蘢	一・四五二
蓍	一・四五二
菣	一・四五三
莪	一・四五三
蘿	一・四五四
菻	一・四五四
蔚	一・四五四

蕭	一・四五五
萩	一・四五五
芍	一・四五六
⿱艹潚	一・四五六
蔦	一・四五六
芄	一・四五六
蘜	一・四五七
蘠	一・四五七
芪	一・四五七
菀	一・四五七
⿱艹囟	一・四五八
茮	一・四五八
蓂	一・四五八
菋	一・四五八
荎	一・四五八

藸	一・四五九
葛	一・四五九
蔓	一・四六〇
⿱艹皋	一・四六〇
莕	一・四六〇
菨	一・四六〇
[illegible]	一・四六一
芫	一・四六一
蘦	一・四六一
蕛	一・四六一
芺	一・四六二
芐	一・四六二
蔣	一・四六二
苽	一・四六二
菁	一・四六三

蘢	一·四六三
蘿	一·四六三
莨	一·四六四
葽	一·四六四
薖	一·四六四
菌	一·四六四
蕈	一·四六四
䓴	一·四六五
葚	一·四六五
蒟	一·四六六
芘	一·四六六
蕣	一·四六六
萸	一·四六六
茱	一·四六七
茮	一·四六七
莍	一·四六七
荆	一·四六七
菭	一·四七一
芽	一·四七二
萌	一·四七二
茁	一·四七三
莖	一·四七三
莛	一·四七四
葉	一·四七四
蘮	一·四七五
芣	一·四七五
葩	一·四七六
芛	一·四七六
蘳	一·四七六
蔈	一·四七七
英	一·四七七
薾	一·四七八
萋	一·四七八
菶	一·四七八
薿	一·四七九
蕤	一·四七九
葼	一·四七九
⿱艹移	一·四七九
蒝	一·四八〇
莢	一·四八〇
芒	一·四八〇
⿱艹隋	一·四八〇
蔕	一·四八一
荄	一·四八一
荺	一·四八一

字頭	楷書	頁碼
茇	茇	一・四八一
芃	芃	一・四八三
蒪	蒪	一・四八三
蓻	蓻	一・四八三
菥	菥	一・四八五
茂	茂	一・四八五
⿱艹暘	⿱艹暘	一・四八六
蔭	蔭	一・四八六
⿱艹詰	⿱艹造	一・四八六
茲	茲	一・四八六
⿱艹俶	⿱艹俶	一・四八八
藃	藃	一・四八八
蔇	蔇	一・四八九
薋	薋	一・四八九
蓁	蓁	一・四八九
茵	茵	一・四八九
芮	芮	一・四八九
茥	茬	一・四九〇
薈	薈	一・四九〇
⿱艹敉	⿱艹敉	一・四九〇
芼	芼	一・四九一
蒼	蒼	一・四九一
葻	葻	一・四九二
萃	萃	一・四九二
蒔	蒔	一・四九三
苗	苗	一・四九四
苛	苛	一・四九四
蕪	蕪	一・四九五
薉	薉	一・四九六
荒	荒	一・四九六
葢	蓋	一・四九七
⿱艹爭	⿱艹爭	一・四九七
落	落	一・四九七
蔽	蔽	一・四九七
蘀	蘀	一・四九八
蕰	蕰	一・四九八
蔫	蔫	一・四九八
菸	菸	一・四九九
⿱艹⿱殺木	⿱艹⿱殺木	一・四九九
蔡	蔡	一・四九九
茷	茷	一・五〇三
菜	菜	一・五〇三
芇	芇	一・五〇四
芝	芝	一・五〇四
薄	薄	一・五〇四

字頭	篆文	楷定	頁碼
苑	苑	苑	一·五〇六
藪	藪	藪	一·五〇六
菑	菑	菑	一·五〇七
蘨	蘨	蘨	一·五〇九
薙	薙	薙	一·五一〇
⿱艹耒	⿱艹耒	⿱艹耒	一·五一〇
蓺	蓺	蓺	一·五一〇
蔪	蔪	蔪	一·五一〇
茀	茀	茀	一·五一一
苾	苾	苾	一·五一一
蔎	蔎	蔎	一·五一二
芳	芳	芳	一·五一二
蕡	蕡	蕡	一·五一二
藥	藥	藥	一·五一二
⿱艹麗	⿱艹麗	⿱艹麗	一·五一三

字頭	篆文	楷定	頁碼
蓆	蓆	蓆	一·五一三
芟	芟	芟	一·五一四
荐	荐	荐	一·五一六
藉	藉	藉	一·五一七
蒩	蒩	蒩	一·五一九
蕝	蕝	蕝	一·五一九
茨	茨	茨	一·五一九
葺	葺	葺	一·五一九
蓋	蓋	蓋	一·五二〇
苫	苫	苫	一·五二一
⿱艹渴	⿱艹渴	⿱艹渴	一·五二一
⿱艹⿸厂⿱比二	⿱艹⿸厂⿱比二	⿱艹⿸厂⿱比二	一·五二一
藩	藩	藩	一·五二一
菹	菹	菹	一·五二三
荃	荃	荃	一·五二三

字頭	篆文	楷定	頁碼
⿱艹酤	⿱艹酤	⿱艹酤	一·五二三
⿱艹濫	⿱艹濫	⿱艹濫	一·五二三
⿱艹泜	⿱艹泜	⿱艹泜	一·五二三
⿱艹橑	⿱艹橑	⿱艹橑	一·五二四
⿱艹⿰豕頁	⿱艹⿰豕頁	⿱艹⿰豕頁	一·五二四
⿱艹宰	⿱艹宰	⿱艹宰	一·五二四
若	若	若	一·五二五
⿱艹尊	⿱艹尊	⿱艹尊	一·五三四
茜	茜	茜	一·五三四
蓴	蓴	蓴	一·五三五
茷	茷	茷	一·五三五
草	草	草	一·五三六
⿱艹是	⿱艹是	⿱艹是	一·五三六
苴	苴	苴	一·五三七
⿱艹麤	⿱艹麤	⿱艹麤	一·五三七

蕢 一·五三七
蔓 一·五三九
菌 一·五三九
芻 一·五四〇
茭 一·五四六
荹 一·五四六
茹 一·五四七
莝 一·五四七
萎 一·五四七
蔌 一·五四七
薑 一·五四七
蔟 一·五四八
苣 一·五四八
蕘 一·五四八
薪 一·五四九

蒸 一·五四九
蕉 一·五五〇
菡 一·五五一
薶 一·五五一
蓡 一·五五四
折 一·五五四
卉 一·五五九
芁 一·五六〇
蒜 一·五六〇
芥 一·五六一
蔥 一·五六二
萑 一·五六二
蕈 一·五六三
苟 一·五六三
蕨 一·五六三

莎 一·五六三
蓱 一·五六四
蓳 一·五六四
菲 一·五六四
芴 一·五六五
虉 一·五六五
萑 一·五六五
葦 一·五六五
葭 一·五六五
萊 一·五六六
荔 一·五六六
蒙 一·五六六
藻 一·五六八
菉 一·五六八
蓸 一·五六八

蒏	一·五六八
菬	一·五六八
菩	一·五六九
范	一·五六九
艿	一·五六九
⿱艹皿	一·五七二
萄	一·五七二
芑	一·五七二
蕢	一·五七二
苳	一·五七二
薔	一·五七三
苕	一·五七三
⿱艹𣏟	一·五七三
萺	一·五七三
茆	一·五七三

荼	一·五七四
蘇	一·五七五
蒿	一·五七五
蓬	一·五七六
藜	一·五七七
蘬	一·五七七
葆	一·五七八
蕃	一·五七八
茸	一·五七八
葎	一·五七九
⿱艹叢	一·五七九
草	一·五七九
菆	一·五七九
蓄	一·五八〇
春	一·五八〇

⿱艹狐	一·五八六
菿	一·五八七
芙	一·五八七
蓉	一·五八七
薳	一·五八七
苟	一·五八七
莋	一·五八七
蓀	一·五八七
蔬	一·五八八
芊	一·五八八
茗	一·五八八
薌	一·五八八
藏	一·五八八
蔵	一·五八九
蘸	一·五八九

【蓐部】

蓐　蓐　蓐　一·五八九

薅　薅　薅　一·五九一

【茻部】

茻　茻　茻　一·五九二

莫　莫　莫　一·五九三

莽　莽　莽　一·六〇六

葬　葬　葬　一·六〇八

【小部】

小　小　小　一·六一二

少　少　少　一·六一六

尐　尐　尐　一·六一九

【八部】

八　八　八　一·六二〇

分　分　分　一·六二三

尒　尒　尒　一·六二六

曾　曾　曾　一·六二六

尚　尚　尚　一·六三六

㒸　㒸　㒸　一·六四〇

詹　詹　詹　一·六四三

介　介　介　一·六四四

𠔁　𠔁　𠔁　一·六五〇

公　公　公　一·六五二

必　必　必　一·六五八

余　余　余　一·六六三

【釆部】

釆　釆　釆　一·六七五

番　番　番　一·六七八

寀　寀　寀　一·六八〇

悉　悉　悉　一·六八二

釋　釋　釋　一·六八二

【半部】

半　半　半　一·六八三

胖　胖　胖　一·六八五

叛　叛　叛　一·六八五

【牛部】

牛　牛　牛　一·六八六

牡　牡　牡　一·六八九

犅　犅　犅　一·六九六

特　特　特　一·六九八

牝　牝　牝　一·六九九

犢　犢　犢　一·七〇四

㸬　㸬　㸬　一·七〇七

犙　犙　犙　一·七一〇

牭　牭　牭　一·七一〇

牛犛告

三二

犄犕犄	一·七二一
牻牻牻	一·七二一
㹍㹍㹍	一·七二一
㹃㹃㹃	一·七二二
犅犅犅	一·七二二
㸹㸹㸹	一·七二二
㹀㹀㹀	一·七二三
将将将	一·七二三
犙犙犙	一·七二三
㹌㹌㹌	一·七二三
㸳㸳㸳	一·七二四
犉犉犉	一·七二四
犢犢犢	一·七二四
牿牿牿	一·七二四
犗犗犗	一·七二五
牟牟牟	一·七二五

犦犦	一·七二六
牲牲	一·七二六
牷牷	一·七二七
牽牽	一·七二七
牢牢	一·七二○
牿牿	一·七二○
犓犓	一·七二六
㹀㹀	一·七二六
犌犌	一·七二六
犉犉	一·七二七
㸸㸸	一·七四一
牴牴	一·七四一
㹔㹔	一·七四一
㹅㹅	一·七四一
堅堅	一·七四二

三三

牼牼	一·七五二
㸲㸲	一·七五二
犀犀	一·七五四
犐犐	一·七五四
物物	一·七五○
犧犧	一·七五○
犍犍	一·七五一
㹂㹂	一·七五一
【犛部】	一·七五一
犛犛犛	一·七五一
斄斄斄	一·七五二
氂氂氂	一·七五二
【告部】	一·七五三
告告告	一·七五三
嚳嚳嚳	一·七六○

【口部】

口	口	二·一
噭	噭	二·二
噣	噣	二·二
喙	喙	二·二
吻	吻	二·四
嚨	嚨	二·四
喉	喉	二·四
噲	噲	二·五
吞	吞	二·五
咽	咽	二·五
嗌	嗌	二·六
喗	喗	二·七
哆	哆	二·七
呱	呱	二·八
啾	啾	二·八
喤	喤	二·八
咺	咺	二·八
唴	唴	二·九
咷	咷	二·九
喑	喑	二·一〇
⿰口疑	⿰口疑	二·一〇
咳	咳	二·一〇
嗛	嗛	二·一一
咀	咀	二·一一
啜	啜	二·一一
⿰口集	⿰口集	二·一一
嚌	嚌	二·一一
噍	噍	二·一二
吮	吮	二·一二
啐	啐	二·一三
嚵	嚵	二·一三
噬	噬	二·一三
啗	啗	二·一三
嘰	嘰	二·一四
⿰口專	⿰口專	二·一四
含	含	二·一四
哺	哺	二·一五
味	味	二·一五
嚛	嚛	二·一五
⿱宀⿱谷口	⿰口⿱宀谷	二·一六
噫	噫	二·一六
嘽	嘽	二·一六
唾	唾	二·一六
咦	咦	二·一七

嗂	嗂	嗂	二·六四
启	启	启	二·六四
嗿	嗿	嗿	二·六五
咸	咸	咸	二·六六
呈	呈	呈	二·七二
右	右	右	二·七三
啻	啻	啻	二·七七
吉	吉	吉	二·八〇
周	周	周	二·九三
唐	唐	唐	二·一〇二
𠷎	𠷎	𠷎	二·一〇八
嘾	嘾	嘾	二·一〇九
噎	噎	噎	二·一〇九
嗢	嗢	嗢	二·一一〇
哯	哯	哯	二·一一〇
吐	吐	吐	二·一一〇
噦	噦	噦	二·一一一
咈	咈	咈	二·一一一
嚘	嚘	嚘	二·一一一
吃	吃	吃	二·一一一
嗜	嗜	嗜	二·一一三
啖	啖	啖	二·一一三
哽	哽	哽	二·一一三
嘐	嘐	嘐	二·一一三
啁	啁	啁	二·一一三
哇	哇	哇	二·一一三
咅	咅	咅	二·一一四
吺	吺	吺	二·一一六
呧	呧	呧	二·一一七
呰	呰	呰	二·一一七
嗻	嗻	嗻	二·一一八
唊	唊	唊	二·一一八
嗑	嗑	嗑	二·一一八
嗙	嗙	嗙	二·一一八
噧	噧	噧	二·一一九
㕯	㕯	㕯	二·一一九
嘮	嘮	嘮	二·一二〇
呶	呶	呶	二·一二〇
叱	叱	叱	二·一二〇
噴	噴	噴	二·一二〇
吒	吒	吒	二·一二一
噊	噊	噊	二·一二一
啐	啐	啐	二·一二一
唇	唇	唇	二·一二三
吁	吁	吁	二·一二三

嘵 嘵 二·一二三
嘖 嘖 二·一二三
嗷 嗷 二·一二四
唸 唸 二·一二四
叩 叩 二·一二四
囐 囐 二·一二五
呻 呻 二·一二五
吟 吟 二·一二五
嗞 嗞 二·一二六
哤 哤 二·一二六
叫 叫 二·一二六
嘅 嘅 二·一二七
唌 唌 二·一二七
嘆 嘆 二·一二七
喝 喝 二·一二七

哨 哨 二·一二八
吪 吪 二·一二八
噆 噆 二·一二八
吝 吝 二·一二八
各 各 二·一三〇
否 否 二·一三七
唁 唁 二·一三七
哀 哀 二·一三七
嗁 嗁 二·一三九
嗀 嗀 二·一三九
咼 咼 二·一三九
⿰口叔 ⿰口叔 二·一四〇
嗼 嗼 二·一四〇
昏 昏 二·一四〇
嗾 嗾 二·一四〇

吠 吠 二·一四一
咆 咆 二·一四二
嗥 嗥 二·一四二
喈 喈 二·一四二
哮 哮 二·一四三
喔 喔 二·一四三
呝 呝 二·一四三
咮 咮 二·一四三
嚶 嚶 二·一四四
啄 啄 二·一四四
唬 唬 二·一四四
呦 呦 二·一四六
噳 噳 二·一四六
喁 喁 二·一四七
局 局 二·一四七

合 合合 二·一四八

哦 哦哦 二·一四九

嗃 嗃嗃 二·一四九

售 售售 二·一五〇

噞 噞噞 二·一五〇

唉 唉唉 二·一五〇

喫 喫喫 二·一五〇

喚 喚喚 二·一五〇

唱 唱咺 二·一五一

嚻 嚻嚻 二·一五一

咡 咡呀 二·一五一

【吅部】

屾 屾屾 二·一五一

【吅部】

吅 吅吅 二·一五三

嚻 嚻嚻 二·一五三

嚴 嚴嚴 二·一五六

咢 咢咢 二·一五六

單 單單 二·一五九

鬨 鬨鬨 二·一六四

【哭部】

哭 哭哭 二·一八二

喪 喪喪 二·一八五

【夰部】

夰 夰走 二·一九一

赳 卦赳 二·一九六

觑 觑趣 二·一九六

超 超超 二·一九八

趫 蹻趫 二·一九八

趙 趙趙 二·一九九

跂 跂跂 二·一九九

赹 赹赹 二·一九九

耀 耀耀 二·二〇〇

趮 趮趮 二·二〇〇

趡 趡趣 二·二〇〇

越 越越 二·二〇一

趁 趁趁 二·二〇一

趲 趲趲 二·二〇一

趙 趙趙 二·二〇二

趌 趌趌 二·二〇二

趬 趬趬 二·二〇二

趥 趥趥 二·二〇三

赽 赽赽 二·二〇三

趭 趭趭 二·二〇三

趑 趑趑 二·二〇三

趨 趨趨 二·二〇四

⿺走蜀	二·二〇四
⿺走匠	二·二〇四
⿺走敫	二·二〇五
⿺走藺	二·二〇五
⿺走囷	二·二〇五
⿺走垔	二·二〇五
⿺走惠	二·二〇六
⿺走臱	二·二〇六
⿺走戠	二·二〇六
⿺走有	二·二〇六
⿺走烏	二·二〇七
⿺走瞿	二·二〇七
⿺走塞	二·二〇八
⿺走寸	二·二〇八
⿺走此	二·二〇八
赹	二·二〇八
⿺走輿	二·二〇九
起	二·二〇九
⿺走里	二·二一一
⿺走臭	二·二一二
⿺走金	二·二一二
趌	二·二一二
⿺走曷	二·二一二
⿺走瞏	二·二一三
⿺走乞	二·二一四
⿺走巽	二·二一四
赽	二·二一四
趩	二·二一四
趆	二·二一六
趍	二·二一六
趙	二·二一七
⿺走斤	二·二一八
⿺走复	二·二一八
趠	二·二一八
⿺走侖	二·二一九
⿺走矍	二·二一九
⿺走契	二·二二〇
⿺走幾	二·二二〇
⿺走弟	二·二二〇
趫	二·二二〇
⿺走曼	二·二二〇
趉	二·二二〇
趜	二·二二一
⿺走欮	二·二二一
趄	二·二二一

⿺走虘　二・二二一
⿺走雚　二・二二二
⿺走彔　二・二二二
⿺走夋　二・二二三
趚　二・二二三
⿺走圭　二・二二四
⿺走虒　二・二二五
⿺走咅　二・二二六
赾　二・二二六
⿺走樂　二・二二七
趡　二・二二七
⿺走亘　二・二二八
⿺走眞　二・二三一
⿺走甬　二・二三一
⿺走畢　二・二三一

⿺走斬　二・二三二
趧　二・二三二
趒　二・二三二
赶　二・二三二

【止部】

止　二・二三二
歱　二・二三五
⿱尚止　二・二三六
歭　二・二三六
歫　二・二三七
歬　前　二・二三七
歷　二・二四〇
⿰止叔　二・二四四
⿱辟止　二・二四四
歸　二・二四五

疌　二・二五〇
⿱人疌　二・二五〇
𣥚　二・二五一
歰　二・二五一

【癶部】

癶　二・二五二
登　二・二五三
癹　二・二五九

【步部】

步　二・二六〇
歲　二・二六六

【此部】

此　二・二八四
啙　二・二八六
⿱此朿　二・二八七

些 些 些 二·二八七

【疋部】

疋 疋 疋 二·二八七

乏 乏 乏 二·三〇一

【是部】

是 是 是 二·三〇二

韙 韙 韙 二·三〇九

尟 尟 尟 二·三一〇

【辵部】

辵 辵 辵 二·三一〇

迹 迹 迹 二·三一二

違 違 違 二·三一四

𨓆 𨓆 𨓆 二·三一四

邁 邁 邁 二·三一五

巡 巡 巡 二·三一六

遬 遬 遬 二·三一八

徒 徒 徒 二·三一八

邎 邎 邎 二·三二一

征 征 征 二·三二一

隨 隨 隨 二·三二八

迊 迊 迊 二·三二八

迋 迋 迋 二·三三〇

逝 逝 逝 二·三三〇

𨑩 𨑩 𨑩 二·三三二

述 述 述 二·三三三

遵 遵 遵 二·三三四

適 適 適 二·三三五

過 過 過 二·三三七

遺 遺 遺 二·三三九

遦 遦 遦 二·三三九

進 進 進 二·三四〇

造 造 造 二·三四一

逾 逾 逾 二·三四七

遝 遝 遝 二·三四七

迨 迨 迨 二·三四八

迮 迮 迮 二·三四九

遣 遣 遣 二·三五〇

遄 遄 遄 二·三五〇

速 速 速 二·三五一

迅 迅 迅 二·三五三

适 适 适 二·三五三

逆 逆 逆 二·三五三

迎 迎 迎 二·三五七

𨒂 𨒂 𨒂 二·三五八

遇 遇 遇 二·三五八

逋 二·四二三
遺 二·四二三
遂 二·四二五
逃 二·四二八
追 二·四二八
逐 二·四三一
迺 二·四三五
近 二·四三五
邋 二·四三六
迫 二·四三七
逵 二·四三七
邇 二·四三九
遏 二·四四三
遮 二·四四三
遱 二·四四四

迣 二·四四四
迾 二·四四五
迁 二·四四五
迡 二·四四五
⿺辶婁 二·四四五
迖 二·四四六
迦 二·四四六
⿺辶戉 二·四四七
逞 二·四四七
遼 二·四四七
遠 二·四四八
逖 二·四五一
迥 二·四五二
逴 二·四五二
迂 二·四五三

逮 二·四五三
⿺辶象 二·四五四
道 二·四五五
遽 二·四六一
迒 二·四六二
迊 二·四六四
邊 二·四六四
邂 二·四六七
逅 二·四六七
遑 二·四六七
逼 二·四六七
邈 二·四六八
遐 二·四六八
迄 二·四六八
迸 二·四六九

誘 透 透 二·四六九
邏 邏 邏 二·四六九
詔 迢 迢 二·四六九
誚 逍 逍 二·四六九
謠 遥 遥 二·四六九

【彳部】

彳 彳 彳 二·四七〇
德 德 德 二·四七〇
徑 徑 徑 二·四七五
復 復 復 二·四七五
徠 徠 徠 二·四七八
徎 徎 徎 二·四七八
往 往 往 二·四七八
忂 忂 忂 二·四八一
彼 彼 彼 二·四八二

徼 徼 徼 二·四八二
循 循 循 二·四八三
彶 彶 彶 二·四八五
[illegible] 二·四八五
微 微 微 二·四八五
徥 徥 徥 二·四八七
徐 徐 徐 二·四八七
徚 徚 徚 二·四八九
[illegible] 二·四八九
[illegible] 二·四八九
[illegible] 二·四九〇
徬 徬 徬 二·四九〇
徯 徯 徯 二·四九二
待 待 待 二·四九三
㣙 㣙 㣙 二·四九三

徧 徧 徧 二·四九三
徦 徦 徦 二·四九四
[illegible] 退 退 二·四九四
後 後 後 二·五〇一
徲 徲 徲 二·五〇三
很 很 很 二·五〇五
[illegible] 二·五〇五
得 得 得 二·五〇六
徛 徛 徛 二·五一一
彴 彴 彴 二·五一三
律 律 律 二·五一三
御 御 御 二·五一四
亍 亍 亍 二·五二六

【廴部】

廴 廴 廴 二·五二六

廷 二·五二七

延 二·五二九

建 二·五二九

【㢟部】

㢟 二·五三三

延 二·五三七

【行部】

行 二·五三八

術 二·五四四

街 二·五四五

衢 二·五四五

衝 二·五四七

衕 二·五四七

⿴行夋 二·五四七

⿴行合 二·五四八

衎 二·五四八

衙 二·五四八

衞 二·五四九

衛 二·五四九

【齒部】

齒 二·五五五

齗 二·五六一

齔 二·五六一

⿰齒責 二·五六二

齜 二·五六二

齘 二·五六二

齞 二·五六三

⿰齒兼 二·五六三

齺 二·五六三

齵 二·五六四

齇 二·五六四

齱 二·五六四

⿰齒差 二·五六四

⿱隹齒 二·五六五

⿱癹齒 二·五六五

齳 二·五六六

齾 二·五六六

⿰齒巨 二·五六六

齯 二·五六七

齮 二·五六七

⿰齒出 二·五六七

齰 二·五六七

⿰齒咸 二·五六八

齦 二·五六八

⿰齒干 二·五六八

齚 二·五六八
[illegible] 二·五六八
齩 二·五六九
[illegible] 二·五六九
[illegible] 二·五六九
[illegible] 二·五六九
齝 二·五七〇
齕 二·五七〇
[illegible] 二·五七〇
[illegible] 二·五七〇
齗 二·五七〇
[illegible] 二·五七一
齬 二·五七一
齛 二·五七一
齸 二·五七二

[illegible] 二·五七二
[illegible] 二·五七二
[illegible] 二·五七二
[illegible] 二·五七三
齡 二·五七三

【牙部】

牙 二·五七三
犄 二·五七五
[illegible] 二·五七五

【足部】

足 二·五七六
蹏 二·五七九
跟 二·五七九
踝 二·五七九
跖 二·五七九

踦 二·五八〇
跪 二·五八〇
跽 二·五八〇
踧 二·五八一
躍 二·五八一
踖 二·五八一
踽 二·五八二
[illegible] 二·五八二
[illegible] 二·五八三
[illegible] 二·五八三
踰 二·五八三
[illegible] 二·五八三
蹻 二·五八三
[illegible] 二·五八四
蹌 二·五八四

踊 二·五八四
躋 二·五八四
躍 二·五八六
跧 二·五八六
蹴 二·五八七
躡 二·五八七
跨 二·五八七
蹋 二·五八八
踄 二·五八八
蹈 二·五八八
躔 二·五八九
踐 二·五八九
踵 二·五八九
踔 二·五九〇
蹛 二·五九〇

蹩 二·五九〇
踶 二·五九〇
躗 二·五九一
⿱埶足 二·五九一
⿰足氐 二·五九一
蹢 二·五九一
躅 二·五九二
踤 二·五九二
蹶 二·五九二
跳 二·五九三
⿰足辰 二·五九三
⿰足屬 二·五九六
⿰足弗 二·五九七
蹠 二·五九七
踏 二·五九七

⿰足䍃 二·五九七
⿰足及 二·五九七
⿰足貝 二·五九八
躓 二·五九八
跲 二·五九八
踛 二·五九九
蹎 二·五九九
跋 二·五九九
蹐 二·六〇〇
跌 二·六〇〇
踼 二·六〇〇
蹲 二·六〇〇
踞 二·六〇一
⿰足荂 二·六〇一
躩 二·六〇二

踣 踣 二·六〇二
跛 跛 二·六〇二
蹇 蹇 二·六〇三
蹁 蹁 二·六〇三
跭 跭 二·六〇三
踒 踒 二·六〇四
跣 跣 二·六〇四
跔 跔 二·六〇四
⿰𧾷困 ⿰𧾷困 二·六〇四
距 距 二·六〇五
躧 躧 二·六〇五
⿰𧾷叚 ⿰𧾷叚 二·六〇五
⿰𧾷非 ⿰𧾷非 二·六〇六
跀 跀 二·六〇六
趽 趽 二·六〇六

趹 趹 二·六〇六
趼 趼 二·六〇七
路 路 二·六〇七
蹸 蹸 二·六〇八
跂 跂 二·六〇八
蹮 蹮 二·六〇八
蹭 蹭 二·六〇九
蹬 蹬 二·六〇九
蹉 蹉 二·六〇九
跎 跎 二·六〇九
蹵 蹵 二·六一〇
踸 踸 二·六一〇

【疋部】

疋 疋 二·六一〇
⿰疋延 ⿰疋延 二·六一三

⿺疋正 ⿺疋正 二·六一四

【品部】

品 品 二·六一五
嵒 嵒 二·六一七
喿 喿 二·六二二

【龠部】

龠 龠 二·六二三
籥 籥 二·六二六
⿰龠虒 ⿰龠虒 二·六二六
龢 龢 二·六二六
龤 龤 二·六三〇

【冊部】

冊 册 二·六三〇
嗣 嗣 二·六三九
扁 扁 二·六四三

【㗊部】

㗊 二·六四三
嚚 二·六四四
囂 二·六四四
嘂 二·六四六
𡅻 二·六四六
器 二·六四七

【舌部】

舌 二·六五〇
𦧇 二·六五三
舓 二·六五三

【干部】

干 二·六五四
𢆉 二·六五七
屰 二·六五八

【谷部】

谷 二·六六〇
㐁 二·六六一

【只部】

只 二·六六三
𠷎 二·六六四

【㕯部】

㕯 二·六六五
矞 二·六六七
商 二·六六八

【句部】

句 二·六七四
拘 二·六七九
笱 二·六七九
鉤 二·六八〇

【丩部】

丩 二·六八一
𦳁 二·六八二
糾 二·六八二

【古部】

古 二·六八三
嘏 二·六八九

【十部】

十 二·六八九
丈 二·六九五
千 二·六九六
肸 二·七〇〇
卙 二·七〇一
博 二·七〇一
协 二·七〇三

廿 廿 廿 二·七〇三
𠦃 𠦃 𠦃 二·七〇五

【卅部】

卅 卅 卅 二·七〇六
世 世 世 二·七〇九

【言部】

言 言 言 二·七一二
譻 譻 譻 二·七一七
謦 謦 謦 二·七一八
語 語 語 二·七一九
談 談 談 二·七二〇
謂 謂 謂 二·七二一
諒 諒 諒 二·七二一
詵 詵 詵 二·七二三
請 請 請 二·七二三
謁 謁 謁 二·七二三
許 許 許 二·七二四
諾 諾 諾 二·七二五
䜦 䜦 譍 二·七二六
讎 讎 讎 二·七二六
諸 諸 諸 二·七二七
詩 詩 詩 二·七二九
讖 讖 讖 二·七三一
諷 諷 諷 二·七三一
誦 誦 誦 二·七三二
讀 讀 讀 二·七三二
䛌 䛌 䛌 二·七三二
訓 訓 訓 二·七三三
誨 誨 誨 二·七三五
譔 譔 譔 二·七三六
譬 譬 譬 二·七三六
謜 謜 謜 二·七三六
詇 詇 詇 二·七三七
諭 諭 諭 二·七三七
詖 詖 詖 二·七三七
諄 諄 諄 二·七三八
謘 謘 謘 二·七三八
詻 詻 詻 二·七三九
誾 誾 誾 二·七三九
謀 謀 謀 二·七三九
謨 謨 謨 二·七四一
訪 訪 訪 二·七四一
諏 諏 諏 二·七四一
論 論 論 二·七四二
議 議 議 二·七四二

訂	二・七四三
詳	二・七四三
諟	二・七四三
諦	二・七四三
識	三・一
訊	三・二
詧	三・六
謹	三・七
訒	三・八
諶	三・九
信	三・九
訦	三・一三
誠	三・一三
誡	三・一四
誋	三・一四

諱	三・一四
誥	三・一五
詔	三・一六
誓	三・一六
譣	三・一九
詁	三・一九
藹	三・一九
誎	三・二〇
諝	三・二一
証	三・二三
諫	三・二三
諗	三・二四
課	三・二四
試	三・二四
諴	三・二五

[illegible]	三・二六
詮	三・二七
訢	三・二七
說	三・二八
計	三・三〇
諧	三・三一
詥	三・三三
調	三・三三
話	三・三三
諈	三・三四
諉	三・三五
警	三・三五
謐	三・三五
謙	三・三五
誼	三・三七

詡	詡	三・三七
諓	諓	三・三七
誐	誐	三・三七
詷	詷	三・三八
設	設	三・三八
護	護	三・四二
譞	譞	三・四三
誧	誧	三・四三
諰	諰	三・四三
託	託	三・四四
記	記	三・四四
譽	譽	三・四五
譒	譒	三・四五
謝	謝	三・四六
謳	謳	三・四八
詠	詠	三・四八
諍	諍	三・四九
評	評	三・五〇
謣	謣	三・五〇
訖	訖	三・五〇
諺	諺	三・五一
訝	訝	三・五二
詣	詣	三・五二
講	講	三・五三
謄	謄	三・五三
訒	訒	三・五四
訥	訥	三・五四
謯	謯	三・五五
⿸亻言	⿸亻言	三・五五
謷	謷	三・五五
譊	譊	三・五五
謍	謍	三・五六
諎	諎	三・五六
諛	諛	三・五七
讕	讕	三・五七
諼	諼	三・五七
謦	謦	三・五八
訹	訹	三・五八
詑	詑	三・五八
謾	謾	三・五九
譇	譇	三・五九
訛	詐	三・五九
謺	謺	三・五九
謰	謰	三・六〇
謱	謱	三・六〇

詒 三·六〇
診 三·六一
誑 三·六一
譺 三·六一
譔 三·六一
訕 三·六二
譏 三·六二
誣 三·六二
誹 三·六三
謗 三·六三
譸 三·六四
詶 三·六四
詛 三·六四
詘 三·六五
誃 三·六五

誖 三·六五
䜌 三·六七
誒 三·七八
譆 三·七九
詯 三·七九
謧 三·八〇
詍 三·八〇
訾 三·八〇
詾 三·八一
詽 三·八二
譅 三·八二
誻 三·八三
訮 三·八三
讗 三·八三
訇 三·八四

諞 三·八五
讋 三·八五
訆 三·八五
說 三·八六
誂 三·八六
譄 三·八六
詄 三·八六
謈 三·八六
譀 三·八七
誇 三·八七
誕 三·八七
𧫞 三·八九
謔 三·八九
詪 三·八九
訌 三·九〇

字	頁
讀	三・九〇
譏	三・九〇
諣	三・九一
謧	三・九一
譟	三・九二
訆	三・九二
諕	三・九二
讙	三・九二
譁	三・九三
謣	三・九三
譌	三・九四
誤	三・九五
詿	三・九五
謬	三・九五
詤	三・九六
譻	三・九六
訬	三・九六
諆	三・九七
譎	三・九八
詐	三・九九
訏	三・一〇〇
謷	三・一〇〇
讋	三・一〇一
謵	三・一〇二
誣	三・一〇二
讆	三・一〇四
譋	三・一〇四
詾	三・一〇四
訟	三・一〇四
謓	三・一〇五
讘	三・一〇五
訶	三・一〇六
詎	三・一〇七
訐	三・一〇八
訴	三・一〇八
譖	三・一〇九
讒	三・一〇九
讉	三・一〇九
謫	三・一一〇
諯	三・一一〇
讓	三・一一一
譙	三・一一一
誎	三・一一二
誶	三・一一三
詰	三・一一三

【誩部】

【音部】

革部　鬲部

【 上段（右→左）】

字	頁
鞍 鞍 鞍	三·二七五
鞶 鞶 鞶	三·二七五
鞧 鞧 鞧	三·二七六
靶 靶 靶	三·二七六
𩎟 𩎟 𩎟	三·二七六
鞊 鞊 鞊	三·二七六
靳 靳 靳	三·二七七
鞈 鞈 鞈	三·二七七
鞄 鞄 鞄	三·二七八
鞙 鞙 鞙	三·二七九
鞄 鞄 鞄	三·二七九
靬 靬 靬	三·二七九
鞧 鞧 鞧	三·二七九
鞲 鞲 鞲	三·二八〇
鞶 鞶 鞶	三·二八〇
鞧 鞧 鞧	三·二八〇

【 中段（右→左）】

字	頁
鞊 鞊 鞊	三·二八〇
勒 勒 勒	三·二八一
鞨 鞨 鞨	三·二八一
靷 靷 靷	三·二八二
鞬 鞬 鞬	三·二八三
鞇 鞇 鞇	三·二八三
鞲 鞲 鞲	三·二八三
韇 韇 韇	三·二八四
鞼 鞼 鞼	三·二八四
鞲 鞲 鞲	三·二八四
鞭 鞭 鞭	三·二八四
鞅 鞅 鞅	三·二八六
韄 韄 韄	三·二八七
鞄 鞄 鞄	三·二八七
觀 觀 觀	三·二八七

【 下段（右→左）】

字	頁
鞈 鞈	三·二八八
鞲 鞲	三·二八八
鞲 鞲	三·二八九
靮 靮 靮	三·二八九

【鬲部】

字	頁
鬲 鬲 鬲	三·二八九
鼎 鼎	三·三〇三
鬻 鬻 鬻	三·三〇四
鬻 鬻 鬻	三·三〇五
鬻 鬻 鬻	三·三〇五
鬻 鬻 鬻	三·三〇六
鬻 鬻 鬻	三·三〇七
鬵 鬵 鬵	三·三〇八
鬳 鬳 鬳	三·三〇九
融 融 融	三·三一二

⿱吅鬲 ⿱吅鬲 三・三一三
⿱羔鬲 ⿱羔鬲 三・三一三
⿱沸鬲 ⿱沸鬲 三・三一七

【䰜部】

䰜 䰜 三・三一七
⿰弜⿱侃鬲 ⿰弜⿱侃鬲 三・三一九
鬻 鬻 三・三二〇
⿰弜⿱古鬲 ⿰弜⿱古鬲 三・三二二
⿰弜⿱羔鬲 ⿰弜⿱羔鬲 三・三二二
⿰弜⿱速鬲 ⿰弜⿱速鬲 三・三二四
⿰弜⿱欶鬲 ⿰弜⿱欶鬲 三・三二七
⿰弜⿱樊鬲 ⿰弜⿱樊鬲 三・三二七
⿰弜⿱臣鬲 ⿰弜⿱臣鬲 三・三二七
⿰弜⿱𦥑鬲 ⿰弜⿱𦥑鬲 三・三二八
⿰弜⿱翟鬲 ⿰弜⿱翟鬲 三・三二八
⿰弜⿱美鬲 ⿰弜⿱美鬲 三・三二八
⿰弜⿱吉鬲 ⿰弜⿱吉鬲 三・三三〇

【爪部】

爪 爪 三・三三〇
孚 孚 三・三三一
爲 為 三・三三五
爪 爪 三・三四五

【丮部】

丮 丮 三・三四六
埶 埶 三・三四七
孰 孰 三・三五二
⿰𩑶丮 ⿰𩑶丮 三・三五六
巩 巩 三・三六二
谻 谻 三・三六五
⿰女丮 ⿰女丮 三・三六五
⿸尸丮 ⿸尸丮 三・三六八

【鬥部】

鬥 鬥 三・三六八
鬭 鬭 三・三七〇
鬨 鬨 三・三七〇
⿵鬥翏 ⿵鬥翏 三・三七一
鬮 鬮 三・三七一
⿵鬥爾 ⿵鬥爾 三・三七二
⿵鬥燹 ⿵鬥燹 三・三七二
⿵鬥賓 ⿵鬥賓 三・三七二
鬩 鬩 三・三七三
⿵鬥戉 ⿵鬥戉 三・三七三
鬧 鬧 三・三七四

【又部】

又 又 三・三七四

右　右右　三·三八二
厷　厷厷　三·三八三
叉　叉叉　三·三八四
叉　叉叉　三·三八五
父　父父　三·三八六
突　突突突　三·三九二
燮　燮燮　三·三九七
曼　曼曼曼　三·三九九
㝡　㝡㝡㝡　三·四〇一
夬　夬夬　三·四〇一
尹　尹尹　三·四〇三
叡　叡叡　三·四〇九
叜　叜叜叜　三·四一三
叔　叔叔　三·四一五
及　及及　三·四一五

秉　秉秉　三·四二〇
反　反反　三·四二三
叚　叚叚　三·四二七
叚　叚叚　三·四三〇
叔　叔叔叔　三·四三一
叟　叟叟　三·四三五
取　取取　三·四四〇
彗　彗彗　三·四四四
叚　叚叚　三·四四九
友　友友　三·四五三
度　度度　三·四五六

【ナ部】
ナ　ナナ　三·四五八
卑　卑卑卑　三·四五九

【史部】
史　史史　三·四六二
事　事事　三·四八一

【支部】
支　支支　三·四八九
敊　敊敊　三·四九〇

【聿部】
肅　肅肅　三·四九七
肄　肄肄　三·四九一
聿　聿聿　三·四九一

【聿部】
聿　聿聿　三·五〇〇
筆　筆筆　三·五〇二
書　書書　三·五〇三
畫　畫畫　三·五〇三

【畫部】
畫　畫　三・五〇五
晝　晝　三・五一二

【隶部】
隶　隶　三・五一五
𨽸　𨽸　三・五一六
隸　隸　三・五一六

【臤部】
臤　臤　三・五一七
緊　緊　三・五一九
堅　堅　三・五一九
豎　豎　三・五二〇

【臣部】
臣　臣　三・五二一
臦　臦　三・五三三

臧　臧　三・五三四

【殳部】
殳　殳　三・五四〇
祋　祋　三・五四三
杸　杸　三・五四四
毄　毄　三・五四五
㱿　㱿　三・五四六
炈　炈　三・五五一
𣪕　𣪕　三・五五一
𣪠　𣪠　三・五五三
豛　豛　三・五五三
毆　毆　三・五五四
毃　毃　三・五五四
殿　殿　三・五五四
殹　殹　三・五五六
段　段　三・五五八
𣪍　𣪍　三・五五九
𣪊　𣪊　三・五五九
毅　毅　三・五六〇
𣪘　𣪘　三・五六一
役　役　三・五六六
𣪏　𣪏　三・五六九

【殺部】
殺　殺　三・五七〇
弒　弒　三・五七四

【乁部】
乁　几　三・五七四
㐱　㐱　三・五七五
䰜　䰜　三・五七六

【寸部】

寸 三·五七八
峕 三·五七九
將 三·五八二
𢔶 三·五八六
專 三·五九一
尃 三·五九五
導 三·五九七

【皮部】

皮 三·五九八
皰 三·六〇一
皯 三·六〇一
𤿎 三·六〇二
皺 三·六〇二

【㼱部】

㼱 三·六〇二
䰈 三·六〇三

【攴部】

攴 三·六〇三
啟 三·六〇四
徹 三·六一二
肇 三·六一四
敏 三·六一八
敃 三·六二〇
敄 三·六二四
敀 三·六二五
整 三·六二六
效 三·六二六
故 三·六二七
政 三·六二九
𢻱 三·六三〇
敷 三·六三九
敟 三·六四〇
𢿨 三·六四〇
數 三·六四〇
𢿙 三·六四三
孜 三·六四四
攽 三·六四五
𢾕 三·六四五
敳 三·六四六
敞 三·六四七
𢼊 三·六四七
改 三·六四八
變 三·六四八

叓	三·六四九
敕	三·六五四
⿰耳攴	三·六五五
斂	三·六五六
⿰⿱虍束攴	三·六五六
[illegible]	三·六五七
⿰舍攴	三·六五八
敶	三·六五九
敵	三·六五九
救	三·六六〇
敓	三·六六一
斁	三·六六三
赦	三·六六六
攸	三·六六七
攺	三·六七二
敉	三·六七二
⿰豕攴	三·六七四
⿰𠦝攴	三·六七五
敦	三·六七五
⿰埶攴	三·六八〇
敗	三·六八〇
⿰⿸厂鬲攴	三·六八三
寇	三·六八四
數	三·六八八
⿸广敫	三·六八九
⿰念攴	三·六八九
⿰單攴	三·六九〇
收	三·六九一
鼔	三·六九一
⿰弓攴	三·六九二
⿰缶攴	三·六九二
攻	三·六九三
敲	三·六九五
⿰豙攴	三·六九六
⿰⿱丰口攴	三·六九六
⿱⿰木攴产	三·六九六
斀	三·六九八
⿰𠂤攴	三·六九八
敔	三·六九九
⿰黑攴	三·七〇一
鈙	三·七〇二
⿰言攴	三·七〇二
畋	三·七〇二
⿰𧾷攴	三·七〇四
敘	三·七〇五

敚 三·七〇七

攺 三·七〇八

牧 三·七〇八

赦 三·七一三

斂 三·七一三

㪍 三·七一三

【敎部】

敎 三·七一四

斅 三·七一六

【卜部】

卜 三·七二〇

卦 三·七二三

卟 三·七二四

貞 三·七二六

梅 三·七三四

占 三·七二四

卧 三·七三八

兆 三·七三八

【用部】

用 三·七四〇

甫 三·七四九

庸 三·七五四

葡 三·七六〇

甯 三·七六五

【爻部】

爻 三·七六五

棥 三·七六九

【㸚部】

㸚 三·七七〇

爾 三·七七一

爽 三·七七三

【夐部】

夐 三·七六八

昗 三·七七五

夐 三·七七七

闅 三·七七八

【目部】

目 三·七七八

眅 三·七八二

矄 三·七八二

眽 三·七八二

眩 三·七八三

眥 三·七八三

眹 三·七八四

縣 三·七八四

睹 三·七八五

瞻 瞻瞻 三·七八五

眥 眥眥 三·七八六

瞖 瞖瞖 三·七八六

睧 睧睧 三·七八六

眲 眲眲 三·七八七

瞞 瞞瞞 三·七八七

暖 暖暖 三·七八七

暉 暉暉 三·七八七

彎 彎彎 三·七八九

輪 輪輪 三·七八九

盼 盼盼 三·七八九

肝 肝肝 三·七九○

眅 眅眅 三·七九○

睍 睍睍 三·七九○

曨 曨曨 三·七九一

瞵 瞵瞵 三·七九一

宿 宿宿 三·七九一

眊 眊眊 三·七九二

曠 曠曠 三·七九二

睒 睒睒 三·七九二

眴 眴眴 三·七九三

眣 眣眣 三·七九三

矇 矇矇 三·七九四

盰 盰盰 三·七九四

晚 晚晚 三·七九四

眠 眠眠 三·七九五

睨 睨睨 三·七九五

睧 睧睧 三·七九六

眖 眖眖 三·七九六

眈 眈眈 三·七九六

逍 逍逍 三·七九六

昕 昕昕 三·七九七

睘 睘睘 三·七九八

瞳 瞳瞳 三·八○○

眴 眴眴 三·八○○

眕 眕眕 三·八○○

矅 矅矅 三·八○○

睰 睰睰 三·八○一

眾 眾眾 三·八○一

睰 睰睰 三·八○七

眛 眛眛 三·八○九

辦 辦辦 三·八○九

瞥 瞥瞥 三·八○九

眒 眒眒 三·八○九

瞞 瞞瞞 三·八一○

字頭	楷定	頁碼
⿰目享	⿰目享	三·八一〇
瞤	瞤	三·八一〇
矉	矉	三·八一一
智	智	三·八一一
睢	睢	三·八一二
旬	旬	三·八一三
矆	矆	三·八一五
睦	睦	三·八一五
瞻	瞻	三·八一六
⿱𠂔目	⿱𠂔目	三·八一六
⿰目買	⿰目買	三·八一七
⿰目監	⿰目監	三·八一七
⿱啟目	⿱啟目	三·八一七
相	相	三·八一七
瞋	瞋	三·八二〇
⿰目鳥	⿰目鳥	三·八二一
睗	睗	三·八二一
睊	睊	三·八二三
⿰目宿	⿰目宿	三·八二三
睼	睼	三·八二三
⿰目晏	⿰目晏	三·八二三
⿰目冒	⿰目冒	三·八二四
眷	眷	三·八二四
督	督	三·八二四
睎	睎	三·八二五
看	看	三·八二五
瞫	瞫	三·八二五
睡	睡	三·八二六
瞑	瞑	三·八二六
眚	眚	三·八二七
瞥	瞥	三·八二九
眵	眵	三·八二九
蔑	蔑	三·八三〇
眏	眏	三·八三〇
眼	眼	三·八三一
眛	眛	三·八三一
瞯	瞯	三·八三三
眯	眯	三·八三三
眺	眺	三·八三三
睞	睞	三·八三四
睩	睩	三·八三四
眢	眢	三·八三四
眣	眣	三·八三四
矇	矇	三·八三七
眇	眇	三·八三七

字頭	頁碼
齅	四·四七
鼾	四·四八
鼽	四·四八
齂	四·四八
【皕部】	
皕	四·四八
奭	四·四九
【習部】	
習	四·五一
翫	四·五六
【羽部】	
羽	四·五六
翨	四·五九
翰	四·六〇
翟	四·六一
翡	四·六二
翠	四·六二
翦	四·六三
翁	四·六四
翍	四·六四
⿰革羽	四·六四
翹	四·六五
翭	四·六五
翮	四·六五
翑	四·六六
羿	四·六六
翥	四·六六
翕	四·六七
翾	四·六七
翬	四·六七
翏	四·六八
翩	四·六九
翜	四·六九
翊	四·六九
扇	四·七三
⿱㞢羽	四·七三
翱	四·七四
翔	四·七四
翽	四·七四
翯	四·七四
翌	四·七五
翇	四·七五
翳	四·七五
翳	四·七六
翣	四·七七

翻	翻	翻	四·七八
翎	翎	翎	四·七八
⿱工羽	⿱工羽	⿱工羽	四·七八

【隹部】

隹	隹	隹	四·七八
雅	雅	雅	四·八五
隻	隻	隻	四·八六
雒	雒	雒	四·八九
閵	閵	閵	四·八九
巂	巂	巂	四·九一
䧿	䧿	䧿	四·九三
雀	雀	雀	四·九三
⿰火隹	⿰火隹	猚	四·九六
雗	雗	雗	四·九六
雉	雉	雉	四·九七
雊	雊	雊	四·一〇〇
雞	雞	雞	四·一〇一
雛	雛	雛	四·一〇三
雡	雡	雡	四·一〇三
離	離	離	四·一〇四
雕	雕	雕	四·一〇六
䧹	䧹	鷹	四·一〇六
⿰氐隹	⿰氐隹	⿰氐隹	四·一一〇
⿰垂隹	⿰垂隹	⿰垂隹	四·一一〇
雃	雃	雃	四·一一〇
雝	雝	雝	四·一一〇
雂	雂	雂	四·一一七
雁	雁	雁	四·一一七
⿰黎隹	⿰黎隹	⿰黎隹	四·一一八
雐	雐	雐	四·一一八
⿱奴隹	⿱奴隹	⿱奴隹	四·一一八
雇	雇	雇	四·一一九
⿰享隹	⿰享隹	雜	四·一二〇
⿰酉隹	⿰酉隹	⿰酉隹	四·一二〇
⿰支隹	⿰支隹	⿰支隹	四·一二一
堆	堆	堆	四·一二一
⿰⿱𣏟隹攴	⿰⿱𣏟隹攴	⿰⿱𣏟隹攴	四·一二三
隿	隿	隿	四·一二四
雄	雄	雄	四·一二四
雌	雌	雌	四·一二五
⿱罒隹	⿱罒隹	⿱罒隹	四·一二五
雋	雋	雋	四·一二六
⿰阝雚	⿰阝雚	⿰阝雚	四·一二八

【奞部】

奞	奞	奞	四·一二九

羼 羼 羼 四·一九五

【瞿部】

瞿 瞿 瞿 四·一九五

矍 矍 矍 四·一九六

【雔部】

雔 雔 雔 四·一九七

靃 靃 靃 四·一九八

雙 雙 雙 四·一九九

【雥部】

雥 雥 雥 四·二〇〇

䨄 䨄 䨄 四·二〇〇

雧 雧 集 四·二〇一

【鳥部】

鳥 鳥 鳥 四·二〇六

鳳 鳳 鳳 四·二〇八

鸞 鸞 鸞 四·二一八

鸑 鸑 鸑 四·二一八

鷟 鷟 鷟 四·二一九

鷫 鷫 鷫 四·二一九

鷞 鷞 鷞 四·二二〇

鳩 鳩 鳩 四·二二〇

鶌 鶌 鶌 四·二二〇

鵻 鵻 鵻 四·二二〇

鶻 鶻 鶻 四·二二三

鵃 鵃 鵃 四·二二三

鵴 鵴 鵴 四·二二三

鴿 鴿 鴿 四·二二三

鴠 鴠 鴠 四·二二三

鶪 鶪 鶪 四·二二四

鷚 鷚 鷚 四·二二四

鸒 鸒 鸒 四·二二四

鷽 鷽 鷽 四·二二四

鶖 鶖 鶖 四·二二五

鴞 鴞 鴞 四·二二五

鷙 鷙 鷙 四·二二五

鷩 鷩 鷩 四·二二五

鴋 鴋 鴋 四·二二五

鸛 鸛 鸛 四·二二五

鶨 鶨 鶨 四·二二六

鴩 鴩 鴩 四·二二六

鶤 鶤 鶤 四·二二六

鳺 鳺 鳺 四·二二六

舄 舄 舄 四·二二六

鷦 鷦 鷦 四·二二六

䲵 䲵 䲵 四·二二七

䳓	四·二二七
鷙	四·二二七
鶨	四·二二八
鵷	四·二二九
鳿	四·二二九
鶛	四·二二九
鷞	四·二二九
鷗	四·二二九
鴲	四·二三〇
鵅	四·二三〇
鸔	四·二三〇
鶴	四·二三〇
鷺	四·二三一
鵲	四·二三一
鴻	四·二三一
梟	四·二三二
鴐	四·二三二
鴦	四·二三二
鷄	四·二三二
鵱	四·二三二
鴚	四·二三二
鵝	四·二三三
鴈	四·二三三
鶩	四·二三三
鷖	四·二三三
鶈	四·二三四
鸊	四·二三四
鸏	四·二三四
鷊	四·二三四
䴙	四·二三五
鷉	四·二三五
鸕	四·二三六
鷀	四·二三六
鷧	四·二三七
鴔	四·二三七
鵖	四·二三七
鴾	四·二三七
鷅	四·二三七
鷗	四·二三八
鴃	四·二三八
鷫	四·二三八
鶃	四·二三八
鶇	四·二三九
鴗	四·二三九
鶬	四·二三九

⿰臣鳥	四・二四〇
鵁	四・二四〇
鶄	四・二四一
鳽	四・二四一
⿰鳥戠	四・二四一
鴜	四・二四一
鷻	四・二四一
鳶	四・二四二
⿵門鳥	四・二四三
鵅	四・二四三
鷹	四・二四三
鴡	四・二四三
鸛	四・二四四
鸇	四・二四四
鷊	四・二四五
鷙	四・二四五
鴥	四・二四六
鶯	四・二四六
鴝	四・二四六
鵒	四・二四六
鷩	四・二四七
鵔	四・二四七
鸃	四・二四七
鷮	四・二四七
鶂	四・二四八
鴆	四・二四八
鸚	四・二四九
䳇	四・二四九
鶮	四・二四九
鷕	四・二四九
鸓	四・二四九
鶾	四・二五〇
⿰女鳥	四・二五一
⿰火鳥	四・二五一
鷇	四・二五一
鳴	四・二五三
鶱	四・二五四
鳻	四・二五四
⿸广鳥	四・二五四
鶘	四・二五四
鴨	四・二五五
鵡	四・二五五

【烏部】

烏	四・二五五
舄	四・二六一

【𣦼部】

𣦼　四·三六五
叡　四·三六八
𣦿　四·三六九
𣦾　四·三七一
叡　四·三七一

【歺部】

歹　四·三七二
⿰歹委　四·三七六
殙　四·三七六
殰　四·三七七
歾　四·三七七
⿰歹卒　四·三七七
殊　四·三七八
殟　四·三八〇
殤　四·三八〇
殂　四·三八一
殛　四·三八一
殪　四·三八一
⿱莫歹　四·三八二
殯　四·三八二
殔　四·三八二
殣　四·三八三
殠　四·三八三
殨　四·三八三
⿰歹丂　四·三八三
殆　四·三八四
殃　四·三八四
殘　四·三八五
殄　四·三八五
殲　四·三八六
殫　四·三八六
殬　四·三八六
⿰歹羸　四·三八六
⿰歹豈　四·三八六
⿰歹丙　四·三八七
殖　四·三八七
⿰歹古　四·三八八
⿰歹奇　四·三八八

【𣦻部】

死　四·三八八
薨　四·三九九
薧　四·三九九
⿰歹欸　四·四〇〇

【冎部】

冎 冎冎冎 四·四〇〇

剮 刐別 四·四〇五

髀 牌脾牌 四·四〇五

【骨部】

骨 骨骨骨 四·四〇五

髑 髑髑 四·四〇六

髏 髏髏 四·四〇七

髆 髆髆 四·四〇七

髖 髖髖髖 四·四〇七

骿 骿骿 四·四〇七

髁 髁髁髁 四·四〇八

骹 骹骹骹 四·四〇八

髓 髓髓 四·四〇八

髓 髓髓 四·四〇八

骴 骴骴 四·四〇九

骼 骼骼骼 四·四〇九

骸 骸骸 四·四〇九

骭 骭骭 四·四〇九

骹 骹骹 四·四一〇

髓 髓髓 四·四一〇

體 體體體 四·四一〇

髖 髖髖 四·四一一

骴 骴骴 四·四一一

髀 髀髀髀 四·四一二

骴 骴骴 四·四一二

體 體體 四·四一三

髓 髓髓 四·四〇八

【肉部】

肉 肉肉 四·四二二

脄 脄脄 四·四二三

膜 膜膜 四·四二四

脂 脂脂 四·四二四

肌 肌肌 四·四二五

臚 臚臚 四·四一五

肫 肫肫 四·四一八

朕 朕朕 四·四一八

脣 脣脣 四·四一八

脛 脛脛 四·四一九

肓 肓肓 四·四二〇

腎 腎腎 四·四二〇

肺 肺肺 四·四二〇

脾 脾脾 四·四二一

字	頁碼
肝	四·四二一
膽	四·四二三
胃	四·四二三
脬	四·四二四
腸	四·四二四
膏	四·四二五
肪	四·四二六
膺	四·四二六
肊	四·四二七
背	四·四二七
脅	四·四二八
膀	四·四二八
脟	四·四二八
肋	四·四二九
胂	四·四二九
脢	四·四二九
肩	四·四三〇
胳	四·四三〇
胠	四·四三一
臂	四·四三二
臑	四·四三三
肘	四·四三三
臍	四·四三四
腹	四·四三五
腴	四·四三七
脽	四·四三七
胅	四·四三八
胯	四·四三九
股	四·四三九
脚	四·四三九
脛	四·四三九
胻	四·四四〇
腓	四·四四〇
腨	四·四四一
胑	四·四四一
胲	四·四四一
肖	四·四四一
胤	四·四四九
胄	四·四五一
肎	四·四五二
膻	四·四五三
䑋	四·四五三
䐊	四·四五四
臞	四·四五四
脱	四·四五四

脉	四·四五四
臠	四·四五五
膌	四·四五七
胥	四·四五八
胗	四·四五八
腄	四·四五九
胝	四·四五九
肬	四·四五九
肒	四·四五九
腫	四·四五九
胅	四·四六〇
脪	四·四六〇
[illegible]	四·四六一
臘	四·四六一
膢	四·四六二

朓	四·四六三
胙	四·四六三
隋	四·四六三
膳	四·四六四
腬	四·四六五
肴	四·四六五
腆	四·四六六
腯	四·四六七
䏟	四·四六七
胡	四·四六七
胘	四·四七六
膍	四·四七六
胵	四·四七七
膘	四·四七七
肎	四·四七七

膫	四·四七八
脯	四·四七八
脩	四·四七八
膎	四·四七九
脼	四·四八〇
膊	四·四八〇
脘	四·四八〇
朐	四·四八一
膴	四·四八一
胥	四·四八一
腒	四·四八二
肍	四·四八二
䐹	四·四八三
[illegible]	四·四八三
脡	四·四八三

腤　四·四八三
胹　四·四八三
[月員]　四·四八四
胜　四·四八四
臊　四·四八五
膮　四·四八五
腥　四·四八五
脂　四·四八七
[月貟]　四·四八八
膩　四·四八八
膜　四·四八八
[月弱]　四·四八九
[月雈]　四·四八九
膹　四·四八九
[月爲]　四·四八九

胾　四·四九〇
[月枼]　四·四九五
膾　四·四九五
腌　四·四九五
脃　四·四九五
膬　四·四九六
散　四·四九六
膊　四·四九八
腏　四·四九八
[月士]　四·四九九
[月臽]　四·五〇〇
肰　四·五〇二
[月真]　四·五〇二
[月冘]　四·五〇三
膠　四·五〇三

𣎆　四·五〇三
[月且]　四·五〇七
肙　四·五〇七
腐　四·五〇八
肯　四·五〇八
肥　四·五一二
脊　四·五一三
朘　四·五一四
腔　四·五一四
朐　四·五一四
[月忍]　四·五一五

【筋部】

筋　四·五一五
[竹肋]　四·五一六
[竹月勺]　四·五一六

【刀部】

刀	四·五一六
釗	四·五二〇
⿰⿱罒甹刂	四·五二〇
削	四·五二一
⿰句刂	四·五二三
剴	四·五二三
剞	四·五二三
劂	四·五二三
利	四·五二三
剡	四·五二八
初	四·五二九
剪	四·五三三
則	四·五三三
剛	四·五四〇
剬	四·五四七
劊	四·五五一
切	四·五五一
刌	四·五五一
[illegible]	四·五五二
刉	四·五五四
劌	四·五五四
刻	四·五五五
副	四·五五六
剖	四·五五六
辨	四·五五七
判	四·五五八
剫	四·五五八
[illegible]	四·五五八
列	四·五五九
刊	四·五六〇
剟	四·五六〇
刪	四·五六〇
劈	四·五六一
剝	四·五六一
割	四·五六二
⿱林⿱冖刀	四·五六三
劃	四·五六三
剈	四·五六四
劀	四·五六四
劑	四·五六四
刷	四·五六五
刮	四·五六五
剽	四·五六五
刲	四·五六六

艣 艣 䑻 四·六〇三

艜 艜 艘 四·六〇四

䑽 䑽 艎 四·六〇四

䑏 䑏 艘 四·六〇四

䬴 䬴 養 四·六〇四

䑧 䑧 艎 四·六〇五

䑩 䑩 艏 四·六〇六

䑢 䑢 舶 四·六〇六

䑓 䑓 舨 四·六〇六

䑔 䑔 胅 四·六〇六

䑖 䑖 艎 四·六〇七

䑗 䑗 觸 四·六〇七

艀 艀 艀 四·六〇八

舩 舩 船 四·六〇九

衡 衡 四·六〇九

譽 闔 譽 四·六〇九

匭 匭 匭 四·六二一

䑡 䑡 舳 四·六二二

䞍 䞍 舩 四·六二二

䑊 䑊 舺 四·六二二

艐 艐 艑 四·六二二

艕 艕 艒 四·六二二

觢 觢 觢 四·六一三

胳 胳 胳 四·六一三

艄 艄 艂 四·六一三

觶 觶 解 四·六一五

䑠 䑠 觶 四·六一六

䑛 䑛 䑛 四·六一八

䑈 䑈 䑈 四·六一八

䑌 䑌 䑌 四·六一九

舐 舐 舐 四·六二一

饕 饕 饕 四·六二五

䀭 䀭 䀭 四·六二三

䑊 䑊 䑊 四·六二三

䑏 䑏 䑏 四·六二三

艏 艏 艏 四·六二三

艎 艎 艎 四·六二二

匭 匭 匭 四·六二一

竹 竹 竹 四·六二六

簫 簫 箭 四·六二八

箘 箘 箘 四·六二八

簬 簬 簬 四·六二八

筱 筱 筱 四·六二九

簜 簜 簜 四·六三〇

𥳑	𥳑	四·六三〇
筍	筍	四·六三一
䈡	䈡	四·六三二
箁	箁	四·六三二
簪	簪	四·六三三
節	節	四·六三三
筡	筡	四·六三五
篡	篡	四·六三六
笢	笢	四·六三六
笨	笨	四·六三六
䈵	䈵	四·六三六
篸	篸	四·六三六
篆	篆	四·六三七
籒	籀	四·六三七
篇	篇	四·六三七

籍	籍	四·六三七
篁	篁	四·六三八
𥳑	𥳑	四·六三八
𥰌	𥰌	四·六三八
籥	籥	四·六三八
𥺼	𥺼	四·六三九
簡	簡	四·六三九
笐	笐	四·六四〇
篰	篰	四·六四〇
等	等	四·六四〇
笵	笵	四·六四二
箋	箋	四·六四二
符	符	四·六四三
簭	筮	四·六四四
笄	笄	四·六四五

笸	笸	四·六四六
篗	篗	四·六四六
筳	筳	四·六四七
筦	筦	四·六四七
竽	竽	四·六四七
笮	笮	四·六四七
簾	簾	四·六四八
簀	簀	四·六四九
第	第	四·六四九
筵	筵	四·六四九
簟	簟	四·六四九
籧	籧	四·六五〇
篨	篨	四·六五〇
籭	籭	四·六五一
籓	籓	四·六五一

籋 四·六五一
籔 四·六五一
箅 四·六五一
⿱竹捎 四·六五二
⿱竹稍 四·六五二
筥 四·六五二
笥 四·六五四
簞 四·六五四
簁 四·六五五
箄 四·六五五
篿 四·六五五
箸 四·六五五
簍 四·六五六
筤 四·六五六
籃 四·六五六

篝 四·六五六
笿 四·六五七
⿱竹夆 四·六五七
籢 四·六五八
籫 四·六五八
籯 四·六五九
⿱竹⿰角刂 四·六五九
簋 四·六五九
簠 四·六六五
籩 四·六六八
⿱竹乇 四·六六九
篅 四·六六九
簏 四·六七〇
⿱竹昜 四·六七〇
筩 四·六七一

箯 四·六七一
笯 四·六七一
竿 四·六七一
籗 四·六七二
箇 四·六七二
筊 四·六七四
筰 四·六七四
⿱竹沽 四·六七五
⿱竹建 四·六七五
籠 四·六七五
⿱竹襄 四·六七六
⿱竹互 四·六七六
簝 四·六七七
⿱竹⿸广豕 四·六七七
⿱竹免 四·六七七

（上段　右→左）

字	編號
簏	四·六八七
箱	四·六七八
籭	四·六七八
籭	四·六七八
笿	四·六八〇
箱	四·六八〇
笠	四·六八〇
篸	四·六七八
箟	四·六八一
箣	四·六八一
策	四·六八二
筵	四·六八三
筊	四·六八三
筍	四·六八三
簸	四·六八四

（中段　右→左）

字	編號
策	四·六八六
笨	四·六八七
籤	四·六八七
管	四·六八七
笪	四·六八八
笟	四·六八八
篅	四·六八八
篋	四·六八九
籛	四·六八九
笙	四·六八九
竽	四·六九〇
箾	四·六九〇
箟	四·六九〇
筒	四·六九一
籲	四·六九一

（下段　右→左）

字	編號
箹	四·六九二
管	四·六九二
篴	四·六九三
笛	四·六九三
筑	四·六九四
箏	四·六九五
觚	四·六九五
篍	四·六九五
篫	四·六九六
簧	四·六九六
簿	四·六九六
籄	四·六九六
篸	四·六九六
簃	四·六九六
篽	四·六九七

（竹部 続き・算部・丌部）

字	番号
篝	四·六九七
簎	四·六九八
笑	四·六九九
筠	四·七〇一
筱	四·七〇一
笏	四·七〇一
篋	四·七〇一
篙	四·七〇二
【算部】篹	四·七〇二
簬	四·七〇三
【丌部】丌	四·七〇三
辺	四·七〇四
典	四·七〇五

（丌部 続き・左部・工部・玨部）

字	番号
顨	四·七〇七
畀	四·七〇八
弄	四·七一三
巽	四·七二五
【左部】左	四·七三三
差	四·七三九
【工部】工	四·七四二
式	四·七五四
巧	四·七五五
巨	四·七五五
【玨部】玨	四·七五八
窫	四·七五九

（巫部・甘部・曰部）

字	番号
【巫部】巫	四·七六〇
覡	四·七六四
【甘部】甘	四·七六五
甜	四·七六八
猒	四·七六九
厭	四·七七一
甚	四·七七三
【曰部】曰	五·一
曹	五·六
曷	五·一〇
曶	五·一一
替	五·一三

沓 五・一二
曹 五・一五

【乃部】

乃 五・一九
卤 五・二三
𠧪 五・二六

【丂部】

丂 五・二九
粤 五・三三
寧 五・三五
𢎘 五・三八

【可部】

可 五・三八
奇 五・四〇
哿 五・四二
哥 五・四二
叵 五・四二

【兮部】

兮 五・四二
𦏧 五・四四
羲 五・四五
乎 五・四七

【号部】

号 五・五一
號 五・五二

【亏部】

于 五・五四
虧 五・六〇
粵 五・六一
吁 五・六三
平 五・六四

【旨部】

旨 五・六八
嘗 五・七二

【喜部】

喜 五・七三
憙 五・七六
嚭 五・七七

【壴部】

壴 五・七七
尌 五・八二
𡔷 五・八三
彭 五・八四
嘉 五・八六

虘 五·一五三
䖑 五·一五四
虪 五·一五四
虦 五·一五四
彪 五·一五四
[illegible] 五·一五五
[illegible] 五·一五五
虓 五·一五五
[illegible] 五·一五五
[illegible] 五·一五六
虢 五·一五七
虒 五·一六〇
[illegible] 五·一六二
虣 五·一六二
䖘 五·一六四

【虤部】

虤 五·一六四
𧈅 五·一六六
贙 五·一六七

【皿部】

皿 五·一六七
盂 五·一六九
盌 五·一七三
盛 五·一七四
齍 五·一七六
𥁕 五·一七九
盧 五·一八二
[illegible] 五·一九三
盄 五·一九五
盎 五·一九六
盆 五·一九六
[illegible] 五·一九七
盨 五·一九七
[illegible] 五·二〇一
[illegible] 五·二〇一
醯 五·二〇二
盉 五·二〇三
益 五·二〇七
盈 五·二一一
盡 五·二一三
盅 五·二一四
盦 五·二一四
昷 五·二一五
盥 五·二一六
盪 五·二三〇

【鬯部】

鬯　鬯　五・三〇〇
鬱　鬱　五・三〇四
爵　爵　五・三〇六
䰞　䰞　五・三一三
𩰪　𩰪　五・三一五

【食部】

食　食　五・三一五
餴　餴　五・三二三
餾　餾　五・三二六
飪　飪　五・三二六
饔　饔　五・三二七
飴　飴　五・三三〇
餳　餳　五・三三一
饊　饊　五・三三一
餅　餅　五・三三二
餈　餈　五・三三二
饘　饘　五・三三三
餱　餱　五・三三三
餥　餥　五・三三三
饎　饎　五・三三三
籑　籑　五・三三四
養　養　五・三三五
飯　飯　五・三三八
𩚳　𩚳　五・三三八
飤　飤　五・三三九
饡　饡　五・三四三
𩜼　𩜼　五・三四四
飧　飧　五・三四七
餔　餔　五・三四八
餐　餐　五・三四八
𩟄　𩟄　五・三五〇
饁　饁　五・三五〇
饟　饟　五・三五〇
餉　餉　五・三五一
饋　饋　五・三五一
饗　饗　五・三五七
饛　饛　五・三五八
飵　飵　五・三五八
𩛅　𩛅　五・三五八
饐　饐　五・三五九
䭓　䭓　五・三五九
餬　餬　五・三五九
飶　飶　五・三五九
䬸　䬸　五・三六〇

全 五·四三一
从 五·四三五

【缶部】

缶 五·四三五
㲉 五·四四一
匋 五·四四一
罌 五·四四五
⿱爫缶 五·四四六
⿰缶咅 五·四四八
缾 五·四四八
罋 五·四四九
⿰缶乏 五·四四九
罃 五·四五〇
缸 五·四五〇
⿰缶或 五·四五一
⿰缶薦 五·四五一
䍃 五·四五一
䍡 五·四五一
⿰缶占 五·四五三
缺 五·四五三
罅 五·四五四
罄 五·四五四
罊 五·四五四
⿰缶后 五·四五四
罐 五·四五五

【矢部】

矢 五·四五五
⿰身矢 五·四七〇
矯 五·四七六
矰 五·四七七
侯 五·四七九
⿰矢昜 五·四八五
短 五·四八五
矤 五·四八六
知 五·四八七
矣 五·四八八
矮 五·四八九

【高部】

高 五·四八九
高 五·四九五
亭 五·四九六
亳 五·四九九

【冂部】

冂 五·五一二
市 五·五一七

【亯部】　【京部】　【㐭部】

尢　五・五二〇
央　五・五二一
崔　五・五二四
【亯部】
戲　五・五二五
亯　五・五二五
【京部】
京　五・五三三
京　五・五三五
就　五・五四三
【㐭部】
㐭　五・五四八
辜　五・五五四
管　五・五五八
亯　五・五五九

【畐部】　【向部】　【嗇部】

昚　五・五六〇
覃　五・五六二
厚　五・五六七
【畐部】
畐　五・五七〇
良　五・五七三
【向部】
向　五・五八一
稟　五・五九〇
亶　五・五九三
啚　五・五九四
【嗇部】
嗇　五・五九八
牆　五・六〇六

【來部】　【麥部】

【來部】
來　五・六〇九
棶　五・六一九
【麥部】
麥　五・六二九
麳　五・六二九
麲　五・六二六
麳　五・六二六
麩　五・六二六
麪　五・六二七
麩　五・六二七
麶　五・六三七
麷　五・六三八
麭　五・六三八
麶　五・六三八

⿰麥宂　五·六三九
⿰麥才　五·六三九

【夊部】

夊　五·六三九
夋　五·六四〇
复　五·六四八
夌　五·六五〇
致　五·六五三
憂　五·六五五
愛　五·六五七
⿸尸夊　五·六五八
竷　五·六五九
⿱爫夊　五·六五九
夏　五·六六〇
畟　五·六六八
⿱囟夊　五·六六九
夒　五·六六九
夔　五·六七五
⿱覀夊　五·六八五

【舛部】

舛　五·六八五
舞　五·六八五
舝　五·六九〇

【舜部】

舜　五·六九〇
䑞　五·六九一

【韋部】

韋　五·六九二
韠　五·七〇一
韎　五·七〇一
韢　五·七〇三
韜　五·七〇三
韝　五·七〇四
韘　五·七〇四
韣　五·七〇四
韔　五·七〇五
⿰韋叚　五·七〇五
⿰韋段　五·七〇六
韤　五·七〇六
⿰韋專　五·七〇七
韏　五·七〇七
⿰韋焦　五·七〇七
韓　五·七〇八
韌　五·七〇九

【弟部】
弟 弟 五·七二〇
罤 罤 五·七二三
【夂部】
夂 夂 五·七二四
夆 夆 五·七二四
夆 夆 五·七二五
夅 夅 五·七二六
夃 夃 五·七二七
午 㐄 五·七二七
【久部】
久 久 五·七二八
【桀部】
桀 桀 五·七三一
磔 磔 五·七三三
椉 乘 五·七三三
【木部】
木 木 五·七二八
橘 橘 五·七三四
橙 橙 五·七三四
柚 柚 五·七三四
樝 樝 五·七三四
棃 棃 五·七四〇
梬 梬 五·七四〇
柹 柿 五·七四一
枏 枏 五·七四一
梅 梅 五·七四一
杏 杏 五·七四二
柰 柰 五·七四五
李 李 五·七四六
桃 桃 五·七四七
楙 楙 五·七四七
亲 亲 五·七四八
楷 楷 五·七五〇
梫 梫 五·七五〇
桂 桂 五·七五〇
棠 棠 五·七五一
杜 杜 五·七五一
槢 槢 五·七五三
樿 樿 五·七五三
椲 椲 五·七五三
楢 楢 五·七五四
梎 梎 五·七五四
棆 棆 五·七五五
楈 楈 五·七五五

柍 五·七五五
楧 五·七五六
格 五·七五六
椆 五·七五七
樕 五·七五七
⿰木彝 五·七五七
桍 五·七五七
棳 五·七五八
號 五·七五八
棪 五·七五九
椯 五·七六〇
椋 五·七六〇
檍 五·七六〇
櫝 五·七六一
楟 五·七六一

楀 五·七六一
蘽 五·七六一
楰 五·七六一
栟 五·七六一
梭 五·七六二
檟 五·七六二
椅 五·七六三
梓 五·七六三
楸 五·七六四
⿰木善 五·七六四
椵 五·七六五
檆 五·七六五
榛 五·七六五
梳 五·七六六
杶 五·七六六

楕 五·七六七
桵 五·七六七
棫 五·七六七
⿰木息 五·七六九
椐 五·七六九
欑 五·七六九
栩 五·七六九
柔 五·七七〇
樣 五·七七〇
杙 五·七七〇
枇 五·七七三
桔 五·七七三
柞 五·七七四
⿰木乎 五·七七五
⿰木朁 五·七七五

字頭	楷定	頁碼
椽	椽	五·七七五
椵	椵	五·七七六
橞	橞	五·七七六
楛	楛	五·七七七
櫅	櫅	五·七七七
朸	朸	五·七七八
櫇	櫇	五·七七八
樲	樲	五·七七八
樸	樸	五·七七八
橪	橪	五·七七九
柅	柅	五·七七九
梢	梢	五·七七九
㯮	㯮	五·七七九
㭋	㭋	五·七七九
梫	梭	五·七八〇

字頭	楷定	頁碼
𣝗	𣝗	五·七八〇
楋	楋	五·七八〇
枸	枸	五·七八〇
樜	樜	五·七八一
枋	枋	五·七八一
橿	橿	五·七八二
樗	樗	五·七八二
檗	檗	五·七八三
橯	橯	五·七八三
榝	榝	五·七八三
椷	椷	五·七八三
楊	楊	五·七八三
檉	檉	五·七八四
桺	柳	五·七八四
樛	樛	五·七八八

字頭	楷定	頁碼
欒	欒	五·七八八
栘	栘	五·七八八
棣	棣	五·七八九
枳	枳	五·七八九
楓	楓	五·七九〇
權	權	五·七九〇
柜	柜	五·七九三
槐	槐	五·七九三
榖	榖	五·七九四
楮	楮	五·七九四
檵	檵	五·七九四
杞	杞	五·七九五
枒	枒	五·八〇〇
檀	檀	五·八〇〇
櫟	櫟	五·八〇〇

梂　梂　五·八〇一
棟　棟　五·八〇一
檿　檿　五·八〇一
柘　柘　五·八〇一
楖　楖　五·八〇二
檈　檈　五·八〇二
梧　梧　五·八〇二
榮　榮　五·八〇三
桐　桐　五·八〇五
橎　橎　五·八〇六
楡　楡　五·八〇六
枌　枌　五·八一〇
梗　梗　五·八一〇
樵　樵　五·八一一
松　松　五·八一一

樠　樠　五·八一二
檜　檜　五·八一二
樅　樅　五·八一二
柏　柏　五·八一二
机　机　五·八一三
枮　枮　五·八一三
梇　梇　五·八一三
楰　楰　五·八一三
栬　栬　五·八一三
杒　杒　五·八一四
櫏　櫏　五·八一四
榙　榙　五·八一四
某　某　五·八一四
櫾　櫾　五·八一八
樹　樹　五·八一八

本　本　五·八一九
柢　柢　五·八二三
朱　朱　五·八二三
根　根　五·八二八
株　株　五·八二九
末　末　五·八二九
櫻　櫻　五·八三〇
果　果　五·八三〇
橡　橡　五·八三三
杈　杈　五·八三三
枝　枝　五·八三三
朴　朴　五·八三四
條　條　五·八三四
枚　枚　五·八三七
栞　栞　五·八三九

木

臬	櫜	五・八四〇
枈	枈	五・八四〇
枖	枖	五・八四〇
槙	槙	五・八四一
梃	梃	五・八四一
櫐	櫐	五・八四一
櫻	標	五・八四二
杪	杪	五・八四二
朶	朵	五・八四二
根	根	五・八四三
橺	橺	五・八四三
枵	枵	五・八四四
柖	柖	五・八四四
榣	榣	五・八四四
樛	樛	五・八四四
杓	朻	五・八四五
桂	柱	五・八四六
橈	橈	五・八四六
枎	枎	五・八四七
橋	橋	五・八四七
朴	朴	五・八四七
楣	榴	五・八四八
槮	槮	五・八四八
梴	梴	五・八四八
橚	橚	五・八四八
杕	杕	五・八四八
橡	橡	五・八四九
格	格	五・八五〇
槷	槷	五・八五一
枯	枯	五・八五二
槀	槁	五・八五二
樸	樸	五・八五三
槙	槙	五・八五三
柔	柔	五・八五四
柝	柝	五・八五五
朸	朸	五・八五六
材	材	五・八五六
柴	柴	五・八五六
榑	榑	五・八五八
杲	杲	五・八五八
杳	杳	五・八五九
梛	梛	五・八六〇
栽	栽	五・八六〇
築	築	五・八六三
榦	榦	五・八六四

檥	檥	五·八六五
構	構	五·八六五
模	模	五·八六六
桴	桴	五·八六六
棟	棟	五·八六六
極	極	五·八六七
柱	柱	五·八六七
楹	楹	五·八六八
樘	樘	五·八六八
榰	榰	五·八六九
⿰木谷	⿰木谷	五·八六九
欂	欂	五·八七〇
櫨	櫨	五·八七〇
枅	枅	五·八七一
栵	栵	五·八七三

栭	栭	五·八七三
檼	檼	五·八七三
橑	橑	五·八七三
桷	桷	五·八七四
椽	椽	五·八七四
榱	榱	五·八七四
楣	楣	五·八七四
梠	梠	五·八七五
㮰	㮰	五·八七五
櫋	櫋	五·八七六
檐	檐	五·八七六
橝	橝	五·八七八
樀	樀	五·八七八
植	植	五·八七九
樞	樞	五·八八〇

槏	槏	五·八八〇
樓	樓	五·八八〇
龔	龔	五·八八一
楯	楯	五·八八一
櫺	櫺	五·八八二
杗	杗	五·八八二
棟	棟	五·八八三
杇	杇	五·八八三
槾	槾	五·八八三
椳	椳	五·八八三
梋	梋	五·八八四
梱	梱	五·八八四
榍	榍	五·八八四
柤	柤	五·八八四
槍	槍	五·八八五

字	楷	頁碼
楗	楗	五·八八五
櫼	櫼	五·八八六
楔	楔	五·八八六
柵	栅	五·八八六
杝	杝	五·八八七
欜	欜	五·八八七
桓	桓	五·八八八
楃	楃	五·八八九
橦	橦	五·八八九
杠	杠	五·八九〇
桯	桯	五·八九〇
桱	桱	五·八九一
牀	牀	五·八九一
枕	枕	五·八九四
椷	椷	五·八九四

字	楷	頁碼
櫝	櫝	五·八九四
櫛	櫛	五·八九五
梳	梳	五·八九五
枱	枱	五·八九五
槈	槈	五·八九六
[illegible]	[illegible]	五·八九六
苿	苿	五·八九七
相	相	五·八九八
梠	枱	五·九〇〇
楎	楎	五·九〇一
櫌	櫌	五·九〇二
欘	欘	五·九〇二
櫡	櫡	五·九〇二
杷	杷	五·九〇二
椴	椴	五·九〇三

字	楷	頁碼
柃	柃	五·九〇三
柫	柫	五·九〇三
枷	枷	五·九〇三
杵	杵	五·九〇四
槩	概	五·九〇四
杚	杚	五·九〇五
楣	楣	五·九〇五
柶	柶	五·九〇六
桮	桮	五·九〇六
槃	槃	五·九〇七
榹	榹	五·九一一
案	案	五·九一一
檈	檈	五·九一二
椷	椷	五·九一二
枓	枓	五·九一三

杓	杓	五·九一三
櫑	櫑	五·九一三
椑	椑	五·九一五
榼	榼	五·九一五
樀	樀	五·九一五
槌	槌	五·九一六
⿰木寺	⿰木寺	五·九一六
梭	⿰木关	五·九一六
樨	槤	五·九一七
櫎	櫎	五·九一七
暴	暴	五·九一七
檕	檕	五·九一八
檷	檷	五·九一八
機	機	五·九一九
榺	榺	五·九一九

杼	杼	五·九一九
椱	椱	五·九二〇
楥	楥	五·九二〇
核	核	五·九二一
楄	棚	五·九二三
棧	棧	五·九二三
栫	栫	五·九二三
槶	槶	五·九二三
梯	梯	五·九二三
棖	棖	五·九二三
桊	桊	五·九二四
椯	椯	五·九二四
檿	檿	五·九二四
樴	樴	五·九二五
枝	杖	五·九二五

柭	柭	五·九二五
棓	棓	五·九二五
椎	椎	五·九二六
柯	柯	五·九二七
梲	梲	五·九二七
柄	柄	五·九二八
柲	柲	五·九二八
欑	欑	五·九二九
杘	杘	五·九三〇
榜	榜	五·九三〇
檄	檄	五·九三一
檃	檃	五·九三一
栝	栝	五·九三一
棊	棊	五·九三三
椄	椄	五·九三四

桻	桻	五·九三五
栝	栝	五·九三六
槽	槽	五·九三六
臬	臬	五·九三六
桶	桶	五·九三八
櫓	櫓	五·九三八
樂	樂	五·九三九
柎	柎	五·九四七
枹	枹	五·九四七
椌	椌	五·九四八
柷	柷	五·九四八
槧	槧	五·九四九
札	札	五·九四九
檢	檢	五·九五一
檄	檄	五·九五一
棨	棨	五·九五二
⿰禾𢼄	⿱𢼄禾	五·九五二
枑	枑	五·九五三
梐	梐	五·九五三
极	极	五·九五三
⿰木去	⿰木去	五·九五四
槅	槅	五·九五四
橾	橾	五·九五四
楇	楇	五·九五五
枊	枊	五·九五五
棝	棝	五·九五五
櫽	櫽	五·九五六
榷	榷	五·九五六
橋	橋	五·九五七
梁	梁	五·九五七
⿰木叜	⿰木叟	五·九六一
機	機	五·九六一
楫	楫	五·九六一
欚	欚	五·九六二
校	校	五·九六二
樔	樔	五·九六三
采	采	五·九六三
柿	柿	五·九六九
橫	橫	五·九七〇
梜	梜	五·九七〇
桄	桄	五·九七〇
⿰木舄	⿰木舄	五·九七一
椓	椓	五·九七一
⿰木亍	朾	五·九七一
柧	柧	五·九七一

椶	椶	五·九七二
欑	欑	五·九七二
杇	枰	五·九七三
柆	柆	五·九七三
槎	槎	五·九七四
柮	柮	五·九七四
檮	檮	五·九七四
析	析	五·九七五
棷	棷	五·九七八
梡	梡	五·九七八
棞	棞	五·九七八
楄	楄	五·九七九
楅	楅	五·九七九
枼	枼	五·九七九
㯹	標	五·九八三
休	休	五·九八四
𣓌	桓	五·九八九
械	械	五·九九〇
杽	杽	五·九九〇
桎	桎	五·九九一
梏	梏	五·九九二
櫪	櫪	五·九九三
㯕	㯕	五·九九四
檻	檻	五·九九四
櫳	櫳	五·九九四
柙	柙	五·九九五
棺	棺	五·九九八
櫬	櫬	五·九九九
槥	槥	五·九九九
槨	椁	五·九九九
楬	楬	五·一〇〇一
梟	梟	五·一〇〇二
棐	棐	五·一〇〇二
梔	梔	五·一〇〇三
榭	榭	五·一〇〇三
槊	槊	五·一〇〇六
椸	椸	五·一〇〇六
榻	榻	五·一〇〇七
櫃	櫃	五·一〇〇七
櫂	櫂	五·一〇〇七
槔	槔	五·一〇〇七
椿	椿	五·一〇〇七
櫻	櫻	五·一〇〇七
楝	楝	五·一〇〇七

【東部】

東 東 東　六·一

𣗥 𣗥 𣗥　六·九

【林部】

林 林 林　六·一一

𣞤 𣞤 𣞤　六·一四

鬱 鬱 鬱　六·一七

楚 楚 楚　六·一九

棽 棽 棽　六·二五

楙 楙 楙　六·二五

麓 麓 麓　六·二六

棼 棼 棼　六·二九

森 森 森　六·二九

梵 梵 梵　六·三〇

【才部】

才 才 才　六·三〇

【叒部】

叒 叒 叒　六·三九

桑 桑 桑　六·四五

【㞢部】

㞢 㞢 之　六·四九

㞷 㞷 㞷　六·六五

【帀部】

帀 帀 帀　六·六八

師 師 師　六·七〇

【出部】

出 出 出　六·七四

敖 敖 敖　六·八〇

𧶠 𧶠 賣　六·八〇

糶 糶 糶　六·八一

䊮 䊮 䊮　六·八一

【𣎵部】

𣎵 𣎵 𣎵　六·八一

𢍰 𢍰 𢍰　六·八二

索 索 索　六·八二

孛 孛 孛　六·八五

𠂔 𠂔 𠂔　六·八六

南 南 南　六·八七

【生部】

生 生 生　六·九五

丰 丰 丰　六·九九

產 產 產　六·一〇〇

隆 隆 隆　六·一〇一

甤 甤 甤　六·一〇三

贛	贛	贛	六·一八六
賚	賚	賚	六·一八七
賞	賞	賞	六·一八八
賜	賜	賜	六·一八九
貤	貤	貤	六·一九〇
贏	贏	贏	六·一九〇
賴	賴	賴	六·一九一
負	負	負	六·一九三
貯	貯	貯	六·一九三
貳	貳	貳	六·二〇〇
賓	賓	賓	六·二〇一
賒	賒	賒	六·二〇七
貰	貰	貰	六·二〇八
贅	贅	贅	六·二〇八
質	質	質	六·二〇九

貿	貿	貿	六·二一一
贖	贖	贖	六·二一二
費	費	費	六·二一二
責	責	責	六·二一三
賈	賈	賈	六·二一五
𧶠	𧶠	𧶠	六·二一六
販	販	販	六·二一八
買	買	買	六·二一八
賤	賤	賤	六·二二〇
賦	賦	賦	六·二二一
貪	貪	貪	六·二二三
貶	貶	貶	六·二二四
貧	貧	貧	六·二二四
賃	賃	賃	六·二二五
賕	賕	賕	六·二二五

購	購	購	六·二二六
䝿	䝿	䝿	六·二二六
貲	貲	貲	六·二二七
賨	賨	賨	六·二二七
賣	賣	賣	六·二二七
貴	貴	貴	六·二二九
賏	賏	賏	六·二三三
貺	貺	貺	六·二三三
賵	賵	賵	六·二三三
賭	賭	賭	六·二三四
貼	貼	貼	六·二三四
貽	貽	貽	六·二三四
賺	賺	賺	六·二三四
賽	賽	賽	六·二三四
賻	賻	賻	六·二三五

贍 六・二三五

【邑部】

邑 六・二三五
邦 六・二四六
郡 六・二五一
都 六・二五二
鄰 六・二五七
酇 六・二五八
鄙 六・二五八
郊 六・二六一
邸 六・二六一
郛 六・二六二
郵 六・二六二
䣕 六・二六三
鄯 六・二六四

竆 六・二六四
⿰契阝 六・二六四
邰 六・二六五
𨙸 六・二六六
邠 六・二六七
郿 六・二六九
郁 六・二六九
鄠 六・二七〇
扈 六・二七〇
⿰崩阝 六・二七二
⿰目阝 六・二七三
郝 六・二七三
酆 六・二七四
鄭 六・二七四
郃 六・二七六

叩 六・二七七
鬱 六・二七七
鄜 六・二七七
酈 六・二七八
邮 六・二七八
⿰禾阝 六・二七八
邽 六・二七九
部 六・二七九
郖 六・二八〇
鄏 六・二八〇
鄻 六・二八〇
⿰祭阝 六・二八一
⿰卬阝 六・二八一
鄩 六・二八二
郗 六・二八二

鄆	六·二八二
郱	六·二八四
邦	六·二八五
[illegible]	六·二八五
邵	六·二八六
郹	六·二八九
鄐	六·二九〇
鄉	六·二九〇
邲	六·二九〇
郤	六·二九一
[illegible]	六·二九一
[illegible]	六·二九一
郾	六·二九二
鄈	六·二九二
邢	六·二九二
鄔	六·二九三
祁	六·二九三
鄰	六·二九九
郉	六·二九九
邯	六·三〇〇
鄲	六·三〇一
郇	六·三〇一
鄃	六·三〇二
鄗	六·三〇二
鄡	六·三〇四
鄚	六·三〇四
郅	六·三〇四
[illegible]	六·三〇五
鄦	六·三〇五
邟	六·三〇九
[illegible]	六·三一〇
郟	六·三一〇
[illegible]	六·三一一
鄎	六·三一一
郎	六·三一一
[illegible]	六·三一三
郥	六·三一三
鄧	六·三一三
鄾	六·三一三
鄂	六·三一四
鄛	六·三一四
[illegible]	六·三一四
[illegible]	六·三一四
[illegible]	六·三一五
[illegible]	六·三一五

郢 六・三一五
鄢 六・三一六
鄳 六・三一六
⿰蒿阝 六・三一七
鄂 六・三一七
邔 六・三一七
郲 六・三一八
鄖 六・三二〇
鄘 六・三二一
郫 六・三二二
⿰壽阝 六・三二二
⿰䜌阝 六・三二二
鄸 六・三二三
邡 六・三二三
⿰馬阝 六・三二三

鄨 六・三二四
郇 六・三二四
那 六・三二四
鄱 六・三二四
酃 六・三二五
郴 六・三二六
⿰耒阝 六・三二八
鄮 六・三二八
鄞 六・三二九
⿰巿阝 六・三二九
⿰两阝 六・三二九
⿰虘阝 六・三二九
⿰少阝 六・三三〇
⿰臣阝 六・三三〇
鄝 六・三三〇

鄑 六・三三〇
郜 六・三三〇
鄆 六・三三一
邛 六・三三二
鄶 六・三三六
祁 六・三三七
郔 六・三三八
郠 六・三三八
鄅 六・三三八
鄒 六・三三八
郐 六・三三九
郣 六・三四〇
耶 六・三四一
郕 六・三四一
⿰奄阝 六・三四二

鄺	六·三四三
郎	六·三四三
邳	六·三四四
鄣	六·三四四
邗	六·三四五
鄴	六·三四六
郈	六·三四六
郯	六·三四六
郚	六·三四七
酅	六·三四七
鄫	六·三四八
邪	六·三四九
邞	六·三五〇
郲	六·三五〇
郭	六·三五一
郳	六·三五二
郣	六·三五四
鄟	六·三五四
郇	六·三五四
郂	六·三五五
[illegible]	六·三五五
鄦	六·三五六
邱	六·三五六
娜	六·三五六
[illegible]	六·三五六
[illegible]	六·三五六
鄃	六·三五六
[illegible]	六·三五六
鄹	六·三五七
[illegible]	六·三五七
郱	六·三五七
鄜	六·三五八
邩	六·三五八
鄝	六·三五八
鄬	六·三五八
邨	六·三五八
郐	六·三五八
郝	六·三五九
鄭	六·三五九
鄐	六·三五九
[illegible]	六·三五九
[illegible]	六·三五九
[illegible]	六·三五九
郙	六·三六〇
郙	六·三六〇

酈 酈 六・三六一
鄦 鄦 六・三六二
𨙨 𨙨 六・三六三

【𨛜部】

𨛜 𨛜 六・三六四
鄉 鄉 六・三六五
𨞻 巷 六・三七〇

【日部】

日 日 六・三七一
旻 旻 六・三七七
時 時 六・三七八
早 早 六・三八一
昒 昒 六・三八一
昧 昧 六・三八二
暏 暏 六・三八三

晢 晢 六・三八三
昭 昭 六・三八四
晤 晤 六・三八五
旳 的 六・三八五
晄 晄 六・三八六
曠 曠 六・三八七
旭 旭 六・三八七
晉 晉 六・三八八
暘 暘 六・三九三
晵 晵 六・三九四
晹 晹 六・三九五
昫 昫 六・三九六
晛 晛 六・三九六
晏 晏 六・三九七
暬 暬 六・三九七

景 景 六・三九七
晧 晧 六・三九八
暤 暤 六・三九八
曅 曄 六・三九八
暉 暉 六・三九九
旰 旰 六・三九九
暆 暆 六・四〇一
晷 晷 六・四〇一
𣅈 昃 六・四〇二
晚 晚 六・四〇五
昏 昏 六・四〇六
曫 曫 六・四一一
晻 晻 六・四一一
暗 暗 六・四一一
晦 晦 六・四一一

字頭	楷定	卷頁
⿱皆日	⿱皆日	六・四二二
⿰日盧	曀	六・四二三
早	早	六・四二三
⿺乚日	⿺乚日	六・四二四
昴	昴	六・四二五
⿱日鄉	⿱日鄉	六・四二五
曩	曩	六・四二五
昨	昨	六・四二五
暇	暇	六・四二六
暫	暫	六・四二六
昪	昪	六・四二六
昌	昌	六・四二七
⿰日隹	⿰日隹	六・四三一
昄	昄	六・四三一
昱	昱	六・四三一

字頭	楷定	卷頁
⿱日炎	⿱日亦	六・四二五
暍	暍	六・四二六
暑	暑	六・四二七
⿱日難	⿱日難	六・四二七
㬎	㬎	六・四二七
㬥	暴	六・四二九
曬	曬	六・四三〇
暵	暵	六・四三〇
晞	晞	六・四三〇
昔	昔	六・四三一
暱	暱	六・四三四
暬	暬	六・四三五
⿱不日	⿱不日	六・四三五
昆	昆	六・四三五
晐	晐	六・四三七

字頭	楷定	卷頁
暜	普	六・四三七
曉	曉	六・四三八
昕	昕	六・四三八
曈	曈	六・四三八
曨	曨	六・四三八
昈	昈	六・四三九
昉	昉	六・四三九
晙	晙	六・四三九
晟	晟	六・四三九
衵	袒	六・四三九
暈	暈	六・四四〇
晬	晬	六・四四一
映	映	六・四四一
曙	曙	六・四四一
昳	昳	六・四四一

【月部】

月 月 六·四九三
朔 朔 六·四九七
朏 朏 六·四九八
霸 霸 六·四九九
朖 朗 六·五〇一
朓 朓 六·五〇一
肭 肭 六·五〇一
期 期 六·五〇二
朦 朦 六·五〇三
朧 朧 六·五〇四

【有部】

有 有 六·五〇四
戫 戫 六·五〇七
龓 龓 六·五〇七

【朙部】

朙 明 六·五〇八
朚 朚 六·五一二

【囧部】

囧 冏 六·五一三
盟 盟 六·五一五

【夕部】

夕 夕 六·五一八
夜 夜 六·五二三
夢 夢 六·五二四
夗 夗 六·五二四
夤 夤 六·五二五
㚁 㚁 六·五二六
外 外 六·五二六
𡖋 𡖋 六·五二九
𡖐 𡖐 六·五三一

【多部】

多 多 六·五三一
夥 夥 六·五三五
㚇 㚇 六·五三五
𡖢 𡖢 六·五三六

【毌部】

毌 毌 六·五三六
貫 貫 六·五三八
虜 虜 六·五三九

【𢎘部】

𢎘 𢎘 六·五四〇
圅 函 六·五四三
𤰔 𤰔 六·五四五
甬 甬 六·五四七

字頭	隸定	頁碼
稠	稠	六・六〇二
穊	穊	六・六〇二
稀	稀	六・六〇三
穖	穖	六・六〇三
穆	穆	六・六〇五
私	私	六・六〇七
穙	穙	六・六〇八
稷	稷	六・六〇八
𪗉	𪗉	六・六一〇
秫	秫	六・六一〇
穄	穄	六・六一二
稻	稻	六・六一二
稌	稌	六・六一四
稬	稬	六・六一五
稴	稴	六・六一五
秔	秔	六・六一五
秏	秏	六・六一六
穬	穬	六・六一六
秜	秜	六・六一六
稗	稗	六・六一八
移	移	六・六一九
穎	穎	六・六一九
䅘	䅘	六・六一九
采	采	六・六二〇
䄈	䄈	六・六二三
穟	穟	六・六二三
𥟖	𥟖	六・六二四
𥡴	𥡴	六・六二四
秒	秒	六・六二四
穖	穖	六・六二四
秠	秠	六・六二五
秨	秨	六・六二五
穮	穮	六・六二五
案	案	六・六二五
秄	秄	六・六二六
穧	穧	六・六二六
穫	穫	六・六二七
稹	稹	六・六二七
積	積	六・六二七
秩	秩	六・六二八
稇	稇	六・六二八
稞	稞	六・六二八
秳	秳	六・六二九
𥝌	𥝌	六・六二九
稃	稃	六・六二九

字頭	隸定	卷頁
穭	穭	六·六二九
穅	穅	六·六三〇
⿰禾羔	⿰禾羔	六·六三三
稭	稭	六·六三三
稈	稈	六·六三三
稾	稿	六·六三四
秕	秕	六·六三四
稩	稩	六·六三四
䅭	䅭	六·六三四
穰	穰	六·六三六
秧	秧	六·六三六
⿰禾旁	䅭	六·六三七
⿰禾皇	⿰禾皇	六·六三七
秊	年	六·六三七
穀	穀	六·六四六
稔	稔	六·六四七
租	租	六·六四七
稅	稅	六·六四八
䆃	䆃	六·六四八
⿰禾荒	⿰禾荒	六·六四九
穌	穌	六·六四九
稍	稍	六·六五一
秌	秋	六·六五一
秦	秦	六·六五六
稱	稱	六·六五九
科	科	六·六六一
程	程	六·六六一
稯	稯	六·六六二
秭	秭	六·六六二
秅	秅	六·六六三
䄷	䄷	六·六六四
稘	稘	六·六六四
穩	穩	六·六六四
稕	稕	六·六六四

【秝部】

字頭	隸定	卷頁
秝	秝	六·六六四
兼	兼	六·六六七

【黍部】

字頭	隸定	卷頁
黍	黍	六·六六八
⿸麻黍	⿸麻黍	六·六七六
䵑	䵑	六·六七七
黏	黏	六·六七七
黏	黏	六·六七七
䵒	䵒	六·六七七
黎	黎	六·六七八

⿰黍畐 ⿰黍畐 ⿰黍畐 六・六八〇

【香部】

香 香 香 六・六八〇
馨 馨 馨 六・六八二
馥 馥 馥 六・六八二

【米部】

米 米 米 六・六八二
粱 粱 粱 六・六八五
䊪 䊪 䊪 六・六八七
粲 粲 粲 六・六八七
糲 糲 糲 六・六八九
精 精 精 六・六八九
粺 粺 粺 六・六九〇
粗 粗 粗 六・六九〇
粊 粊 粊 六・六九〇
糱 糱 糱 六・六九〇
粒 粒 粒 六・六九一
⿰米睪 ⿰米睪 ⿰米睪 六・六九一
糂 糂 糂 六・六九二
糪 糪 糪 六・六九二
糜 糜 糜 六・六九二
⿰米覃 ⿰米覃 ⿰米覃 六・六九三
⿱龹㔾 ⿱龹㔾 ⿱龹㔾 六・六九三
⿱⺮⿰米匊 ⿱⺮⿰米匊 ⿱⺮⿰米匊 六・六九三
糟 糟 糟 六・六九三
糒 糒 糒 六・六九四
糗 糗 糗 六・六九五
⿱臼米 ⿱臼米 ⿱臼米 六・六九六
⿰米舀 ⿰米舀 ⿰米舀 六・六九六
糧 糧 糧 六・六九六
粈 粈 粈 六・六九七
⿰米翟 ⿰米翟 ⿰米翟 六・六九八
⿰米幾 ⿰米幾 ⿰米幾 六・六九八
粹 粹 粹 六・六九八
氣 氣 氣 六・六九九
⿰米工 ⿰米工 ⿰米工 六・七〇〇
粉 粉 粉 六・七〇〇
⿰米卷 ⿰米卷 ⿰米卷 六・七〇一
⿰米悉 ⿰米悉 ⿰米悉 六・七〇一
⿱毅米 ⿱毅米 ⿱毅米 六・七〇一
⿰米靡 ⿰米靡 ⿰米靡 六・七〇一
⿱宀⿰米离 ⿱宀⿰米离 ⿱宀⿰米离 六・七〇一
粻 粻 粻 六・七〇二
粕 粕 粕 六・七〇二
粔 粔 粔 六・七〇二

𤬪　𤬪　六・七三六
瓣　瓣　六・七三七
㼌　㼌　六・七三七

【瓠部】

瓠　瓠　六・七三八
瓢　瓢　六・七三八

【宀部】

宀　宀　六・七三八
家　家　六・七四二
宅　宅　六・七五八
室　室　六・七六一
宣　宣　六・七六五
向　向　六・七六九
宧　宧　六・七七一
宦　宦　六・七七一
奧　奥　六・七七一
宛　宛　六・七七二
宸　宸　六・七七三
宇　宇　六・七七三
寷　寷　六・七七四
寏　寏　六・七七五
宏　宏　六・七七七
宖　宖　六・七七九
寪　寪　六・七七九
康　康　六・七八〇
㝗　㝗　六・七八〇
宬　宬　六・七八〇
寍　寍　六・七八二
定　定　六・七八三
寔　寔　六・七八四
安　安　六・七八五
宓　宓　六・七九四
𡩋　𡩋　六・七九五
宴　宴　六・七九五
宋　宋　六・七九六
察　察　六・七九六
寴　寴　六・七九七
完　完　六・七九八
富　富　六・七九八
實　實　六・八〇一
宷　宷　六・八〇二
容　容　六・八〇二
宂　冗　六・八〇四
寡　寡　六・八〇四
寶　寶　六・八〇五

宭 宭 六·八一一
宧 宧 六·八一二
宰 宰 六·八一三
守 守 六·八一七
寵 寵 六·八一九
宥 宥 六·八二〇
宐 宜 六·八二一
寫 寫 六·八二五
宵 宵 六·八二六
宿 宿 六·八二七
寑 寑 六·八三〇
宯 宯 六·八三三
寬 寬 六·八三四
[宀吾] [宀吾] 六·八三五
寁 寁 六·八三五

寡 寡 六·八三六
客 客 六·八三七
寄 寄 六·八四〇
寓 寓 六·八四一
寠 寠 六·八四三
[宀欠] [宀欠] 六·八四四
𡫳 寒 六·八四四
害 害 六·八四五
[宀索] [宀索] 六·八五三
[宀款] [宀款] 六·八五三
宄 宄 六·八五三
[宀敫] [宀敫] 六·八五六
宕 宕 六·八五六
宋 宋 六·八五八
[宀執] [宀執] 六·八六一

宗 宗 六·八六一
宔 宔 六·八七〇
宙 宙 六·八七〇
寘 寘 六·八七一
寰 寰 六·八七二
宷 宷 六·八七三

【宮部】

宮 宮 六·八七三
營 營 六·八八〇

【呂部】

呂 呂 六·八八二
躳 躳 六·八八六

【穴部】

穴 穴 六·八八七
[穴皿] [穴皿] 六·八八七

字	頁碼
窨	六・八八七
窯	六・八八七
⿱穴復	六・八八八
竈	六・八八九
窒	六・八九一
⿱穴火	六・八九一
穿	六・八九二
⿱穴賓	六・八九二
⿱穴叏	六・八九四
窚	六・八九四
竇	六・八九五
⿱穴商	六・八九六
窠	六・八九六
窻	六・八九七
窊	六・八九七

字	頁碼
竅	六・八九七
空	六・八九八
⿱穴巠	六・八九九
⿱穴乞	六・八九九
窳	六・八九九
窞	六・八九九
窌	六・九〇〇
⿱穴害	六・九〇〇
窬	六・九〇一
⿱穴舄	六・九〇一
窺	六・九〇二
⿱穴⿰疋見	六・九〇三
窡	六・九〇三
窋	六・九〇三
窴	六・九〇四

字	頁碼
窒	六・九〇四
突	六・九〇五
竄	六・九〇六
窣	六・九〇六
窘	六・九〇六
窕	六・九〇七
穹	六・九〇七
究	六・九〇七
窮	六・九〇八
⿱穴臣	六・九〇九
窔	六・九〇九
邃	六・九〇九
窈	六・九一〇
⿱穴條	六・九一〇
竁	六・九一〇

窆　六·九二一
窀　六·九二一
穸　六·九二一
⿱穴甲　六·九二二

【㝱部】

㝱　七·一
⿱宀⿰爿𡬜　七·五
寐　七·五
寤　七·六
⿱宀⿰爿𡖍　七·八
⿱宀⿰爿米　七·八
⿱宀⿰爿夢　七·九
寎　七·九
寱　七·九
⿱宀⿰爿吉　七·一〇

【疒部】

疒　七·一四
疾　七·一五
痛　七·二一
病　七·二一
瘣　七·二三
疴　七·二四
痡　七·二四
瘽　七·二五
瘵　七·二五
瘨　七·二五
瘼　七·二六
⿸疒丂　七·二六
⿸疒貞　七·二六
癇　七·二六

⿸疒出　七·二七
疵　七·二七
癈　七·二七
瘏　七·二八
瘲　七·二八
⿸疒辛　七·二八
⿸疒或　七·二八
痟　七·二九
疕　七·二九
瘍　七·三〇
痒　七·三〇
⿸疒馬　七·三〇
⿸疒斯　七·三一
⿸疒爲　七·三一
⿸疒夬　七·三一

字	頁碼
瘖	七・三一
癭	七・三三
瘻	七・三三
疚	七・三三
瘀	七・三四
疝	七・三四
疛	七・三四
[illegible]	七・三六
[illegible]	七・三六
痀	七・三七
瘚	七・三七
痵	七・三八
痱	七・三八
瘤	七・三八
痤	七・三九
疽	七・四〇
[illegible]	七・四〇
癰	七・四一
瘜	七・四一
癬	七・四三
疥	七・四三
痂	七・四四
瘕	七・四四
癘	七・四五
瘧	七・四五
痁	七・四六
痎	七・四七
痳	七・四七
痔	七・四七
痿	七・四七
痹	七・四八
瘒	七・四八
瘃	七・四八
㾫	七・四八
[illegible]	七・四九
[illegible]	七・四九
疻	七・五〇
痏	七・五〇
[illegible]	七・五三
[illegible]	七・五三
癑	七・五四
痍	七・五四
瘢	七・五六
痕	七・五六
痙	七・五六

⿸疒去　⿸疒去　七·五六
瘦　瘦　七·五七
疢　疢　七·五七
癉　癉　七·五七
⿸疒亘　⿸疒亘　七·五八
⿸疒夾　⿸疒夾　七·五八
痞　痞　七·五八
瘍　瘍　七·六二
⿸疒隶　⿸疒来　七·六二
瘕　瘕　七·六二
疿　疿　七·六三
疷　疷　七·六三
⿸疒及　⿸疒及　七·六四
⿸疒殹　⿸疒殹　七·六五
癃　癃　七·六五

疫　疫　七·六五
瘛　瘛　七·六七
⿸疒多　⿸疒多　七·六七
痥　痥　七·六七
⿸疒樂　⿸疒樂　七·六八
⿸疒舌　⿸疒舌　七·六九
瘌　瘌　七·六九
癆　癆　七·六九
瘥　瘥　七·六九
⿸疒褱　⿸疒褱　七·七〇
瘉　瘉　七·七〇
瘳　瘳　七·七一
癡　癡　七·七二

【冂部】

冂　冖　七·七二

冠　冠　七·七三
冣　冣　七·七七
⿱冖託　託　七·七八

【円部】

円　円　七·七九
同　同　七·七九
⿱屮円　青　七·八四
冡　冡　七·九一

【日部】

日　冃　七·九八
冕　冕　七·九九
冑　冑　七·一〇〇
冒　冒　七·一〇三
最　最　七·一〇九

【㒳部】

㒳 七·二〇九
兩 七·二一二
㒼 七·二一九

【网部】

网 七·二二〇
罨 七·二二四
罕 七·二二五
⿱罒繯 七·二二五
⿱罒每 七·二二六
⿱罒巽 七·二二六
⿱罒米 七·二二六
罩 七·二二七
罾 七·二二七
罪 七·二二七
罽 七·二二八
罛 七·二二八
罟 七·二二八
罶 七·二二九
罜 七·二二九
⿱罒鹿 七·二二九
罧 七·二三〇
罠 七·二三〇
羅 七·二三〇
罬 七·二三三
罿 七·二三三
罻 七·二三三
⿱罒包 七·二三三
⿱罒否 七·二三四
⿱罒互 七·二三五
罝 七·二三五
⿱罒彝 七·二三七
署 七·二三八
罷 七·二三九
置 七·二三九
罯 七·二四一
詈 七·二四一
罵 七·二四一
⿱罒篤 七·二四二
罭 七·二四三
罳 七·二四四
罹 七·二四四

【襾部】

襾 七·二四四
覂 七·二四四

覈	覈	七·一四五
覆	覆	七·一四五

【巾部】

巾	巾	七·一四八
帉	帉	七·一五〇
帥	帥	七·一五〇
𢅤	𢅤	七·一五八
帗	帗	七·一五九
㠲	㠲	七·一五九
幋	幋	七·一五九
帤	帤	七·一五九
幣	幣	七·一六〇
幅	幅	七·一六〇
㡉	㡉	七·一六〇
帶	帶	七·一六〇
幘	幘	七·一六九
㡌	㡌	七·一六九
帔	帔	七·一七〇
常	常	七·一七〇
帬	帬	七·一七三
帴	帴	七·一七四
𢄰	𢄰	七·一七四
幒	幒	七·一七五
𢅭	𢅭	七·一七五
幎	幎	七·一七五
幔	幔	七·一七九
幬	幬	七·一七九
㡘	㡘	七·一七九
帷	帷	七·一八〇
帳	帳	七·一八〇
幕	幕	七·一八〇
帆	帆	七·一八一
㡜	㡜	七·一八一
㡏	㡏	七·一八一
帖	帖	七·一八二
帙	帙	七·一八二
㡐	㡐	七·一八二
徽	徽	七·一八二
幖	幖	七·一八三
㠾	㠾	七·一八三
幡	幡	七·一八三
㡃	㡃	七·一八三
𢅷	𢅷	七·一八四
幝	幝	七·一八四
㡙	㡙	七·一八四

幭　七·一八四
幠　七·一八五
飾　七·一八五
幃　七·一八六
帣　七·一八六
帚　七·一八八
席　七·一九六
幐　七·一九八
幨　七·一九八
𢃳　七·一九八
𢂋　七·一九九
幩　七·一九九
𢅯　七·二〇〇
帑　七·二〇〇
布　七·二〇〇

幏　七·二〇四
㡆　七·二〇五
帑　七·二〇五
幦　七·二〇五
帆　七·二〇六
幢　七·二〇六
幟　七·二〇六
帟　七·二〇六
幗　七·二〇六
幧　七·二〇六
帒　七·二〇六
帊　七·二〇七
幞　七·二〇七
幰　七·二〇七

【巿部】

巿　七·二〇七
韍　七·二一〇

【帛部】

帛　七·二一〇
錦　七·二一四

【白部】

白　七·二一五
皎　七·二二五
皢　七·二二六
晳　七·二二六
皤　七·二二六
皠　七·二二七
皚　七·二二七
皅　七·二二七

【㡀部】

【黹部】

【人部】

字頭	楷書	頁碼
傀	傀	七・二九四
偉	偉	七・二九五
份	份	七・二九五
僚	僚	七・二九六
佖	佖	七・二九六
侼	侼	七・二九七
儠	儠	七・二九八
儦	儦	七・二九八
儺	儺	七・二九八
倭	倭	七・三〇一
僓	僓	七・三〇一
僑	僑	七・三〇二
俟	俟	七・三〇二
侗	侗	七・三〇三
佶	佶	七・三〇三

字頭	楷書	頁碼
俁	俁	七・三〇三
仜	仜	七・三〇三
僤	僤	七・三〇四
健	健	七・三〇四
倞	倞	七・三〇四
傲	傲	七・三〇五
仡	仡	七・三〇五
倨	倨	七・三〇五
儼	儼	七・三〇五
傪	傪	七・三〇六
俚	俚	七・三〇六
伴	伴	七・三〇六
俺	俺	七・三〇六
僩	僩	七・三〇七
伾	伾	七・三〇七

字頭	楷書	頁碼
偲	偲	七・三〇七
倬	倬	七・三〇七
侹	侹	七・三〇八
倗	倗	七・三〇八
偏	偏	七・三一一
儆	儆	七・三一二
俶	俶	七・三一二
傭	傭	七・三一二
僾	僾	七・三一三
仿	仿	七・三一三
佛	佛	七・三一三
僁	僁	七・三一四
僟	僟	七・三一四
佗	佗	七・三一四
何	何	七・三一五

僋	僋	七·三一九
供	供	七·三一九
待	待	七·三二一
儲	儲	七·三二一
備	備	七·三二一
位	位	七·三二三
儐	儐	七·三二七
偓	偓	七·三二八
佺	佺	七·三二九
偏	偏	七·三二九
仢	仢	七·三二九
儕	儕	七·三二九
倫	倫	七·三二九
侔	侔	七·三三〇
偕	偕	七·三三〇
俱	俱	七·三三〇
儹	儹	七·三三一
倂	併	七·三三一
傅	傅	七·三三一
侙	侙	七·三三二
俌	俌	七·三三二
倚	倚	七·三三二
依	依	七·三三三
仍	仍	七·三三四
佽	佽	七·三三五
佴	佴	七·三三五
倢	倢	七·三三五
侍	侍	七·三三五
傾	傾	七·三三六
側	側	七·三三六
侒	侒	七·三三七
侐	侐	七·三三七
付	付	七·三三七
俜	俜	七·三三八
俠	俠	七·三三八
儃	儃	七·三三九
侊	侊	七·三三九
仰	仰	七·三三九
侸	侸	七·三三九
儽	儽	七·三四一
侳	侳	七·三四一
偁	偁	七·三四二
伍	伍	七·三四三
什	什	七·三四三
佰	佰	七·三四四

字頭	楷書	頁碼
佸	佸	七・三四四
佮	佮	七・三四四
敳	敳	七・三四五
傆	傆	七・三四七
作	作	七・三四七
假	假	七・三五二
借	借	七・三五二
侵	侵	七・三五三
儥	儥	七・三五五
候	候	七・三五六
償	償	七・三五六
僅	僅	七・三五六
代	代	七・三五七
儀	儀	七・三五九
傍	傍	七・三五九

字頭	楷書	頁碼
佀	佀	七・三五九
便	便	七・三六一
任	任	七・三六二
俔	俔	七・三六四
優	優	七・三六五
僖	僖	七・三六六
偆	偆	七・三六七
侻	侻	七・三六七
儉	儉	七・三六七
偭	偭	七・三六七
俗	俗	七・三六八
俾	俾	七・三六九
倪	倪	七・三七〇
億	億	七・三七〇
使	使	七・三七一

字頭	楷書	頁碼
傑	傑	七・三七二
伶	伶	七・三七二
儷	儷	七・三七三
傳	傳	七・三七三
倌	倌	七・三七六
价	价	七・三七六
仔	仔	七・三七六
佚	佚	七・三七七
俆	俆	七・三七八
偋	偋	七・三七八
伸	伸	七・三七八
伹	伹	七・三七九
[illegible]	[illegible]	七・三七九
倎	倎	七・三七九
倍	倍	七・三七九

傿	傿	七·三八〇
僭	僭	七·三八〇
儗	儗	七·三八一
偏	偏	七·三八一
倀	倀	七·三八二
儚	儚	七·三八二
儔	儔	七·三八三
侜	侜	七·三八三
俴	俴	七·三八三
佃	佃	七·三八三
伵	伵	七·三八四
侊	侊	七·三八五
佻	佻	七·三八六
僻	僻	七·三八六
伭	伭	七·三八六
伎	伎	七·三八七
侈	侈	七·三八七
佁	佁	七·三八七
傜	傜	七·三八八
僞	偽	七·三八八
伿	伿	七·三八九
佝	佝	七·三八九
僄	僄	七·三九〇
倡	倡	七·三九〇
俳	俳	七·三九〇
僐	僐	七·三九〇
儳	儳	七·三九〇
佚	佚	七·三九一
俄	俄	七·三九一
僭	僭	七·三九一
御	御	七·三九一
傞	傞	七·三九一
僛	僛	七·三九二
侮	侮	七·三九二
㑵	㑵	七·三九三
偒	偒	七·三九三
俙	俙	七·三九四
僨	僨	七·三九四
僵	僵	七·三九四
仆	仆	七·三九四
偃	偃	七·三九五
傷	傷	七·三九五
倄	倄	七·三九六
侉	侉	七·三九七
催	催	七·三九八

字頭	楷定	卷頁
俑	俑	七·三九八
伏	伏	七·三九九
促	促	七·三九九
例	例	七·四〇〇
係	係	七·四〇〇
伐	伐	七·四〇一
俘	俘	七·四一一
但	但	七·四一四
傴	傴	七·四一四
僂	僂	七·四一四
僇	僇	七·四一五
仇	仇	七·四一五
儡	儡	七·四一五
咎	咎	七·四一六
仳	仳	七·四一八

字頭	楷定	卷頁
俗	俗	七·四一九
倠	倠	七·四一九
值	值	七·四一九
侂	侂	七·四二〇
僔	僔	七·四二〇
像	像	七·四二〇
倦	倦	七·四二一
傮	傮	七·四二三
偶	偶	七·四二三
弔	弔	七·四二三
佋	佋	七·四二九
⿰亻身	⿰亻身	七·四三〇
僊	僊	七·四三〇
僰	僰	七·四三〇
仚	仚	七·四三二

字頭	楷定	卷頁
僥	僥	七·四三二
⿰亻尌	⿰亻尌	七·四三二
⿰亻往	⿰亻往	七·四三三
件	件	七·四三三
侶	侶	七·四三三
侲	侲	七·四三三
倅	倅	七·四三四
傔	傔	七·四三四
倜	倜	七·四三五
儻	儻	七·四三五
佾	佾	七·四三五
倒	倒	七·四三五
儈	儈	七·四三五
低	低	七·四三五
債	債	七·四三五

【人部（續）】

楷書	古文字形	編號
價	價價	七·四三六
僚	僚停停	七·四三六
儗	儗儗儗	七·四三六
伺	伺伺伺	七·四三七
僧	僧僧僧	七·四三七
仲	仲仔	七·四三七
偵	偵偵偵	七·四三七

【匕部】

楷書	古文字形	編號
匕	匕匕匕	七·四三七
趿	趿趿趿	七·四三九
眞	眞眞	七·四四三
化	化化化	七·四四六

【匕部】

楷書	古文字形	編號
匕	匕匕匕	七·四五一
匙	匙匙	七·四六三

早	早早	七·四六三
攱	攱攱	七·四六四
頃	頃頃	七·四六四
卬	卬卬	七·四六五
卓	卓卓	七·四六六
艮	艮艮	七·四六七

【从部】

楷書	古文字形	編號
从	从从	七·四六八
從	從從從	七·四六八
幷	幷幷	七·四八○

【比部】

楷書	古文字形	編號
比	比比	七·四八二
毖	毖毖	七·四八七

【北部】

楷書	古文字形	編號
北	北北	七·四八七
冀	冀冀	七·四九三

【北部】

楷書	古文字形	編號
丘	丘丘	七·四九九
虚	虚虚	七·五○六
蚯	蚯蚯	七·五○七

【似部】

楷書	古文字形	編號
似	似似	七·五○七
眾	眾眾	七·五○八
聚	聚聚	七·五一九
泉	泉泉	七·五二○

【壬部】

楷書	古文字形	編號
壬	壬壬	七·五二○
徵	徵徵	七·五二三

朢 朢 望 七·五二五
㸒 㸒 㸒 七·五三〇

【重部】

重 重 重 七·五三〇
量 量 量 七·五三五

【臥部】

臥 臥 卧 七·五三八
監 監 監 七·五三九
臨 臨 臨 七·五四三
𩟍 𩟍 𩟍 七·五四四

【身部】

身 身 身 七·五四四
軀 軀 軀 七·五五一

【㐆部】

㐆 㐆 㐆 七·五五一
殷 殷 殷 七·五五二

【衣部】

衣 衣 衣 七·五五八
裁 裁 裁 七·五六七
衮 衮 衮 七·五六七
䙓 䙓 䙓 七·五六八
褕 褕 褕 七·五六八
袗 袗 袗 七·五六九
表 表 表 七·五六九
裏 裏 裏 七·五七〇
襁 襁 襁 七·五七一
𧜉 𧜉 𧜉 七·五七一
襮 襮 襮 七·五七二
衽 衽 衽 七·五七二
褸 褸 褸 七·五七二
褽 褽 褽 七·五七二
𧛻 𧛻 𧛻 七·五七三
襝 襝 襝 七·五七三
褘 褘 褘 七·五七四
袂 袂 袂 七·五七四
襲 襲 襲 七·五七四
袍 袍 袍 七·五七六
襺 襺 襺 七·五七六
襆 襆 襆 七·五七六
袤 袤 袤 七·五七六
襘 襘 襘 七·五七七
褧 褧 褧 七·五七八
袛 袛 袛 七·五七八
裯 裯 裯 七·五七八
襤 襤 襤 七·五七八

裿	裿	七·五七九
⿰衤毒	⿰衤毒	七·五七九
袪	袪	七·五七九
褎	褎	七·五七九
袂	袂	七·五八〇
裹	裹	七·五八〇
褢	褢	七·五八〇
袌	袌	七·五八二
襜	襜	七·五八二
袥	袥	七·五八三
衸	衸	七·五八三
襗	襗	七·五八三
衪	衪	七·五八四
裾	裾	七·五八四
衧	衧	七·五八六

褰	褰	七·五八六
襱	襱	七·五八六
袑	袑	七·五八六
⿰衤寺	⿰衤寺	七·五八七
褱	褱	七·五八七
⿰衤啻	⿰衤啻	七·五八七
褍	褍	七·五八七
⿰衤圛	⿰衤圛	七·五八八
複	複	七·五八八
褆	褆	七·五八八
襛	襛	七·五八九
裂	裂	七·五八九
袳	袳	七·五八九
裔	裔	七·五八九
衯	衯	七·五九〇

袁	袁	七·五九一
褐	褐	七·五九四
褻	褻	七·五九四
裶	裶	七·五九五
襡	襡	七·五九五
⿱⿰罒斤衣	⿱⿰罒斤衣	七·五九五
襦	襦	七·五九五
褊	褊	七·五九六
袷	袷	七·五九六
襌	襌	七·五九六
襄	襄	七·五九六
被	被	七·六〇四
衾	衾	七·六〇四
襐	襐	七·六〇五
衵	衵	七·六〇五

褻	褻	七·六〇五
衷	衷	七·六〇六
袾	袾	七·六〇六
袓	袓	七·六〇六
裨	裨	七·六〇七
袢	袢	七·六〇七
雜	雜	七·六〇八
裕	裕	七·六〇八
襞	襞	七·六〇九
衦	衦	七·六〇九
裂	裂	七·六〇九
䘿	䘿	七·六〇九
袒	袒	七·六一〇
補	補	七·六一〇
𧝓	𧝓	七·六一〇
褫	褫	七·六二〇
𧟅	𧟅	七·六二一
裎	裎	七·六二一
裼	裼	七·六二一
衺	衺	七·六二二
襭	襭	七·六二二
袺	袺	七·六二二
褿	褿	七·六二二
裝	裝	七·六二三
裹	裹	七·六二三
裛	裛	七·六二三
𧟉	𧟉	七·六二三
裋	裋	七·六二四
褔	褔	七·六二四
褐	褐	七·六二四
褗	褗	七·六一五
裺	裺	七·六一五
衰	衰	七·六一五
卒	卒	七·六一七
褚	褚	七·六二一
製	製	七·六二三
袚	袚	七·六二三
襚	襚	七·六二三
𧙕	𧙕	七·六二三
裞	裞	七·六二三
褮	褮	七·六二三
䘰	䘰	七·六二四
褭	褭	七·六二四
袨	袨	七·六二五
衫	衫	七·六二五

襖	七·六二五
【裘部】	
裘	七·六二五
[illegible]	七·六四四
【老部】	
老	七·六四四
耋	七·六四七
𦒿	七·六四七
耆	七·六四八
耇	七·六四九
𦓐	七·六五〇
𦓃	七·六五一
壽	七·六五一
考	七·六五四
孝	七·六五七

【毛部】	
毛	七·六六一
[illegible]	七·六六二
[illegible]	七·六六三
毨	七·六六三
[illegible]	七·六六三
氈	七·六六三
毦	七·六六四
氍	七·六六四
毹	七·六六四
毾	七·六六四
㲪	七·六六四
毬	七·六六五
氅	七·六六五

【毳部】	
毳	七·六六五
𣰼	七·六六六
【尸部】	
尸	七·六六六
𡲬	七·六六九
居	七·六七〇
𡰽	七·六七二
屑	七·六七三
展	七·六七三
屆	七·六七四
尻	七·六七四
𡰪	七·六七四
㞌	七·六七五
尼	七·六七五

（上段，自右至左）

- 届　届届　七·六七九
- 尸　尸尸尸　七·六七九
- 反　反反反　七·六七九
- 辰　辰辰辰　七·六七九
- 犀　犀犀犀　七·六八〇
- 扉　扉扉扉　七·六八二
- 屍　屍屍屍　七·六八二
- 層　層層層　七·六八二
- 屎　屎屎屎　七·六八三
- 屋　屋屋屋　七·六八四
- 屏　屏屏屏　七·六八五
- 層　層層層　七·六八六
- 屢　屢屢屢　七·六八六
- 【尺部】
- 尺　尺尺尺　七·六八七

（中段，自右至左）

- 恕　恕恕恕　七·六八九
- 尾　尾尾尾　七·六八九
- 【尾部】
- 尾　尾尾尾　七·六八九
- 屬　屬屬屬　七·六九〇
- 屈　屈屈屈　七·六九一
- 尿　尿尿尿　七·六九三
- 【履部】
- 履　履履履　七·六九四
- 履　履履履　七·六九七
- 屨　屨屨屨　七·六九七
- 屝　屝屝屝　七·六九七
- 屩　屩屩屩　七·六九八
- 屐　屐屐屐　七·六九八
- 【舟部】
- 舟　舟舟舟　七·六九八

（下段，自右至左）

- 愈　愈愈愈　七·七〇〇
- 船　船船船　七·七〇一
- 舳　舳舳舳　七·七〇二
- 彤　彤彤彤　七·七〇三
- 爐　爐爐爐　七·七〇五
- 舠　舠舠舠　七·七〇五
- 艘　艘艘艘　七·七〇六
- 艚　艚艚艚　七·七〇六
- 舫　舫舫舫　七·七一〇
- 般　般般般　七·七一二
- 服　服服服　七·七一七
- 舸　舸舸舸　七·七一九
- 艇　艇艇艇　七·七二〇
- 艅　艅艅艅　七·七二〇
- 艎　艎艎艎　七·七二一

【方部】

方	方	方	七·七二一
斻	斻	斻	七·七二九

【儿部】

儿	儿	儿	七·七二九
兀	兀	兀	七·七三一
兒	兒	兒	七·七三三
允	允	允	七·七三五
兊	兊	兑	七·七三七
充	充	充	七·七三九

【兄部】

兄	兄	兄	七·七四〇
兢	兢	兢	七·七四七

【先部】

先	先	先	七·七四八
兟	兟	兟	七·七四九

【皃部】

皃	皃	皃	七·七五〇
覍	覍	覍	七·七五一

【兆部】

兆	兆	兆	七·七五五
兜	兜	兜	七·七五五

【兂部】

兂	兂	先	七·七五六
兓	兓	兓	七·七六一

【秃部】

秃	秃	秃	七·七六二
穨	穨	穨	七·七六三

【見部】

見	見	見	七·七六四
視	視	視	七·七六八
覼	覼	覼	七·七六九
覣	覣	覣	七·七七〇
覨	覨	覨	七·七七〇
覶	覶	覶	七·七七〇
⿰系見	⿰系見	⿰系見	七·七七一
⿰爰見	⿰爰見	⿰爰見	七·七七一
覢	覢	覢	七·七七一
⿰貝見	⿰貝見	⿰貝見	七·七七一
觀	觀	觀	七·七七二
㝵	㝵	㝵	七·七七三
覽	覽	覽	七·七七四
⿰來見	⿰來見	⿰來見	七·七七四
⿰是見	⿰是見	⿰是見	七·七七四
⿰𤐫見	⿰𤐫見	⿰票見	七·七七四

⿰朿見　七・七七四
覰　七・七七五
⿰⿱罒夊見　七・七七五
⿰其見　七・七七五
覯　七・七七六
覺　七・七七六
覘　七・七七六
⿰見戠　七・七七六
覢　七・七七七
⿱宀⿰⿱丷貝見　七・七七七
⿰⿱林大見　七・七七七
⿰臣見　七・七七七
覻　七・七七八
⿰舟見　七・七七九
⿱冖見　七・七七九

覬　七・七八〇
⿰飠見　七・七八〇
⿰賓見　七・七八一
⿰龠見　七・七八一
覺　七・七八一
⿰智見　七・七八一
靚　七・七八二
親　七・七八二
⿰蓺見　七・七八三
⿰犭見　七・七八四
⿺辶見　七・七八四
⿰火見　七・七八五
俔　七・七八五
⿰足見　七・七八五
覿　七・七八五

【覞部】

覞　七・七八六
⿰見覞　七・七八六
⿱雨覞　七・七八六

【欠部】

欠　七・七八七
欽　七・七九〇
⿰䜌欠　七・七九一
款　七・七九一
吹　七・七九一
欨　七・七九二
歔　七・七九二
⿰或欠　七・七九二
歟　七・七九二
歠　七・七九三

歕 七·七九三
⿰鹵欠 七·七九四
歡 七·七九四
欣 七·七九四
弞 七·七九五
款 七·七九六
⿰乞欠 七·七九七
欲 七·七九七
歌 七·七九八
歂 七·七九八
歍 七·七九九
龡 七·七九九
⿰朩欠 七·七九九
⿰令欠 七·七九九
⿸厂欮 七·八〇〇

歊 七·八〇〇
欻 七·八〇〇
⿰虫欠 七·八〇一
欽 七·八〇一
歗 七·八〇一
歎 七·八〇二
歖 七·八〇二
欸 七·八〇四
⿰此欠 七·八〇四
歐 七·八〇四
⿰虘欠 七·八〇四
欷 七·八〇五
歜 七·八〇五
⿰𠚕欠 七·八〇五
⿲氵㬰欠 七·八〇五

⿰身欠 七·八〇六
⿰啚欠 七·八〇六
⿲米㬰欠 七·八〇七
⿰⿱咸糸欠 七·八〇七
⿸厂欣 七·八〇七
⿲魚㬰欠 七·八〇七
⿰畐欠 七·八〇八
欶 七·八〇八
歁 七·八〇八
⿰自欠 七·八〇八
欱 七·八〇九
歉 七·八〇九
⿰骨欠 七·八〇九
⿰囚欠 七·八一〇
欬 七·八一〇

歜　七・八二〇
歙　七・八二一
欲　七・八二一
[illegible]　七・八二一
欪　七・八二一
欥　七・八二三
次　七・八二三
[illegible]　七・八二六
欺　七・八二六
歆　七・八二七
歈　七・八二八

【㱃部】

飲　七・八二八
歠　七・八二八

【次部】

次　七・八二九
羨　七・八三四
[illegible]　七・八三四
盜　七・八三五

【旡部】

旡　七・八三六
[illegible]　七・八三七
[illegible]　七・八三八

【頁部】

頁　八・一
頭　八・三
顏　八・三
頌　八・四
頊　八・五
顱　八・五
[illegible]　八・五
顛　八・六
頂　八・六
[illegible]　八・七
題　八・七
[illegible]　八・八
[illegible]　八・八
[illegible]　八・八
[illegible]　八・九
頰　八・九
頣　八・九
顄　八・九
頸　八・一〇
領　八・一〇

項 項 八·一〇
煩 煩 八·一一
餌 餌 八·一一
碩 碩 八·一二
顩 顩 八·一二
預 預 八·一二
頵 頵 八·一二
顛 顛 八·一三
頛 頛 八·一三
碩 碩 八·一四
頒 頒 八·一四
顯 顯 八·一五
類 類 八·一五
顱 顱 八·一六
願 願 八·一六

頼 頼 八·一六
贅 贅 八·一六
頣 頣 八·一六
顯 顯 八·一七
顬 顬 八·一七
頯 頯 八·一七
頑 頑 八·一八
顙 顙 八·一八
頪 頪 八·一八
頤 頤 八·一八
頲 頲 八·一八
頎 頎 八·一九
頜 頜 八·一九
頦 頦 八·一九
頰 頰 八·二〇

顎 頌 八·二〇
顧 顧 八·二〇
順 順 八·二一
須 須 八·二二
顲 顲 八·二三
顓 顓 八·二三
項 項 八·二三
顉 顉 八·二三
頓 頓 八·二三
頫 頫 八·二四
頤 頤 八·二四
顗 顗 八·二五
頡 頡 八·二五
頔 頔 八·二六
顥 顥 八·二六

⿰⿱棥大頁　⿰⿱棥大頁　八·二七
頴　頴　八·二七
⿰犭頁　⿰犭頁　八·二七
顗　顗　八·二八
廎　廎　八·二八
⿷匚頃　⿷匚頃　八·二八
⿰乡頁　⿰乡頁　八·二八
頛　頛　八·二八
⿰車頁　⿰車頁　八·二九
⿰契頁　⿰契頁　八·二九
⿺鬼頁　⿺鬼頁　八·三〇
頦　頦　八·三〇
⿰木頁　⿰木頁　八·三〇
顫　顫　八·三一
顣　顣　八·三一

⿰⿱㐅言頁　⿰⿱㐅言頁　八·三三
煩　煩　八·三三
⿰亲頁　⿰亲頁　八·三三
頪　頪　八·三三
⿰魚頁　⿰魚頁　八·三四
⿰乇頁　⿰乇頁　八·三四
頣　頣　八·三四
頦　頦　八·三四
⿰其頁　⿰其頁　八·三五
⿰籥頁　⿰籥頁　八·三五
顯　顯　八·三五
顛　顛　八·三七
預　預　八·三七

【𦣻部】

𦣻　百　八·三七
脜　脜　八·三八

【面部】

面　面　八·三八
靦　靦　八·三九
䩉　䩉　八·三九
⿰面焦　⿰面焦　八·四〇
靨　靨　八·四〇

【丏部】

丏　丏　八·四〇

【首部】

首　首　八·四一
⿰卩首　⿰卩首　八·四四
⿰㡭首　⿰㡭首　八·四五

【県部】

県　県　八·四七

縣 八·四七

【須部】

須 八·五〇

頿 八·五二

顊 八·五二

⿰卑頁 八·五三

頾 八·五三

【彡部】

彡 八·五三

形 八·五七

㐱 八·五七

修 八·五九

彰 八·五九

彫 八·六〇

彭 八·六〇

㣎 八·六一

弱 八·六一

彩 八·六二

【彣部】

彣 八·六二

彥 彦 八·六三

【文部】

文 八·六四

斐 八·七一

辬 八·七二

⿱𠩺文 八·七二

【髟部】

髟 八·七二

髮 八·七四

鬢 八·七五

鬗 八·七六

⿱髟監 八·七六

⿱髟差 八·七六

鬈 八·七六

髦 八·七六

⿱髟鼻 八·七七

⿱髟周 八·七七

⿱髟爾 八·七七

⿱髟吾 八·七七

⿱髟殺 八·七七

鬋 八·八〇

鬑 八·八〇

⿱髟截 八·八〇

鬄 八·八〇

⿱髟𠬝 八·八〇

卸 八·一二三
卯 八·一二三
卪 八·一二四

【印部】

印 八·一二五
𢁒 八·一二七

【色部】

色 八·一二八
艴 八·一三〇
䒊 八·一三〇

【卯部】

卯 八·一三一
卿 八·一三三

【辟部】

辟 八·一三〇
𨐨 八·一三四
𨐩 八·一三四

【勹部】

勹 八·一三五
𠣛 八·一四四
匍 八·一四四
匐 八·一四五
匊 八·一四五
勻 八·一四六
勼 八·一四九
旬 八·一四九
勽 八·一五六
匈 八·一五七
匔 八·一五七
匌 八·一五八
匓 八·一五八
𠣪 八·一五九
冢 八·一六〇

【包部】

包 八·一六四
胞 八·一六六
匏 八·一六六

【茍部】

茍 八·一六六
敬 八·一七三

【鬼部】

鬼 八·一七六
䰠 八·一九〇
魂 八·一九一
魄 八·一九一

魅 八·一九一
魖 八·一九一
魃 八·一九二
鬽 八·一九二
鬾 八·一九四
䰧 八·一九五
𩴾 八·一九五
䰫 八·一九五
傀 八·一九五
䰛 八·一九六
䰰 八·一九六
醜 八·一九六
魋 八·一九七
魑 八·一九七
魔 八·一九七
魘 八·一九八

【由部】

由 八·一九八
畏 八·一九九
禺 八·二〇三

【厶部】

厶 八·二〇五
篡 八·二〇六
羑 八·二〇六

【嵬部】

嵬 八·二〇七
巍 八·二〇七

【山部】

山 八·二〇八
嶽 八·二一一
岱 八·二二六
島 八·二二七
峱 八·二二七
嶧 八·二二八
嵎 八·二二八
嶷 八·二二八
嶅 八·二二八
屼 八·二二九
巀 八·二二九
嶭 八·二二九
崋 八·二二九
𡹳 八·二三〇
崵 八·二三〇
岵 八·二三一
屺 八·二三一

嵒	八·二二一
嶅	八·二二一
岨	八·二二一
岡	八·二二一
岑	八·二二二
崟	八·二二二
崒	八·二二三
巒	八·二二三
密	八·二二三
岫	八·二二五
嵏	八·二二六
嶞	八·二二六
嶘	八·二二七
崛	八·二二七
[illegible]	八·二二七
峰	八·二二七
巖	八·二二七
嵓	八·二二八
[illegible]	八·二二九
[illegible]	八·二二九
[illegible]	八·二二九
[illegible]	八·二三〇
嵯	八·二三〇
峨	八·二三〇
崝	八·二三〇
嶸	八·二三一
[illegible]	八·二三一
崩	八·二三一
岪	八·二三一
嵍	八·二三二
嶢	八·二三二
[illegible]	八·二三三
[illegible]	八·二三三
[illegible]	八·二三三
崇	八·二三四
崔	八·二三五
嶙	八·二三五
峋	八·二三五
岌	八·二三六
嶠	八·二三六
嵌	八·二三六
嶼	八·二三六
嶺	八·二三六
嵐	八·二三七
嵩	八·二三七

崑　崑　八·二三七

崙　崙　八·二三七

嵇　嵇　八·二三七

【屾部】

屾　屾　八·二三七

嵞　嵞　八·二三八

【屵部】

屵　屵　八·二三八

岸　岸　八·二三九

崖　崖　八·二三九

嵟　嵟　八·二三九

嶏　嶏　八·二四〇

⿱屵配　⿱屵配　八·二四〇

【广部】

广　广　八·二四一

府　府　八·二四二

廱　廱　八·二四六

庠　庠　八·二四七

廬　廬　八·二四七

庭　庭　八·二四八

廇　廇　八·二五一

庉　庉　八·二五二

庌　庌　八·二五二

廡　廡　八·二五三

⿸广虜　⿸广虜　八·二五三

庖　庖　八·二五四

廚　廚　八·二五五

庫　庫　八·二五五

廄　廐　八·二五七

序　序　八·二六三

廦　廦　八·二六四

廣　廣　八·二六四

廥　廥　八·二六六

庾　庾　八·二六六

庰　庰　八·二六六

廁　廁　八·二六七

廛　廛　八·二六七

⿸广戈　⿸广戈　八·二六八

⿸广惠　⿸广惠　八·二六九

⿸广㐱　⿸广㐱　八·二六九

廉　廉　八·二六九

⿸广秅　⿸广秅　八·二七〇

龐　龐　八·二七〇

底　底　八·二七一

庢　庢　八·二七二

廮 廮 廮 八・二七二
废 庋 废 八・二七二
庫 庫 庫 八・二七三
庀 庇 庀 八・二七三
庶 庶 庶 八・二七三
庮 庮 庮 八・二七四
庮 庮 庮 八・二八三
廎 廎 廎 八・二八三
廙 廙 廙 八・二八四
庿 庿 庿 八・二八四
廢 廢 廢 八・二八五
雇 雇 雇 八・二八五
廛 廛 廛 八・二八五
酒 酒 酒 八・二八五
廟 廟 廟 八・二八五
宜 宜 宜 八・二八八
庾 庾 庾 八・二八九

庳 庳 庳 八・二八九
嵚 嵚 嵚 八・二九〇
廫 廫 廖 八・二九一
廈 廈 廈 八・二九一
廲 廲 廊 八・二九一
廂 廂 廂 八・二九一
廄 廄 廄 八・二九一
廢 廢 廢 八・二九一
廖 廖 廖 八・二九二

【厂部】

厂 厂 厂 八・二九二
崖 崖 崖 八・二九六
座 座 座 八・二九七
儀 儀 儀 八・二九七
嚴 嚴 厰 八・二九七

屚 屚 屚 八・二九九
底 庭 底 八・二九九
厥 厥 厥 八・二九九
厲 厲 厲 八・三〇二
麻 麻 麻 八・三〇三
屛 屛 屛 八・三〇四
店 店 店 八・三〇四
犀 犀 犀 八・三〇五
応 応 応 八・三〇五
虎 虎 虎 八・三〇七
厄 厄 厄 八・三〇七
厛 厛 厛 八・三〇八
層 層 厝 八・三〇八
庬 庬 庬 八・三〇九

屵 八·三〇九
⿸厂夾 八·三〇九
仄 八·三一三
⿸厂辟 八·三一四
厞 八·三一四
厭 八·三一五
厃 八·三一六

【丸部】

丸 八·三一七
⿰丸咼 八·三一八
⿰丸而 八·三一八
⿰丸犮 八·三一九

【危部】

危 八·三一九
⿰危支 八·三二〇

【石部】

石 八·三二〇
磺 八·三二四
碭 八·三二七
碝 八·三二八
砮 八·三二八
礜 八·三二八
碣 八·三二九
磏 八·三二九
碫 八·三三〇
礫 八·三三〇
碧 八·三三〇
磧 八·三三〇
碑 八·三三一
⿰石㒸 八·三三一
碩 八·三三一
⿰石㒸 八·三三二
硞 八·三三二
硍 八·三三二
礐 八·三三二
硈 八·三三二
磕 八·三三二
硻 八·三三二
磿 八·三三三
⿱斬石 八·三三三
礹 八·三三三
磬 八·三三四
确 八·三三四
磽 八·三三四
硪 八·三三四

碞 碞 八・三三五
磬 磬 八・三三五
礙 礙 八・三三七
硩 硩 八・三三七
磓 磓 八・三三八
碎 碎 八・三三八
破 破 八・三三八
礱 礱 八・三三九
研 研 八・三三九
礦 礦 八・三三九
磑 磑 八・三四〇
碓 碓 八・三四〇
碏 碏 八・三四〇
磻 磻 八・三四〇
礸 礸 八・三四二

硯 硯 八・三四二
砭 砭 八・三四二
碣 碣 八・三四三
砢 砢 八・三四三
磊 磊 八・三四三
礪 礪 八・三四三
碏 碏 八・三四三
磯 磯 八・三四四
碌 碌 八・三四四
砧 砧 八・三四四
砌 砌 八・三四四
礩 礩 八・三四四
礎 礎 八・三四四
硾 硾 八・三四四

【長部】

長 長 八・三四五
肆 肆 八・三五一
镾 镾 八・三五三
镻 镻 八・三五四

【勿部】

勿 勿 八・三五四
昜 昜 八・三五九

【冄部】

冄 冄 八・三六四

【而部】

而 而 八・三六八
耏 耏 八・三七〇

【豕部】

豕 豕 八・三七二

豬 豬 八·三七八
豰 豰 八·三七八
豯 豯 八·三七九
豵 豵 八·三七九
豝 豝 八·三八〇
豜 豜 八·三八〇
豶 豶 八·三八一
豭 豭 八·三八一
豛 豛 八·三八三
豴 豴 八·三八三
豤 豤 八·三八三
豷 豷 八·三八三
豧 豧 八·三八四
豢 豢 八·三八四
豠 豠 八·三八四

豲 豲 八·三八五
豨 豨 八·三八五
豖 豖 八·三八六
豦 豦 八·三八九
豢 豢 八·三九一
豩 豩 八·三九二

【𢑚部】

𢑚 𢑚 八·三九三
𢑛 𢑛 八·三九九
𢑟 𢑟 八·三九九
彙 彙 八·四〇〇
𦅾 𦅾 八·四〇一

【彑部】

彑 彑 八·四〇二
彘 彘 八·四〇二

彖 彖 八·四〇七
㣇 㣇 八·四〇九
彖 彖 八·四〇九

【豚部】

豚 豚 八·四一〇
䝐 䝐 八·四一三

【豸部】

豸 豸 八·四一三
豹 豹 八·四一六
貙 貙 八·四一七
貚 貚 八·四一七
貔 貔 八·四一七
豺 豺 八·四一八
貐 貐 八·四一九
貘 貘 八·四一九

貒 貒貒貒　八·四二〇

玃 玃玃玃　八·四二一

㺑 㺑㺑㺑　八·四二一

貐 貐貐　八·四二二

貀 貀貀貀　八·四二四

貂 貂貂貂　八·四二四

貉 貉貉貉　八·四二五

貆 貆貆貆　八·四二六

貍 貍貍貍　八·四二六

獂 獂獂獂　八·四二八

狄 狄狄狄　八·四二八

玃 玃玃玃　八·四二八

貓 貓貓貓　八·四二九

【舄部】

舄 舄舄舄　八·四二九

驨 驨驨驨　八·四六三

驪 驪驪驪　八·四六二

驊 驊驊驊　八·四六一

驧 驧驧驧　八·四六一

馴 馴馴馴　八·四六一

駒 駒駒駒　八·四五九

馬 馬馬馬　八·四五九

驤 驤驤驤　八·四五八

馬 馬馬馬　八·四五〇

【馬部】

豫 豫豫豫　八·四四七

象 象象象　八·四四三

【象部】

易 易易易　八·四三五

【易部】

驨 驨驨驨　八·四六三

驨 驨驨驨　八·四六三

驪 驪驪驪　八·四六三

驊 驊驊驊　八·四六一

駓 駓駓駓　八·四六一

驦 驦驦驦　八·四六一

騘 騘騘騘　八·四六六

駉 駉駉駉　八·四六六

駱 駱駱駱　八·四六四

雒 雒雒雒　八·四六四

駿 駿駿駿　八·四六三

驪 驪驪驪　八·四六三

驨 驨驨驨　八·四六三

字	頁碼
駁	八·四六八
馵	八·四六九
驔	八·四七〇
驠	八·四七〇
騽	八·四七〇
⿱倝馬	八·四七一
騑	八·四七二
驖	八·四七二
驥	八·四七二
駿	八·四七三
驍	八·四七三
⿰馬垂	八·四七四
驕	八·四七四
騋	八·四七五
驩	八·四七六
驗	八·四七六
⿰山馬	八·四七六
傌	八·四七七
馼	八·四七七
馶	八·四七七
駜	八·四七七
駫	八·四七八
騯	八·四七八
⿰馬卯	八·四七八
驤	八·四七八
驀	八·四七九
騎	八·四七九
駕	八·四七九
騑	八·四八〇
駢	八·四八〇
驂	八·四八〇
駟	八·四八一
駙	八·四八二
⿰馬皆	八·四八二
騀	八·四八二
駊	八·四八二
⿰馬舀	八·四八二
篤	八·四八二
騤	八·四八三
⿱與馬	八·四八三
駸	八·四八四
馺	八·四八四
馮	八·四八四
⿰馬凡	八·四八五
騃	八·四八五

驟	八·四八六
駒	八·四八六
颿	八·四八六
驅	八·四八六
馳	八·四八七
騖	八·四八八
⿱列馬	八·四八八
騁	八·四八八
駾	八·四八九
⿰馬夫	八·四八九
駻	八·四八九
駧	八·四八九
驚	八·四九〇
駭	八·四九〇
⿰馬㐬	八·四九〇
騫	八·四九〇
駐	八·四九一
馴	八·四九一
駗	八·四九一
驙	八·四九二
騺	八·四九二
驧	八·四九二
⿰馬柬	八·四九二
馻	八·四九二
騷	八·四九三
馽	八·四九三
駘	八·四九四
駔	八·四九四
騶	八·四九六
驛	八·四九六
馹	八·四九七
騰	八·四九七
⿰馬萑	八·四九八
駉	八·四九八
駪	八·四九八
駮	八·四九八
駃	八·四九九
騠	八·四九九
驘	八·四九九
驢	八·五〇〇
⿰馬冢	八·五〇〇
驒	八·五〇〇
騱	八·五〇一
騊	八·五〇一
駼	八·五〇一

驫　八·五〇二
駛　八·五〇二
駴　八·五〇三
駿　八·五〇三
馱　八·五〇三
騂　八·五〇三

【廌部】

廌　八·五〇四
𧤗　八·五〇六
薦　八·五〇七
灋　八·五〇九

【鹿部】

鹿　八·五一三
麚　八·五一七
麟　八·五一八
麠　八·五一八
麔　八·五一九
麛　八·五一九
麗　八·五二〇
麒　八·五二〇
麔　八·五二一
麇　八·五二五
麎　八·五二八
麜　八·五二八
麞　八·五三〇
麔　八·五三〇
麢　八·五三〇
麃　八·五三一
麈　八·五三一
麑　八·五三二
麙　八·五三三
麢　八·五三三
麈　八·五三六
麝　八·五三六
麌　八·五三六
麗　八·五三七
麀　八·五四三

【麤部】

麤　八·五四四
塵　八·五四六

【㲋部】

㲋　八·五四七
毚　八·五四八
[illegible]　八·五五〇

⿱㲋夬 八·五五三

【兔部】

兔 八·五五五
逸 八·五五六
冤 八·五五九
娩 八·五六〇
㲜 八·五六一
毚 八·五六一

【萈部】

萈 八·五六一

【犬部】

犬 八·五六三
狗 八·五六九
獀 八·五七二
尨 八·五七二
狡 八·五七三
獪 八·五七四
⿰犭農 八·五七四
猲 八·五七四
獢 八·五七四
獫 八·五七五
⿰犭主 八·五七五
猈 八·五七五
猗 八·五七五
狊 八·五七六
猎 八·五七六
默 八·五七六
猝 八·五七六
猩 八·五七七
⿰犭兼 八·五七七
獥 八·五七七
猥 八·五七七
獿 八·五七八
⿰犭翏 八·五七八
⿰犭參 八·五七八
獎 八·五七八
⿰犭戔 八·五七九
⿰犭冊 八·五七九
狠 八·五七九
⿰犭番 八·五七九
狋 八·五七九
⿰犭斤 八·五八〇
獡 八·五八〇
獷 八·五八一
狀 八·五八一

猆 八·五八一
獒 八·五八二
獳 八·五八二
狤 八·五八二
狎 八·五八三
狃 八·五八三
犯 八·五八三
猜 八·五八四
猛 八·五八四
犺 八·五八五
㹤 八·五八五
獜 八·五八五
獧 八·五八五
倏 八·五八六
狟 八·五八六

犻 八·五八六
㺈 八·五八七
猌 八·五八七
犮 八·五八八
戾 八·五八八
獨 八·五九〇
㹅 八·五九一
獮 八·五九二
獵 八·五九三
獠 八·五九四
狩 八·五九四
臭 八·五九八
獲 八·五九九
獘 八·六〇一
獻 八·六〇二

犴 八·六〇七
獟 八·六〇七
狾 八·六〇七
狂 八·六〇八
類 八·六〇九
狄 八·六〇九
狻 八·六一三
玃 八·六一四
猶 八·六一四
狙 八·六一七
猴 八·六一七
㺅 八·六一八
狼 八·六一九
狛 八·六二〇
獌 八·六二〇

狐　八·六二一
獺　八·六二二
猵　八·六二二
猋　八·六二二
狘　八·六二三
猑　八·六二三
狷　八·六二三
猰　八·六二三

【犾部】

犾　八·六二三
⿲犭臣犬　八·六二四
獄　八·六二五

【鼠部】

鼠　八·六二七
⿰鼠番　八·六二八
⿰鼠各　八·六二九
鼢　八·六二九
⿰鼠平　八·六二九
鼶　八·六二九
⿰鼠卯　八·六三〇
鼫　八·六三〇
鼨　八·六三〇
⿰鼠益　八·六三一
鼷　八·六三一
鼩　八·六三一
鼸　八·六三二
⿰鼠今　八·六三二
鼬　八·六三二
⿰鼠勺　八·六三二
⿰鼠亢　八·六三三
⿱臼鼠　八·六三三
鼲　八·六三四
⿰鼠閒　八·六三四

【能部】

能　八·六三四

【熊部】

熊　八·六四〇
羆　八·六四一

【火部】

火　八·六四二
炟　八·六四五
⿰火尾　八·六四六
燬　八·六四六
燹　八·六四七
焌　八·六四九

尞	八·六五一
然	八·六五九
爇	八·六六一
燔	八·六六二
燒	八·六六二
烈	八·六六三
炪	八·六六三
燀	八·六六四
爨	八·六六四
烝	八·六六四
烰	八·六六六
煦	八·六六六
熯	八·六六六
炥	八·六六八
熮	八·六六八

焛	八·六六八
[illegible]	八·六七〇
熲	八·六七〇
爚	八·六七一
熛	八·六七一
熇	八·六七一
烄	八·六七二
[illegible]	八·六七三
燋	八·六七四
炭	八·六七四
[illegible]	八·六七五
[illegible]	八·六七五
炦	八·六七五
灰	八·六七五
[illegible]	八·六七六

煨	八·六七七
熄	八·六七七
烓	八·六七七
煁	八·六七七
燀	八·六七八
炊	八·六七八
烘	八·六七八
齌	八·六七八
熹	八·六七九
煎	八·六八〇
熬	八·六八〇
炮	八·六八一
[illegible]	八·六八一
[illegible]	八·六八一
[illegible]	八·六八二

爆 爆 八·六八三
煬 煬 八·六八三
焳 焳 八·六八四
爤 爤 八·六八四
爢 爢 八·六八四
㷉 尉 八·六八四
⿰火龜 ⿰火龜 八·六八五
灸 灸 八·六八六
灼 灼 八·六八六
煉 煉 八·六八七
燭 燭 八·六八七
熜 熜 八·六八八
灺 灺 八·六八八
⿰火聿 ⿰火聿 八·六八八
焠 焠 八·六八九

燥 燥 八·六八九
燓 焚 八·六九〇
燫 燫 八·六九三
燎 燎 八·六九三
㶾 票 八·六九四
⿰火曹 ⿰火曹 八·六九六
⿱雥火 焦 八·六九六
烖 烖 八·六九六
⿰火垔 煙 八·六九九
焆 焆 八·六九九
熅 熅 八·七〇〇
⿰火皀 ⿰火皀 八·七〇〇
燂 燂 八·七〇一
焞 焞 八·七〇一
炳 炳 八·七〇一

焯 焯 八·七〇二
照 照 八·七〇二
煒 煒 八·七〇三
烗 烗 八·七〇三
熠 熠 八·七〇三
煜 煜 八·七〇三
燿 燿 八·七〇四
煇 煇 八·七〇四
煌 煌 八·七〇六
焜 焜 八·七〇六
炯 炯 八·七〇七
⿰火粵 熚 八·七〇七
爓 爓 八·七〇七
炫 炫 八·七〇七
炗 光 八·七〇八

熱 八·七一三
熾 八·七一四
燠 八·七一五
煖 八·七一六
煗 八·七一六
炅 八·七一六
炕 八·七二〇
燥 八·七二一
烕 八·七二一
焅 八·七二三
燾 八·七二三
爟 八·七二三
烽 八·七二五
爝 八·七二七
熭 八·七二七

熙 八·七二七
爞 八·七二九
煽 八·七二九
烙 八·七二九
爍 八·七二九
燦 八·七二九
煥 八·七二九

【炎部】

炎 八·七二九
燄 八·七三一
⿰炎舌 八·七三二
⿱炎亩 八·七三二
煔 八·七三二
⿰坴炎 八·七三二
燮 八·七三三

粦 八·七三五

【黑部】

黑 八·七三八
黸 八·七四二
⿰黑會 八·七四二
黯 八·七四二
黶 八·七四三
黳 八·七四三
⿰黑旦 八·七四三
⿰黑箴 八·七四三
⿰黑昜 八·七四三
黲 八·七四三
黤 八·七四四
黝 八·七四四
黗 八·七四四

點　八・七四四
黚　八・七四五
⿰黑金　八・七四五
⿰黑甗　八・七四五
⿱算黑　八・七四六
⿱丰黑　八・七四六
黠　八・七四六
黔　八・七四七
黕　八・七四八
黨　八・七四八
黷　八・七四九
黵　八・七四九
黴　八・七五〇
黜　八・七五〇
⿱般黑　八・七五〇

黱　八・七五一
儵　八・七五一
⿰黑或　八・七五一
⿰黑屒　八・七五二
黮　八・七五二
⿰黑弇　八・七五二
黥　八・七五二
⿰黑敢　八・七五三
黟　八・七五三

【囱部】

囱　八・七五四
悤　八・七五六

【焱部】

焱　八・七五九
熒　八・七六〇

燊　八・七六一

【炙部】

炙　八・七六二
⿰炙番　八・七六四
⿰炙尞　八・七六四

【赤部】

赤　八・七六四
赨　八・七六七
⿱殸赤　八・七六七
赧　八・七六七
⿰赤巠　八・七六八
浾　八・七六八
赭　八・七六八
⿰倝赤　八・七六九
赫　八・七六九

赩　八·七七〇
赮　八·七七一

【大部】

大　八·七七一
奎　八·七八〇
夾　八·七八一
奄　八·七八三
夸　八·七八七
𡗗　八·七九一
𡘜　八·七九一
奯　八·七九一
𡚇　八·七九一
𡙇　八·七九二
夽　八·七九二
奃　八·七九二
𡗾　八·七九二
𡘋　八·七九三
𡙈　八·七九三
奄　八·七九三
契　八·七九三
夷　八·七九四

【亦部】

亦　八·八〇二
夾　八·八〇六

【夨部】

夨　八·八〇七
𡗼　八·八一三
奊　八·八一三
吳　八·八一三

【夭部】

夭　八·八二〇
喬　八·八二四
幸　八·八二八
奔　八·八二八

【交部】

交　八·八三三
𩐋　八·八三八
絞　八·八三九

【尣部】

尣　八·八三九
𡰔　八·八四〇
𡯽　八·八四〇
𡯹　八·八四〇
𡯸　八·八四〇

尲 尲 八·八四一
尬 尬 八·八四一
尥 尥 八·八四一
⿸尢是 ⿸尢是 八·八四一
⿸尢巂 ⿸尢巂 八·八四一
⿸尢亏 尪 八·八四二
⿸尢羸 ⿸尢羸 八·八四二

【壺部】

壺 壺 八·八四二
壼 壼 八·八四五

【壹部】

壹 壹 八·八四六
懿 懿 八·八四八

【㚔部】

㚔 㚔 八·八五〇
睪 睪 八·八五九
執 執 八·八六一
圉 圉 八·八六七
盩 盩 八·八七〇
報 報 八·八七三
⿱⺮⿰幸匊 ⿱⺮⿰幸匊 八·八七四

【奢部】

奢 奢 八·八七五
奲 奲 八·八七六

【亢部】

亢 亢 八·八七六
⿰亢复 ⿰亢复 八·八七八

【夲部】

夲 夲 八·八七八
⿱卉夲 ⿱卉夲 八·八七八
暴 暴 八·八八五
⿰⿱夲米見 ⿰⿱夲米見 八·八八五
奏 奏 八·八八六
皋 皋 八·八八七

【夰部】

夰 夰 八·八九二
臩 臩 八·八九二
奡 奡 八·八九三
昦 昊 八·八九三
⿱䀠⿰夰夰 ⿱䀠⿰夰夰 八·八九四

【亣部】

亣 亣 八·八九五
奕 奕 八·八九六
奘 奘 八·八九六
臭 臭 八·八九六

奚　八·九〇〇
耎　八·九〇四
𡘋　八·九〇四
奰　八·九〇五

【夫部】

夫　八·九〇六
規　八·九〇九
㚘　八·九一〇

【立部】

立　八·九一〇
𥩟　八·九一四
⿰立韋　八·九一四
端　八·九一四
竱　八·九一五
竦　八·九一五
竫　八·九一五
靖　八·九一六
竢　八·九一六
竘　八·九一六
竵　八·九一六
竭　八·九一六
⿰立須　八·九一七
⿱亡⿲月立凡　八·九一七
竣　八·九一七
⿰立彔　八·九一七
⿰立昔　八·九一八
⿰立卑　八·九一八
⿰立曾　八·九一九

【竝部】

竝　八·九一九
替　八·九二七

【囟部】

囟　八·九二九
巤　八·九三一
毗　八·九三三

【恖部】

思　八·九三四
慮　八·九三六

【心部】

心　八·九三七
息　八·九四一
情　八·九四五
性　八·九四五
志　八·九四六
意　八·九四七

恉 恉 八·九四八
悳 悳 八·九四八
應 應 八·九五二
慎 慎 八·九五三
忠 忠 八·九五六
愨 愨 八·九五七
⿱䫉心 ⿱䫉心 八·九五八
快 快 八·九五八
愷 愷 八·九五九
⿱匽心 ⿱匽心 八·九六〇
念 念 八·九六〇
⿱付心 ⿱付心 八·九六一
憲 憲 八·九六一
憕 憕 八·九六三
戁 戁 八·九六三

忻 忻 八·九六三
⿰忄重 ⿰忄重 八·九六四
惲 惲 八·九六四
惇 惇 八·九六四
忼 忼 八·九六四
慨 慨 八·九六五
悃 悃 八·九六五
愊 愊 八·九六五
愿 愿 八·九六五
慧 慧 八·九六六
憭 憭 八·九六六
恔 恔 八·九六六
瘱 瘱 八·九六六
悊 悊 八·九六七
悰 悰 八·九六八

恬 恬 八·九六九
恢 恢 八·九六九
恭 恭 八·九六九
憼 憼 八·九七〇
恕 恕 八·九七一
怡 怡 八·九七一
慈 慈 八·九七二
忯 忯 八·九七四
⿰忄虒 ⿰忄虒 八·九七四
恮 恮 八·九七五
恩 恩 八·九七五
慸 慸 八·九七五
憖 憖 八·九七五
⿸广⿱叀心 ⿸广⿱叀心 八·九七七
⿰忄戔 ⿰忄戔 八·九七七

悥 八·九七七
慶 八·九七八
愃 八·九八三
愻 八·九八三
[illegible] 八·九八四
恂 八·九八四
忱 八·九八四
惟 八·九八五
懷 八·九八五
惀 八·九八六
想 八·九八六
㥖 八·九八六
慉 八·九八七
蕙 八·九八七
[illegible] 八·九八八

憀 八·九八八
愙 八·九八八
愯 八·九八九
懼 八·九九〇
怙 八·九九一
恃 八·九九一
慒 八·九九一
悟 八·九九一
憮 八·九九二
㤅 八·九九二
㥠 八·九九三
慰 八·九九三
[illegible] 八·九九三
[illegible] 八·九九三
怞 八·九九四

㥕 八·九九四
忞 八·九九四
慔 八·九九四
愐 八·九九五
怈 八·九九五
懋 八·九九五
慕 八·九九七
悛 八·九九八
[illegible] 八·九九八
[illegible] 八·九九九
慆 八·九九九
懕 八·九九九
憺 八·一〇〇〇
怕 八·一〇〇〇
恤 八·一〇〇〇

忓　八·一〇〇〇
懽　八·一〇〇二
⿰忄禺　八·一〇〇二
惄　八·一〇〇二
⿰忄卻　八·一〇〇三
憸　八·一〇〇四
愒　八·一〇〇四
憃　八·一〇〇四
⿱冊心　八·一〇〇四
急　八·一〇〇五
⿲辛心辛　八·一〇〇五
⿰忄亟　八·一〇〇六
懁　八·一〇〇六
⿰忄巠　八·一〇〇六
⿱弦心　八·一〇〇六

慓　八·一〇〇七
懦　八·一〇〇七
恁　八·一〇〇七
⿱代心　八·一〇一〇
怚　八·一〇一〇
⿰忄㠯　八·一〇一〇
悆　八·一〇一一
忒　八·一〇一二
憪　八·一〇一二
愉　八·一〇一二
⿰忄義　八·一〇一四
愚　八·一〇一四
戇　八·一〇一四
⿰忄采　八·一〇一四
惷　八·一〇一五

懝　八·一〇一五
忮　八·一〇一六
悍　八·一〇一六
態　八·一〇一七
怪　八·一〇一七
⿰忄象　八·一〇一七
慢　八·一〇一七
怠　八·一〇一八
懈　八·一〇一八
憜　八·一〇一八
慫　八·一〇一九
怫　八·一〇一九
忿　八·一〇二〇
忽　八·一〇二〇
忘　八·一〇二〇

懣 八・一〇二二
恣 八・一〇二二
愓 八・一〇二三
憧 八・一〇二三
悝 八・一〇二三
憍 八・一〇二三
[illegible] 八・一〇二三
悅 八・一〇二三
恑 八・一〇二三
懤 八・一〇二三
悸 八・一〇二三
憿 八・一〇二四
[illegible] 八・一〇二四
忨 八・一〇二五
惏 八・一〇二五

懜 八・一〇二五
愆 八・一〇二五
慊 八・一〇二七
惑 八・一〇二八
怋 八・一〇二八
怓 八・一〇二八
惷 八・一〇二九
惛 八・一〇二九
忥 八・一〇二九
[illegible] 八・一〇二九
憒 八・一〇三〇
忌 八・一〇三〇
忿 八・一〇三三
悁 八・一〇三三
[illegible] 八・一〇三三

恚 八・一〇三三
怨 八・一〇三三
怒 八・一〇三四
憝 八・一〇三四
慍 八・一〇三五
惡 八・一〇三五
憎 八・一〇三六
怖 八・一〇三六
忍 八・一〇三六
[illegible] 八・一〇三七
恨 八・一〇三七
懟 八・一〇三七
悔 八・一〇三七
愷 八・一〇三八
快 八・一〇三八

懣　懣　八・一〇三八
憒　憒　八・一〇三九
悶　悶　八・一〇三九
惆　惆　八・一〇三九
悵　悵　八・一〇三九
愾　愾　八・一〇三九
懆　懆　八・一〇四〇
愴　愴　八・一〇四〇
怛　怛　八・一〇四〇
憯　憯　八・一〇四一
慘　慘　八・一〇四一
悽　悽　八・一〇四一
恫　恫　八・一〇四一
悲　悲　八・一〇四一
惻　惻　八・一〇四二

惜　惜　八・一〇四三
愍　愍　八・一〇四三
慇　慇　八・一〇四五
㥶　㥶　八・一〇四五
⿱簡心　⿱簡心　八・一〇四五
慅　慅　八・一〇四六
感　感　八・一〇四六
忧　忧　八・一〇四六
⿱戔心　⿱戔心　八・一〇四七
愪　愪　八・一〇四七
怮　怮　八・一〇四七
忦　忦　八・一〇四七
恙　恙　八・一〇四七
惴　惴　八・一〇四八
惄　惄　八・一〇四八

怲　怲　八・一〇四八
惔　惔　八・一〇四八
惙　惙　八・一〇四九
慯　慯　八・一〇四九
愁　愁　八・一〇四九
愵　愵　八・一〇四九
惂　惂　八・一〇四九
悠　悠　八・一〇五〇
悴　悴　八・一〇五〇
慁　慁　八・一〇五〇
⿱楚心　⿱楚心　八・一〇五一
忓　忓　八・一〇五一
忡　忡　八・一〇五一
悄　悄　八・一〇五二
慽　慽　八・一〇五二

⿱頁心	八・一〇五二
患	八・一〇五五
恇	八・一〇五六
⿱夾心	八・一〇五六
懾	八・一〇五七
憚	八・一〇五七
悼	八・一〇五七
恐	八・一〇五八
慴	八・一〇六〇
怵	八・一〇六〇
惕	八・一〇六一
⿰忄共	八・一〇六二
⿰忄亥	八・一〇六二
惶	八・一〇六二
悑	八・一〇六二
慹	八・一〇六二
⿱殸心	八・一〇六三
⿰忄𤰈	八・一〇六三
⿱甚心	八・一〇六三
⿰耳心	八・一〇六三
⿰忄典	八・一〇六四
忝	八・一〇六四
慙	八・一〇六五
恧	八・一〇六五
怍	八・一〇六五
憐	八・一〇六五
⿺辶⿱車心	八・一〇六六
忍	八・一〇六六
⿱弭心	八・一〇六六
⿱乂心	八・一〇六六
懲	八・一〇六七
憬	八・一〇六七
慵	八・一〇六七
悱	八・一〇六七
怩	八・一〇六七
⿱沾心	八・一〇六八
⿱滯心	八・一〇六八
懇	八・一〇六八
忖	八・一〇六八
怊	八・一〇六八
慟	八・一〇六八
惹	八・一〇六八
恰	八・一〇六九
悌	八・一〇六九
懌	八・一〇六九

【惢部】

惢 八・一〇六九
繠 八・一〇七〇

【水部】

水 九・一
汃 九・三
河 九・三
泑 九・七
涷 九・七
涪 九・八
潼 九・八
江 九・九
沱 九・九
浙 九・一二
涐 九・一二
湔 九・一二
沫 九・一四
温 九・一四
灊 九・一五
沮 九・一五
滇 九・一五
涂 九・一六
沅 九・一七
淹 九・一七
溺 九・一七
洮 九・一八
涇 九・一八
渭 九・一八
漾 九・一九
漢 九・二〇
浪 九・二三
沔 九・二三
湟 九・二三
汧 九・二三
澇 九・二四
漆 九・二四
滻 九・二五
洛 九・二五
淯 九・二六
汝 九・二七
潩 九・二七
汾 九・二八
澮 九・二八
沁 九・三〇
沾 九・三〇

潞	九·三〇
漳	九·三一
淇	九·三一
蕩	九·三二
沇	九·三三
沛	九·三四
洈	九·三四
溠	九·三五
洭	九·三五
潓	九·三六
灌	九·三六
漸	九·三六
泠	九·三七
藫	九·三七
溧	九·三七
湘	九·三七
汨	九·三八
溱	九·三八
深	九·三八
潭	九·三九
油	九·三九
⿰氵買	九·四一
湞	九·四一
溜	九·四一
瀷	九·四一
潕	九·四二
激	九·四二
瀙	九·四二
淮	九·四二
滍	九·四四
澧	九·四四
溳	九·四四
淠	九·四四
澺	九·四五
汹	九·四五
灈	九·四五
潁	九·四五
洧	九·四六
濦	九·四六
濄	九·四六
泄	九·四六
汳	九·四七
潧	九·四八
淩	九·四八
濮	九·四九

濼 九·四九
漷 九·五〇
淨 九·五〇
濕 九·五〇
泡 九·五二
菏 九·五二
泗 九·五二
洹 九·五三
灉 九·五四
澶 九·五四
洙 九·五五
沭 九·五五
沂 九·五五
洋 九·五六
濁 九·五七

溉 九·五八
濰 九·五八
浯 九·五八
汶 九·五九
治 九·五九
寖 九·六〇
湡 九·六〇
滮 九·六一
渚 九·六一
洨 九·六二
濟 九·六二
泜 九·六三
濡 九·六三
灅 九·六四
沽 九·六四

沛 九·六五
浿 九·六五
瀤 九·六六
㶟 九·六六
瀘 九·六六
泒 九·六六
滱 九·六七
淶 九·六七
泥 九·六七
湳 九·六八
漹 九·六九
涶 九·六九
瀙 九·六九
洵 九·六九
涻 九·七〇

字	頁碼
汈	九·七〇
淔	九·七一
淁	九·七二
涺	九·七二
⿰氵臮	九·七二
沋	九·七三
洇	九·七三
淉	九·七三
湞	九·七三
浝	九·七三
⿰氵乳	九·七三
泈	九·七四
洦	九·七四
汘	九·七四
⿰氵匝	九·七四
澥	九·七四
漠	九·七五
海	九·七五
溥	九·七六
⿰氵闇	九·七六
洪	九·七六
洚	九·七七
衍	九·七七
淖	九·七八
濥	九·七九
滔	九·七九
涓	九·八〇
混	九·八〇
潒	九·八一
漦	九·八一
汭	九·八一
潚	九·八二
演	九·八三
渙	九·八三
泌	九·八三
活	九·八四
湝	九·八四
泫	九·八四
淲	九·八四
淢	九·八五
瀏	九·八五
濊	九·八六
滂	九·八六
汪	九·八六
漻	九·八七

水

字	頁
沘	九·八七
況	九·八七
沖	九·八八
汎	九·八九
沄	九·九一
浩	九·九一
沆	九·九一
汭	九·九二
濞	九·九二
灂	九·九三
滃	九·九三
滕	九·九三
潏	九·九五
洸	九·九五
波	九·九六

字	頁
澐	九·九六
瀾	九·九七
淪	九·九七
漂	九·九八
浮	九·九八
濫	九·九九
氾	九·九九
泓	九·九九
湋	九·一〇〇
測	九·一〇〇
湍	九·一〇一
淙	九·一〇一
激	九·一〇一
洞	九·一〇二
[illegible]	九·一〇二

字	頁
洶	九·一〇二
涌	九·一〇三
湁	九·一〇三
涳	九·一〇三
汋	九·一〇四
瀱	九·一〇四
渾	九·一〇四
洌	九·一〇五
淑	九·一〇五
溶	九·一〇六
澂	九·一〇六
清	九·一〇六
湜	九·一〇七
潣	九·一〇七
滲	九·一〇八

灛	九·一〇八
溷	九·一〇八
淈	九·一〇八
淀	九·一〇九
漼	九·一〇九
淵	九·一〇九
瀰	九·一一一
澹	九·一一二
潯	九·一一二
泙	九·一一二
泏	九·一一三
瀳	九·一一三
潪	九·一一三
滿	九·一一三
滑	九·一一四
濇	九·一一五
澤	九·一一五
淫	九·一一六
瀸	九·一一七
泆	九·一一七
潰	九·一一八
沴	九·一一九
淺	九·一一九
洔	九·一一九
消	九·一二〇
淖	九·一二〇
滜	九·一二一
溽	九·一二一
涅	九·一二一
滋	九·一二三
溜	九·一二五
浥	九·一二五
沙	九·一二五
瀨	九·一二八
瀆	九·一二九
涘	九·一二九
汻	九·一三〇
氿	九·一三〇
湑	九·一三〇
浦	九·一三〇
沚	九·一三〇
沸	九·一三一
濼	九·一三一
派	九·一三三
汜	九·一三三

字	卷·頁
濙	九·一三五
濘	九·一三五
滎	九·一三六
洼	九·一三六
漥	九·一三六
潢	九·一三七
沼	九·一三八
湖	九·一三八
汥	九·一三九
洫	九·一三九
溝	九·一四〇
瀆	九·一四〇
渠	九·一四〇
瀶	九·一四一
湄	九·一四一

字	卷·頁
洐	九·一四七
澗	九·一四七
澳	九·一四七
澩	九·一四八
灉	九·一四八
汕	九·一四八
決	九·一四九
灓	九·一五〇
滴	九·一五〇
注	九·一五〇
沃	九·一五三
[氵昔]	九·一五三
澨	九·一五四
津	九·一五四
淜	九·一五五

字	卷·頁
潢	九·一五六
泭	九·一五七
渡	九·一五七
沿	九·一五九
泝	九·一五九
洄	九·一六〇
泳	九·一六〇
潛	九·一六一
淦	九·一六一
泛	九·一六三
汓	九·一六三
砅	九·一六三
湊	九·一六八
湛	九·一六九
湮	九·一六九

休	九·一七〇
没	九·一七〇
渨	九·一七〇
滃	九·一七〇
泱	九·一七一
淒	九·一七一
渰	九·一七一
溟	九·一七一
涑	九·一七一
瀑	九·一七二
澍	九·一七二
湒	九·一七三
濱	九·一七三
潦	九·一七三
濩	九·一七四
涿	九·一七六
瀧	九·一七八
渿	九·一七九
滈	九·一七九
漊	九·一七九
溦	九·一七九
濛	九·一八〇
沈	九·一八〇
洅	九·一八五
淊	九·一八五
涵	九·一八六
𣽏	九·一八六
瀀	九·一八六
涔	九·一八六
漬	九·一八七
漚	九·一八七
浞	九·一八七
渥	九·一八八
潅	九·一八八
洽	九·一八八
濃	九·一八八
瀌	九·一八八
溓	九·一八八
泐	九·一九〇
滯	九·一九〇
汦	九·一九〇
㴲	九·一九〇
澌	九·一九一
汔	九·一九一
涸	九·一九一

字	頁碼
消	九·一九二
潐	九·一九二
渴	九·一九二
漮	九·一九三
溼	九·一九三
湆	九·一九五
洿	九·一九六
浼	九·一九六
汙	九·一九六
湫	九·一九六
潤	九·一九八
準	九·一九八
汀	九·一九八
沑	九·一九九
瀵	九·二〇〇
滜	九·二〇〇
瀞	九·二〇〇
濊	九·二〇一
泧	九·二〇一
洎	九·二〇二
湯	九·二〇三
渜	九·二〇四
洝	九·二〇四
洏	九·二〇五
涗	九·二〇五
涫	九·二〇五
涾	九·二〇五
汏	九·二〇五
[illegible]	九·二〇六
淅	九·二〇六
滰	九·二〇六
溲	九·二〇七
浚	九·二〇八
瀝	九·二〇八
漉	九·二〇八
潘	九·二〇九
灡	九·二〇九
泔	九·二〇九
滫	九·二一〇
澱	九·二一〇
淤	九·二一〇
滓	九·二一〇
淰	九·二一一
瀹	九·二一一
[illegible]	九·二一一

漀 九·二二二
滑 九·二二二
湎 九·二二二
漿 九·二二四
涼 九·二二五
淡 九·二二五
涒 九·二二五
澆 九·二二六
液 九·二二六
汁 九·二二六
⿰氵哥 九·二二七
灝 九·二二七
溢 九·二二七
洒 九·二二七
滌 九·二二八

濈 九·二二八
瀋 九·二二八
渳 九·二二九
⿰氵笲 九·二二九
漱 九·二二九
泂 九·二二九
滄 九·二二九
瀙 九·二三〇
淬 九·二三〇
沐 九·二三〇
沬 九·二三〇
浴 九·二三八
澡 九·二三九
洗 九·二三九
汲 九·二三一

淳 九·二三三
淋 九·二三三
渫 九·二三三
瀚 九·二三三
濯 九·二三四
涑 九·二三四
潎 九·二三五
⿱⿰氵夆土 九·二三五
灑 九·二三五
汛 九·二三五
染 九·二三五
泰 九·二三六
⿰氵閵 九·二四三
濽 九·二四四
⿰氵愁 九·二四四

湩 九·二四四
洟 九·二四四
潸 九·二四五
汗 九·二四五
泣 九·二四五
涕 九·二四五
湅 九·二四六
𤅊 九·二四六
渝 九·二四七
減 九·二四八
滅 九·二四八
漕 九·二四九
泮 九·二四九
漏 九·二五〇
澒 九·二五一

萍 九·二五一
濊 九·二五一
汩 九·二五一
瀼 九·二五二
溥 九·二五二
汎 九·二五二
泯 九·二五二
瀣 九·二五三
瀘 九·二五三
瀟 九·二五三
瀛 九·二五三
滁 九·二五三
洺 九·二五四
潺 九·二五四
湲 九·二五四

濤 九·二五四
淑 九·二五四
港 九·二五五
瀦 九·二五五
瀰 九·二五五
淼 九·二五五
潔 九·二五五
浹 九·二五五
溘 九·二五六
潠 九·二五六
涯 九·二五六

【沝部】

沝 九·二五六
流 九·二五七
涉 九·二五八

凊 九·三〇七
凍 九·三〇七
𠗊 九·三〇七
凘 九·三〇七
凋 九·三〇八
冬 九·三〇八
冶 九·三一二
凔 九·三二〇
冷 九·三二〇
⿰冫函 九·三二〇
⿰冫畢 九·三二〇
冹 九·三二〇
凓 九·三二一
⿰冫賴 九·三二一

【雨部】

雨 九·三二一
雷 九·三二七
霣 九·三三二
霆 九·三三二
霅 九·三三三
電 九·三三三
震 九·三三四
雪 九·三三五
霄 九·三三六
霰 九·三三六
雹 九·三三七
霝 九·三四二
䨣 九·三四五
零 九·三四六

⿱雨鮮 九·三四六
霢 九·三四七
霂 九·三四七
⿱雨酸 九·三四七
⿱雨戔 九·三四七
⿱雨衆 九·三四七
⿱雨浣 九·三四八
⿱雨兼 九·三四八
⿱雨函 九·三四八
霖 九·三四八
⿱雨𠂢 九·三四九
⿱雨眞 九·三四九
⿱雨禹 九·三四九
⿱雨僉 九·三五〇
霑 九·三五〇

⿱雨染 ⿱雨染 九·三五〇
霤 霤 九·三五〇
屚 屚 九·三五一
⿱雨軍 ⿱雨軍 九·三五二
霽 霽 九·三五二
霋 霋 九·三五三
霩 霩 九·三五四
露 露 九·三五四
霜 霜 九·三五五
霚 霚 九·三五六
霾 霾 九·三五七
⿱雨稽 ⿱雨稽 九·三五九
霓 霓 九·三五九
⿱雨執 ⿱雨執 九·三六〇
雩 雩 九·三六〇

需 需 九·三六五
⿱雨羽 ⿱雨羽 九·三六七
霞 霞 九·三六八
霏 霏 九·三六八
霎 霎 九·三六八
⿱雨對 ⿱雨對 九·三六八
靄 靄 九·三六八

【雲部】

雲 雲 九·三六八
霒 霒 九·三七三

【魚部】

魚 魚 九·三七三
鰖 鰖 九·三七七
鮞 鮞 九·三七七
魼 魼 九·三七七
魶 魶 九·三七七
鰨 鰨 九·三七七
鱒 鱒 九·三七七
鰲 鰲 九·三七八
⿰魚谷 ⿰魚谷 九·三七八
⿰魚胥 ⿰魚胥 九·三七八
鮪 鮪 九·三七八
⿰魚亘 ⿰魚亘 九·三八〇
魧 魧 九·三八〇
鮥 鮥 九·三八〇
鯀 鯀 九·三八一
⿰魚罘 ⿰魚罘 九·三八二
鯉 鯉 九·三八四
鱣 鱣 九·三八四
鱄 鱄 九·三八五

鮦 鮦 九·三八五
⿰魚蠡 ⿰魚蠡 九·三八五
⿰魚婁 ⿰魚婁 九·三八五
鰜 鰜 九·三八六
鯈 鯈 九·三八六
鮔 鮔 九·三八六
鯾 鯾 九·三八六
魴 魴 九·三八七
鱮 鱮 九·三八七
鰱 鰱 九·三八七
鮍 鮍 九·三八八
⿰魚幼 ⿰魚幼 九·三八八
鮒 鮒 九·三八八
⿰魚巠 ⿰魚巠 九·三八八
⿰魚脊 ⿰魚脊 九·三八八

鱺 鱺 九·三八九
鰻 鰻 九·三八九
鱯 鱯 九·三八九
⿰魚丕 ⿰魚丕 九·三八九
鱧 鱧 九·三九〇
⿰魚果 ⿰魚果 九·三九〇
鱨 鱨 九·三九〇
鱏 鱏 九·三九〇
鯢 鯢 九·三九〇
鰼 鰼 九·三九一
鰌 鰌 九·三九一
鯇 鯇 九·三九一
魠 魠 九·三九一
鮆 鮆 九·三九一
鮀 鮀 九·三九一

鮎 鮎 九·三九一
鰋 鰋 九·三九二
鮷 鮷 九·三九二
鱱 鱱 九·三九二
⿰魚朁 ⿰魚朁 九·三九二
⿰魚翁 ⿰魚翁 九·三九三
⿰魚臽 ⿰魚臽 九·三九三
鱖 鱖 九·三九三
鰕 鰕 九·三九三
鱓 鱓 九·三九三
鮸 鮸 九·三九三
魵 魵 九·三九四
⿰魚虜 ⿰魚虜 九·三九四
鰸 鰸 九·三九四
⿰魚妾 ⿰魚妾 九·三九四

魳 九·三九四
⿰魚匊 九·三九五
魦 九·三九五
鱳 九·三九五
鮮 九·三九五
鰅 九·三九七
鱅 九·三九七
鰂 九·三九八
鮐 九·三九八
鮊 九·三九八
鰒 九·三九九
鮫 九·三九九
⿰魚畺 九·三九九
鯁 九·三九九
鱗 九·四〇〇

鮭 九·四〇〇
鱢 九·四〇〇
鮨 九·四〇〇
鮺 九·四〇〇
⿰魚今 九·四〇一
鮑 九·四〇一
魿 九·四〇一
鰕 九·四〇二
鰝 九·四〇二
鮥 九·四〇二
魧 九·四〇三
鮩 九·四〇三
鮚 九·四〇三
鮅 九·四〇四
鱹 九·四〇四

鯸 九·四〇四
鯛 九·四〇四
⿰魚卓 九·四〇四
鮁 九·四〇四
⿰魚夫 九·四〇五
鯕 九·四〇五
鮡 九·四〇五
⿰魚乙 九·四〇五
鱻 九·四〇六
鰈 九·四〇六
魮 九·四〇六
鰩 九·四〇七

【⿱魚魚部】

⿱魚魚 九·四〇七
⿰氵⿱魚魚 九·四〇七

【燕部】

燕 九·四一三

【龍部】

龍 九·四一七
龗 九·四二八
龕 九·四二九
龓 九·四三〇
䶬 九·四三〇

【飛部】

飛 九·四三三
翼 九·四三四

【非部】

非 九·四三九
𩇕 九·四四四
靡 九·四四五
靠 九·四四五
陛 九·四四五

【卂部】

卂 九·四四六
煢 九·四四六

【乚部】

乚 九·四四七
孔 九·四四九
乳 九·四五二

【不部】

不 九·四五四
否 九·四七三

【至部】

至 九·四七三
到 九·四八六
臻 九·四八七
𦤶 九·四八七
臺 九·四八八
𦤺 九·四八八

【西部】

西 九·四九〇
垔 九·四九八

【鹵部】

鹵 九·四九九
𪉖 九·五〇六
鹹 九·五〇七

【鹽部】

鹽 九·五〇七
鹽 九·五〇八
鹼 九·五〇九

【戶部】

戶	户	九·五〇九
扉	扉	九·五一一
扇	扇	九·五一一
房	房	九·五一二
戾	戾	九·五一五
戹	戹	九·五一五
肁	肁	九·五一七
扆	扆	九·五一八
扂	扂	九·五一八
扃	扃	九·五一九

【門部】

門	門	九·五一九
閶	閶	九·五二四
闈	闈	九·五二四
[illegible]	[illegible]	九·五二四
閎	閎	九·五二五
閨	閨	九·五二五
閤	閤	九·五二五
闟	闟	九·五二五
閈	閈	九·五二六
閭	閭	九·五二七
閻	閻	九·五二九
闠	闠	九·五二九
闉	闉	九·五三〇
闍	闍	九·五三〇
闕	闕	九·五三〇
[illegible]	閞	九·五三一
閉	閉	九·五三一
闔	闔	九·五三二
闑	闑	九·五三二
閾	閾	九·五三二
閬	閬	九·五三三
闢	闢	九·五三三
[illegible]	[illegible]	九·五三五
闡	闡	九·五三五
開	開	九·五三五
闓	闓	九·五三七
閜	閜	九·五三七
閘	閘	九·五三七
閟	閟	九·五三八
閣	閣	九·五三八
閒	閒	九·五四二
[illegible]	[illegible]	九·五四七
閼	閼	九·五四七

⿵門谿 九·五四七
⿵門曷 九·五四七
⿵門鄉 九·五四八
闌 九·五四八
閑 九·五五〇
閉 九·五五一
閡 九·五五三
闇 九·五五三
關 九·五五三
⿵門龠 九·五五六
闐 九·五五六
闛 九·五五六
閹 九·五五七
閽 九·五五七
闚 九·五五七

⿵門䜌 九·五五八
両 九·五五九
閃 九·五六〇
閱 九·五六〇
闋 九·五六一
闞 九·五六二
闊 九·五六二
閔 九·五六三
闖 九·五六四
闤 九·五六四
闥 九·五六四
閌 九·五六四
閥 九·五六四
闃 九·五六五

【耳部】

耳 九·五六五
耴 九·五六六
⿰耳占 九·五六七
耽 九·五六七
耼 九·五六八
聸 九·五六八
耿 九·五六八
聯 九·五六九
聊 九·五七一
聖 九·五七一
聰 九·五七五
聽 九·五七六
聆 九·五七八
職 九·五七八

聒　九·五八〇
聥　九·五八一
聲　九·五八一
聞　九·五八二
聘　九·五八七
聾　九·五八七
聳　九·五八八
聛　九·五八八
聵　九·五八九
聉　九·五九〇
⿰耳闋　九·五九一
聅　九·五九一
聝　九·五九二
⿰耳朋　九·五九五
⿸厤耳　九·五九六

聆　九·五九六
聑　九·五九六
聶　九·五九七
聱　九·五九八

【𦣝部】

𦣝　九·五九八
巸　九·六〇〇

【手部】

手　九·六〇一
掌　九·六〇二
拇　九·六〇三
指　九·六〇四
拳　九·六〇四
擘　九·六〇五
攕　九·六〇五

掔　九·六〇五
摳　九·六〇五
攐　九·六〇五
撎　九·六〇六
揖　九·六〇六
攘　九·六〇九
拱　九·六〇九
撿　九·六〇九
捧　九·六〇九
捾　九·六一六
搯　九·六一六
挐　九·六一七
推　九·六一七
捘　九·六一九
排　九·六一九

手

字	頁碼
擠	九·六一九
抵	九·六一九
摧	九·六一九
拉	九·六二〇
挫	九·六二〇
扶	九·六二一
𢪏	九·六二四
持	九·六二五
挈	九·六二六
拑	九·六二七
揲	九·六二七
摯	九·六二七
操	九·六二八
擢	九·六二九
拴	九·六二九
搏	九·六三〇
據	九·六三五
攝	九·六三五
𢪇	九·六三六
抪	九·六三六
挾	九·六三六
捫	九·六三六
擥	九·六三七
攕	九·六三七
握	九·六三七
撣	九·六三八
把	九·六三八
搹	九·六三九
拏	九·六三九
攜	九·六三九
提	九·六四〇
抓	九·六四〇
拈	九·六四一
摛	九·六四一
捨	九·六四一
擪	九·六四一
按	九·六四一
控	九·六四二
揗	九·六四二
掾	九·六四二
拍	九·六四三
拊	九·六四四
掊	九·六四四
捋	九·六四四
撩	九·六四四

措 九·六四五
插 九·六四五
掄 九·六四五
擇 九·六四六
捉 九·六四六
搤 九·六四七
挺 九·六四七
揃 九·六四七
搣 九·六四七
批 九·六四七
揤 九·六四七
捽 九·六四八
撮 九·六四八
⿰幸匊 九·六四八
摕 九·六四八

捊 九·六四九
捦 九·六五〇
授 九·六五〇
承 九·六五一
拒 九·六五二
⿰扌堇 九·六五二
攩 九·六五三
接 九·六五三
⿰扌巿 九·六五三
挏 九·六五四
招 九·六五四
撫 九·六五五
捪 九·六五六
揣 九·六五七
抧 九·六五七

摜 九·六五七
投 九·六五七
擿 九·六五八
搔 九·六五九
扴 九·六五九
摽 九·六五九
挑 九·六五九
抉 九·六六〇
撓 九·六六〇
擾 九·六六〇
挶 九·六六一
据 九·六六一
擖 九·六六一
摘 九·六六二
搳 九·六六二

撕	九·六六三
搚	九·六六三
摺	九·六六三
拲	九·六六三
摟	九·六六四
抎	九·六六四
披	九·六六五
摩	九·六六五
⿱此手	九·六六五
掉	九·六六六
搖	九·六六六
搈	九·六六六
⿰扌貳	九·六六六
揂	九·六六七
擊	九·六六七
捀	九·六六八
擧	九·六六八
揚	九·六六八
舉	九·六七二
掀	九·六七六
揭	九·六七六
拼	九·六七六
振	九·六七七
扛	九·六七九
扮	九·六七九
撟	九·六七九
捎	九·六七九
攤	九·六八〇
擩	九·六八〇
揄	九·六八〇
搫	九·六八〇
擭	九·六八〇
拚	九·六八一
擅	九·六八一
揆	九·六八二
擬	九·六八二
損	九·六八二
失	九·六八三
挩	九·六八四
撥	九·六八四
挹	九·六八五
抒	九·六八五
抯	九·六八五
攫	九·六八六
扟	九·六八六

字	頁碼
拓	九·六八七
攈	九·六八七
拾	九·六八七
掇	九·六八八
擐	九·六八八
揯	九·六八八
摍	九·六八八
搋	九·六八九
援	九·六八九
㨨	九·六八九
擢	九·六九〇
拔	九·六九〇
揠	九·六九一
擣	九·六九一
攣	九·六九二
挺	九·六九二
𢶍	九·六九三
探	九·六九三
撢	九·六九三
捼	九·六九三
擊	九·六九四
摵	九·六九四
搦	九·六九四
掎	九·六九四
揮	九·六九五
摩	九·六九五
掍	九·六九五
攪	九·六九五
搑	九·六九六
撞	九·六九六
捆	九·六九六
扔	九·六九七
括	九·六九七
抲	九·六九七
擘	九·六九七
撝	九·六九八
捇	九·六九八
扐	九·六九八
技	九·六九八
摹	九·六九九
拙	九·六九九
掐	九·六九九
搏	九·七〇〇
摑	九·七〇〇
捄	九·七〇〇

拮	九·七〇〇
搰	九·七〇〇
掘	九·七〇一
掩	九·七〇一
摡	九·七〇一
揖	九·七〇二
播	九·七〇三
挃	九·七〇五
撽	九·七〇五
扤	九·七〇五
捐	九·七〇五
摎	九·七〇六
撻	九·七〇六
捘	九·七〇九
抨	九·七〇九
捲	九·七〇九
扱	九·七一〇
摷	九·七一〇
挨	九·七一一
撲	九·七一一
擊	九·七一一
扚	九·七一一
抶	九·七一一
抵	九·七一三
抰	九·七一三
㨐	九·七一三
捭	九·七一三
捶	九·七一三
推	九·七一三
摬	九·七一三
拂	九·七一三
摼	九·七一四
抌	九·七一四
擊	九·七一四
擊	九·七一四
扞	九·七一五
抗	九·七一六
捕	九·七一七
籍	九·七一七
撚	九·七一七
挂	九·七一八
拕	九·七一八
捈	九·七一八
抴	九·七一九
揙	九·七一九

〔手部〕（續）

（上段，自右至左）

撅　撅　搵　九·七一九
爐　爐　搒　九·七一九
挐　挐　挌　九·七一九
犂　犂　撖　九·七二〇
榜　榜　搒　九·七二〇
藿　藿　拳　九·七二〇
格　挌　掤　九·七二一
鞁　鞁　扜　九·七二二
蝸　蝸　捐　九·七二三
蝙　蝙　摩　九·七二三
靡　靡　捷　九·七二四
犐　犐　扣　九·七二四
輥　輥　捆　九·七二四

搘　搜　九·七二五
攮　換　九·七二五
蛺　掖　九·七二五
觚　抓　九·七二六
攬　擾　九·七二六
犌　搢　九·七二六
悰　掠　九·七二七
掐　掐　九·七二七
抻　捻　九·七二七
勼　拗　九·七二七
蛾　摵　九·七二七
欜　捌　九·七二七
攤　攤　九·七二七
虵　抛　九·七二八
蛞　挎　九·七二八

扞　扞　打　九·七二八

【巫部】
巫　巫　巫　九·七二八
賷　賷　脊　九·七二八

【女部】
女　女　女　九·七二一
姓　姓　姓　九·七二三
姜　姜　姜　九·七二六
姬　姬　姬　九·七四三
姞　姞　姞　九·七四七
嬴　嬴　嬴　九·七四九
姚　姚　姚　九·七四九
嫣　嫣　嫣　九·七五〇
妘　妘　妘　九·七五一
姺　姺　姺　九·七五二

嫸	嫸	九·七五三
⿰王女	⿰王女	九·七五三
娸	娸	九·七五三
奼	奼	九·七五三
媒	媒	九·七五三
妁	妁	九·七五四
嫁	嫁	九·七五四
娶	娶	九·七五五
婚	婚	九·七五六
姻	姻	九·七五九
妻	妻	九·七六〇
婦	婦	九·七六三
妃	妃	九·七六五
媲	媲	九·七六七
妊	妊	九·七六七

娠	娠	九·七六八
媰	媰	九·七六九
⿺鬼妻	⿺鬼妻	九·七六九
嫛	嫛	九·七七〇
婗	婗	九·七七一
母	母	九·七七一
嫗	嫗	九·七七九
媼	媼	九·七七九
姁	姁	九·七八〇
姐	姐	九·七八〇
姑	姑	九·七八一
威	威	九·七八三
妣	妣	九·七八四
姊	姊	九·七八八
妹	妹	九·七八九

娣	娣	九·七九三
媦	媦	九·七九三
嫂	嫂	九·七九四
姪	姪	九·七九四
姨	姨	九·七九五
妿	妿	九·七九六
娒	娒	九·七九六
媾	媾	九·七九六
姼	姼	九·七九七
妭	妭	九·七九九
⿰女奚	⿰女奚	九·七九九
婢	婢	九·七九九
奴	奴	九·八〇一
⿰女犬	⿰女犬	九·八〇八
媊	媊	九·八〇九

媧　媧　九·八〇九
娀　娀　九·八一〇
娥　娥　九·八一〇
嫄　嫄　九·八一二
嬿　嬿　九·八一二
妸　妸　九·八一二
嬃　嬃　九·八一三
婕　婕　九·八一三
嬩　嬩　九·八一三
⿱雨婁　⿱雨婁　九·八一三
嫽　嫽　九·八一四
㛟　㛟　九·八一四
婤　婤　九·八一四
姶　姶　九·八一五
改　改　九·八一五

娃　娃　九·八一六
妏　妏　九·八一六
姷　⿰女耳　九·八一六
⿰女㕣　始　九·八一六
媢　媢　九·八一九
嫵　嫵　九·八二〇
媄　媄　九·八二〇
⿰女畐　⿰女畐　九·八二一
嫷　嫷　九·八二一
姝　姝　九·八二一
好　好　九·八二一
嬻　嬩　九·八二九
嬮　嬮　九·八二九
⿰女殳　⿰女殳　九·八二九
姣　姣　九·八二九

嬛　嬛　九·八三〇
娧　娧　九·八三〇
媌　媌　九·八三〇
嫿　嫿　九·八三〇
婠　婠　九·八三一
娙　娙　九·八三一
⿰女贊　⿰女贊　九·八三一
⿰女矞　⿰女矞　九·八三一
⿱如女　⿱如女　九·八三三
⿱穴婁　⿱穴婁　九·八三三
⿰冋攵　⿰冋攵　九·八三三
嫣　嫣　九·八三三
姍　姍　九·八三三
嫋　嫋　九·八三五
孅　孅　九·八三五

嫇	嫇	九·八三五
媱	媱	九·八三六
嬛	嬛	九·八三六
姽	姽	九·八三七
委	委	九·八三七
婐	婐	九·八三九
[illegible]	[illegible]	九·八四〇
姑	姑	九·八四〇
娑	娑	九·八四一
妗	妗	九·八四一
[illegible]	[illegible]	九·八四二
婧	婧	九·八四二
姘	姘	九·八四二
妒	妬	九·八四五
嫙	嫙	九·八四五
齌	齌	九·八四五
婚	姡	九·八四五
嬥	嬥	九·八四六
嫢	嫢	九·八四六
媞	媞	九·八四六
婺	婺	九·八四七
嫺	嫺	九·八四七
嫛	嫛	九·八四七
婜	婜	九·八四八
娛	娛	九·八四八
娭	娭	九·八四八
媅	媅	九·八四九
娓	娓	九·八四九
嫡	嫡	九·八四九
孎	孎	九·八五〇
婉	婉	九·八五〇
婨	婨	九·八五〇
媟	媟	九·八五一
嫥	嫥	九·八五一
如	如	九·八五一
嬻	嬻	九·八五四
娕	娕	九·八五四
嬐	嬐	九·八五五
嬪	嬪	九·八五六
[illegible]	[illegible]	九·八五七
媘	媘	九·八五七
晏	晏	九·八五七
嬗	嬗	九·八五九
媁	媁	九·八五九
媻	媻	九·八六〇

娑	娑	九·八六〇
姷	姷	九·八六〇
姰	姰	九·八六二
姕	姕	九·八六二
妓	妓	九·八六三
嬰	嬰	九·八六三
攸	攸	九·八六五
媛	媛	九·八六六
娉	娉	九·八六六
娽	娽	九·八六六
妝	妝	九·八六六
孌	孌	九·八六八
媟	媟	九·八六九
嬻	嬻	九·八七〇
㜮	㜮	九·八七〇

嬖	嬖	九·八七〇
嫛	嫛	九·八七一
妎	妎	九·八七一
妒	妒	九·八七一
媢	媢	九·八七二
媄	媄	九·八七二
佞	佞	九·八七三
嫈	嫈	九·八七四
嫪	嫪	九·八七四
婟	婟	九·八七四
姿	姿	九·八七五
嫭	嫭	九·八七五
妨	妨	九·八七五
妄	妄	九·八七六
媮	媮	九·八七六

[illegible]	[illegible]	九·八七七
娋	娋	九·八七七
媣	媣	九·八七七
妯	妯	九·八七七
嫌	嫌	九·八七八
媚	媚	九·八七八
婼	婼	九·八七八
婞	婞	九·八七九
嫳	嫳	九·八七九
嫸	嫸	九·八七九
娺	娺	九·八八〇
嬒	嬒	九·八八〇
婜	婜	九·八八〇
姸	姸	九·八八〇
娃	娃	九·八八一

嫢 嫢 九·八八一
妓 妜 九·八八二
孈 孈 九·八八二
婊 婊 九·八八二
嫖 嫖 九·八八二
娍 娍 九·八八三
嬹 嫖 九·八八三
娙 娙 九·八八三
姎 姎 九·八八三
媁 媁 九·八八四
婎 婎 九·八八四
嫙 嫙 九·八八五
媥 媥 九·八八五
嫚 嫚 九·八八五
婳 婳 九·八八六

嬬 嬬 九·八八六
姡 姡 九·八八六
嬯 嬯 九·八八七
嬗 嬗 九·八八七
嫪 嫪 九·八八八
婪 婪 九·八八八
嬾 嬾 九·八八八
婁 婁 九·八八九
娎 娎 九·八九一
婡 婡 九·八九一
嬈 嬈 九·八九一
嫛 嫛 九·八九二
姍 姍 九·八九二
敵 敵 九·八九二
蔞 蔞 九·八九二

婓 婓 九·八九三
孃 孃 九·八九三
嬒 嬒 九·八九三
嫇 嫇 九·八九三
媕 媕 九·八九三
嬚 嬚 九·八九四
鬘 鬘 九·八九四
婬 婬 九·八九四
姘 姘 九·八九四
奸 奸 九·八九五
姅 姅 九·八九五
娗 娗 九·八九五
婥 婥 九·八九六
娷 娷 九·八九六
嫋 嫋 九·八九六

媿 媿 九·八九七
奻 奻 九·八九九
姦 姦 九·九〇〇
嬙 嬙 九·九〇一
姐 姐 九·九〇一
嬌 嬌 九·九〇一
嬋 嬋 九·九〇一
娟 娟 九·九〇一
嫠 嫠 九·九〇二
姤 姤 九·九〇二

【毋部】

毋 毋 九·九〇二
毐 毐 九·九〇五

【民部】

民 民 九·九〇六
氓 氓 九·九〇八

【丿部】

丿 丿 九·九〇八
乂 乂 九·九〇九
弗 弗 九·九一一
乀 乀 九·九一五

【厂部】

厂 厂 九·九一六
弋 弋 九·九一六

【乁部】

乁 乁 九·九二一
也 也 九·九二一

【氏部】

氏 氏 九·九二三
氒 氒 九·九三一

【氐部】

氐 氐 九·九三四
𣱛 𣱛 九·九三五
𣱜 𣱜 九·九三六
𦦸 𦦸 九·九三六

【戈部】

戈 戈 九·九三六
肈 肈 九·九四一
戎 戎 九·九四二
戣 戣 九·九四四
戰 戰 九·九四五
戟 戟 九·九四七
戛 戛 九·九四九
賊 賊 九·九五一
戍 戍 九·九五二

匽　匽　九·一〇一七
医　医　九·一〇一八
匹　匹　九·一〇一八

【匚部】

匚　匚　九·一〇一九
匠　匠　九·一〇二一
匧　匧　九·一〇二二
匡　匡　九·一〇二三
匜　匜　九·一〇二五
匴　匴　九·一〇二六
⿷匚贛　⿷匚贛　九·一〇二七
匪　匪　九·一〇二七
⿷匚倉　⿷匚倉　九·一〇二七
⿷匚攸　⿷匚攸　九·一〇二七
⿷匚𦋹　⿷匚異　九·一〇二八
⿷匚冒　⿷匚留　九·一〇二八
匬　匬　九·一〇二八
匱　匱　九·一〇二八
匵　匵　九·一〇二九
匣　匣　九·一〇二九
匯　匯　九·一〇二九
柩　柩　九·一〇二九
匰　匰　九·一〇三〇

【曲部】

曲　曲　九·一〇三〇
⿴囗曲　豊　九·一〇三三
⿰缶⿴囗曲　⿰缶曲　九·一〇三三

【甾部】

甾　甾　九·一〇三三
⿰甾疌　⿰甾疌　九·一〇三六
畚　畚　九·一〇三七
⿰甾并　⿰甾并　九·一〇三七
⿸虍甾　⿸虍甾　九·一〇三七

【瓦部】

瓦　瓦　九·一〇三八
瓬　瓬　九·一〇三八
甄　甄　九·一〇三九
甍　甍　九·一〇三九
甑　甑　九·一〇三九
甗　甗　九·一〇四〇
⿰𦣞瓦　⿰𦣞瓦　九·一〇四二
瓽　瓽　九·一〇四二
甌　甌　九·一〇四二
瓮　瓮　九·一〇四三
瓨　瓨　九·一〇四三

字	隸定	頁碼
㼝	㼝	九・一〇四三
瓴	瓴	九・一〇四三
甄	甄	九・一〇四四
甂	甂	九・一〇四四
瓿	瓿	九・一〇四五
㼫	㼫	九・一〇四五
甓	甓	九・一〇四五
甃	甃	九・一〇四八
甈	甈	九・一〇四八
[illegible]	[illegible]	九・一〇四八
[illegible]	[illegible]	九・一〇四八
瓰	瓰	九・一〇四九
[illegible]	[illegible]	九・一〇四九
瓪	瓪	九・一〇四九
瓷	瓷	九・一〇四九
瓻	瓻	九・一〇四九

【弓部】

字	隸定	頁碼
弓	弓	九・一〇五〇
弴	弴	九・一〇五三
弭	弭	九・一〇五四
弲	弲	九・一〇五六
弧	弧	九・一〇五七
弨	弨	九・一〇五七
𢐿	𢐿	九・一〇五七
彄	彄	九・一〇五七
𢑱	𢑱	九・一〇五七
張	張	九・一〇五八
彏	彏	九・一〇六〇
彌	弸	九・一〇六〇
彊	彊	九・一〇六〇
彎	彎	九・一〇六二
引	引	九・一〇六二
弙	弙	九・一〇七〇
弘	弘	九・一〇七〇
彃	彃	九・一〇七五
弛	弛	九・一〇七八
𢏚	𢏚	九・一〇七八
弩	弩	九・一〇七八
彀	彀	九・一〇七九
彉	彉	九・一〇七九
彈	彈	九・一〇七九
彈	彈	九・一〇八〇
發	發	九・一〇八三
弜	弜	九・一〇八七

【弜部】

弜 弜 九·一〇八八

弻 弻 九·一一〇六

【弦部】

弦 弦 九·一一一〇

盭 盭 九·一一一一

玅 玅 九·一一一四

𦅫 𦅫 九·一一一四

【系部】

系 系 九·一一一五

孫 孫 九·一一一九

緜 緜 九·一一二六

繇 繇 九·一一二六

【糸部】

糸 糸 九·一一三四

繭 繭 九·一一三六

繅 繅 九·一一三七

繹 繹 九·一一三七

緒 緒 九·一一三八

緬 緬 九·一一三八

純 純 九·一一三八

綃 綃 九·一一三九

䋙 䋙 九·一一四〇

䋚 䋚 九·一一四〇

紇 紇 九·一一四〇

紙 紙 九·一一四〇

絓 絓 九·一一四〇

纅 纅 九·一一四一

繀 繀 九·一一四一

經 經 九·一一四一

織 織 九·一一四二

䋢 䋢 九·一一四三

紝 紝 九·一一四三

綜 綜 九·一一四四

綹 綹 九·一一四五

緯 緯 九·一一四五

緷 緷 九·一一四六

繢 繢 九·一一四六

統 統 九·一一四六

紀 紀 九·一一四七

繈 繈 九·一一四八

纇 纇 九·一一四八

紿 紿 九·一一四八

納 納 九·一一四九

紡 紡 九·一一四九

字	頁碼
絶	九·一二五〇
繼	九·一二五三
續	九·一二五三
纘	九·一二五五
紹	九·一二五五
⿰糸羨	九·一二五七
𦄂	九·一二五七
縱	九·一二五八
紓	九·一二五九
繎	九·一二六〇
紆	九·一二六〇
緈	九·一二六一
纖	九·一二六一
細	九·一二六一
緢	九·一二六二
縒	九·一二六二
繙	九·一二六二
縮	九·一二六三
紊	九·一二六三
級	九·一二六三
總	九·一二六四
⿱日系	九·一二六四
約	九·一二六五
繚	九·一二六六
纏	九·一二六六
繞	九·一二六六
紾	九·一二六七
繯	九·一二六七
辮	九·一二六七
結	九·一二六八
縎	九·一二六八
締	九·一二六九
縛	九·一二六九
繃	九·一二六九
絿	九·一二六九
絅	九·一二六九
⿰糸𠂢	九·一二七〇
⿰糸嬴	九·一二七〇
給	九·一二七〇
綝	九·一二七一
縪	九·一二七一
紈	九·一二七一
終	九·一二七三
⿰糸集	九·一二七四
繒	九·一二七四

緭	緭	九・一一七六
絩	絩	九・一一七六
綺	綺	九・一一七六
縠	縠	九・一一七七
縛	縛	九・一一七七
縑	縑	九・一一七八
綫	綈	九・一一七八
練	練	九・一一七八
縞	縞	九・一一七九
纏	纏	九・一一七九
紬	紬	九・一一八〇
綮	綮	九・一一八〇
綾	綾	九・一一八二
縵	縵	九・一一八二
繡	繡	九・一一八三

絢	絢	九・一一八四
繪	繪	九・一一八四
縷	縷	九・一一八五
[illegible]	[illegible]	九・一一八五
絹	絹	九・一一八五
綠	綠	九・一一八六
纓	縹	九・一一八六
[illegible]	[illegible]	九・一一八六
絑	絑	九・一一八六
纕	纕	九・一一八七
絀	絀	九・一一八八
綘	綘	九・一一八九
綰	綰	九・一一八九
繒	繒	九・一一九一
綪	綪	九・一一九一

緹	緹	九・一一九一
縓	縓	九・一一九二
紫	紫	九・一一九二
紅	紅	九・一一九四
繐	繐	九・一一九四
紺	紺	九・一一九四
綼	綼	九・一一九五
繰	繰	九・一一九六
緇	緇	九・一一九六
纔	纔	九・一一九六
[illegible]	[illegible]	九・一一九八
緱	緱	九・一一九八
紑	紑	九・一一九八
緂	緂	九・一一九八
繻	繻	九・一一九九

縟 縟 九·一一九九
纚 纚 九·一一九九
紭 紘 九·一二〇〇
紞 紞 九·一二〇一
纓 纓 九·一二〇一
紻 紻 九·一二〇一
緌 緌 九·一二〇二
緄 緄 九·一二〇二
紳 紳 九·一二〇三
繟 繟 九·一二〇三
綬 綬 九·一二〇四
組 組 九·一二〇四
緺 緺 九·一二〇五
縌 縌 九·一二〇五
纂 纂 九·一二〇六

紐 紐 九·一二〇六
綸 綸 九·一二〇六
綎 綎 九·一二〇六
絙 絙 九·一二〇七
繐 繐 九·一二〇七
㬥 㬥 九·一二〇七
紟 紟 九·一二〇八
緣 緣 九·一二〇八
纀 纀 九·一二〇八
絝 絝 九·一二〇八
繑 繑 九·一二〇九
緥 緥 九·一二〇九
繜 繜 九·一二〇九
紴 紴 九·一二一〇
絛 絛 九·一二一〇

絨 絨 九·一二一一
縱 縱 九·一二一一
紃 紃 九·一二一一
緟 緟 九·一二一二
纕 纕 九·一二一四
纗 纗 九·一二一五
網 網 九·一二一五
縜 縜 九·一二一六
綅 綅 九·一二一六
縷 縷 九·一二一六
綫 綫 九·一二一七
納 納 九·一二一八
縫 縫 九·一二一八
緁 緁 九·一二一八
紩 紩 九·一二一八

緶	緶	九·一二一九
組	組	九·一二一九
繕	繕	九·一二一九
結	結	九·一二一九
纍	纍	九·一二二〇
纗	縭	九·一二二〇
緱	緱	九·一二二〇
緊	緊	九·一二二一
縿	縿	九·一二二一
徽	徽	九·一二二一
⿱斬糸	⿱斬糸	九·一二二一
紉	紉	九·一二二二
繩	繩	九·一二二二
⿰糸爭	⿰糸爭	九·一二二三
縈	縈	九·一二二三

絢	絢	九·一二二四
縋	縋	九·一二二五
絭	絭	九·一二二五
緎	緎	九·一二二六
縢	縢	九·一二二七
編	編	九·一二二七
維	維	九·一二二八
⿰糸犬	⿰糸犬	九·一二二九
絙	絙	九·一二二九
綊	綊	九·一二二九
䌛	䌛	九·一二三〇
繮	繮	九·一二三二
紛	紛	九·一二三二
紂	紂	九·一二三四
緧	緧	九·一二三四

絆	絆	九·一二三四
纇	纇	九·一二三四
紖	紖	九·一二三五
縱	縱	九·一二三五
紲	紲	九·一二三五
縻	縻	九·一二三五
纆	纆	九·一二三六
緪	緪	九·一二三六
繘	繘	九·一二三六
綆	綆	九·一二三六
緉	緉	九·一二三七
縶	縶	九·一二三八
繴	繴	九·一二三八
緍	緍	九·一二三九
絮	絮	九·一二三九

絡	絡	九·一二四〇
纊	纊	九·一二四〇
紙	紙	九·一二四一
⿰糸咅	⿰糸咅	九·一二四三
絮	絮	九·一二四三
繫	繫	九·一二四三
⿰糸虎	⿰糸虎	九·一二四四
緝	緝	九·一二四四
⿰糸欠	⿰糸欠	九·一二四四
績	績	九·一二四五
纑	纑	九·一二四七
紨	紨	九·一二四八
縛	縛	九·一二四八
絺	絺	九·一二四八
綌	綌	九·一二四九
縐	縐	九·一二四九
絟	絟	九·一二四九
紵	紵	九·一二四九
緦	緦	九·一二五〇
緆	緆	九·一二五〇
緰	緰	九·一二五一
縗	縗	九·一二五一
絰	絰	九·一二五一
緶	緶	九·一二五一
⿸尸系	⿸尸系	九·一二五一
⿰糸尌	⿰糸尌	九·一二五二
緉	緉	九·一二五三
絜	絜	九·一二五三
繆	繆	九·一二五四
綢	綢	九·一二五四
縕	縕	九·一二五五
紼	紼	九·一二五五
絣	絣	九·一二五五
紕	紕	九·一二五五
⿰糸罽	⿰糸罽	九·一二五六
縊	縊	九·一二五六
綏	綏	九·一二五六
彝	彝	九·一二六二
緻	緻	九·一二七四
緗	緗	九·一二七四
緋	緋	九·一二七四
緅	緅	九·一二七五
繖	繖	九·一二七五
綀	綀	九·一二七五
綷	綷	九·一二七五

纚　纚　九·二二七六
綣　綣　九·二二七六

【素部】

素　素　十·一
𦁡　𦁡　十·二
𦃃　𦃃　十·二
𦆠　𦆠　十·二
繛　繛　十·三
𦅾　𦅾　十·三

【絲部】

絲　絲　十·四
轡　轡　十·六
𦃇　𦃇　十·七

【率部】

率　率　十·八

【虫部】

虫　虫　十一·一
蝮　蝮　十一·四
螣　螣　十一·四
蚦　蚦　十一·四
螼　螼　十一·四
螾　螾　十一·五
螉　螉　十一·五
蜙　蜙　十一·五
蠁　蠁　十一·五
蛁　蛁　十一·六
𧍧　𧍧　十一·六
蛹　蛹　十一·六
螝　螝　十一·六
蛕　蛕　十一·六

蟯　蟯　十一·七
雖　雖　十一·七
虺　虺　十一·七
蜥　蜥　十一·八
蝘　蝘　十一·八
蜓　蜓　十一·八
蚖　蚖　十一·八
蠸　蠸　十一·九
螟　螟　十一·九
蟘　蟘　十一·九
蟣　蟣　十一·一〇
蛭　蛭　十一·一〇
蝚　蝚　十一·一〇
蛣　蛣　十一·一一
𧊒　𧊒　十一·一一

蟫	蟫	十·二一
蛵	蛵	十·二一
蜭	蜭	十·二一
蟜	蟜	十·二二
蛓	蛓	十·二二
⿱聿虫	⿱聿虫	十·二二
蚔	蚔	十·二三
蠆	蠆	十·二三
蝤	蝤	十·二四
⿱齊虫	⿱齊虫	十·二五
蝎	蝎	十·二五
強	強	十·二五
蚚	蚚	十·二六
蜀	蜀	十·二六
蠲	蠲	十·三二
螕	螕	十·三三
蠖	蠖	十·三三
蝝	蝝	十·三三
螻	螻	十·三三
蛄	蛄	十·三三
蠪	蠪	十·三四
蛾	蛾	十·三四
螘	螘	十·三五
蚳	蚳	十·三五
蠜	蠜	十·三六
蛗	蛗	十·三六
蝒	蝒	十·三六
⿱當虫	⿱當虫	十·三六
蠰	蠰	十·三七
蜋	蜋	十·三七
蛸	蛸	十·三八
蛢	蛢	十·三八
䗬	䗬	十·三八
蟥	蟥	十·三八
⿱施虫	⿱施虫	十·三九
蛅	蛅	十·三九
蜆	蜆	十·三九
⿳罒巴虫	⿳罒巴虫	十·四〇
蝍	蝍	十·四〇
蠇	蠇	十·四一
蠃	蠃	十·四一
⿰虫霝	⿰虫霝	十·四一
蛺	蛺	十·四一
蜨	蜨	十·四一
蚩	蚩	十·四二

螌	螌	十・四二
蝥	蝥	十・四三
蟠	蟠	十・四三
蛜	蛜	十・四三
蜙	蜙	十・四三
蝑	蝑	十・四四
蟅	蟅	十・四四
蝗	蝗	十・四五
蜩	蜩	十・四五
蟬	蟬	十・四六
蜺	蜺	十・四六
螇	螇	十・四七
蚗	蚗	十・四七
⿰虫丏	⿰虫丏	十・四七
蛚	蛚	十・四八
蜻	蜻	十・四八
蛉	蛉	十・四八
蠓	蠓	十・四八
⿰虫京	⿰虫京	十・四九
蛃	蛃	十・四九
蟰	蟰	十・四九
蛸	蛸	十・四九
蛶	蛶	十・五〇
蜡	蜡	十・五〇
螵	螵	十・五〇
蚑	蚑	十・五〇
蠉	蠉	十・五〇
蚩	蚩	十・五一
⿱⿰谷彡虫	⿱⿰谷攵虫	十・五一
蝙	蝙	十・五一
蛻	蛻	十・五一
蠚	蠚	十・五二
螫	螫	十・五二
蝁	蝁	十・五二
蛘	蛘	十・五二
蝕	蝕	十・五三
蛟	蛟	十・五四
螭	螭	十・五四
虯	虯	十・五五
蜦	蜦	十・五八
螊	螊	十・五八
蜃	蜃	十・五八
⿱合虫	⿱合虫	十・五九
螷	螷	十・六〇
蝸	蝸	十・六〇

蛘 蛘 十·六一
蠨 蟰 十·六一
蝓 蝓 十·六一
蜎 蜎 十·六一
蟺 蟺 十·六二
蚴 蚴 十·六三
蟉 蟉 十·六三
蟄 蟄 十·六四
蚨 蚨 十·六四
蜪 蜪 十·六四
蝦 蝦 十·六五
蟆 蟆 十·六五
蠵 蠵 十·六五
螹 螹 十·六五
蠏 蠏 十·六五

蛫 蛫 十·六六
蜮 蜮 十·六六
蛢 蛢 十·六六
蛧 蛧 十·六七
蜽 蜽 十·六七
蝯 蝯 十·六七
蠗 蠗 十·六七
蜼 蜼 十·六七
蚼 蚼 十·六八
蛩 蛩 十·六八
蟨 蟨 十·六八
蝙 蝙 十·六八
蝠 蝠 十·六八
蠻 蠻 十·六九
閩 閩 十·七〇

虹 虹 十·七〇
螮 螮 十·七七
蝀 蝀 十·七七
蠥 蠥 十·七七
蜑 蜑 十·七八
蟪 蟪 十·七八
蠛 蠛 十·七八
虴 虴 十·七八
蜢 蜢 十·七八
蟋 蟋 十·七八
螳 螳 十·七九

【䖵部】

䖵 䖵 十·七九
蠶 蠶 十·八一
蝨 蝨 十·八二

蚤 十・八二
蝨 十・八三
螽 十・八三
蠡 十・八四
蠘 十・八四
蠿 十・八四
蟊 十・八四
蠠 十・八五
螬 十・八五
蠢 十・八五
蟲 十・八六
蜂 十・八六
蝱 十・八六
蠤 十・八七
蟁 十・八七

虻 十・八七
蠹 十・八八
蠡 十・九〇
蟊 十・九一
蠹 十・九一
蠵 十・九一
蠶 十・九一

【蟲部】

蟲 十・九二
蠹 十・九二
蚍 十・九四
蠃 十・九四
蜚 十・九四
蠱 十・九四

【風部】

風 十・九八
飆 十・一二一
颭 十・一二一
飆 十・一二三
飄 十・一二四
颯 十・一二四
飂 十・一二四
颸 十・一二五
䫻 十・一二五
颶 十・一二五
颺 十・一二五
颲 十・一二五
颲 十・一二六
颸 十・一二六

索引（部首檢字表）

上段（右→左）

字頭	頁碼
飅	十二・一六六
颭	十二・一六六
【它部】	
它	十二・一二六
【龜部】	
龜	十二・一二八
鼇	十二・一三一
鼈	十二・一三一
龜	十二・一三三
龜	十二・一三三
鼇	十二・一三九
鼉	十二・一四〇
黿	十二・一四〇
鼃	十二・一四〇
鼈	十二・一四一

中段（右→左）

字頭	頁碼
鼉	十二・一四一
鼂	十二・一四二
鼄	十二・一四三
蠅	十二・一四四
鼀	十二・一四四
黽	十二・一四四
鼃	十二・一四五
鼇	十二・一五四
蝦	十二・一五二
毈	十二・一五四
【卵部】	
卵	十二・一五五
【二部】	
二	十二・一五六
二	十二・一五七
亟	十二・一六一
恒	十二・一六四

下段（右→左）

字頭	頁碼
亙	十二・一六八
竺	十二・一六四
凡	十二・一六五
【土部】	
土	十二・一八一
地	十二・一九二
坤	十二・一九六
垓	十二・一九六
壞	十二・一九七
堨	十二・一九七
坶	十二・一九八
坺	十二・一九九
坪	十二・二〇〇
坷	十二・二〇一
均	十二・二〇一
壞	十二・二〇二
壤	十二・二〇三

塙	塙	塙	十·二〇四
墽	墽	墽	十·二〇四
壚	壚	壚	十·二〇四
𡋯	𡋯	𡋯	十·二〇五
埴	埴	埴	十·二〇五
坴	坴	坴	十·二〇六
[illegible]	[illegible]	[illegible]	十·二〇六
墣	墣	墣	十·二〇六
凷	凷	凷	十·二〇七
堛	堛	堛	十·二〇八
[illegible]	[illegible]	[illegible]	十·二〇八
塍	塍	塍	十·二〇八
坺	坺	坺	十·二〇九
坄	坄	坄	十·二一〇
基	基	基	十·二一〇
垣	垣	垣	十·二一二
圪	圪	圪	十·二一三
堵	堵	堵	十·二一四
壁	壁	壁	十·二一六
墤	墤	墤	十·二一六
堨	堨	堨	十·二一七
埒	埒	埒	十·二一七
堪	堪	堪	十·二一七
堀	堀	堀	十·二一八
堂	堂	堂	十·二一八
垛	垛	垛	十·二二三
坫	坫	坫	十·二二三
[illegible]	[illegible]	[illegible]	十·二二五
垷	垷	垷	十·二二五
墐	墐	墐	十·二二五
墍	墍	墍	十·二二六
垔	垔	垔	十·二二六
墀	墀	墀	十·二二六
墼	墼	墼	十·二二七
垐	垐	垐	十·二二八
埽	埽	埽	十·二二八
扗	扗	在	十·二二九
㘴	㘴	坐	十·二三三
坻	坻	坻	十·二三四
填	填	填	十·二三五
坦	坦	坦	十·二三五
坒	坒	坒	十·二三五
堤	堤	堤	十·二三六
壞	壞	壞	十·二三六
封	封	封	十·二三七

字	頁碼
璽	十·二四五
墨	十·二四七
垸	十·二四八
型	十·二四八
埻	十·二五〇
塒	十·二五〇
城	十·二五〇
墉	十·二五四
墣	十·二五七
坎	十·二五七
墊	十·二五八
坻	十·二五八
㙤	十·二五九
垎	十·二五九
垐	十·二五九
增	十·二六〇
埤	十·二六一
坿	十·二六一
塞	十·二六一
圣	十·二六三
垍	十·二七一
埱	十·二七一
埵	十·二七一
埐	十·二七二
堅	十·二七二
壔	十·二七二
培	十·二七二
埩	十·二七三
墇	十·二七三
⿰土則	十·二七三
垠	十·二七三
墠	十·二七四
垑	十·二七四
壘	十·二七四
垝	十·二七四
圮	十·二七五
垔	十·二七五
塹	十·二七九
埂	十·二七九
壙	十·二八〇
塏	十·二八〇
毀	十·二八〇
壓	十·二八一
壞	十·二八一
坷	十·二八二

土部

字頭	字形	出處
壚	壚 壚	十·二八二
塷	塷 坼	十·二八二
块	块 块	十·二八三
塵	塵 塵	十·二八三
壞	壞 壞	十·二八三
坋	坋 坋	十·二八四
韭	韭 韭	十·二八四
塈	塈 埃	十·二八四
壑	壑 壑	十·二八四
堅	堅 堲	十·二八四
垢	垢 垢	十·二八五
壇	壇 壇	十·二八五
坏	坏 坏	十·二八五
塣	塣 埕	十·二八七
坥	坥 坥	十·二八七

字頭	字形	出處
塌	塌 塌	十·二八八
餕	餕 餕	十·二八八
瘞	瘞 瘞	十·二八八
塀	塀 塀	十·二八八
桃	桃 桃	十·二八九
塋	塋 塋	十·二八九
墓	墓 墓	十·二八九
壿	壿 壿	十·二九〇
壠	壠 壠	十·二九〇
壇	壇 壇	十·二九一
場	場 場	十·二九二
圭	圭 圭	十·二九二
坥	坥 坥	十·三〇〇
坐	坐 垂	十·三〇〇
堀	堀 堀	十·三〇二

【垚部】

字頭	字形	出處
塗	塗 塗	十·三〇二
塽	塽 塽	十·三〇三
埏	埏 埏	十·三〇三
場	場 場	十·三〇三
境	境 境	十·三〇三
塾	塾 塾	十·三〇三
墾	墾 墾	十·三〇四
塘	塘 塘	十·三〇四
坳	坳 坳	十·三〇四
壒	壒 壒	十·三〇五
陸	陸 陸	十·三〇五
塔	塔 塔	十·三〇五
坊	坊 坊	十·三〇五
垚	垚 垚	十·三〇五

堯　堯　十·三〇六

【堇部】

堇　堇　十·三〇九
艱　艱　十·三一七

【里部】

里　里　十·三一九
釐　釐　十·三三三
野　野　十·三三七

【田部】

田　田　十·三三三
町　町　十·三五八
⿰田頁　⿰田頁　十·三五八
疇　疇　十·三五八
疁　疁　十·三六二
畬　畬　十·三六二
⿰田柔　⿰田柔　十·三六四
畸　畸　十·三六四
⿰田差　⿰田差　十·三六四
畮　畮　十·三六五
甸　甸　十·三七〇
畿　畿　十·三七一
畦　畦　十·三七二
畹　畹　十·三七二
畔　畔　十·三七二
畍　界　十·三七二
⿰田亢　⿰田亢　十·三七三
畷　畷　十·三七三
畛　畛　十·三七三
畤　畤　十·三七七
略　略　十·三七七
當　當　十·三七八
⿰田夋　畯　十·三八〇
甿　甿　十·三八三
疄　疄　十·三八三
畱　留　十·三八三
畜　畜　十·三八五
疃　疃　十·三八七
畼　畼　十·三八八

【畕部】

畕　畕　十·三八八
畺　畺　十·三九〇

【黃部】

黃　黃　十·三九三
䵍　䵍　十·四〇五
⿰黃耑　⿰黃耑　十·四〇五

䵸	䵸	十・四〇六
黇	黇	十・四〇六
黊	黊	十・四〇六

【男部】

男	男	十・四〇七
舅	舅	十・四一一
甥	甥	十・四一三

【力部】

力	力	十・四一三
勳	勳	十・四一八
功	功	十・四一八
助	助	十・四二〇
勴	勴	十・四二一
勑	勑	十・四二一
劼	劼	十・四二一
務	務	十・四二三
勥	勥	十・四二三
勱	勱	十・四二三
勵	勵	十・四二三
勍	勍	十・四二三
勁	勁	十・四二三
勉	勉	十・四二四
劭	劭	十・四二四
勖	勖	十・四二四
勸	勸	十・四二五
勝	勝	十・四二五
勶	勶	十・四二五
勠	勠	十・四二六
勨	勨	十・四二七
動	動	十・四二七
⿰畾力	⿰畾力	十・四二九
劣	劣	十・四二九
勞	勞	十・四二九
勮	勮	十・四三一
勀	勀	十・四三三
勦	勦	十・四三三
劵	券	十・四三三
勤	勤	十・四三三
加	加	十・四三四
勢	勢	十・四三五
勇	勇	十・四三六
勃	勃	十・四三七
勡	勡	十・四三七
劫	劫	十・四三七

字頭	隸定	卷·頁
鈃	鈃	十·四九四
鍾	鍾	十·四九六
鑑	鑑	十·五〇一
鐈	鐈	十·五〇三
鎵	鎵	十·五〇五
鋞	鋞	十·五〇五
鑴	鑴	十·五〇六
鑊	鑊	十·五〇六
鍑	鍑	十·五〇八
鍪	鍪	十·五〇八
錪	錪	十·五〇八
鋞	銼	十·五〇八
[illegible]	[illegible]	十·五〇九
[illegible]	[illegible]	十·五〇九
鎬	鎬	十·五〇九
鑣	鑣	十·五一一
銚	銚	十·五一一
鋥	鋥	十·五一四
鐎	鐎	十·五一九
鍋	鋗	十·五二〇
鐟	鐟	十·五二〇
鍵	鍵	十·五二〇
鉉	鉉	十·五二〇
鉛	鉛	十·五二一
鎣	鎣	十·五二三
鐵	鐵	十·五二三
錠	錠	十·五二三
鐙	鐙	十·五二三
鏶	鏶	十·五二三
鍱	鍱	十·五二三
鏠	鏠	十·五二四
鑪	鑪	十·五二四
鏇	鏇	十·五二六
[illegible]	[illegible]	十·五二六
鎊	鎊	十·五二六
釦	釦	十·五二七
錯	錯	十·五二七
鑋	鑋	十·五二八
錡	錡	十·五二八
鍤	鍤	十·五二八
録	鉥	十·五三一
鍼	鍼	十·五三一
鍛	鈹	十·五三一
鏺	鏺	十·五三三
鈕	鈕	十·五三三

鋈	十・五三三
鈭	十・五三三
錍	十・五三三
鏨	十・五三三
鐫	十・五三四
鑿	十・五三四
銛	十・五三九
鈂	十・五三九
鉇	十・五三九
鐅	十・五四〇
錢	十・五四〇
钁	十・五四二
鈐	十・五四二
鏅	十・五四二
鏺	十・五四二

鉵	十・五四三
鉏	十・五四三
䥯	十・五四四
鎌	十・五四四
鍥	十・五四五
鉊	十・五四五
銍	十・五四六
鎮	十・五四七
鉆	十・五四九
銸	十・五四九
鉗	十・五五〇
釱	十・五五〇
鋸	十・五五一
鐕	十・五五二
錐	十・五五二

鑱	十・五五三
銳	十・五五三
鏝	十・五五四
鑽	十・五五四
鑢	十・五五四
銓	十・五五五
銖	十・五五五
鋝	十・五五六
鍰	十・五六〇
錙	十・五六三
錘	十・五六三
鈞	十・五六三
鈀	十・五六五
鐲	十・五六六
鈴	十・五六六

字	卷頁
鉦	十・五六七
鐃	十・五六八
鐸	十・五六八
鑮	十・五七〇
鏞	十・五七〇
鐘	十・五七〇
鈁	十・五七三
鎛	十・五七三
鍠	十・五七六
鎗	十・五七七
鏓	十・五七七
錚	十・五七八
鏜	十・五七八
鏧	十・五七八
鐔	十・五七八
鏌	十・五八一
釾	十・五八一
鏢	十・五八一
鈒	十・五八一
鋋	十・五八一
鈗	十・五八二
鉈	十・五八四
鏦	十・五八六
錟	十・五八七
鏠	十・五八九
錞	十・五八九
鐏	十・五九一
鏐	十・五九二
鏃	十・五九四
鏑	十・五九四
鎧	十・五九五
釬	十・五九五
錏	十・五九五
鍜	十・五九六
鐗	十・五九六
釭	十・五九六
鏨	十・五九六
釳	十・五九六
鑾	十・五九七
鉞	十・五九九
鍚	十・五九九
銜	十・六〇〇
鑣	十・六〇〇
鉣	十・六〇〇
鈇	十・六〇〇

鑮 鑮 鑮	鉻 鉻 鉻	鋸 鋸 鋸	錯 錯 錯	鈔 鈔 鈔	鑽 鑽 鑽	鋪 鋪 鋪	鏃 鏃 鏃	鏵 鏵 鏵	鋂 鋂 鋂	鋂 鋂 鋂	鐺 鐺 鐺	鋃 鋃 鋃	鑾 鑾 鑾	鈞 鈞 鈞
十·六〇六	十·六〇六	十·六〇五	十·六〇五	十·六〇五	十·六〇五	十·六〇三	十·六〇三	十·六〇三	十·六〇三	十·六〇二	十·六〇二	十·六〇二	十·六〇二	十·六〇一

錂 錂 錂	鉥 鉥 鉥	鈍 鈍 鈍	銅 銅 銅	鍒 鍒 鍒	鑿 鑿 鑿	鈚 鈚 鈚	錖 錖 錖	鐹 鐹 鐹	鉅 鉅 鉅	鐯 鐯 鐯	鐳 鐳 鐳	鏉 鏉 鏉	錢 錢 錢	鏷 鏷 鏷
十·六一二	十·六一二	十·六一二	十·六一一	十·六一一	十·六一〇	十·六一〇	十·六一〇	十·六一〇	十·六〇九	十·六〇九	十·六〇七	十·六〇六	十·六〇六	十·六〇六

凭 凭 凭	几 几 几	【几部】	与 与 与	勺 勺 勺	【勺部】	幵 幵 幵	【幵部】	釽 釽 釽	� 釾 釾	鉥 鉥 鉥	鈿 鈿 鈿	鎖 鎖 鎖	銘 銘 銘	鑺 鑺 鑺
十·六一八	十·六一七		十·六一七	十·六一三		十·六一三		十·六一二	十·六一二	十·六一二	十·六一二	十·六一二	十·六一二	十·六一一

凥　凥　十·六一八
処　処　十·六一九

【且部】

且　且　十·六二一
俎　俎　十·六二八
[虘且]　[虘且]　十·六三九

【斤部】

斤　斤　十·六三九
斧　斧　十·六四二
斨　斨　十·六四五
斫　斫　十·六四五
斪　斪　十·六四六
斸　斸　十·六四六
斲　斲　十·六四七
釿　釿　十·六四七
所　所　十·六五〇
斯　斯　十·六五一
斮　斮　十·六五二
斷　斷　十·六五三
㫁　㫁　十·六五四
新　新　十·六五四
斦　斦　十·六六〇

【斗部】

斗　斗　十·六六〇
斛　斛　十·六六五
斝　斝　十·六六五
料　料　十·六六九
斞　斞　十·六七〇
斡　斡　十·六七〇
魁　魁　十·六七一
斠　斠　十·六七四
斟　斟　十·六七四
斜　斜　十·六七四
[柬斗]　[柬斗]　十·六七五
㪵　㪵　十·六七五
[𠫓斗]　[𠫓斗]　十·六八五
[䜌斗]　[䜌斗]　十·六八五
[䍃斗]　[䍃斗]　十·六八五
[厈斗]　[厈斗]　十·六八六
升　升　十·六八八

【矛部】

矛　矛　十·六九一
[矛艮]　[矛艮]　十·六九三
[矛害]　[矛害]　十·六九三
矠　矠　十·六九三

矜 矜 矜 十·六九四
䂆 䂆 䂆 十·六九四

【車部】

車 車 車 十·六九五
軒 軒 軒 十·七〇二
輜 輜 輜 十·七〇三
軿 軿 軿 十·七〇六
轀 轀 轀 十·七〇七
輬 輬 輬 十·七〇七
軺 軺 軺 十·七〇七
輕 輕 輕 十·七〇七
輶 輶 輶 十·七〇八
輣 輣 輣 十·七〇八
軘 軘 軘 十·七〇八
𨏔 𨏔 𨏔 十·七〇八

轈 轈 轈 十·七〇九
輿 輿 輿 十·七〇九
輯 輯 輯 十·七一〇
䡟 䡟 䡟 十·七一一
軓 軓 軓 十·七一一
軾 軾 軾 十·七一二
輅 輅 輅 十·七一二
較 較 較 十·七一三
䡊 䡊 䡊 十·七一三
轛 轛 轛 十·七一四
輢 輢 輢 十·七一四
輒 輒 輒 十·七一四
⿰車巛 ⿰車巛 ⿰車川 十·七一四
轖 轖 轖 十·七一五
軨 軨 軨 十·七一五

輑 輑 輑 十·七一五
軫 軫 軫 十·七一六
轐 轐 轐 十·七一六
⿰車夒 ⿰車夒 ⿰車夒 十·七一七
軸 軸 軸 十·七一八
輹 輹 輹 十·七一八
軔 軔 軔 十·七一九
輮 輮 輮 十·七二〇
⿱尚車 ⿱尚車 ⿱尚車 十·七二〇
轂 轂 轂 十·七二一
輥 輥 輥 十·七二一
軧 軧 軧 十·七二一
軹 軹 軹 十·七二三
軎 軎 軎 十·七二三
輻 輻 輻 十·七二四

轒　十·七二四
軑　十·七二四
輨　十·七二五
轅　十·七二五
輈　十·七二五
暈　十·七二六
軏　十·七二六
軶　十·七二七
⿰車軍　十·七二八
軥　十·七二八
轙　十·七二八
軜　十·七二九
⿲彳車亍　十·七三〇
⿱䜌車　十·七三〇
載　十·七三〇

軍　十·七三四
軷　十·七三六
範　十·七三七
⿰車獻　十·七三七
轄　十·七三八
轉　十·七三八
輸　十·七三九
輖　十·七三九
輩　十·七三九
軋　十·七四〇
⿰車𠬝　十·七四〇
轢　十·七四〇
軌　十·七四〇
⿰車從　十·七四一
軼　十·七四一

⿰車眞　十·七四一
⿱埶車　十·七四一
軭　十·七四二
輟　十·七四二
軫　十·七四三
轚　十·七四三
⿱𥫗⿱目車　十·七四三
軻　十·七四四
⿱殸車　十·七四四
軵　十·七四四
輪　十·七四四
輇　十·七四六
輗　十·七四六
軝　十·七四六
轃　十·七四六

字	卷·頁
轒	十·七四六
輐	十·七四七
輂	十·七四七
𨏖	十·七四八
輦	十·七四八
輓	十·七五〇
軖	十·七五〇
轘	十·七五一
斬	十·七五一
輭	十·七五一
輔	十·七五二
轟	十·七五三
轏	十·七五三
轔	十·七五四
轍	十·七五四

【𠂤部】

字	卷·頁
𠂤	十·七五四
𡴀	十·七六〇
官	十·七六一

【𨸏部】

字	卷·頁
阜	十·七七〇
陵	十·七七二
隰	十·七七七
防	十·七七七
陰	十·七七七
陽	十·七八四
陸	十·七九二
阿	十·七九四
陂	十·七九五
阪	十·七九五
陬	十·七九六
隅	十·七九六
險	十·七九七
限	十·七九八
阻	十·七九八
陮	十·七九九
隗	十·七九九
阭	十·七九九
隙	十·八〇〇
陗	十·八〇〇
陖	十·八〇〇
隥	十·八〇〇
陋	十·八〇一
陝	十·八〇一
陟	十·八〇二

陷 十・八〇五
隰 十・八〇七
⿰阝區 十・八〇八
隫 十・八〇八
隊 十・八〇八
降 十・八一〇
隕 十・八一三
隉 十・八一三
阤 十・八一四
⿰阝差 十・八一四
陊 十・八一五
⿰阝頃 十・八一五
阬 十・八一六
隫 十・八一六
防 十・八一七

隄 十・八一七
阯 十・八一八
陘 十・八一八
附 十・八一九
阺 十・八一九
阢 十・八二〇
隒 十・八二〇
阸 十・八二〇
隔 十・八二〇
障 十・八二一
隱 十・八二一
隩 十・八二三
隈 十・八二三
⿱𠂤目 十・八二三
⿰阝解 十・八二四

隴 十・八二四
⿰阝衣 十・八二五
陜 十・八二五
⿰阝無 十・八二六
⿰阝卷 十・八二六
陭 十・八二六
隃 十・八二六
阮 十・八二七
⿰阝告 十・八二八
⿰阝武 十・八二八
⿰阝貞 十・八二八
⿰阝丁 十・八二八
⿰阝為 十・八二八
陼 十・八二九
陳 十・八二九

陶　十·八三四
陧　十·八三七
阽　十·八三八
除　十·八三八
階　十·八三九
阼　十·八三九
陛　十·八三九
陔　十·八四〇
際　十·八四〇
隙　十·八四〇
陪　十·八四一
隊　十·八四一
陝　十·八四一
陴　十·八四二
隍　十·八四三

阹　十·八四三
陲　十·八四四
隖　十·八四五
院　十·八四五
陯　十·八四五
⿰阝辰　十·八四六
⿰阝戔　十·八四六
⿰阝凡　十·八四七
阡　十·八四七

【𨺅部】

𨺅　十·八四七
⿰阝夬　十·八四八
隘　十·八四八
隧　十·八四九

【厽部】

厽　十·八四九
絫　十·八五〇
垒　十·八五〇

【四部】

四　十·八五一

【宁部】

宁　十·八五六
⿰𡬜卩　十·八六〇

【叕部】

叕　十·八六一
綴　十·八六四

【亞部】

亞　十·八六四
⿱亞日　十·八七四

【五部】

五　又　五　十·八七五

【六部】

六　史　六　十·八八一

【七部】

七　ㄅ　七　十·八八五

【九部】

九　九　九　十·八九二

猶　猶　道　十·八九八

【内部】

内　内　内　十·八九八

禽　禽　禽　十·九〇〇

嵩　嵩　离　十·九〇四

萬　萬　萬　十·九〇六

禹　禹　禹　十·九一四

囂　囂　囂　十·九一六

离　嵩　离　十·九一七

【畕部】

畕　畕　畕　十·九一九

獸　獸　獸　十·九二三

【甲部】

甲　甲　甲　十·九二九

【乙部】

乙　乙　乙　十·九三九

乾　乾　乾　十·九四七

亂　亂　亂　十·九四七

尤　尤　尤　十·九五一

【丙部】

丙　丙　丙　十·九五七

【个部】

个　个　丁　十·九六四

【戊部】

戊　戊　戊　十·九六六

戉　戉　戉　十·九八三

【己部】

己　己　己　十·九九二

畀　畀　畀　十·一〇〇三

曑　曑　曑　十·一〇〇四

【巳部】

巳　巳　巳　十·一〇〇九

祀　祀　祀　十·一〇一一

【痭部】

痭　痭　庚　十·一〇二一

痭　痭　庚　十·一〇二三

【辛部】

辛 辛 辛　十・一〇一八
辠 辠 辠　十・一〇三一
辜 辜 辜　十・一〇三三
辥 辥 辥　十・一〇三三
辤 辤 辤　十・一〇三九
辭 辭 辭　十・一〇四一

【辡部】

辡 辡 辡　十・一〇四八
辯 辯 辯　十・一〇四八

【壬部】

壬 壬 壬　十・一〇四八

【癸部】

癸 癸 癸　十・一〇五五

【子部】

子 子 子　十・一〇六五
孕 孕 孕　十・一〇八三
㝃 㝃 㝃　十・一〇八四
字 字 字　十・一〇八五
㝅 㝅 㝅　十・一〇八六
孿 孿 孿　十・一〇八七
孺 孺 孺　十・一〇八七
季 季 季　十・一〇八八
孟 孟 孟　十・一〇八九
孽 孽 孽　十・一〇九一
孳 孳 孳　十・一〇九二
孤 孤 孤　十・一〇九二
存 存 存　十・一〇九三
𡦹 𡦹 𡦹　十・一〇九三
疑 疑 疑　十・一〇九四

【了部】

了 了 了　十・一〇九六
孑 孑 孑　十・一〇九七
孓 孓 孓　十・一〇九八

【孨部】

孨 孨 孨　十・一〇九八
孱 孱 孱　十・一〇九九
孴 孴 孴　十・一一〇〇

【𠫓部】

𠫓 𠫓 𠫓　十・一一〇一
育 育 育　十・一一〇二
疏 疏 疏　十・一一〇五

【丑部】

丑 丑 丑　十・一一〇七

𦙶　十・一一一〇
羞　十・一一一〇

【寅部】

寅　十・一一一三

【卯部】

卯　十・一一一六

【辰部】

辰　十・一一二一
辱　十・一一二七

【巳部】

巳　十・一一二八
㠯　十・一一三三

【午部】

午　十・一一三七
啎　十・一一四二

【未部】

未　十・一一四三

【申部】

申　十・一一四五
䡛　十・一一五〇
臾　十・一一五〇
曳　十・一一五一

【酉部】

酉　十・一一五三
酒　十・一一五五
䣞　十・一一五八
⿰酉甚　十・一一五八
釀　十・一一五九
醞　十・一一五九
⿱夵酉　十・一一五九
酴　十・一一五九
釃　十・一一五九
⿰酉肙　十・一一六〇
⿰酉鬲　十・一一六〇
醴　十・一一六〇
醪　十・一一六一
醇　十・一一六一
醹　十・一一六一
酎　十・一一六二
⿰酉盍　十・一一六二
醲　十・一一六二
醋　十・一一六三
酤　十・一一六三
醟　十・一一六三
⿰酉監　十・一一六三

酉

贛	酷	醰	酏	配	配	酏	醆	釀	醮	醋	酌	醑	醱	醞	醸
十·二六四	十·二六五	十·二六六	十·二六六	十·二六六	十·二六七	十·二六八	十·二六九	十·二六九	十·二七〇	十·二七一	十·二七一	十·二七一	十·二七二	十·二七二	十·二七三

酣	酖	醞	釀	醒	酌	營	釀	醉	醅	醡	醸	醞	醆	釀
十·二七三	十·二七三	十·二七四	十·二七四	十·二七五	十·二七五	十·二七六	十·二七六	十·二七六	十·二七六	十·二七七	十·二七七	十·二七八	十·二八三	十·二八三

醸	截	酸	酏	醶	醢	醬	醢	醬	酏	酢	醶	醻	醬	舊
十·二八四	十·二八四	十·二八四	十·二八五	十·二八六	十·二九一	十·二九一	十·二九一	十·二九二	十·二九二	十·二九二	十·二九二	十·二九三	十·二九四	十·二九四

【酋部】

【戌部】

【亥部】

筆劃檢字表

【一劃】

【二劃】

勹　八·二三五
厶　八·二〇五
厂　八·二九二
巛　九·二六四
乂　九·九〇九
𠂆　九·九一六
乚　九·一〇〇〇
匸　九·一〇〇四
匚　九·一〇〇九
二　十·一五七
力　十·四二二
几　十·六一七
七　十·八八五
九　十·八九二
丁　个　十·九六四

了　十·一〇九六

【三劃】

上　一·三
下　一·六二
三　一·二〇〇
气　一·三〇七
士　一·三二二
中　一·三四三
小　一·六二二
口　二·一
彳　二·四七〇
亍　二·五二六
干　二·六五四
支　二·六九五
千　二·六九六

爪　三·三四五
叉　三·三八四
父　三·三八六
及　三·四一五
寸　三·五七八
幺　四·二九一
刃　四·五八〇
丌　四·七二二
工　四·七四二
亏　于　五·五四
亼　五·三七七
夊　五·六三九
夂　五·七一四
午　𠂇　五·七一七
久　五·七一八

字頭	楷定	卷·頁
才	才	六·三〇
之	㞢	六·四九
乇	乇	六·一〇三
口	口	六·一二九
夕	夕	六·五一八
宀	宀	六·七三八
冃	冃	七·七九
巾	巾	七·一四八
尸	尸	七·六六六
兀	兀	七·七三一
彡	彡	八·五三
丂	丂	八·一一四
山	山	八·二〇八
广	广	八·二四一
丸	丸	八·三一七

字頭	楷定	卷·頁
𡈼	𡈼	八·四〇二
大	大	八·七七一
夨	夨	八·八〇七
夭	夭	八·八二〇
尢	尢	八·八三九
亣	亣	八·八九五
巛	川	九·二六五
卂	卂	九·四四六
女	女	九·七三一
弋	弋	九·九一六
也	也	九·九二一
亾	亡	九·一〇〇三
弓	弓	九·一〇五〇
凡	凡	十·一七五
土	土	十·一八一

字頭	楷定	卷·頁
勺	勺	十·六一三
与	与	十·六一七
尢	尢	十·九五一
个	丁	十·九六四
己	己	十·九九二
子	子	十·一〇六五
孑	孑	十·一〇九七
孓	孓	十·一〇九八
巳	巳	十·一一二八

【四劃】

字頭	楷定	卷·頁
元	元	一·九
天	天	一·一七
王	王	一·二〇六
气	气	一·三〇七
中	中	一·三三二

四劃

屯	一·三四五
少	一·六一六
必	一·六一九
分	一·六二三
介	一·六四四
𠔁	一·六五〇
公	一·六五二
半	一·六八六
止	二·二三三
㱏	二·二五一
乏	二·三〇一
牙	二·五七三
支	二·六九五
协	二·七〇三
廿	二·七〇三

𠬞	三·一一七
𠬜	三·二一一
爪	三·三三〇
丮	三·三四六
厷	三·三八三
叉	三·三八五
父	三·三八六
夬	三·四〇一
尹	三·四〇三
及	三·四一五
反	三·四二三
𠬝	三·四二七
友	三·四五三
支	三·四八九
殳	三·五四〇

攴	三·六〇三
爻	三·七六五
予	四·三二九
幻	四·三三二
歺	四·三七二
切	四·五五一
刅	四·五八〇
丰	四·五八五
巨	四·七五五
曰	五·一
乃	五·三八
兮	五·四二
丹	五·二五五
井	五·二六四
今	五·三八七

字頭	楷定	卷·頁
勻	勻	八·一四六
勼	勼	八·一四九
勽	勽	八·一五六
仄	仄	八·三一三
厃	厃	八·三一六
勿	勿	八·三五四
冄	冄	八·三六四
彑	彑	八·四〇二
犬	犬	八·五六三
火	火	八·六四二
夭	夭	八·八二〇
亢	亢	八·八七六
夫	夫	八·九〇六
心	心	八·九三七
水	水	九·一
巛	巛	九·二七三
永	永	九·二九二
仌	仌	九·三〇五
孔	孔	九·四四九
不	不	九·四五四
戶	户	九·五〇九
耳	耳	九·五六五
耴	耴	九·五六六
手	手	九·六〇一
毋	毋	九·九〇二
氏	氏	九·九二三
戈	戈	九·九三六
乍	乍	九·一〇〇六
匹	匹	九·一〇一八
瓦	瓦	九·一〇三八
引	引	九·一〇六二
斤	斤	十·六三九
斗	斗	十·六六〇
升	升	十·六八八
矛	矛	十·六九一
五	五	十·八七五
六	六	十·八八一
内	内	十·八九八
九	九	十·九五一
巴	巴	十·一〇〇九
壬	壬	十·一〇四八
𠫓	𠫓	十·一一〇一
丑	丑	十·一一〇七
午	午	十·一一三七

【五劃】

字	卷・頁
丕	一・二九
示	一・六七
玉	一・二三七
艾	一・四三三
芀	一・四四九
芊	一・四六二
芔	一・五五九
艽	一・五六〇
艻	一・五六九
尒	一・六二六
必	一・六五八
半	一・六八三
召	二・三八
台	二・六二
右	二・七三
㕣	二・一一九
叱	二・一二〇
叫	二・一二六
𧮫	二・一四八
癶	二・二五二
正	二・二八七
延	二・五三三
疋	二・六一〇
冊	二・六三〇
𢆉	二・六五七
只	二・六六三
句	二・六七四
古	二・六八三
世	二・七〇九
右	三・三八二
叏	三・四三〇
史	三・四六二
支	三・四八九
聿	三・四九一
㐱	三・五七五
皮	三・五九八
卟	三・七二四
占	三・七三四
用	三・七四〇
目	三・七七八
自	四・三
𦫳	四・一四七
幼	四・二九四
玄	四・三三五

予	予	四·三一九
幻	幻	四·三三三
歺	歺	四·三七二
冎	冎	四·四〇〇
肊	肊	四·四二七
㓞	㓞	四·五五一
刉	刉	四·五五四
刊	刊	四·五六〇
左	左	四·七三二
巧	巧	四·七五五
巨	巨	四·七五五
甘	甘	四·七六五
可	可	五·三八
叵	叵	五·四二
乎	乎	五·四七
号	号	五·五一
平	平	五·六四
皿	皿	五·一六七
去	去	五·二三三
主	主	五·二四九
丹	丹	五·二五五
井	井	五·二六四
宄	宄	五·四三〇
全	全	五·四三一
矢	矢	五·四五五
冋	冋	五·五一七
央	央	五·五二一
本	本	五·八一九
末	末	五·八二九
札	札	五·九四九
之	之	六·四九
帀	帀	六·六八
出	出	六·七四
朮	朮	六·八一
𣎵	𣎵	六·八六
生	生	六·九五
丰	丰	六·九九
囟	囟	六·一五三
因	因	六·一五四
卮	卮	六·三五六
且	且	六·四四二
夗	夗	六·五二四
外	外	六·五二六
禾	禾	六·五九二
瓜	瓜	六·七三五

宂	宂	六·八〇四
宄	宄	六·八五三
穴	穴	六·八八七
疒	疒	七·一四
⿰巾几	⿰巾几	七·一八一
布	希	七·二〇〇
白	白	七·二一五
仞	仞	七·二七一
仕	仕	七·二七三
伋	伋	七·二七八
仜	仜	七·三〇三
仡	仡	七·三〇五
仢	仢	七·三三九
付	付	七·三三七
代	代	七·三五七

仔	仔	七·三七六
仚	仚	七·四三三
北	北	七·四八七
丘	丠	七·四九九
毛	毛	七·六六一
尻	尻	七·六七四
尼	尼	七·六七五
兄	兄	七·七四〇
欠	欠	七·七八七
㐱	㐱	八·五七
司	司	八·九一
卮	卮	八·九七
令	令	八·一〇三
印	印	八·一一五
卯	卯	八·一三一

包	包	八·一六四
⿰山几	⿰山几	八·二一九
⿰山卩	⿰山㔾	八·二三三
屵	屵	八·二三八
⿸厂屮	⿸厂屮	八·三〇九
石	石	八·三二〇
犯	⿰犬㔾	八·五八三
犮	犮	八·五八八
亦	亦	八·八〇二
夲	夲	八·八七八
夰	夰	八·八九二
立	立	八·九一〇
心	心	八·九三七
水	水	九·一
汃	⿰水八	九·三

氾	氾	九·九九
汎	汎	九·一三〇
汀	汀	九·一九八
汁	汁	九·二一六
永	永	九·二九二
冬	冬	九·三〇八
㞑	㞑	九·五二五
手	手	九·六〇一
失	失	九·六八三
扔	扔	九·六九七
扐	扐	九·六九八
打	打	九·七二八
母	母	九·七七一
奴	奴	九·八〇一
民	民	九·九〇六

弗	弗	九·九二一
氏	氏	九·九三四
戉	戉	九·九八四
乍	乍	九·一〇〇六
匃	匃	九·一〇二二
匜	匜	九·一〇二五
弘	弘	九·一〇七〇
虫	虫	十·一
它	它	十·一一六
甴	甴	十·二〇七
圣	圣	十·二六三
田	田	十·三三三
功	功	十·四一八
加	加	十·四三四
尻	尻	十·六一八

処	処	十·六一九
且	且	十·六三二
升	升	十·六八八
矛	矛	十·六九一
阞	阞	十·七七七
阠	阠	十·八二八
四	四	十·八五一
中	中	十·八五六
甲	甲	十·九二九
丙	丙	十·九五七
戊	戊	十·九七六
巳	巳	十·一〇〇九
孕	孕	十·一〇八三
卯	卯	十·一一一六
㠯	㠯	十·一一二三

末	十·一二四三
申	十·一二四五

【六劃】

吏	一·三一
玎	一·二八一
玜	一·二八八
艸	一·三七七
芝	一·三七九
芓	一·三八四
芋	一·三九〇
芄	一·三九九
芨	一·四〇五
芐	一·四四三
芍	一·四五六
芒	一·四八〇
芃	一·四八三
芑	一·五七二
芊	一·五八八
釆	一·六七五
半	一·六八三
牝	一·六九九
牟	一·七一五
吸	二·一八
名	二·三三
吉	二·八〇
吐	二·一一〇
吃	二·一二一
吒	二·一三一
吁	二·一三三
叩	二·一三四
各	二·一三〇
吅	二·一五三
此	二·二八四
巡	二·三一六
迅	二·三五二
迆	二·四〇七
迁	二·四四五
迂	二·四五三
迄	二·四六八
彶	二·四八五
廷	二·五二七
延	二·五三三
延	二·五三七
行	二·五三八
舌	二·六五〇

字	隸定	頁碼
屰	屰	二・六五八
丙	丙	二・六六一
𣏟	𣏟	二・七〇六
辛	辛	三・一四五
丞	𡊜	三・一八五
异	𢍏	三・一九五
共	𠔱	三・二一二
𠃬	𠃬	三・三四六
巩	𢀜	三・三六二
叏	夬	三・四〇一
𠬝	𠬝	三・四二七
㝵	㝵	三・四三九
取	取	三・四四〇
史	史	三・四六二
聿	聿	三・五〇〇

字	隸定	頁碼
臣	臣	三・五二一
寺	𡬶	三・五七九
收	收	三・六九一
攷	攷	三・六九二
兆		三・七三八
自	自	四・一六
自	白	四・二三
百	百	四・四〇
芇	芇	四・一四八
羊	羊	四・一六三
再	再	四・二八六
丝	丝	四・二九五
𠬪	𠬪	四・三三七
歺	歺	四・三八三

字	隸定	頁碼
死	死	四・三八八
冎	冎	四・四〇〇
肉	肉	四・四一二
肌	肌	四・四一四
肋	肋	四・四二九
肎	肎	四・四五二
肍	肍	四・四八二
利	利	四・五二三
列	列	四・五五九
刖	刖	四・五六六
刓	刓	四・五六九
刵	刵	四・五七四
刑	刑	四・五七六
㓚	㓚	四・五七九
㓞	㓞	四・五八四

字頭	楷定	頁碼
耒	耒	四·五八八
竹	竹	四·六二六
[illegible]	訌	四·七一四
式	式	四·七五四
吁	吁	五·六三
旨	旨	五·六八
虍	虍	五·一二五
血	血	五·二二八
㞷	主	五·二四九
搠	搠	五·二七五
合	合	五·三八〇
全	仝	五·四三一
缶	缶	五·四三五
芇	市	五·五一七
舛	舛	五·六八五

字頭	楷定	頁碼
弟	弟	五·七一〇
夅	夅	五·七一六
朷	朷	五·七七八
机	机	五·八一三
朱	朱	五·八二三
朴	朴	五·八三四
朵	朵	五·八四二
杓	杓	五·八四五
朸	朸	五·八五六
朾	朾	五·九七一
休	休	五·九八四
叒	叒	六·三九
出	出	六·七四
回	回	六·一三二
因	因	六·一四六

字頭	楷定	頁碼
叩	叩	六·二七七
卭	卭	六·二八一
邦	邦	六·二八五
邵	邵	六·三一七
邛	邛	六·三三三
邢	邢	六·三四五
邖	邖	六·三五九
邑	邑	六·三六三
早	早	六·三八一
旭	旭	六·三八七
[illegible]	㫐	六·四一四
㫃	㫃	六·四五二
有	有	六·五〇四
多	多	六·五三一
束	束	六·五六七

亨	克	六·五八六
秀	秀	六·五九六
私	私	六·六〇七
年	秊	六·六三七
米	米	六·六八二
臼	臼	六·七〇四
兇	兇	六·七一五
尗	尗	六·七二九
宅	宅	六·七五八
向	向	六·七六九
宇	宇	六·七七三
安	安	六·七八五
守	守	六·八一七
宎	宎	六·八四四
呂	呂	六·八八二
穵	穵	六·八九九
同	同	七·七九
青	肯	七·八四
网	网	七·一二〇
西	西	七·一四四
帉	帉	七·一五九
帔	帔	七·一九九
希	布	七·二〇〇
企	企	七·二七〇
伋	伋	七·二七八
伉	伉	七·二七八
仲	仲	七·二八三
伊	伊	七·二八七
伃	伃	七·二九一
伀	伀	七·二九二
份	份	七·二九五
仿	仿	七·三一三
佴	佴	七·三三五
仰	仰	七·三三九
伛	伍	七·三四三
作	作	七·三四七
任	任	七·三六二
价	价	七·三七六
伱	伭	七·三八六
伎	伎	七·三八七
伏	伏	七·三九九
伐	伐	七·四〇一
仳	仳	七·四一八
弔	弔	七·四二三
件	件	七·四三三

伎	伎	七·四六四
卬	卬	七·四六五
艮	皀	七·四六七
并	幷	七·四八〇
北	丘	七·四九九
㐺	㐺	七·五〇七
身	身	七·五四四
㐆	㐆	七·五五一
衣	衣	七·五五八
老	老	七·六四四
考	考	七·六五四
尺	尺	七·六七九
舟	舟	七·六九八
充	充	七·七三九
兆	兆	七·七五五
先	先	七·七五六
秃	秃	七·七六二
次	㳄	七·八二三
后	后	八·八七
卲	卲	八·一〇七
厄	厄	八·一〇九
归	归	八·一一七
色	色	八·一一八
旬	旬	八·一四九
匈	匈	八·一五七
由	由	八·一九八
屺	屺	八·二三一
岅	岅	八·二三六
屾	屾	八·二三七
攸	攸	八·三一九
危	危	八·三一九
而	而	八·三六八
豕	豕	八·三七二
犯	犯	八·五八三
灰	灰	八·六七五
光	光	八·七〇八
夸	夸	八·七八七
夷	夷	八·七九四
亦	亦	八·八〇二
吴	吴	八·八一三
交	交	八·八二三
尥	尥	八·八四一
尪	尪	八·八四二
囟	囟	八·九二九
忓	忏	八·一〇〇〇

忍	忍	八・一〇三六
忏	忏	八・一〇五一
忩	忩	八・一〇六六
忖	忖	八・一〇六八
江	江	九・九
汝	汝	九・二七
汈	汈	九・七〇
汘	汘	九・七四
汎	汎	九・八九
汋	汋	九・一〇四
汜	汜	九・一三三
汕	汕	九・一四八
汓	汓	九・一六二
𣲡	𣲡	九・一七〇
汙	汙	九・一九六

汏	汏	九・二〇五
汲	汲	九・二三一
汛	汛	九・二三五
汗	汗	九・二四五
汍	汍	九・二五二
㐬	巟	九・二六九
𡿪	𡿪	九・二七〇
𡿧	州	九・二八〇
斥	㡿	九・二九九
冰	冰	九・三〇六
至	至	九・四七三
西	卥	九・四九〇
耳	耳	九・五六五
匝	匝	九・五九八
扛	扛	九・六七九

失	失	九・六八三
扒	扒	九・六八六
扤	扤	九・七〇五
扱	扱	九・七一〇
扚	扚	九・七一一
扞	扞	九・七一五
扜	扜	九・七二三
扣	扣	九・七二四
奼	奼	九・七五三
妁	妁	九・七五四
妃	妃	九・七六五
妋	妋	九・八〇八
改	改	九・八一五
攸	攸	九・八一六
好	好	九・八二一

如	如	九·八五一
妟	妟	九·八七六
奸	奸	九·八九五
妏	妏	九·八九九
乒	乒	九·九三一
戒	戒	九·九四二
戍	戍	九·九五二
匠	匠	九·一〇二二
匡	匡	九·一〇二三
曲	四	九·一〇三〇
由	甾	九·一〇三三
瓨	瓨	九·一〇四三
弙	弙	九·一〇七〇
弛	弛	九·一〇七八
弜	弜	九·一〇八八
糸	糸	九·一一三四
虫	虫	十·一一
亘	亘	十·一六八
地	地	十·一九二
圪	圪	十·二二三
圵	在	十·二三九
圮	圮	十·二七五
圭	圭	十·二九三
圯	圯	十·三〇〇
劣	劣	十·四二九
劦	劦	十·四三九
幵	幵	十·六二三
𠂤	𠂤	十·七五四
阤	阤	十·八一四
阢	阢	十·八二〇
阠	阠	十·八四七
阡	阡	十·八四七
厽	厽	十·八四九
成	成	十·九八三
字	字	十·一〇八五
抒	存	十·一〇九三
曳	曳	十·一一五一
戌	戌	十·一二〇五
亥	亥	十·一二一一

【七劃】

祀	祀	一·二二八
礿	礿	一·二五一
社	社	一·一八六
玒	玒	一·二四六
玎	玎	一·二八一

玖	玖	一·二八三
玗	玗	一·二八八
玓	玓	一·二九二
玕	玕	一·二九五
玘	玘	一·三〇〇
氛	氛	一·三一一
壯	壯	一·三一九
於	於	一·三四二
每	每	一·三六八
芬	芬	一·三七三
[illegible]	[illegible]	一·三七三
芧	芧	一·四〇三
芇	芇	一·四二一
芺	芺	一·四二三
芹	芹	一·四三七

芸	芸	一·四三八
芩	芩	一·四四四
芰	芰	一·四四五
芡	芡	一·四四六
茚	茚	一·四四九
芄	芄	一·四五六
芪	芪	一·四五七
芫	芫	一·四六一
芘	芘	一·四六六
芽	芽	一·四七二
芣	芣	一·四七五
芛	芛	一·四七六
芮	芮	一·四八九
芼	芼	一·四九一
芝	芝	一·五〇四

芳	芳	一·五一三
芠	芠	一·五一四
苣	苣	一·五四八
折	斨	一·五五四
芥	芥	一·五六一
芴	芴	一·五六五
芙	芙	一·五八七
余	余	一·六六三
釆	釆	一·六七五
牡	牡	一·六八九
牢	牢	一·七二〇
牣	牣	一·七四四
告	告	一·七五三
吻	吻	二·四
吞	吞	二·五

字頭	篆	隸定	頁碼
吭	哯	哯	二·一二
含	含	含	二·一四
吸	吸	吸	二·一八
吹	唉	唉	二·一九
吾	吾	吾	二·二五
君	君	君	二·二九
味	和	和	二·五〇
听	听	听	二·五三
咠	咠	咠	二·五八
启	启	启	二·六四
呈	呈	呈	二·七二
吺	吺	吺	二·一一六
吟	吟	吟	二·一二五
吪	吪	吪	二·一二八
吝	吝	吝	二·一二八

字頭	篆	隸定	頁碼
否	否	否	二·一三七
昏	昏	昏	二·一四〇
吠	吠	吠	二·一四一
局	局	局	二·一四七
呀	呀	呀	二·一五一
走	走	走	二·一九一
癶	癶	癶	二·二五二
步	步	步	二·二六〇
辵	辵	辵	二·三一〇
述	誅	誅	二·三一八
迋	誑	誑	二·三三〇
迎	迎	迎	二·三五七
返	返	返	二·三八八
近	近	近	二·四三五
迹	迹	迹	二·四四六

字頭	篆	隸定	頁碼
迒	迒	迒	二·四六二
迚	迚	迚	二·四六四
彶	彶	彶	二·四八五
彴	彴	彴	二·五一二
延	延	延	二·五二九
延	延	延	二·五三七
足	足	足	二·五七六
冊	冊	册	二·六三〇
谷	谷	谷	二·六六〇
冏	冏	冏	二·六六五
世	世	世	二·七〇九
言	言	言	二·七一二
弄	弄	弄	三·一九五
弅	弅	弅	三·一九八
戒	戒	戒	三·一九八

七劃

兵	[illegible]	三·二〇二
臼	臼	三·二三九
孚	孚	三·三三一
屖	屖	三·三六八
役	役	三·五六六
皮	皮	三·五九八
敳	敳	三·六三〇
孜	孜	三·六四四
改	改	三·六四八
更	叓	三·六四九
攸	攸	三·六六七
攱	攱	三·六七二
攻	攻	三·六九三
攺	攺	三·七〇四
[illegible]	[illegible]	三·七三八

甫	甫	三·七四九
旬	旬	三·八一三
芇	芇	四·一四八
羊	羊	四·一六三
羋	羋	四·一六九
羌	羌	四·一八六
華	華	四·二六六
寽	寽	四·三五三
𣦼	𣦼	四·三六五
𣦸	𣦸	四·三八三
死	死	四·三八八
別	別	四·四〇五
肓	肓	四·四二〇
肝	肝	四·四二一
肊	肊	四·四二七

肘	肘	四·四三三
肖	肖	四·四四一
肒	肒	四·四五九
肙	肙	四·五〇七
刉	刉	四·五二三
利	利	四·五三三
初	初	四·五二九
判	判	四·五五八
刪	刪	四·五六〇
刺	刺	四·五六七
𠛍	𠛍	四·五七三
角	角	四·六〇一
巫	巫	四·七六〇
甹	甹	五·三三
旨	旨	五·六八

七劃

豆	豆	五·九七
彤	彤	五·二五九
阱	阱	五·二七〇
刱	刱	五·二七五
皀	皀	五·二七八
即	卽	五·二八四
矣	矣	五·四八八
旱	旱	五·五六〇
良	良	五·五七三
夋	夋	五·六四〇
弟	弟	五·七一〇
夆	夆	五·七一四
夆	夆	五·七一五
夅	夅	五·七一六
杏	杏	五·七四二

李	李	五·七四六
杜	杜	五·七五一
杙	杙	五·七七〇
杞	杞	五·七九五
杒	杒	五·八一四
杈	杈	五·八三三
枖	枖	五·八四〇
朴	朴	五·八四七
杕	杕	五·八四八
材	材	五·八五六
枀	枀	五·八八二
杇	杇	五·八八三
杝	杝	五·八八七
杠	杠	五·八九〇
芣	芣	五·八九七

杚	杚	五·九〇五
杓	杓	五·九一三
杖	枝	五·九二五
杘	杘	五·九三〇
极	极	五·九五三
杅	杅	五·九七一
㞢	㞢	六·六五
孛	李	六·八五
東	東	六·一一六
囩	囩	六·一三一
困	困	六·一四一
困	困	六·一五八
囮	囮	六·一六二
貝	貝	六·一六七
邑	邑	六·二三五

字	頁
邦	六·二四六
郊	六·二六六
邠	六·二六七
邢	六·二九二
祁	六·二九三
邫	六·二九九
邧	六·三〇九
邡	六·三三三
那	六·三三四
郝	六·三三九
邺	六·三三〇
邧	六·三三七
邪	六·三四九
郏	六·三五〇
耶	六·三五六

字	頁
邩	六·三五八
邨	六·三五八
邑	六·三六三
的	六·三八五
旰	六·三九九
旱	六·四一三
囧	六·五一三
夜	六·五二三
夙	六·五二九
甹	六·五四五
甬	六·五四七
克	六·五八六
秀	六·五九六
私	六·六〇七
杓	六·六二三

字	頁
秄	六·六二六
秔	六·六二九
季	六·六三七
秅	六·六六三
宏	六·七七七
完	六·七九八
宜	六·八二一
宁	六·八三三
宋	六·八五八
吕	六·八八二
究	六·九〇七
病	七·二六
疕	七·二九
疚	七·三三
肯	七·八四

网	网	七・一〇九
罕	罕	七・一二五
希	希	七・一五〇
⿰巾及	⿰巾及	七・一九九
帊	帊	七・二〇七
㡀	㡀	七・二三九
伯	伯	七・二七九
伃	伃	七・二九一
佖	佖	七・二九六
伴	伴	七・三〇六
伾	伾	七・三〇七
佛	佛	七・三二三
佗	佗	七・三二四
何	何	七・三二五
位	位	七・三二三
作	作	七・三四七
佀	佀	七・三五九
伶	伶	七・三七二
伸	伸	七・三七八
伹	伹	七・三七九
佃	佃	七・三八三
伭	伭	七・三八六
伎	伎	七・三八七
佁	佁	七・三八七
伿	伿	七・三八九
佝	佝	七・三八九
佚	佚	七・三九一
但	但	七・四一四
佋	佋	七・四二九
低	低	七・四三五
伺	伺	七・四三七
佇	佇	七・四三七
坄	坄	七・四六四
皀	艮	七・四六七
身	身	七・五四四
孝	孝	七・六五七
⿸尸夕	⿸尸夕	七・六七九
尾	尾	七・六八九
尿	尿	七・六九三
皃	允	七・七三五
兑	兑	七・七三七
皃	皃	七・七五〇
先	先	七・七五六
秃	秃	七・七六二
見	見	七・七六四

吹	吹	七·七九一
弞	弞	七·七九五
钦	钦	七·七九七
㳄	次	七·八二二
次	㳄	七·八二九
百	𦣻	八·三七
形	形	八·五七
彣	彣	八·六二
卮	卮	八·九七
令	令	八·一〇二
卲	卲	八·一〇七
卲	卲	八·一〇七
却	却	八·一一一
岑	岑	八·一二三
岊	岊	八·一二三

岌	岌	八·二三六
庉	庉	八·二五二
庌	庌	八·二五二
序	序	八·二六三
庋	庋	八·二六八
庇	庇	八·二七三
底	底	八·二九九
居	居	八·三〇五
应	应	八·三〇五
豕	豕	八·三七二
豙	豙	八·三八六
㒸	㒸	八·四〇九
豸	豸	八·四一三
龙	龙	八·五七二
𤜵	斦	八·五八〇

狃	狃	八·五八三
犺	犺	八·五八五
狒	狒	八·五八六
犴	犴	八·六〇七
狂	狂	八·六〇八
狄	狄	八·六〇九
灭	灭	八·六七三
灸	灸	八·六八六
灼	灼	八·六八六
灺	灺	八·六八八
囱	囱	八·七五四
赤	赤	八·七六四
夹	夹	八·七八一
会	会	八·七九二
夼	夼	八·七九二

七劃

奄	奄	八·七九三
夾	夾	八·八〇六
吳	吳	八·八一三
尲	尲	八·八四一
志	志	八·九四六
快	快	八·九五八
忻	忻	八·九六三
忼	忼	八·九六四
忯	忯	八·九七四
忱	忱	八·九八四
忒	忒	八·一〇一二
忮	忮	八·一〇一六
忘	忘	八·一〇二〇
忨	忨	八·一〇二五
忌	忌	八·一〇三〇
怖	悑	八·一〇三六
忍	忍	八·一〇三六
忧	忧	八·一〇四六
忦	忦	八·一〇四七
忡	忡	八·一〇五一
忍	忍	八·一〇六六
[illegible]	[illegible]	八·一〇六六
汃	汃	九·三
沅	沅	九·一七
沔	沔	九·二三
汧	汧	九·二三
汾	汾	九·二八
沁	沁	九·三〇
沇	沇	九·三三
沛	沛	九·三四
汨	汨	九·三八
汳	汳	九·四七
沂	沂	九·五五
汶	汶	九·五九
沛	沛	九·六五
沈	沈	九·七三
浚	浚	九·七四
汭	汭	九·八一
汪	汪	九·八六
沖	沖	九·八八
沄	沄	九·九一
沆	沆	九·九一
汜	汜	九·九九
汋	汋	九·一〇四
沙	沙	九·一二五

汻	九·一三〇
汍	九·一三〇
沚	九·一三〇
汥	九·一三九
決	九·一四九
沃	九·一五三
泛	九·一六二
㳅	九·一七〇
没	九·一七〇
沈	九·一八〇
泜	九·一九〇
汽	九·一九一
沑	九·一九九
汁	九·二一六
沐	九·二二〇
汩	九·二五一
巠	九·二六八
昃	九·二七〇
谷	九·三〇一
冶	九·三一二
冷	九·三二〇
冹	九·三二〇
否	九·四七三
戾	九·五一五
耴	九·五六六
扶	九·六二一
𢪛	九·六三六
把	九·六三八
抪	九·六五三
投	九·六五七
扴	九·六五九
抉	九·六六〇
抎	九·六六四
拼	九·六七六
扮	九·六七九
抒	九·六八五
扔	九·六九七
扐	九·六九八
技	九·六九八
抈	九·七〇五
扺	九·七一三
抌	九·七一四
抗	九·七一六
抛	九·七二七
妘	九·七五一

七劃

玫	九·七五三
妊	九·七六七
妣	九·七八四
姊	九·七八八
姷	九·八一六
[illegible]	九·八二九
姌	九·八三三
委	九·八三七
妗	九·八四一
姘	九·八四二
[illegible]	九·八四五
妟	九·八五七
妓	九·八六三
妝	九·八六六
妎	九·八七一
妒	九·八七一
佞	九·八七三
妨	九·八七五
妍	九·八八〇
妜	九·八八二
毒	九·九〇五
戋	九·九六六
我	九·九八九
[illegible]	九·一〇一六
医	九·一〇一八
匣	九·一〇二九
瓨	九·一〇四三
弭	九·一〇五四
弦	九·一一一〇
系	九·一一一五
虯	十·五五
卵	十·一五四
均	十·二〇二
坄	十·二一〇
坐	十·二二三
坻	十·二三四
坒	十·二三五
坎	十·二五七
坋	十·二八四
坏	十·二八五
坊	十·三〇五
里	十·三一九
町	十·三五八
甸	十·三七〇
男	十·四〇七

- 助　睗助　十·四二○
- 劭　劭劭　十·四二四
- 劫　劫劫　十·四三七
- 劦　劦劦　十·四二九
- 斧　斧斧　十·六四二
- 車　車車　十·六九五
- 阪　飯飯　十·七九五
- 院　飯飯　十·七九九
- 阬　航航　十·八一七
- 防　防防　十·八一七
- 阯　阯阯　十·八一八
- 阮　阮阮　十·八二七
- 陕　闗闗　十·八四八
- 禹　禹禹　十·九一四
- 乘　庚　十·一○二二

【中段】

- 辛　辛辛　十一·一○一八
- 季　季季　十一·一○八八
- 卯　卯卯　十一·一一○三
- 辰　辰辰　十一·一一二六
- 酉　酉酉　十一·一一五二
- 亥　亥亥　十一·一二二一

【八劃】

- 旁　旁旁　一·五七
- 祉　祉祉　一·九五
- 祇　祇祇　一·一二六
- 祀　祀祀　一·一二八
- 祂　祂祂　一·一四九
- 祄　祄祄　一·一五一
- 祈　祈祈　一·一七○

- 社　社社　一·一八六
- 祆　祆祆　一·二○○
- 玠　玠玠　一·二六六
- 玦　玦玦　一·二六九
- 珇　珇珥　一·二七○
- 玩　玩玩　一·二八一
- 珪　珪珪　一·二八二
- 玲　玲玲　一·二八三
- 玭　玭玭　一·二八八
- 玼　玼玼　一·二九二
- 玟　玟玟　一·二九三
- 玨　玨玨　一·三○二
- 氛　氛氛　一·三一一
- 每　每每　一·三六八
- 芙　芙芙　一·三八七

字頭	隸定	頁碼
苹	芌	一·三九五
芞	芞	一·四〇二
莓	莓	一·四〇二
苷	苷	一·四〇二
苦	苦	一·四一〇
茅	茅	一·四一二
苜	苜	一·四一九
苓	苓	一·四二五
苗	苗	一·四二六
苞	苞	一·四三三
艾	艾	一·四三三
艻	艻	一·四四九
茄	茄	一·四五二
苯	蒙	一·四五八
芺	芺	一·四六二
苽	苽	一·四六二
茁	茁	一·四七三
英	英	一·四七七
茇	茇	一·四八一
茂	茂	一·四八五
苗	苗	一·四九四
苛	苛	一·四九四
苑	苑	一·五〇六
苐	苐	一·五一一
苾	苾	一·五一一
苫	苫	一·五二一
若	若	一·五二五
苴	苴	一·五三七
艽	艽	一·五六〇
苟	苟	一·五六三
范	范	一·五六九
艻	艻	一·五六九
苳	苳	一·五七二
苕	苕	一·五七三
茆	茆	一·五七三
尚	尚	一·六三六
豙	豙	一·六四〇
⿰牛市	⿰牛市	一·七〇七
⿰牛今	⿰牛今	一·七四三
物	物	一·七四四
呱	呱	二·八
咀	咀	二·一一
味	味	二·一五
呬	呬	二·一七
⿰口亏	呼	二·一八

吹	吹	二·一九
命	命	二·三四
和	咊	二·五〇
呭	呭	二·五四
咄	咄	二·五五
呷	呷	二·五八
昌	台	二·六二
周	周	二·九三
咈	咈	二·一一一
呧	呧	二·一一七
呶	呶	二·一三〇
呻	呻	二·一三五
咼	咼	二·一三九
咆	咆	二·一四二
呢	呢	二·一四三
呦	呦	二·一四六
哈	唱	二·一五一
岠	岠	二·二三七
疌	疌	二·二五〇
些	些	二·二八七
征	証	二·三二一
退	退	二·三三二
述	述	二·三三三
迮	迮	二·三四九
迪	迪	二·三六五
迟	迟	二·四〇六
迡	迡	二·四一二
迭	迭	二·四一五
迫	迫	二·四三七
迣	迣	二·四四四
[illegible]	[illegible]	二·四四七
迵	迵	二·四五二
迢	迢	二·四六九
往	徃	二·四七八
彼	彼	二·四八二
[illegible]	[illegible]	二·四九三
延	延	二·五二九
建	建	二·五二九
拘	拘	二·六七九
約	糾	二·六八二
肸	肸	二·七〇〇
妾	妾	三·一五二
奉	奉	三·一八〇
畀	畁	三·一九三
弄	弄	三·一九五

弆	弆	三·一九七
弅	弅	三·一九八
戒	戒	三·一九八
兵	兵	三·二〇二
具	具	三·二〇八
共	共	三·二二二
[illegible]	[illegible]	三·三六五
㕞	㕞	三·四一五
秉	秉	三·四二〇
叔	叔	三·四三五
叜	叜	三·四三九
取	取	三·四四〇
卑	卑	三·四五九
事	事	三·四八一
隶	隶	三·五一五
臤	臤	三·五一七
祋	祋	三·五四三
杸	杸	三·五四四
炈	炈	三·五五一
寺	寺	三·五七九
斪	斪	三·六〇一
放	放	三·六四五
敢	敢	三·六五五
牧	牧	三·七〇八
卦	卦	三·七二三
兆	兆	三·七三八
爻	爻	三·七七〇
旻	旻	三·七七五
旰	旰	三·七九〇
旴	旴	三·七九七
旨	旨	三·八三八
者	者	四·二九
羽	羽	四·五六
隹	隹	四·七八
乖	乖	四·一四七
叀	叀	四·三〇三
放	放	四·三三三
受	受	四·三四五
爭	爭	四·三五一
歾	歾	四·三七七
别	别	四·四〇五
肧	肧	四·四一四
肌	肌	四·四一四
肫	肫	四·四一八
胏	胏	四·四二〇

字頭	隸定	冊·頁
肪	肪	四·四二六
肦	肦	四·四二九
肩	肩	四·四三〇
胅	胅	四·四三八
股	股	四·四三九
[illegible]	[illegible]	四·四五二
胱	胱	四·四五九
[illegible]	[illegible]	四·四六一
肴	肴	四·四六五
肍	肍	四·四八二
肰	肰	四·五〇二
肬	肬	四·五〇三
肎	肯	四·五〇八
肥	肥	四·五一二
㓞	㓞	四·五二〇

字頭	隸定	冊·頁
刻	刻	四·五五五
刏	刏	四·五五八
列	列	四·五五九
刷	刷	四·五六五
刮	刮	四·五六五
刲	刲	四·五六六
刖	刖	四·五六六
制	制	四·五六九
刵	刵	四·五七四
刑	刑	四·五七六
券	券	四·五七八
刺	刺	四·五七八
刹	刹	四·五七九
耒	耒	四·五八八
角	角	四·六〇一

字頭	隸定	冊·頁
典	典	四·七一五
畀	畀	四·七一八
曶	曶	五·一一
沓	沓	五·一二
卣	卣	五·一三
奇	奇	五·四〇
虎	虎	五·一四二
盂	盂	五·一六九
甹	甹	五·二三
卹	卹	五·二四〇
音	音	五·二五四
彤	彤	五·二五九
青	青	五·二六〇
阱	阱	五·二七六
侖	侖	五·三八六

舍	舍	五·三九五
匋	匋	五·四四一
矤	矤	五·四八六
知	知	五·四八七
京	京	五·五三五
亩	亩	五·五八一
來	來	五·六〇九
麦	麦	五·六五〇
夋	夋	五·六五八
夌	夌	五·六五九
夆	夆	五·七一五
枏	枏	五·七四一
杶	杶	五·七六六
柔	柔	五·七七〇
枇	枇	五·七七三

柞	柞	五·七七四
枋	枋	五·七八一
柜	柜	五·七九三
枒	枒	五·八〇〇
枌	枌	五·八一〇
松	松	五·八一一
果	果	五·八三〇
枝	枝	五·八三三
枚	枚	五·八三七
枖	枖	五·八四〇
杪	杪	五·八四二
枉	枉	五·八四六
枎	枎	五·八四七
杲	杲	五·八五八
杳	杳	五·八五九

枅	枅	五·八七一
牀	牀	五·八九一
枕	枕	五·八九四
杗	杗	五·八九七
杷	杷	五·九〇二
杵	杵	五·九〇四
枓	枓	五·九一三
杼	杼	五·九一九
杖	杖	五·九二五
柾	柾	五·九五三
极	极	五·九五三
柳	柳	五·九五五
采	采	五·九六三
柹	柹	五·九六九
析	析	五·九七五

枰	五・九九〇
東	六・一
林	六・一一
㞷	六・六五
孛	六・八五
困	六・一四一
囹	六・一五三
固	六・一五五
邸	六・二六一
部	六・二六五
耶	六・二七三
邮	六・二七八
邶	六・二八四
邵	六・二八六
邲	六・二九〇
邯	六・三〇〇
鄂	六・三一四
郇	六・三二四
邴	六・三三九
郝	六・三四〇
邳	六・三四四
邭	六・三五四
邱	六・三五六
昗	六・三七七
昒	六・三八一
㫗	六・四〇二
昏	六・四〇六
昨	六・四一五
昌	六・四一七
昄	六・四二一
昔	六・四三一
杳	六・四三五
昆	六・四三五
昕	六・四三八
昈	六・四三九
昉	六・四三九
衵	六・四三九
昂	六・四四二
昪	六・四四二
肭	六・五〇一
有	六・五〇四
明	六・五〇八
夜	六・五三三
𡖅	六・五二六
函	六・五四三

版	版	六·五七三
彔	彔	六·五九〇
杭	杭	六·六一五
采	采	六·六二〇
杓	杓	六·六二三
杪	杪	六·六二四
秨	秨	六·六二五
杼	杼	六·六二六
秅	秅	六·六二九
枇	枇	六·六三四
秌	秋	六·六五一
科	科	六·六六一
秏	[illegible]	六·六六三
秝	[illegible]	六·六六四
臽	[illegible]	六·七一〇

𣏟	𣏟	六·七二三
宛	宛	六·七七二
宖	宖	六·七七九
定	定	六·七八三
宓	宓	六·七九四
宋	宋	六·八〇二
宜	宐	六·八二一
宕	宕	六·八五六
宗	宗	六·八六一
宔	宔	六·八七〇
宙	宙	六·八七〇
空	空	六·八九八
穹	穹	六·九〇七
穸	[illegible]	六·九一一
疝	疝	七·三四

疛	疛	七·三四
疲	疲	七·六四
冣	冣	七·七七
兩	兩	七·一一三
帗	帗	七·一五九
帔	帔	七·一七〇
帖	帖	七·一八二
帙	帙	七·一八二
帤	帤	七·一八三
帚	帚	七·一八八
帑	帑	七·二〇〇
帆	[illegible]	七·二〇六
[illegible]	[illegible]	七·二〇六
[illegible]	[illegible]	七·二〇六
帊	帊	七·二〇七

帛	帛	七·二一〇
保	保	七·二五七
佼	佼	七·二七四
亻彔	俅	七·二七四
佩	佩	七·二七五
佝	佝	七·二九三
佳	佳	七·二九三
侅	侅	七·二九四
侗	侗	七·三〇三
佶	佶	七·三〇三
俣	俁	七·三〇三
侔	伴	七·三〇六
侹	侹	七·三〇八
供	亻共戈	七·三一九
佺	佺	七·三二九
侔	侔	七·三三〇
併	倂	七·三三一
侙	侙	七·三三三
依	依	七·三三三
佽	佽	七·三三五
佴	佴	七·三三五
侍	侍	七·三三五
侒	侒	七·三三七
侐	侐	七·三三七
侊	侊	七·三三九
亻巴	仰	七·三三九
佰	佰	七·三四四
佸	佸	七·三四四
佮	佮	七·三四四
使	使	七·三七一
亻关	亻僉	七·三七七
侜	侜	七·三八三
亻囟	亻囟	七·三八四
侊	侊	七·三八五
佻	佻	七·三八六
侈	侈	七·三八七
侇	侇	七·三九一
侉	侉	七·三九七
例	例	七·四〇〇
咎	咎	七·四一六
侘	侘	七·四二〇
亻身	亻身	七·四三〇
侶	侶	七·四三三
侑	侑	七·四三五
卓	卓	七·四六六

垩	垩	七·五三〇
臥	卧	七·五三八
表	𧘝	七·五六九
衧	衧	七·五八六
衦	衦	七·六〇九
卒	卒	七·六一七
衫	衫	七·六二五
⿱耂㔾	老	七·六四四
⿱耂勿	⿱耂豸	七·六五一
考	考	七·六五四
居	居	七·六七〇
屆	屆	七·六七四
⿸尸开	屄	七·六七四
咫	咫	七·六八九
尾	尾	七·六八九
屈	屈	七·六九一
舠	舠	七·七〇五
服	服	七·七一七
斻	斻	七·七二九
兒	兒	七·七三三
兟	兟	七·七四九
吹	吹	七·七九一
欣	欣	七·七九四
弞	弞	七·七九五
⿰玄欠	欽	七·七九七
欽	⿰今欠	七·七九九
⿰虫欠	⿰虫欠	七·八〇一
⿰日欠	⿰日欠	七·八一二
百	百	八·三七
卬	卬	八·一〇七
夗	夗	八·一〇七
卷	卷	八·一一一
卯	卯	八·一一三
印	印	八·一一五
匊	匊	八·一四五
⿹勹用	⿹勹用	八·一五七
匌	匌	八·一五八
禺	禺	八·二〇三
岱	岱	八·二一六
岵	岵	八·二三一
岨	岨	八·二三一
岡	岡	八·二三一
岫	岫	八·二三五
岪	岪	八·二三一
岸	岸	八·二三九

字	隸定	頁碼
府	府	八·二四二
庖	庖	八·二五四
序	序	八·二六三
底	底	八·二七一
庋	庋	八·二七二
庢	庢	八·二八八
厓	厓	八·二九六
危	危	八·三一九
長	長	八·三四五
豕	豕	八·三八六
彖	彖	八·三九三
兔	兔	八·四〇九
易	易	八·四三五
狗	狗	八·五六九
狂	狂	八·五七五
狦	狦	八·五七九
狋	狋	八·五七九
犷	犷	八·五八〇
狀	狀	八·五八一
狎	狎	八·五八三
狃	狃	八·五八三
犺	犺	八·五八五
䝙	䝙	八·五八五
戾	戾	八·五八八
狄	狄	八·六〇九
狙	狙	八·六一七
狛	狛	八·六二〇
狐	狐	八·六二一
狾	狾	八·六二三
犾	犾	八·六二三
炊	炊	八·六七八
炅	炅	八·七一六
炕	炕	八·七二〇
炎	炎	八·七二九
炙	炙	八·七六二
奄	奄	八·七八三
夰	夰	八·七九一
奅	奅	八·七九二
奃	奃	八·七九二
奔	奔	八·七九三
幸	幸	八·八二八
奔	奔	八·八二八
尳	尳	八·八四〇
尪	尪	八·八四〇
卒	卒	八·八五〇

字頭	隸定	頁碼
昦	界	八·八九三
奕	奕	八·八九六
臭	臭	八·八九六
㚘	㚘	八·九一〇
並	竝	八·九一九
性	性	八·九四五
忠	忠	八·九五六
念	念	八·九六〇
怡	恉	八·九七一
怙	怙	八·九九一
怌	𢘽	八·九九二
怞	怞	八·九九四
忞	忞	八·九九四
怕	怕	八·一〇〇〇
怚	怚	八·一〇一〇

字頭	隸定	頁碼
忒	忒	八·一〇二二
怪	怪	八·一〇一七
怫	怫	八·一〇一九
忩	忩	八·一〇二〇
忽	忽	八·一〇二〇
忘	忘	八·一〇二〇
悅	悅	八·一〇二三
怋	怋	八·一〇二八
怓	怓	八·一〇二八
忥	忥	八·一〇二九
忌	忌	八·一〇三〇
忿	忿	八·一〇三三
怏	怏	八·一〇三八
怛	怛	八·一〇四〇
怮	怮	八·一〇四七

字頭	隸定	頁碼
怲	怲	八·一〇四八
怵	𢖻	八·一〇六〇
忝	忝	八·一〇六四
怍	怍	八·一〇六五
忍	忍	八·一〇六六
怩	怩	八·一〇六七
怊	怊	八·一〇六八
河	河	九·三
泑	泑	九·七
江	江	九·九
沱	沱	九·九
沬	沬	九·一四
沮	沮	九·一五
汝	汝	九·二七
沾	沾	九·三〇

泠 九·三七
油 九·三九
泄 九·四六
泡 九·五二
泗 九·五二
沭 九·五五
治 九·五九
泜 九·六三
沽 九·六四
泥 九·六七
汈 九·七〇
沋 九·七三
汘 九·七四
泌 九·八三
泫 九·八四

況 九·八七
汎 九·八九
汭 九·九二
波 九·九六
泓 九·九九
泙 九·一二二
泏 九·一二三
泆 九·一一七
沴 九·一一九
沸 九·一三二
汜 九·一三三
沼 九·一三八
汕 九·一四八
注 九·一五〇
泭 九·一五七

沿 九·一五九
泝 九·一五九
泳 九·一六〇
泘 九·一六二
泱 九·一七一
泑 九·一九〇
汔 九·一九一
汙 九·一九六
汁 九·一九八
泧 九·二〇一
汱 九·二〇五
泔 九·二〇九
泂 九·二一九
沬 九·二三〇
泛 九·二三五

犴	汗	九・二四五
泣	粒	九・二四五
泮	牉	九・二四九
汎	汎	九・二五二
泯	泜	九・二五二
沝	沝	九・二五六
侃	侃	九・二七五
冬	冬	九・三〇八
雨	雨	九・三三一
非	非	九・四三九
乳	乳	九・四五二
到	到	九・四八六
房	房	九・五二二
門	門	九・五一九
耽	耽	九・五六七
耿	耿	九・五六八
聆	聆	九・五九六
聑	聑	九・五九六
拇	拇	九・六〇三
抵	抵	九・六一九
拉	拉	九・六二〇
拼	拼	九・六二四
拑	拑	九・六二七
挮	挮	九・六三六
拈	拈	九・六四一
拊	拊	九・六四四
承	承	九・六五一
招	招	九・六五四
抧	抧	九・六五七
披	披	九・六六五
扛	扛	九・六七九
拚	拚	九・六八一
担	担	九・六八五
扒	扒	九・六八六
拓	拓	九・六八七
拔	拔	九・六九〇
抲	抲	九・六九七
拙	拙	九・六九九
扤	扤	九・七〇五
抙	抙	九・七〇九
抅	抅	九・七一一
抶	抶	九・七一一
抉	抉	九・七一二
拂	拂	九・七一三
扞	扞	九・七一五

字頭	隸定	頁碼
拕	䡐	九·七一八
抴	軸	九·七一九
𨊾	扜	九·七二三
𨊴	扣	九·七二四
拗	𨋢	九·七二七
軒	打	九·七二八
娃	娃	九·七三八
妻	婁	九·七六〇
姁	姁	九·七八〇
姐	姐	九·七八〇
姑	姑	九·七八一
娣	娣	九·七八八
妹	妹	九·七八九
㚸	㚸	九·七九六
妭	妭	九·七九九

字頭	隸定	頁碼
妸	妸	九·八一二
姓	姓	九·八一六
始	娼	九·八一六
𡛱	𡛱	九·八三三
委	委	九·八三七
姑	姑	九·八四〇
姘	姘	九·八四二
妓	妓	九·八六三
敁	敁	九·八六五
妯	妯	九·八七七
婕	妜	九·八八二
娀	娀	九·八八三
妜	妜	九·八八三
姍	姍	九·八九二
姅	姅	九·八九五

字頭	隸定	頁碼
姐	姐	九·九〇一
岷	岷	九·九〇八
或	或	九·九五七
𢦔	𢦔	九·九六三
戕	戕	九·九六三
𢦏	𢦏	九·九七一
武	武	九·九七二
戔	戔	九·九八三
直	直	九·一〇〇一
甾	由	九·一〇三二
瓬	瓬	九·一〇三八
瓮	瓮	九·一〇四三
瓴	瓴	九·一〇四九
瓪	瓪	九·一〇四九
弧	弧	九·一〇五七

弨	弨	九·一〇五七
弢	弢	九·一〇七八
弩	弩	九·一〇七八
弦	弦	九·一一一〇
紗	紗	九·一一一四
虺	虺	十·一一七
蚩	蚩	十·五一
蚪	蚪	十·五五
虹	虹	十·七〇
虴	虴	十·七八
風	風	十·九八
亟	亟	十·一六一
竺	竺	十·一七四
坤	坤	十·一九六
坶	坶	十·一九九
坡	坡	十·二〇〇
坪	坪	十·二〇一
坴	坴	十·二〇六
坺	坺	十·二〇九
坫	坫	十·二三三
坙	坙	十·二三八
坦	坦	十·二三五
坎	坎	十·二五七
坻	坻	十·二五八
坿	坿	十·二六一
坷	坷	十·二八二
坼	坼	十·二八二
坱	坱	十·二八三
坥	坥	十·二八七
垂	垂	十·三〇〇
坳	坳	十·三〇四
里	里	十·三一九
町	町	十·三五八
甿	甿	十·三八三
劼	劼	十·四二一
劬	劬	十·四三三
劵	劵	十·四三三
劾	劾	十·四三八
協	協	十·四四九
金	金	十·四五五
凭	凭	十·六一八
斧	斧	十·六四二
斨	斨	十·六四五
所	所	十·六五〇
所	所	十·六六〇

矜	矜	十·六九四
⿰矛丑	⿰矛丑	十·六九四
軋	軋	十·七四〇
官	官	十·七六一
𠂤	阜	十·七七〇
阿	阿	十·七九四
陂	陂	十·七九五
阻	阻	十·七九八
附	附	十·八一九
阺	阺	十·八一九
院	院	十·八二〇
阽	阽	十·八三八
阼	阼	十·八三九
阹	阹	十·八四三
叕	叕	十·八六一
亞	亞	十·八六四
成	成	十·九八三
庚	庚	十·一〇二三
季	季	十·一〇八八
孟	孟	十·一〇八九
孤	孤	十·一〇九二
育	育	十·一一〇三
⿰月丑	⿰阝丑	十·一一一〇
申	申	十·一一四五
臾	臾	十·一一五〇

【九劃】

帝	帝	一·四四
祜	祜	一·八六
祉	祉	一·九五
祐	祐	一·一〇五
祗	祗	一·一〇八
神	神	一·一一三
祇	祇	一·一一六
祕	祕	一·一一七
祔	祔	一·一三八
祖	祖	一·一三九
祏	祏	一·一四七
⿰礻比	⿰礻比	一·一四九
祠	祠	一·一五〇
祝	祝	一·一六五
祓	祓	一·一六八
祈	祈	一·一七〇
祅	祅	一·二〇〇
祚	祚	一·二〇〇
皇	皇	一·二三四

九劃

玳	珌	一・二七一
珇	珇	一・二七三
珍	珍	一・二八〇
玲	玲	一・二八一
玤	玤	一・二八二
珣	珣	一・二八六
珉	珉	一・二九〇
珊	珊	一・二九六
珋	珋	一・二九六
珈	珈	一・二九九
珂	珂	一・三〇〇
珏	珏	一・三〇二
毒	毒	一・三七二
荅	荅	一・三八一
芓	芓	一・三八四
茬	茬	一・三八六
芌	芋	一・三九〇
莒	莒	一・三九一
茞	茞	一・三九五
芄	芄	一・三九九
茝	茝	一・四〇〇
茿	茿	一・四〇一
芞	芞	一・四〇二
茖	茖	一・四〇二
荍	荍	一・四〇七
萸	萸	一・四〇八
茥	茥	一・四一七
芺	芺	一・四二三
荓	荓	一・四二三
荌	荌	一・四二三
茈	茈	一・四二八
茜	[illegible]	一・四三一
茦	茦	一・四四〇
苦	[illegible]	一・四四〇
苄	苄	一・四四三
茩	茩	一・四四六
茢	茢	一・四四九
芍	芍	一・四五六
茎	莖	一・四五八
芣	芋	一・四六二
茱	茱	一・四六七
茮	茮	一・四六七
荊	荊	一・四六七
莛	莛	一・四七四
芒	芒	一・四八〇

字頭	篆文隸定	頁碼
荄	荄	一・四八一
芃	芃	一・四八三
茲	茲	一・四八六
茬	茬	一・四九〇
荒	荒	一・四九六
茷	茷	一・五〇三
荋	荋	一・五〇四
茉	茉	一・五一〇
荐	荐	一・五一六
茨	茨	一・五一九
荃	荃	一・五二三
茜	茜	一・五三四
茵	茵	一・五三九
茭	茭	一・五四六
茹	茹	一・五四七
芔	卉	一・五五九
荔	荔	一・五六六
⿱艹皿	⿱艹皿	一・五七二
芑	芑	一・五七二
茸	茸	一・五七八
草	草	一・五七九
春	萅	一・五八〇
荀	荀	一・五八七
芉	芉	一・五八八
茗	茗	一・五八八
豙	豙	一・六四〇
宷	宷	一・六八〇
胖	胖	一・六八五
叛	叛	一・六八五
⿰牛朮	⿰牛朮	一・七〇七
牭	牭	一・七二〇
⿰牛夸	⿰牛平	一・七二三
⿰牛支	⿰牛支	一・七二四
⿰牛圭	⿰牛圭	一・七二六
牴	牴	一・七四一
咽	咽	二・五
哆	哆	二・七
咺	咺	二・八
咷	咷	二・九
咳	咳	二・一〇
咦	咦	二・一七
咨	咨	二・三七
咥	咥	二・五三
咄	咄	二・五五
哉	哉	二・五五

字頭	隸定	冊·頁
昪	昪	二·五八
咸	咸	二·六六
哇	哇	二·一一三
咅	咅	二·一一四
呰	呰	二·一一七
唌	唌	二·一二七
哀	哀	二·一三七
咼	咼	二·一三九
咮	咮	二·一四三
咢	咢	二·一五九
赴	赴	二·一九六
赳	赳	二·一九九
歫	歫	二·二三七
前	歬	二·二三七
疌	疌	二·二五〇
辵	辵	二·二五〇
癹	癹	二·二五九
是	是	二·三〇二
迹	迹	二·三一二
迨	迨	二·三四八
适	适	二·三五三
逆	逆	二·三五三
⿺辶交	⿺辶交	二·三五八
迻	迻	二·三八三
送	送	二·三九三
迵	迵	二·四一五
迷	迷	二·四一六
逃	逃	二·四二八
追	追	二·四二八
迾	迾	二·四四五
逅	逅	二·四六七
迸	迸	二·四六九
徠	徠	二·四八九
待	待	二·四九三
退	退	二·四九四
後	後	二·五〇一
很	很	二·五〇五
律	律	二·五一二
衎	衎	二·五四八
⿰𧾷卜	⿰𧾷卜	二·五八三
㢟	㢟	二·六一四
品	品	二·六一五
扁	扁	二·六四三
⿰耳十	揖	二·七〇五
言	言	二·七一二

訂	訏	二·七四三
訒	訒	三·八
信	倍	三·九
計	計	三·三〇
訇	訇	三·八四
訓	訥	三·九二
愔	婄	三·一二五
音	音	三·一三七
奐	㲋	三·一八八
弇	弇	三·一八九
臾	臾	三·一九三
叓	异	三·一九五
奕	弈	三·二〇八
具	具	三·二〇八
畀	畀	三·二二七

九劃

要	𦥯	三·二四〇
革	革	三·二五六
為	爲	三·三三五
巩	巩	三·三六二
叜	叟	三·三九二
叚	叚	三·四四九
度	度	三·四五六
𦘔	𦘔	三·五〇三
祋	祋	三·五四三
段	段	三·五五八
敃	敃	三·六二〇
敉	敉	三·六二四
敀	敀	三·六二五
故	故	三·六二七
政	政	三·六二九

㪅	更	三·六四九
敂	敂	三·六九二
畋	畋	三·七〇二
貞	貞	三·七二六
㪷	㪷	三·七三四
旻	旻	三·七七五
盼	盼	三·七八九
眅	眅	三·七九〇
眊	眊	三·七九二
眪	眪	三·七九四
眂	眂	三·七九五
眈	眈	三·七九六
眑	眑	三·八〇〇
相	相	三·八一七
看	看	三·八二五

九劃

字	篆文隸定	卷・頁
⿰目夬	⿰目叏	三・八三〇
眇	眇	三・八三七
眄	眄	三・八三七
⿰目叉	⿰目叉	三・八四一
盻	盻	三・八四三
眨	眨	三・八四四
眉	眉	四・五
省	省	四・九
盾	盾	四・一三
皆	皆	四・二三
羿	羿	四・六六
⿱羽羽	⿱羽羽	四・七八
乖	乖	四・一四七
苜	苜	四・一四八
羍	羍	四・一七五
美	美	四・一八三
羌	羌	四・一八六
羑	羑	四・一九三
焉	焉	四・二六四
再	再	四・二八八
幽	幽	四・三〇一
兹	兹	四・三一七
爰	爰	四・三三八
受	受	四・三五一
⿰歺勿	歾	四・三七七
殂	殂	四・三八一
殆	殆	四・三八四
殃	殃	四・三八四
殄	殄	四・三八五
⿰歹古	⿰歹古	四・三八八
骨	骨	四・四〇五
胎	胎	四・四一四
肓	肓	四・四二〇
肝	肝	四・四二一
胃	胃	四・四二三
背	背	四・四二七
胂	胂	四・四二九
胠	胠	四・四三一
肘	肘	四・四三三
胑	胑	四・四四一
肖	肖	四・四四一
胤	胤	四・四四九
胄	胄	四・四五一
胗	胗	四・四五八
胝	胝	四・四五九

九劃

朊	肬	四·四五九
肒	肒	四·四五九
肤	胅	四·四六〇
胙	胙	四·四六三
䏟	肊	四·四六七
胡	胡	四·四六七
胘	胘	四·四七六
朐	朐	四·四八一
胥	胥	四·四八一
胜	胜	四·四八四
脏	奎	四·四九九
胆	阻	四·五〇七
肙	肙	四·五〇七
削	削	四·五二一
則	則	四·五三二

刻	刻	四·五五五
删	删	四·五六〇
前	前	四·五六四
刮	刮	四·五六五
剉	剉	四·五六六
剄	剄	四·五七七
刹	刹	四·五七九
觓	觓	四·六〇六
竿	竿	四·六七一
竽	竽	四·六八九
笑	笑	四·六九九
差	差	四·七三九
甚	甚	四·七七三
曹	曹	五·六
曷	曷	五·一〇

沓	沓	五·一二
壴	豈	五·七七
虐	虐	五·一三五
蛊	蛊	五·一九五
盆	盆	五·一九六
盉	盉	五·二〇三
盈	盈	五·二一一
盅	盅	五·二一四
昷	昷	五·二一五
盇	盇	五·二三三
盍	盍	五·二四三
掤	掤	五·二七六
既	既	五·二八八
冟	冟	五·二九三
食	食	五·三一五

字頭	楷定	頁碼
缸	缸	五·四五〇
矦	侯	五·四七九
亭	亭	五·四九六
亯	亯	五·五四八
厚	厚	五·五六七
畐	畐	五·五七〇
复	夏	五·六四八
夋	夋	五·六六九
韋	韋	五·六九二
柚	柚	五·七三四
柹	柿	五·七四一
柰	柰	五·七四五
柍	柍	五·七五五
柀	柀	五·七六五
梳	梳	五·七六六
柞	柞	五·七七四
枍	枍	五·七七五
柅	柅	五·七七九
枸	枸	五·七八〇
柳	桺	五·七八四
枳	枳	五·七八九
柜	柜	五·七九三
柘	柘	五·八〇一
柏	柏	五·八一二
枮	枮	五·八一三
某	某	五·八一四
柢	柢	五·八二三
枝	枝	五·八三三
枵	枵	五·八四四
柖	柖	五·八四四
枯	枯	五·八五二
柔	柔	五·八五四
柝	柝	五·八五五
柱	柱	五·八六七
柤	柤	五·八八四
栅	柵	五·八八六
枱	枱	五·八九八
枱	梠	五·九〇〇
杷	杷	五·九〇二
柃	柃	五·九〇三
柫	柫	五·九〇三
枷	枷	五·九〇三
柶	柶	五·九〇六
枰	枰	五·九一九
柭	柭	五·九二五

柯	柯	五・九二七
柄	柄	五・九二八
柲	柲	五・九二八
柎	柎	五・九四七
枹	枹	五・九四七
柷	柷	五・九四八
𣏹	𣏹	五・九五四
林	柿	五・九六九
柧	柧	五・九七一
枵	枰	五・九七三
柆	柆	五・九七三
柮	柮	五・九七四
枼	枼	五・九七九
枰	枰	五・九九〇
柙	柙	五・九九五

南	南	六・八七
乑	乑	六・一〇五
東	東	六・一一八
剌	剌	六・一二〇
囿	囿	六・一四二
圂	圂	六・一六〇
負	負	六・一九三
郊	郊	六・二六一
郁	郁	六・二六九
部	部	六・二七六
邾	邾	六・二七八
邽	邽	六・二七九
郾	郾	六・二九二
郇	郇	六・三〇一
郅	郅	六・三〇四

郋	郋	六・三一一
那	那	六・三一五
郏	郏	六・三一八
郲	郲	六・三一八
郿	郿	六・三三〇
郔	郔	六・三三八
𨛜	𨛜	六・三四一
郎	郎	六・三四三
郈	郈	六・三四六
𨛫	𨛫	六・三五五
娜	娜	六・三五六
𡳐	𡳐	六・三五六
邦	邦	六・三五七
巷	巷	六・三七〇
昧	昧	六・三八二

九劃

昭 昭 六·三八四
昫 昫 六·三九六
昴 昴 六·四一五
昨 昨 六·四一五
昪 曻 六·四一六
昱 昱 六·四二一
衵 衵 六·四三九
映 映 六·四四一
昳 昳 六·四四一
皁 昪 六·四四二
施 施 六·四六三
星 曐 六·四八六
朏 朏 六·四九八
殅 殅 六·五二九
卣 卣 六·五五二

彖 彖 六·五九〇
秫 秫 六·六二〇
秔 秔 六·六二五
秏 秏 六·六一六
秜 秜 六·六一六
采 采 六·六二〇
秒 秒 六·六二四
秠 秠 六·六二五
秕 秕 六·六三四
秧 秧 六·六三六
秋 秌 六·六五一
科 科 六·六六一
稊 稊 六·六六二
䄷 䄷 六·六六四
香 香 六·六八〇

𥸤 𥸤 六·七〇〇
敉 敉 六·七〇二
函 函 六·七〇七
臬 臬 六·七二一
耑 耑 六·七三〇
韭 韭 六·七三二
家 家 六·七四二
室 室 六·七六一
宣 宣 六·七六五
宦 宦 六·七七一
官 官 六·七七一
宬 宬 六·七八〇
宋 宋 六·七九六
宷 宷 六·八〇二
宦 宦 六·八一二

宥	宥	六・八二〇
客	客	六・八三七
室	室	六・八七〇
宮	宮	六・八七三
穿	穿	六・八九二
窭	寠	六・八九四
突	突	六・九〇五
窆	窆	六・九一一
窀	窀	六・九一一
疦	瘦	七・三一
疥	疥	七・四三
痹	痹	七・五三
疢	疢	七・五七
痔	痔	七・六三
疷	疷	七・六三

疲	疲	七・六四
疫	疫	七・六五
冠	冠	七・七三
冡	冢	七・九一
胄	胄	七・一〇〇
冒	冒	七・一〇三
罕	罕	七・一二五
罡	罡	七・一三五
帥	帥	七・一五〇
帤	帤	七・一五九
㡉	㡉	七・一六〇
㡆	㡆	七・一六九
帙	帙	七・一八二
帣	帣	七・一八六
帟	帟	七・二〇六

吧	吧	七・二二七
保	保	七・二五七
俅	俅	七・二七四
俊	俊	七・二七七
侅	侅	七・二九四
倭	倭	七・三〇一
俟	俟	七・三〇二
俁	俁	七・三〇三
俚	俚	七・三〇六
侹	侹	七・三〇八
俌	俌	七・三三三
佽	佽	七・三三五
傳	傳	七・三三八
俠	俠	七・三三八
侁	侁	七・三三九

九劃

侸	侸	七·三三九
侳	侳	七·三四一
佸	佸	七·三四四
侵	侵	七·三五三
便	便	七·三六一
俔	俔	七·三六四
俒	俒	七·三六七
俗	俗	七·三六八
使	使	七·三七一
佮	伶	七·三七二
俟	俟	七·三七七
俆	俆	七·三七八
俄	俄	七·三九一
侮	侮	七·三九二
俙	俙	七·三九四

俑	俑	七·三九八
促	促	七·三九九
係	係	七·四〇〇
俘	俘	七·四一一
[illegible]	[illegible]	七·四三〇
倠	倠	七·四三三
侣	侣	七·四三三
侲	侲	七·四三三
[illegible]	[illegible]	七·四三九
毖	毖	七·四八七
重	重	七·五三〇
衽	衽	七·五七二
衭	衭	七·五七四
袂	袂	七·五八〇
衸	衸	七·五八三

衯	衯	七·五九〇
衵	衵	七·六〇五
祶	祶	七·六二三
耇	耇	七·六四九
耆	耆	七·六五〇
孝	孝	七·六五七
毦	毦	七·六六四
眉	眉	七·六七二
屑	屑	七·六七三
屆	屆	七·六七五
屍	屍	七·六八二
屋	屋	七·六八四
屏	屏	七·六八五
咫	咫	七·六八九
俞	俞	七·七〇〇

字頭	頁碼
彤	七·七〇二
欱	七·七九二
欣	七·七九四
欦	七·七九九
⿰幼欠	七·八二一
欪	七·八二一
⿰日欠	七·八二三
⿸厂㳄	七·八三四
頁	八·一
面	八·三八
首	八·四一
県	八·四七
形	八·五七
修	八·五九
彥	八·六三
㖃	八·九一
⿰必卩	八·一〇七
卲	八·一〇七
卸	八·一一三
匍	八·一四四
冢	八·一六〇
胞	八·一六六
茍	八·一六六
鬼	八·一七六
畏	八·一九九
禺	八·二〇三
岡	八·二三一
峋	八·二三五
庠	八·二四七
庭	八·二四八
庰	八·二六六
庢	八·二七二
庤	八·二八三
⿸广屰	八·二八九
厗	八·三〇五
⿸厂甫	八·三〇八
厖	八·三〇九
⿸厂夾	八·三〇九
⿸厂丽	八·三一八
研	八·三三九
砭	八·三四二
⿰石刃	八·三四四
昜	八·三五九
耏	八·三七〇

九劃

㣇	㣇	八·三九三
彖	象	八·四〇九
㲋	㲋	八·五四七
兔	兔	八·五五五
⿰火句	狗	八·五六九
狡	烄	八·五七三
臭	臭	八·五七六
狠	⿰火艮	八·五七九
⿰火示	狋	八·五七九
狧	⿰火舌	八·五八二
炠	狎	八·五八三
⿰火去	⿰犭去	八·五八五
狟	烜	八·五八六
⿰火朮	⿰犭朮	八·五八六
狩	⿰火守	八·五九四

⿰火且	狙	八·六一七
⿰火白	狛	八·六二〇
⿰火瓜	狐	八·六二一
⿰火戉	狘	八·六二三
炟	炟	八·六四五
炪	炪	八·六六三
炥	炥	八·六六八
炭	炭	八·六七四
炦	炦	八·六七五
⿱白火	⿱自火	八·六七六
⿰火犬	炊	八·六七八
炮	炮	八·六八一
炳	炳	八·七〇一
炯	炯	八·七〇七
炫	炫	八·七〇七

奎	奎	八·七八〇
⿱大亘	⿱大亘	八·七九一
⿱大此	⿱大此	八·七九三
契	契	八·七九三
⿱自大	⿱自大	八·八一三
⿱臾大	⿱臾大	八·八一三
⿱大幸	幸	八·八二八
⿺大艮	⿺大艮	八·八四〇
奏	⿱奏手	八·八八六
昦	昊	八·八九三
奕	奕	八·八九六
⿱覀大	⿱覀大	八·九〇四
思	恖	八·九三四
恉	恉	八·九四八
忠	忠	八·九五六

九劃

念	八·九六〇
怤	八·九六一
恔	八·九六六
恬	八·九六九
恢	八·九六九
恮	八·九七五
恂	八·九八四
恃	八·九九一
恚	八·九九二
忞	八·九九四
㥰	八·九九五
恤	八·一〇〇〇
忓	八·一〇〇〇
㤺	八·一〇〇四
急	八·一〇〇五

㤝	八·一〇一〇
息	八·一〇一八
㤿	八·一〇二〇
忽	八·一〇二〇
恑	八·一〇二三
炁	八·一〇二九
忿	八·一〇三三
怨	八·一〇三三
怒	八·一〇三四
恨	八·一〇三七
恫	八·一〇四一
忧	八·一〇四六
忬	八·一〇五一
恇	八·一〇五六
㤨	八·一〇六二

㤥	八·一〇六二
恥	八·一〇六三
忝	八·一〇六四
忖	八·一〇六八
恰	八·一〇六九
沅	九·一七
洮	九·一八
沔	九·二三
洛	九·二五
汾	九·二八
沾	九·三〇
洈	九·三四
洭	九·三五
汨	九·三八
汹	九·四五

字	頁碼
淯	九·四六
汳	九·四七
洹	九·五三
洙	九·五五
沂	九·五五
洋	九·五六
汶	九·五九
洨	九·六二
泒	九·六六
洵	九·六九
洇	九·七三
洦	九·七四
洍	九·七四
洪	九·七六
洚	九·七七
衍	九·七七
汭	九·八一
活	九·八四
泚	九·八七
沖	九·八八
沄	九·九一
沆	九·九一
洸	九·九五
洞	九·一〇二
洶	九·一〇二
洌	九·一〇五
泆	九·一一七
洔	九·一一九
沙	九·一二五
汻	九·一三〇
沚	九·一三〇
派	九·一三三
洼	九·一三六
洫	九·一三九
洐	九·一四七
津	九·一五四
洄	九·一六〇
泳	九·一六〇
泛	九·一六二
砅	九·一六三
洓	九·一七一
沈	九·一八〇
洅	九·一八五
洽	九·一八八
泜	九·一九〇

九劃

洿	九·一九六
沑	九·一九九
洎	九·二〇二
洝	九·二〇四
洏	九·二〇五
洒	九·二一七
沐	九·二三〇
洗	九·二三九
汲	九·二三一
染	九·二三五
洟	九·二四四
汩	九·二五一
洺	九·二五四
泉	九·二八三
冰	九·三〇六
泧	九·三二〇
飛	九·四三三
西	九·四九〇
扂	九·五一八
扃	九·五一九
⿰耳占	九·五六七
联	九·五九一
巸	九·六〇〇
指	九·六〇四
拱	九·六〇九
扶	九·六二一
拌	九·六二四
持	九·六二五
挐	九·六三九
⿰扌瓜	九·六四〇
按	九·六四一
⿰扌百	九·六四三
挻	九·六四七
批	九·六四七
挋	九·六五二
挏	九·六五四
投	九·六五七
扴	九·六五九
挑	九·六五九
拹	九·六六三
抎	九·六六四
扮	九·六七九
拾	九·六八七
挺	九·六九二
⿰扌因	九·六九六

括	輡	九·六九七
拮	輵	九·七〇〇
挃	輊	九·七〇五
朝	抈	九·七〇五
扱	扱	九·七一〇
抵	抵	九·七一二
扰	扰	九·七一四
抗	抗	九·七一六
挂	䡓	九·七一八
挌	輅	九·七二〇
拖	拖	九·七二七
姜	姜	九·七四一
姬	姬	九·七四三
姞	姞	九·七四六
姚	姚	九·七四九

姺	姺	九·七五二
娶	娶	九·七五五
姻	姻	九·七五九
威	威	九·七八三
娣	娣	九·七九三
娙	娙	九·七九四
姨	姨	九·七九五
姼	姼	九·七九七
娀	媂	九·八一〇
㛅	㛅	九·八一四
姶	姶	九·八一五
娃	娃	九·八一六
㛄	㛄	九·八一六
姝	姝	九·八二一
姣	姣	九·八二九

啟	啟	九·八三三
姽	姽	九·八三七
妃	妃	九·八四〇
姡	婚	九·八四五
娯	娯	九·八四八
娟	娟	九·八六〇
姰	姰	九·八六二
姕	姕	九·八六二
姿	姿	九·八七五
娎	娎	九·八七七
婐	婐	九·八七七
妍	妍	九·八八〇
娃	娃	九·八八一
姘	姘	九·八九四
姅	姅	九·八九五

娗	娗	九·八九五
姦	姦	九·九〇〇
姤	姤	九·九〇二
戜	戎	九·九四二
匽	匽	九·一〇一七
匧	匧	九·一〇二二
⿷匚攸	⿷匚攸	九·一〇二七
匫	⿷匚亘	九·一〇二八
柩	柩	九·一〇二九
⿶凵田	曲	九·一〇三〇
⿰吅瓦	⿰吅瓦	九·一〇四二
⿱吅瓦	⿱吅瓦	九·一〇四三
瓴	瓴	九·一〇四三
弭	弭	九·一〇五四
⿱耳弓	⿱耳弓	九·一〇八七

紗	紗	九·一二一四
紇	紇	九·一二四〇
紀	紀	九·一二四七
紆	紆	九·一二六〇
級	級	九·一二六三
約	約	九·一二六五
紈	紈	九·一二七一
紅	紅	九·一二九四
紃	紃	九·一三二一
紉	紉	九·一三三三
紂	紂	九·一三三四
⿸厂虫	⿸厂虫	十·一七
蚖	蚖	十·一八
蚔	蚔	十·二三
蚚	蚚	十·二六

蚈	蚈	十·四三
蚵	蚵	十·四七
蚩	蚩	十·五一
蚨	蚨	十·六四
虹	虹	十·七〇
虴	虴	十·七八
虻	蝱	十·八七
風	風	十·九八
亟	亟	十·一六一
恒	恆	十·一六四
垓	垓	十·一九七
垣	垣	十·二二三
垛	垛	十·二三三
⿱空土	⿱厽土	十·二二八
封	封	十·二三七

字頭	隸定	卷·頁
型	型	十·二四八
城	城	十·二五〇
垎	垎	十·二五九
垐	垐	十·二五九
垍	垍	十·二七一
堅	堅	十·二七二
垠	垠	十·二七三
垑	垑	十·二七四
垝	垝	十·二七四
垔	垔	十·二七五
垢	垢	十·二八五
垤	垤	十·二八七
垗	垗	十·二八九
埏	埏	十·三〇三
垚	垚	十·三〇五

字頭	隸定	卷·頁
畍	界	十·三七二
⿰田亢	⿰田亢	十·三七三
勁	勁	十·四二三
勉	勉	十·四二四
勊	勊	十·四三三
勇	勇	十·四三六
勃	勃	十·四三七
劾	劾	十·四三八
恊	恊	十·四四八
俎	俎	十·六二八
斫	斫	十·六四五
斪	斪	十·六四六
料	料	十·六七五
矜	矜	十·六九四
䂆	䂆	十·六九四

字頭	隸定	卷·頁
軍	軍	十·七三四
軌	軌	十·七四〇
⿱屮目	⿱屮目	十·七六〇
限	⿰𨸏艮	十·七九八
⿰阝西	⿰𨸏西	十·八〇一
降	⿰𨸏夅	十·八一〇
陊	⿰𨸏多	十·八一五
⿰阝衣	⿰𨸏衣	十·八二五
陔	⿰𨸏亥	十·八四〇
垒	垒	十·八五〇
禹	禹	十·九一四
巹	巹	十·一〇〇三
癸	癸	十·一〇五五
孨	孨	十·一〇九八
臾	臾	十·一一五〇

曳　曳曳　一·一五一

酊　酊酊　一·一四九

酋　酋酉　一·二九五

【十劃】

旁　旁旁　一·一五七

祜　祜祜　一·一八六

祥　祥祥　一·一九二

祐　祐祐　一·一〇五

祇　祇祇　一·一〇八

祕　祕祕　一·一一七

裋　裋裋　一·一三八

袾　袾袾　一·一三八

祖　祖祖　一·一三九

祐　祐祐　一·一四七

祠　祠祠　一·一五〇

袷　袷袷　一·一五七

祝　祝祝　一·一六五

祓　祓祓　一·一六八

祜　祜祜　一·一八三

崇　崇崇　一·一八五

袗　袗袗　一·一九六

桃　桃桃　一·一九九

皇　皇皇　一·二二四

珣　珣珣　一·二四八

珣　珣珣　一·二四八

珤　珤珤　一·二五五

球　球球　一·二五七

珺　珺珺　一·二六七

珩　珩珩　一·二六九

玟　玟玟　一·二六九

珥　珥珥　一·二七〇

玼　玼玼　一·二七五

珇　珇珇　一·二八四

琅　琅琅　一·二八四

瑰　瑰瑰　一·二八八

珠　珠珠　一·二九一

璐　璐璐　一·二九三

珧　珧珧　一·二九三

珙　珙珙　一·三〇一

珝　珝珝　一·三〇二

班　班班　一·三〇六

毒　毒毒　一·三七二

莊　莊莊　一·三七七

莆　莆莆　一·三八〇

字	隸定	冊・頁
莥	莥	一・三八三
莠	莠	一・三八四
⿱艹近	⿱艹近	一・三八九
莧	莧	一・三八九
芧	芧	一・四〇三
⿱艹忽	⿱艹忽	一・四〇三
菫	菫	一・四〇四
茇	茇	一・四〇五
莞	莞	一・四一四
莙	莙	一・四一八
⿱艹中	⿱艹中	一・四二一
莩	莩	一・四二三
莃	莃	一・四二四
莣	莣	一・四三三
芹	芹	一・四三七
芸	芸	一・四三八
芩	芩	一・四四四
⿱艹私	⿱艹私	一・四四七
茚	茚	一・四四九
⿱艹邪	⿱艹邪	一・四四九
荷	荷	一・四五二
莪	莪	一・四五三
⿱艹尢	⿱艹尢	一・四五六
芪	芪	一・四五七
⿱艹囟	⿱艹囟	一・四五八
莕	莕	一・四六〇
芫	芫	一・四六一
茛	茛	一・四六四
芘	芘	一・四六六
莍	莍	一・四六七
芽	芽	一・四七二
莖	莖	一・四七三
芣	芣	一・四七五
⿱艹井	⿱艹井	一・四七六
莢	莢	一・四八〇
⿱艹均	⿱艹均	一・四八一
⿱艹⿰犭斤	⿱艹⿰犭斤	一・四八五
莦	莦	一・四八九
芮	芮	一・四八九
芝	芝	一・五〇四
芳	芳	一・五一二
芟	芟	一・五一四
莜	莜	一・五三五
蔓	蔓	一・五三九
芻	芻	一・五四〇

字頭	隸定	頁碼
荹	荹	一・五四六
莝	莝	一・五四七
𣂚	折	一・五五四
芥	芥	一・五六一
莎	莎	一・五六三
芴	芴	一・五六五
菩	菩	一・五六九
荼	荼	一・五七四
茸	茸	一・五七八
芙	芙	一・五八七
花	花	一・五八七
莫	莫	一・五九三
莽	莽	一・六〇六
宷	宷	一・六八〇
瓪	瓪	一・六八五

十劃

字頭	隸定	頁碼
特	特	一・六九八
牷	牷	一・七一七
咣	咣	二・九
咳	咳	二・一〇
呪	吮	二・一二
哺	哺	二・一五
哲	哲	二・二七
命	命	二・三四
咨	咨	二・三七
唏	唏	二・五三
呭	呭	二・五四
唉	唉	二・五五
哉	哉	二・五五
唐	唐	二・一〇二
哯	哯	二・一一〇

字頭	隸定	頁碼
哽	哽	二・一一三
唊	唊	二・一一八
唇	唇	二・一二三
哤	哤	二・一二六
哨	哨	二・一二八
唁	唁	二・一三七
哮	哮	二・一四三
啄	啄	二・一四四
哦	哦	二・一四九
哭	哭	二・一八二
趎	趎	二・二〇三
赳	赳	二・二〇八
起	起	二・二〇九
赾	赾	二・二一四
赶	赶	二・二二三

十劃

字頭	楷定	頁碼
歭	峙	二·二三六
歬	前	二·二三七
巡	巡	二·三一六
辻	徒	二·三一八
逝	逝	二·三三〇
造	造	二·三四一
速	速	二·三五一
迅	迅	二·三五二
逢	逢	二·三六三
通	通	二·三六六
逗	逗	二·四〇六
迆	迆	二·四〇七
逡	逡	二·四一一
連	連	二·四一六
逯	逯	二·四一八
遉	遉	二·四一九
逋	逋	二·四二二
逐	逐	二·四三一
逎	逎	二·四三五
迀	迀	二·四四五
逞	逞	二·四四七
逖	逖	二·四五一
迂	迂	二·四五三
迄	迄	二·四六八
透	透	二·四六九
逍	逍	二·四六九
徑	徑	二·四七五
徎	徎	二·四七八
彼	彼	二·四八二
徐	徐	二·四八七
⿰彳夆	⿰彳夆	二·四八九
⿰彳⿱日夊	退	二·四九四
很	很	二·五〇五
⿰⻊及	⿰⻊及	二·五九七
拘	拘	二·六七九
肸	肸	二·七〇〇
訓	訓	二·七三三
訊	訊	三·二
託	託	三·四四
記	記	三·四四
訖	訖	三·五〇
訒	訒	三·五四
訕	訕	三·六二
⿰言卩	⿰言卩	三·八五
訌	訌	三·九〇

字頭	出處
訏	三·一〇〇
訏	三·一〇八
討	三·一二二
音	三·一三七
半	三·一五六
磊	三·一八五
奐	三·一八八
僉	三·一八九
燹	三·一九七
鬲	三·二八九
颬	三·三六五
鬥	三·三六八
書	三·五〇三
殼	三·五四六
殺	三·五六九

字頭	出處
殺	三·五七〇
專	三·五九五
炮	三·六〇一
豣	三·六二六
效	三·六三六
取	三·六五五
敁	三·六五八
敊	三·六六〇
救	三·六七三
敕	三·七一三
眩	三·七三四
宭	三·七八三
盹	三·七九一
眕	三·七九二
眎	三·七九三

字頭	出處
賊	三·七九六
眕	三·八〇〇
眔	三·八〇一
眛	三·八〇九
智	三·八一一
眷	三·八二五
眚	三·八二七
眛	三·八三一
眹	三·八三二
眙	三·八三三
盯	三·八四三
曹	三·八四三
眴	三·八四四
朋	四·一
翁	四·六四

十劃

翄	翄	四·六四
[illegible]		四·七三
[illegible]		四·七三
翌	翌	四·七五
隻	隻	四·八六
羔	羔	四·一七〇
羍	羍	四·一七五
羒	羒	四·一七七
牂	牂	四·一七七
羖	羖	四·一七八
美	美	四·一八三
羑	羑	四·一九三
烏	烏	四·二五五
畢	畢	四·二六八
冓	冓	四·二八三
兹	兹	四·三二七
敖	敖	四·三三四
[illegible]	[illegible]	四·三五三
殊	殊	四·三七八
殂	殂	四·三八一
殃	殃	四·三八四
殄	殄	四·三八五
[illegible]	[illegible]	四·三八七
[illegible]	[illegible]	四·三八八
脈	脈	四·四一四
肫	肫	四·四一八
肪	肪	四·四二六
脅	脅	四·四二八
肩	肩	四·四三〇
胳	胳	四·四三〇
胯	胯	四·四三九
股	股	四·四三九
肵	肵	四·四四〇
胲	胲	四·四四一
胥	胥	四·四五八
肕	肕	四·四六一
脁	脁	四·四六三
胙	胙	四·四六三
肴	肴	四·四六五
胵	胵	四·四七七
脩	脩	四·四七八
脠	脠	四·四八三
胹	胹	四·四八三
脂	脂	四·四八七
脃	脃	四·四九五

十劃

字頭	隸定	卷頁
肰	肰	四・五〇二
肬	肬	四・五〇三
肥	肥	四・五一二
胊	胊	四・五一四
剞	剞	四・五二二
⿰屈刂	劂	四・五二三
剡	剡	四・五二八
剛	剛	四・五四〇
剖	剖	四・五五六
剟	剟	四・五六〇
剝	剝	四・五六一
釗	釗	四・五六九
剔	剔	四・五七九
剜	剜	四・五七九
契	契	四・五八五

字頭	隸定	卷頁
絜	絜	四・五八五
挌	挌	四・五八八
耕	耕	四・五九〇
觓	觓	四・六〇六
笐	笐	四・六四〇
笄	笄	四・六四五
笮	笮	四・六四七
第	第	四・六四九
⿱竹屯	⿱竹屯	四・六六九
⿱竹互	⿱竹互	四・六七六
笍	笍	四・六八三
笑	笑	四・六九九
笏	笏	四・七〇一
𨑙	𨑙	四・七一四
典	典	四・七一五

字頭	隸定	卷頁
卣	卣	五・二六
哿	哿	五・四二
哥	哥	五・四三
甹	甹	五・四四
豈	壴	五・七七
豈	豈	五・九五
虔	虔	五・一三一
⿰乂虎	⿰乂虎	五・一五五
⿰亻虎	⿰亻虎	五・一五五
虒	虒	五・一六〇
盌	盌	五・一七三
⿱⿱𠂊王皿	⿱⿱𠂊王皿	五・一九五
盇	盇	五・一九六
⿱宀⿱中皿	⿱宀⿱中皿	五・一九七
⿱龷皿	⿱龷皿	五・二〇一

十劃

盉	盉	五·二〇三
益	益	五·二〇七
⿱囧皿	昷	五·二一五
盗	盗	五·二二一
衃	衃	五·二二二
衄	衄	五·二二六
衈	衈	五·二四〇
青	青	五·二六〇
鬯	鬯	五·三〇〇
飤	飤	五·三三九
飢	飢	五·三七五
侖	侖	五·三八六
倉	倉	五·四〇七
⿰缶乏	⿰缶乏	五·四四九
䍃	䍃	五·四五一
鈌	鈌	五·四五三
昊	矣	五·四八八
高	高	五·四八九
亭	亭	五·四九六
亳	亳	五·四九九
隺	隺	五·五二四
旱	旱	五·五六〇
畐	畐	五·五七〇
良	良	五·五七三
夋	夋	五·六四〇
麦	麦	五·六五〇
致	致	五·六五三
夏	夒	五·六六〇
畟	畟	五·六六八
𡕒	要	五·六八五
桀	桀	五·七二一
乘	乘	五·七二三
桃	桃	五·七四七
桂	桂	五·七五〇
栀	栀	五·七五四
梗	梗	五·七六一
栟	栟	五·七六一
栩	栩	五·七六九
桔	桔	五·七七三
栘	栘	五·七八八
椂	椂	五·八〇一
桐	桐	五·八〇五
桅	桅	五·八一三
根	根	五·八二八
株	株	五·八二九

十劃

字頭	隸定	册·頁
條	條	五·八三四
桀	桀	五·八四〇
梃	梃	五·八四一
梴	梴	五·八四八
格	格	五·八五〇
柴	柴	五·八五六
栽	栽	五·八六〇
桂	桂	五·八六七
枅	枅	五·八七一
栵	栵	五·八七三
栭	栭	五·八七三
梠	梠	五·八七五
桓	桓	五·八八八
㭘	㭘	五·八九五
案	案	五·九一一
梼	梼	五·九一六
椞	椞	五·九一六
核	核	五·九二一
栫	栫	五·九二三
梯	梯	五·九二三
桊	桊	五·九二四
桻	桻	五·九三五
栝	栝	五·九三六
臬	臬	五·九三六
枊	枊	五·九五五
校	校	五·九六二
桄	桄	五·九七〇
柮	柮	五·九七四
椒	椒	五·九七八
梐	梐	五·九九一
棟	棟	五·一〇〇七
桑	桑	六·四五
師	師	六·七〇
敖	敖	六·八〇
索	索	六·八二
南	南	六·八七
甡	甡	六·一〇二
𠂹	𠂹	六·一〇五
圓	圓	六·一三一
圃	圃	六·一四五
圁	圁	六·一五三
圖	圖	六·一五三
圂	圂	六·一六〇
員	員	六·一六四
貨	貨	六·一七一

十劃

字	頁
財	六·一七一
貢	六·一七八
貣	六·一八三
貤	六·一九〇
郡	六·二五一
郛	六·二六二
郩	六·二六三
郝	六·二七三
唈	六·二七七
郖	六·二八〇
⿰山阝	六·二八一
郗	六·二八二
⿰弓阝	六·二八五
郤	六·二九一
郟	六·三二〇
郘	六·三一五
邔	六·三一七
部	六·三三〇
⿰王阝	六·三三二
郠	六·三三八
⿰余阝	六·三三九
⿰禾阝	六·三四五
郶	六·三四七
郣	六·三五四
郲	六·三五六
峊	六·三五九
郙	六·三六〇
⿰甬阝	六·三六〇
時	六·三七八
晄	六·三八六
晉	六·三八八
晏	六·三九七
昴	六·四一五
最	六·四一六
晐	六·四三七
晟	六·四三九
昳	六·四四一
昆	六·四四二
倝	六·四四六
旆	六·四五六
旂	六·四五八
旃	六·四六〇
旄	六·四七〇
旅	六·四七二
冥	六·四八二

十劃

朔	朔	六·四九七
朏	朏	六·四九八
朗	朖	六·五〇一
朓	朓	六·五〇一
圅	函	六·五四三
東	東	六·五五〇
栗	㮚	六·五五六
秝	秝	六·六一〇
秜	秜	六·六一六
移	移	六·六一九
秠	秠	六·六二五
秨	秨	六·六二五
案	案	六·六二五
秩	秩	六·六二八
秧	秧	六·六三六

租	租	六·六四七
秦	秦	六·六五六
䄷	䄷	六·六六四
秝	秝	六·六六四
兼	兼	六·六六七
粗	粗	六·六九七
氣	氣	六·六九九
粉	粉	六·七〇〇
粔	粔	六·七〇二
臿	臿	六·七〇九
敊	敊	六·七三〇
[illegible]	[illegible]	六·七三六
㼌	㼌	六·七三七
家	家	六·七四二
宸	宸	六·七七三

宧	宧	六·七八〇
宴	宴	六·七九五
容	容	六·八〇二
宭	宭	六·八一一
宰	宰	六·八一三
宵	宵	六·八二六
客	客	六·八三五
害	害	六·八四五
宮	宮	六·八七三
躳	躳	六·八八六
盗	盗	六·八八七
突	突	六·八九一
窊	窊	六·八九七
窌	窌	六·九〇〇
窋	窋	六·九〇三

十劃

字頭	隸定	卷·頁
窈	窈	六·九一〇
窜	窜	六·九二二
疾	疾	七·一五
病	病	七·二一
痾	疴	七·二四
[疒出]	[疒屈]	七·二七
[疒府]	[疒府]	七·三六
痀	痀	七·三七
疽	疽	七·四〇
痂	痂	七·四四
痁	痁	七·四六
[疒貝]	[疒貝]	七·五〇
[疒亟]	[疒亟]	七·五六
[疒亘]	[疒亘]	七·五八
[疒彔]	[疒來]	七·六二
疲	瘕	七·六二
[疒弟]	[疒弟]	七·六三
[疒舌]	[疒舌]	七·六九
冣	冣	七·七七
冢	冡	七·九一
最	最	七·一〇九
罛	罛	七·一二八
罟	罟	七·一二八
罜	罜	七·一二九
罠	罠	七·一三〇
[罒包]	[罒包]	七·一三三
[罒豆]	[罒豆]	七·一三五
置	置	七·一三五
覂	覂	七·一四四
[巾叚]	帔	七·一七〇
帬	帬	七·一七三
帤	帤	七·一八三
席	席	七·一九六
[巾絲]	[巾茲]	七·二〇五
帆	帆	七·二〇六
帢	帢	七·二一〇
皅	皅	七·二二七
[尚木]	[尚木]	七·二二八
倩	倩	七·二九一
倓	倓	七·二九二
倭	倭	七·三〇一
健	健	七·三〇四
倞	倞	七·三〇四
倨	倨	七·三〇五
俺	俺	七·三〇六

十劃

字頭	隸定	卷·頁
倬	倬	七·三〇七
倗	倗	七·三〇八
俶	俶	七·三一二
供	供	七·三一九
倫	倫	七·三一九
俱	俱	七·三三〇
倚	倚	七·三三二
倢	倢	七·三三五
侍	侍	七·三三五
敳	敳	七·三四五
借	借	七·三五二
候	候	七·三五六
傍	傍	七·三五九
俾	俾	七·三六九
倪	倪	七·三七〇
倌	倌	七·三七六
伸	伸	七·三七八
倍	倍	七·三七九
倀	倀	七·三八二
俴	俴	七·三八三
佁	佁	七·三八七
倡	倡	七·三九〇
俳	俳	七·三九〇
侮	侮	七·三九二
傷	傷	七·三九三
倄	倄	七·三九六
例	例	七·四〇〇
俗	俗	七·四一九
倠	倠	七·四一九
値	值	七·四一九
倦	倦	七·四二一
偶	偶	七·四二三
倅	倅	七·四三四
倜	倜	七·四三五
俻	俻	七·四三五
倒	倒	七·四三五
乖	乖	七·四三九
眞	真	七·四四二
𡿺	𡿺	七·四六四
幷	并	七·四八〇
屔	屔	七·五〇七
殷	殷	七·五五三
衮	衮	七·五六七
袗	袗	七·五六九
袍	袍	七·五七六

袛 七·五七八
袪 七·五七九
袥 七·五八三
袉 七·五八四
袑 七·五八六
袁 七·五九一
被 七·六〇四
衾 七·六〇四
衷 七·六〇六
袓 七·六〇六
袢 七·六〇七
袒 七·六一〇
褻 七·六一二
衰 七·六一五
袚 七·六二三

袨 七·六二五
耆 七·六四八
耇 七·六五一
毨 七·六六三
毦 七·六六四
展 七·六七三
屓 七·六七五
屒 七·六八〇
屖 七·六八〇
屍 七·六八二
孱 七·六九八
屐 七·六九八
朕 七·七〇六
舫 七·七一〇
般 七·七一二
覍 七·七五一

㝵 七·七七三
覓 七·七七九
欯 七·七九一
欱 七·七九二
欶 七·七九九
蚘 七·八〇一
㰻 七·八〇四
欲 七·八〇九
歐 七·八一〇
欬 七·八一〇
㳄 七·八二一
次 七·八二九
修 八·五九
弱 八·六一
髟 八·七三

十劃

字頭	楷定	頁碼
夗	夗	八·二〇七
卿	卿	八·二三三
冢	冢	八·一六〇
鬼	鬼	八·一七六
島	島	八·二一七
[illegible]	[illegible]	八·二一七
峰	峯	八·二一七
[illegible]	[illegible]	八·二三九
峨	峨	八·二三〇
峌	峌	八·二三一
[illegible]	[illegible]	八·二三七
庠	庠	八·二四七
庫	庫	八·二五五
[illegible]	[illegible]	八·二七〇
庮	庮	八·二八五
[illegible]	[illegible]	八·二九二
厜	厜	八·二九七
厤	厤	八·三〇四
[illegible]	[illegible]	八·三〇七
[illegible]	[illegible]	八·三〇七
厝	厝	八·三〇八
厞	厞	八·三一四
[illegible]	[illegible]	八·三二〇
砮	砮	八·三二八
破	破	八·三三八
砢	砢	八·三四三
砧	砧	八·三四四
𣏟	冄	八·三六四
豰	豰	八·三八三
彖	彖	八·四〇七
豹	豹	八·四一六
豺	豺	八·四一八
豣	豣	八·四二四
馬	馬	八·四五〇
狡	狡	八·五七三
狌	狌	八·五七五
狧	狧	八·五八二
倏	倏	八·五八六
狟	狟	八·五八六
[illegible]	[illegible]	八·五九一
狩	狩	八·五九四
臭	臭	八·五九八
[illegible]	[illegible]	八·六〇七
[illegible]	[illegible]	八·六〇七
狻	狻	八·六一三

字頭	楷定	頁碼
狼	[火良]	八·六一九
狷	[火肙]	八·六二三
能	能	八·六二四
烈	烈	八·六六三
炪	炪	八·六六三
烝	烝	八·六六四
烄	烄	八·六七二
烓	烓	八·六七七
烘	烘	八·六七八
衮	衮	八·六八一
[火聿]	[火聿]	八·六八八
烖	烖	八·六九六
烗	烗	八·七〇三
烕	烕	八·七二一
烙	烙	八·七二九
浾	浾	八·七六八
奔	奔	八·七九二
尳	尳	八·八四〇
奉	奉	八·八七八
皋	皋	八·八八七
奘	奘	八·八九六
奚	奚	八·九〇〇
竘	竘	八·九一六
竝	竝	八·九一九
囟比	囟比	八·九三三
息	息	八·九四一
志	志	八·九四六
忲	忲	八·九六一
忻	忻	八·九六三
忼	忼	八·九六四
悃	悃	八·九六五
恭	恭	八·九六九
恕	恕	八·九七一
忯	忯	八·九七四
恩	恩	八·九七五
悈	悈	八·九七七
忱	忱	八·九八四
悟	悟	八·九九一
悛	悛	八·九九八
急	急	八·一〇〇五
悝	悝	八·一〇〇六
恁	恁	八·一〇〇七
忕	忕	八·一〇一〇
悒	悒	八·一〇一〇
悍	悍	八·一〇一六

恣	[illegible]	八·一〇二一
悝	悝	八·一〇二二
忼	忼	八·一〇二五
悁	悁	八·一〇三二
恚	恚	八·一〇三三
怨	怨	八·一〇三三
怒	怒	八·一〇三四
悔	悔	八·一〇三七
忦	忦	八·一〇四七
恙	恙	八·一〇四七
忡	忡	八·一〇五一
悄	悄	八·一〇五二
恐	恐	八·一〇五八
悑	悑	八·一〇六二
恥	恥	八·一〇六三

恧	恧	八·一〇六五
怍	怍	八·一〇六五
悌	悌	八·一〇六九
河	河	九·三
泑	泑	九·七
沱	沱	九·九
浙	浙	九·一二
涐	涐	九·一二
沬	沬	九·一四
沮	沮	九·一五
涂	涂	九·一六
涇	涇	九·一八
浪	浪	九·二三
沁	沁	九·三〇
沸	沸	九·三四

油	油	九·三九
泡	泡	九·五二
泗	泗	九·五二
沭	沭	九·五五
浯	浯	九·五八
泜	泜	九·六三
沽	沽	九·六四
沛	沛	九·六五
浿	浿	九·六五
泒	泒	九·六六
泥	泥	九·六七
浝	浝	九·七三
海	海	九·七五
涓	涓	九·八〇
泌	泌	九·八三

十劃

泫	泫	九·八四
況	況	九·八七
浩	浩	九·九一
沇	沇	九·九二
浮	浮	九·九八
泓	泓	九·九九
涌	涌	九·一〇三
淀	淀	九·一〇九
洿	洿	九·一一二
沴	沴	九·一一九
涅	涅	九·一二一
浥	浥	九·一二五
涘	涘	九·一二九
浦	浦	九·一三〇
沸	沸	九·一三三

沼	沼	九·一三八
汥	汥	九·一三九
決	決	九·一四九
泭	泭	九·一五七
沿	沿	九·一五九
砅	砅	九·一六三
泱	泱	九·一七一
涔	涔	九·一八六
泥	泥	九·一八七
消	消	九·一九二
泧	泧	九·二〇一
涗	涗	九·二〇五
浚	浚	九·二〇八
泔	泔	九·二〇九
涒	涒	九·二一五

洞	洞	九·二一九
沫	沫	九·二二〇
浴	浴	九·二二八
涑	涑	九·二三四
泰	泰	九·二三六
泣	泣	九·二四五
涕	涕	九·二四五
泯	泯	九·二五二
浹	浹	九·二五五
沝	沝	九·二五六
流	流	九·二五七
涉	涉	九·二五八
邕	邕	九·二七一
原	厵	九·二八九
谸	谸	九·三〇四

十劃

字頭	隸定	頁碼
清	⿰火青	九·三〇七
湅	煉	九·三〇七
凋	⿰火周	九·三〇八
涵	⿰火函	九·三二〇
飛	飛	九·四三三
扇	扇	九·五二一
扉	扉	九·五一七
扆	扆	九·五一八
㒳	㒳	九·五五九
閃	閃	九·五六〇
耽	耽	九·五六七
⿰耳冊	⿰耳冊	九·五六八
耿	耿	九·五六八
聉	聉	九·五九〇
⿰耳冏	⿰耳月	九·五九五

字頭	隸定	頁碼
聆	聆	九·五九六
⿰車母	拇	九·六〇三
拳	⿱龹蚰	九·六〇四
挐	⿱奴手	九·六一七
捘	⿰車夋	九·六一九
⿰車氐	抵	九·六一九
⿰車立	拉	九·六二〇
挫	⿰車垔	九·六二〇
挈	挈	九·六二六
⿰車甘	拑	九·六二七
挾	⿰車夾	九·六三六
⿰車巴	把	九·六三八
拏	拏	九·六三九
撫	⿰車風	九·六四〇
⿰車占	拈	九·六四一

字頭	隸定	頁碼
⿰車付	拊	九·六四四
捋	⿰車寽	九·六四四
捉	⿰車足	九·六四六
揤	⿰車卽	九·六四七
捊	⿰車孚	九·六四九
⿰車布	抪	九·六五三
⿰車召	招	九·六五四
⿰車只	抧	九·六五七
⿰車夬	抉	九·六六〇
捐	⿰車肙	九·六六一
⿱此手	⿱此車	九·六六五
捀	⿰車夆	九·六六八
⿰車昇	抍	九·六七六
振	⿰車辰	九·六七七
捎	⿰車肖	九·六七九

十劃

字頭	隸定	冊·頁
挩	捝	九·六八四
挹	挹	九·六八五
捊	抒	九·六八五
抯	抯	九·六八五
拓	拓	九·六八七
拔	拔	九·六九〇
抲	抲	九·六九七
掞	掞	九·六九八
技	技	九·六九八
捄	捄	九·七〇〇
抨	抨	九·七〇九
挨	挨	九·七一一
抰	抰	九·七一二
拂	拂	九·七一三
捕	捕	九·七一七

字頭	隸定	冊·頁
拕	拕	九·七一八
捈	捈	九·七一八
挐	挐	九·七一九
拳	拳	九·七二〇
捐	捐	九·七二三
拗	拗	九·七二七
捌	捌	九·七二七
𠦝	𠦝	九·七二八
脊	脊	九·七二八
姜	姜	九·七四一
姚	姚	九·七五二
妻	妻	九·七六〇
娠	娠	九·七六八
娣	娣	九·七九三
娒	娒	九·七九六

字頭	隸定	冊·頁
娥	娥	九·八一〇
娧	娧	九·八三〇
娙	娙	九·八三一
娶	娶	九·八三三
婚	婚	九·八四五
娱	娱	九·八四八
娭	娭	九·八四八
娓	娓	九·八四九
娕	娕	九·八五四
娑	娑	九·八六〇
娉	娉	九·八六六
媟	媟	九·八七二
姿	姿	九·八七五
娋	娋	九·八七七
娿	娿	九·八八〇

十劃

字頭	出處
娷	九·八八三
嫙	九·八八五
嬽	九·八八六
婈	九·八八九
娭	九·八九一
姍	九·八九二
娟	九·九〇一
跌	九·九三六
匡	九·一〇二五
匜	九·一〇二三
匪	九·一〇二七
區	九·一〇二八
奋	九·一〇三七
瓷	九·一〇四九
弻	九·一〇五六

字頭	出處
孫	九·一二一九
純	九·一二三八
紝	九·一二四三
納	九·一二四九
紡	九·一二四九
紓	九·一二五九
紊	九·一二六三
級	九·一二六三
紒	九·一二九八
統	九·一三〇〇
紐	九·一三〇一
紟	九·一三〇六
紛	九·一三二三
紃	九·一二三五

字頭	出處
紙	九·一二四一
屪	九·一二五一
紪	九·一二五五
絑	十·一七
素	十·一一
蛂	十·一四
蛆	十·一六
蛹	十·一八
蚖	十·二三
蚳	十·二五
斩	十·二六
強	十·三三
蚔	十·三五
蛄	十·三九
蚩	十·四二

蚈	蚈	十·四三
蛈	蚗	十·四七
蚵	蚵	十·四七
蚑	蚑	十·五〇
蚌	蚌	十·六一
蚨	蚨	十·六四
蚼	蚼	十·六八
䖵	䖵	十·七九
蚤	蚤	十·八二
蚍	蠡	十·九四
垓	垓	十·一九七
坡	坡	十·二〇〇
坴	坴	十·二〇六
埒	埒	十·二一七
垷	垷	十·二三五

坐	坐	十·二二三
封	封	十·二三七
垸	垸	十·二四八
垐	垐	十·二五九
墁	墁	十·二七二
垠	垠	十·二七三
埂	埂	十·二七九
埃	埃	十·二八四
塹	塹	十·二八四
埍	堝	十·二八八
埏	埏	十·三〇三
畔	畔	十·三七二
畛	畛	十·三七三
留	畱	十·三八三
畜	畜	十·三八五

畕	畕	十·三八八
勑	勑	十·四二一
務	務	十·四二三
勍	勍	十·四二三
勉	勉	十·四二四
釪	釪	十·四九一
斷	斷	十·六五四
料	料	十·六六九
料	料	十·六七五
軒	軒	十·七〇二
軓	軓	十·七一一
軕	軕	十·七一四
軔	軔	十·七一九
軎	軎	十·七二三
軑	軑	十·七二四

【第一段】

字頭	異體	頁碼
勦	勦 防	十·七七七
階	階 餡	十·八〇〇
陵	陵 饅	十·八〇〇
陝	陝 陜	十·八〇一
陟	陟 陜	十·八〇二
陘	陘 陘	十·八一八
陝	陜 陜	十·八二五
階	階 餡	十·八二八
除	除 餘	十·八三八
陛	陛 陛	十·八三九
院	院 院	十·八四五
陙	陙 陙	十·八四六
离	离 离	十·九〇四
※	※ 癸	十·一〇五五
矮	矮 矮	十·一〇八四

【第二段】

字頭	異體	頁碼
育	育 育	十·一二〇三
衄	衄 衄	十·一二一〇
羞	羞 羞	十·一二二〇
辱	辱 辱	十·一二二七
酒	酒 酒	十·一二三五
酎	酎 酎	十·一二六二
配	配 配	十·一二六六
酖	酖 酖	十·一二六六
酌	酌 酌	十·一二六九
酋	酋 醬	十·一二七六
酏	酏 酏	十·一二八五
酋	酋 酋	十·一二九四

【十一劃】

| 祭 | 祭 祭 | 一·一二一 |
| 紫 | 紫 紫 | 一·一二四 |

【第三段】

字頭	異體	頁碼
祗	祗 祗	一·一三八
祜	祜 祜	一·一四六
裕	裕 裕	一·一五七
祳	祳 祳	一·一八三
祴	祴 祴	一·一八四
褮	褮 褮	一·一九一
祟	祟 祟	一·一九五
褖	褖 褖	一·一九五
祿	祿 祿	一·一九九
球	球 球	一·二五七
琢	琢 琢	一·二七八
理	理 理	一·二八〇
璃	璃 璃	一·二八二
琨	琨 琨	一·二八四
瑁	瑁 瑁	一·二八六

字頭	出處
琅	一·二九五
珊	一·二九六
珊	一·二九六
玲	一·二九七
莖	一·二九九
蓳	一·三八〇
其	一·三八二
蓈	一·三八三
芭	一·三八四
芺	一·三八七
菊	一·三九二
菁	一·三九三
蔽	一·三九四
芎	一·三九五
苺	一·四〇二

字頭	出處
甘	一·四〇二
迷	一·四〇三
苷	一·四〇四
蒉	一·四〇七
菩	一·四一〇
茅	一·四一二
菅	一·四一三
萑	一·四一七
营	一·四一九
茵	一·四二〇
弦	一·四二三
苓	一·四二五
苗	一·四二六
苞	一·四三三

字頭	出處
莉	一·四四一
釜	一·四四三
茇	一·四四五
茇	一·四四六
菡	一·四五〇
茖	一·四五〇
茄	一·四五二
葭	一·四五三
菻	一·四五四
菀	一·四五七
蒙	一·四五八
菋	一·四五八
薑	一·四六〇
苽	一·四六二
菁	一·四六三

十一劃

菌　菌　一·四六四
萸　萸　一·四六六
落　落　一·四七一
萌　萌　一·四七二
英　英　一·四七七
蔞　蔞　一·四七八
菶　菶　一·四七八
茇　茇　一·四八一
茂　茂　一·四八五
芼　芼　一·四九一
萃　萃　一·四九二
苗　苗　一·四九四
苛　苛　一·四九四
⿱艹爭　⿱艹爭　一·四九七
菸　菸　一·四九九

菜　菜　一·五〇三
菑　菑　一·五〇七
茀　茀　一·五一一
苾　苾　一·五一一
苫　苫　一·五二一
⿱艹屈　⿱艹屈　一·五二一
菹　菹　一·五二三
⿱艹泜　⿱艹泜　一·五二三
若　若　一·五二五
萆　萆　一·五三六
苴　苴　一·五三七
萎　萎　一·五四七
苣　苣　一·五四八
苟　苟　一·五六三
菲　菲　一·五六四

萊　萊　一·五六六
菉　菉　一·五六八
⿱艹沼　⿱艹沼　一·五六八
萄　萄　一·五七二
苕　苕　一·五七三
菆　菆　一·五七九
⿱艹狐　⿱艹狐　一·五八六
⿱艹到　⿱艹到　一·五八七
番　番　一·六七八
悉　悉　一·六八二
牻　牻　一·七一一
⿰牛余　⿰牛余　一·七一二
⿰牛寽　⿰牛寽　一·七一三
牽　牽　一·七一七
牿　牿　一·七二〇

十一劃

䅌	䅌	一・七四二
啾	啾	二・八
啜	啜	二・一一
啗	啗	二・一三
唾	唾	二・一六
啍	啍	二・二一
唫	唫	二・二一
問	問	二・四五
唯	唯	二・四七
唱	唱	二・四九
啞	啞	二・五三
唪	唪	二・五九
啖	啖	二・一二二
啁	啁	二・一二三
嗙	嗙	二・一一八

啐	啐	二・一二一
唸	唸	二・一二四
呻	呻	二・一二五
⿰口叔	⿰口叔	二・一四〇
啄	啄	二・一四四
唬	唬	二・一四四
喁	喁	二・一四七
售	售	二・一五〇
唳	唳	二・一五〇
⿰口㕣	哈	二・一五一
⿰壴攴	⿺走支	二・一九九
⿰壴勺	趵	二・二〇八
⿰壴夬	趹	二・二一四
⿰壴斤	赾	二・二一八
⿱癶戈	⿱癶戈	二・二五九

迋	迋	二・三三〇
過	過	二・三三七
進	進	二・三四〇
𨒪	𨒪	二・三四九
遣	遣	二・三五〇
徙	徙	二・三六七
返	返	二・三八八
逮	逮	二・三九八
逶	逶	二・四〇六
逯	逯	二・四一五
逭	逭	二・四二〇
近	近	二・四三五
⿺辶𠂢	⿺辶𠂢	二・四四五
逴	逴	二・四五二
迒	迒	二・四六二

徃	往	二·四七八
𢓜	𢓜	二·四八九
後	後	二·四九〇
徬	徬	二·四九〇
待	待	二·四九三
得	得	二·五〇六
徛	徛	二·五一一
術	術	二·五四四
踽	踽	二·五七五
𧿹	𧿹	二·五九一
趿	趿	二·五九七
距	距	二·六〇五
跀	跀	二·六〇六
趽	趽	二·六〇六
趹	趹	二·六〇六

十一劃

趼	趼	二·六〇七
跂	跂	二·六〇八
扁	扁	二·六四三
商	商	二·六六八
笱	笱	二·六七九
斟	斟	二·七〇一
揖	揖	二·七〇五
許	許	二·七二四
訪	訪	二·七四一
訒	訒	三·八
信	信	三·九
訦	訦	三·一三
詹	詹	三·二六
訢	訢	三·二七
計	計	三·三〇

設	設	三·三八
訝	訝	三·五二
訥	訥	三·五四
詽	詽	三·八二
訮	訮	三·八三
訇	訇	三·八四
訆	訆	三·九二
訬	訬	三·九六
訟	訟	三·一〇四
訧	訧	三·一二〇
𢘧	𢘧	三·一二五
詎	詎	三·一二八
訣	訣	三·一二八
章	章	三·一四一
竟	竟	三·一四四

十一劃

𡘋	奔	三·一九七
異	𢍰	三·二一七
𦦝	昪	三·二三七
𦥚	要	三·二四〇
晨	晨	三·二四一
靲	靲	三·二六八
勒	勒	三·二八一
𡔮	埶	三·三四七
孰	孰	三·三五二
𨊠	𨊠	三·三六五
曼	曼	三·三九九
彗	彗	三·四四四
畫	畫	三·五一二
堅	堅	三·五一九
殸	殸	三·五四六
𣪊	𣪊	三·五五一
𣪘	𣪘	三·五五三
殺	殺	三·五五三
毆	毆	三·五五六
毅	毅	三·五六九
殺	殺	三·五七〇
將	將	三·五八二
專	專	三·五九一
啟	啟	三·六〇四
敏	敏	三·六一八
敳	敳	三·六四五
儆	儆	三·六四七
敕	敕	三·六五四
救	救	三·六六〇
𢾕	𢾕	三·六六一
𢼸	赦	三·六六六
敗	敗	三·六八〇
寇	寇	三·六八四
𢽳	𢽳	三·六九六
鼔	鼔	三·六九六
𢿗	𢿗	三·六九六
𢼄	𢼄	三·六九九
敘	敘	三·七〇五
教	教	三·七一四
庸	庸	三·七五四
葡	葡	三·七六〇
爽	爽	三·七七三
𡕥	𡕥	三·七七八
眼	眼	三·七八二
皆	皆	三·七八三

十一劃

字頭	篆	楷	卷·頁
瞷	瞷	瞷	三·七九三
⿰目幵	⿰目幵	⿰目幵	三·七九四
逍	逍	逍	三·七九六
⿰目𠂢	⿰目𠂢	⿰目𠂢	三·八〇九
眷	眷	眷	三·八二四
眵	眵	眵	三·八二九
⿰目支	眏	眏	三·八三〇
眯	眯	眯	三·八三三
眺	眺	眺	三·八三三
眣	眣	眣	三·八三四
略	略	略	三·八三八
⿰目曳	睇	睇	三·八四一
眭	眭	眭	三·八四四
⿰目关	睃	睃	三·八四四
睟	睟	睟	三·八四四

字頭	篆	楷	卷·頁
眚	眚	省	四·九
習	習	習	四·五一
翑	翑	翑	四·六六
翏	翏	翏	四·六八
翊	翊	翊	四·六九
翇	翇	翇	四·七五
翎	翎	翎	四·七八
⿱羽丂	⿱羽丂	⿱羽丂	四·七八
雀	雀	雀	四·九三
⿰犭隹	⿰火隹	⿰火隹	四·九六
⿰工隹	⿰工隹	⿰工隹	四·一二一
雁	雁	雁	四·一二四
奞	奞	奞	四·一二九
羑	羑	羑	四·一七〇
⿰羊宁	⿰羊卜	⿰羊卜	四·一七五

字頭	篆	楷	卷·頁
羝	羝	羝	四·一七六
羒	羒	羒	四·一七七
牂	牂	牂	四·一七七
羖	羖	羖	四·一七八
鳥	鳥	鳥	四·二〇六
焉	焉	焉	四·二六四
畢	畢	畢	四·二六八
⿰兹欠	⿰兹欠	⿰兹欠	四·三一九
敢	敢	敢	四·三六一
叡	叡	叡	四·三七一
殊	殊	殊	四·三七八
⿰歹冏	⿰歹冏	⿰歹冏	四·三八七
⿸厂骨	⿸厂骨	⿸厂骨	四·四一八
脰	脰	脰	四·四一九
胏	胏	肺	四·四二〇

十一劃

字頭	隸定	頁碼
脬	脬	四·四二四
背	背	四·四二七
脟	脟	四·四二八
脢	脢	四·四二九
胠	胠	四·四三一
脚	腳	四·四三九
脛	脛	四·四三九
胑	胑	四·四四一
胤	胤	四·四四九
胄	胄	四·四五一
脫	脫	四·四五四
脉	脈	四·四五四
胗	胗	四·四五八
胝	胝	四·四五九
脪	脪	四·四六〇
䏟	䏟	四·四六七
胡	胡	四·四六七
胘	胘	四·四七六
脯	脯	四·四七八
脘	脘	四·四八〇
胊	胊	四·四八一
胥	胥	四·四八一
胜	胜	四·四八四
脞	脞	四·四九九
胆	胆	四·五〇七
脧	脧	四·五一四
腮	腮	四·五一五
筋	筋	四·五一六
劅	劅	四·五二〇
削	削	四·五二一
剪	剪	四·五三二
剛	剛	四·五四〇
制	制	四·五四七
副	副	四·五五六
劇	劇	四·五五八
絜	絜	四·五六一
剈	剈	四·五六四
觤	觤	四·六〇六
船	船	四·六〇九
笢	笢	四·六三六
笨	笨	四·六三六
笵	笵	四·六四二
符	符	四·六四三
笮	笮	四·六四七
第	第	四·六四九

字頭	楷定	卷·頁
筍	筍	四·六五四
⿱竹效	⿱竹效	四·六七一
笠	笠	四·六八〇
笭	笭	四·六八一
笘	笘	四·六八七
笪	笪	四·六八七
筈	筶	四·六八七
笙	笙	四·六八九
笛	笛	四·六九三
⿱弜廾	巽	四·七二三
甛	甜	四·七六八
曹	曹	五·六
曹	⿱⿰車車曰	五·一五
桓	桓	五·九九
⿸虍乚	虑	五·一三一

字頭	楷定	卷·頁
虘	虘	五·一三三
虖	虖	五·一三四
虐	虐	五·一三五
彪	彪	五·一五四
虢	虢	五·一五五
盛	盛	五·一七四
盇	盇	五·一七九
卽	即	五·二八四
既	既	五·二八八
飤	飤	五·三三九
飢	飢	五·三七五
⿰缶占	⿰缶占	五·四五三
⿰身夫	⿰身夫	五·四七〇
就	就	五·五四三
啚	啚	五·五九四

字頭	楷定	卷·頁
麥	麥	五·六二九
夏	复	五·六四八
棃	棃	五·七四〇
梬	梬	五·七四〇
梅	梅	五·七四一
亲	亲	五·七四八
梫	梫	五·七五〇
梣	梣	五·七五七
梓	梓	五·七六三
椒	椒	五·七六五
桵	桵	五·七六七
梢	梢	五·七七九
桴	桴	五·七七九
梭	梭	五·七八〇
榜	榜	五·七八三

十一劃

字頭	編號
柳 柳 柳	五·七八四
梂 梂 梂	五·八〇一
梧 梧 梧	五·八〇二
梗 梗 梗	五·八一〇
栟 栟 栟	五·八一三
棍 棍 棍	五·八二八
條 條 條	五·八三四
椋 椋 椋	五·八四三
栽 栽 栽	五·八六〇
桴 桴 桴	五·八六六
桷 桷 桷	五·八七四
梠 梠 梠	五·八七五
棟 棟 棟	五·八八三
梱 梱 梱	五·八八四
柵 柵 柵	五·八八六

字頭	編號
桯 桯 桯	五·八九〇
桱 桱 桱	五·八九一
梳 梳 梳	五·八九五
椴 椴 椴	五·九〇三
槍 槍	五·九〇三
梧 梧 梧	五·九〇六
核 核 核	五·九二一
梯 梯 梯	五·九二三
梲 梲 梲	五·九二七
梧 梧 梧	五·九三二
桶 桶 桶	五·九三八
桯 桯 桯	五·九五三
梁 梁 梁	五·九五七
楫 楫 楫	五·九六一
梜 梜 梜	五·九七〇

字頭	編號
椓 椓 椓	五·九七一
梡 梡 梡	五·九七八
械 械 械	五·九九〇
楷 楷 楷	五·九九二
梟 梟 梟	五·一〇〇二
栀 栀 栀	五·一〇〇三
梵 梵 梵	六·三〇
師 師 師	六·七〇
紊 索	六·八二
產 產 產	六·一〇〇
雓 雓	六·一〇二
華 華 華	六·一〇七
椒 椒 椒	六·一一〇
巢 巢 巢	六·一一三
叀 叀 叀	六·一一四

十一劃

字	隸定	頁碼
桼	桼	六・二一四
葉	葉	六・二一九
國	國	六・二三七
圈	圈	六・二四二
圂	圂	六・二四二
貨	貨	六・二七二
責	責	六・二一三
販	販	六・二一八
貪	貪	六・二三三
貶	貶	六・二三四
貧	貧	六・二三四
都	都	六・二五二
郵	郵	六・二六二
邠	邠	六・二六七
扈	扈	六・二七〇

字	隸定	頁碼
部	部	六・二七九
邦	邦	六・二九九
邧	邧	六・三〇九
郪	郪	六・三一一
郫	郫	六・三一三
邡	邡	六・三一三
郴	郴	六・三一六
邲	邲	六・三三〇
祁	祁	六・三三七
耶	耶	六・三四一
鄅	鄅	六・三四二
郯	郯	六・三四六
邪	邪	六・三四九
邞	邞	六・三五〇
郭	郭	六・三五一

字	隸定	頁碼
郎	郎	六・三五二
耶	耶	六・三五六
鄙	鄙	六・三五七
𨚓	𨚓	六・三五八
⿰虫阝	⿰虫阝	六・三五八
⿰金阝	⿰金阝	六・三五八
晢	晢	六・三八三
晤	晤	六・三八五
晛	晛	六・三九六
晧	晧	六・三九八
晚	晚	六・四〇五
晦	晦	六・四一一
暴	暴	六・四二五
晞	晞	六・四三〇
晐	晐	六・四三七

十一劃

晙	曖	六·四三九
𠭯	𠭯	六·四四六
旃	旃	六·四五六
旌	旌	六·四五六
旃	旃	六·四六〇
旇	旇	六·四六九
旋	旋	六·四六九
旄	旄	六·四七〇
族	族	六·四七八
參	曑	六·四八九
晨	曟	六·四九一
朙	明	六·五〇八
萠	龠	六·五一二
瓩	瓩	六·五三五
貫	貫	六·五三八

稀	稀	六·六〇三
稌	稌	六·六一四
移	移	六·六一九
案	案	六·六二五
秳	秳	六·六二九
稃	稃	六·六二九
稈	稈	六·六三三
梨	𥝢	六·六三四
稅	稅	六·六四八
程	程	六·六六一
黍	黍	六·六六八
粗	粗	六·六九〇
粊	粊	六·六九〇
粒	粒	六·六九一
桊	桊	六·六九三

粕	粕	六·七〇二
粔	粔	六·七〇二
舂	舂	六·七〇五
麻	麻	六·七二七
敊	敊	六·七三〇
瓞	瓞	六·七三六
瓞	瓞	六·七三六
瓠	瓠	六·七三八
宬	宬	六·七八〇
宥	宥	六·八二〇
宿	宿	六·八二七
寁	寁	六·八三五
寄	寄	六·八四〇
寓	寓	六·八四一
宷	宷	六·八七三

十一劃

窒	窒	六・八九一
窫	窫	六・八九一
寏	寏	六・八九四
窋	窋	六・九〇三
窒	窒	六・九〇四
窕	窕	六・九〇七
窅	窅	六・九〇九
窔	窔	六・九〇九
𤵸	𤵸	七・二七
疵	疵	七・二七
痒	痒	七・三〇
瘦	瘦	七・三一
痎	痎	七・四七
痔	痔	七・四七
痏	痏	七・五〇

痍	痍	七・五四
痕	痕	七・五六
痋	痋	七・五六
痑	痑	七・六七
冕	冕	七・九九
㒼	㒼	七・一一九
罙	罙	七・一二六
罛	罛	七・一二八
罟	罟	七・一二八
罠	罠	七・一三〇
罨	罨	七・一三三
罝	罝	七・一三五
帶	帶	七・一六〇
常	常	七・一七〇
帴	帴	七・一七四

帷	帷	七・一八〇
帳	帳	七・一八〇
幍	幍	七・二〇五
皎	皎	七・二三五
敝	敝	七・二三五
倱	倱	七・二七八
偰	偰	七・二九一
傀	傀	七・二九四
偉	偉	七・二九五
㑳	㑳	七・二九七
偲	偲	七・三〇七
偫	偫	七・三二一
偓	偓	七・三二八
偕	偕	七・三三〇
俱	俱	七・三三〇

字	隸定	頁
倢	倢	七·三三五
側	側	七·三三六
倆	倆	七·三四二
假	假	七·三五二
候	候	七·三五六
便	便	七·三六一
偆	僣	七·三六七
偭	偭	七·三六七
⿰亻癸	⿰亻癸	七·三七二
偋	偋	七·三七八
偄	偄	七·三七九
傌	傌	七·三八〇
偏	偏	七·三八一
傜	傜	七·三八八
偽	僞	七·三八八
⿰亻卸	⿰亻卻	七·三九一
傞	傞	七·三九一
偃	偃	七·三九五
偶	偶	七·四二二
停	停	七·四三六
偵	偵	七·四三七
⿰此匕	⿰此匕	七·四六三
頃	頃	七·四六四
𡿺	𡿺	七·四六四
𠦝	卓	七·四六六
⿰訁从	從	七·四七八
虗	虛	七·五〇六
屔	屔	七·五〇七
眾	衆	七·五〇八
望	朢	七·五二五
衺	衺	七·五七六
袂	袂	七·五八〇
⿴衣申	⿴衣申	七·五八二
移	移	七·五八九
袁	袁	七·五九一
袷	袷	七·五九六
袾	袾	七·六〇六
袢	袢	七·六〇七
⿱⿰夕又衣	⿱⿰夕又衣	七·六〇九
袺	袺	七·六一二
⿰衤弟	⿰衤弟	七·六二三
⿰衤延	⿰衤延	七·六二四
耇	耇	七·六四九
耆	耆	七·六五〇
毬	毬	七·六六五

屑	屑	七・六七三
屝	屝	七・六八二
屠	屠	七・六八二
屖	屖	七・六九八
屐	屐	七・六九八
兪	俞	七・七〇〇
船	船	七・七〇一
舳	舳	七・七〇三
舸	舸	七・七一九
兜	兜	七・七五五
視	視	七・七六八
現	覡	七・七八四
款	款	七・七九一
欲	欲	七・七九七
欶	欶	七・七九九

十一劃

欸	欸	七・八〇四
欪	欪	七・八〇四
欷	欷	七・八〇五
歋	歋	七・八〇七
欶	欶	七・八〇八
欱	欱	七・八〇九
歐	歐	七・八一〇
歂	歂	七・八一一
頂	頂	八・六
脜	脜	八・三八
𩠐	首	八・四一
彫	彫	八・六〇
彭	彭	八・六〇
㐱	㐱	八・六一
彩	彩	八・六二

卻	却	八・一一一
卸	卸	八・一一二
艴	艴	八・一二〇
匐	匐	八・一四五
胞	胞	八・一六六
匏	匏	八・一六六
畏	畏	八・一九九
羞	羞	八・二〇六
崛	崛	八・二一七
嵎	嵎	八・二一八
華	華	八・二一九
嵉	嵉	八・二二〇
崟	崟	八・二二三
崒	崒	八・二二三
密	密	八・二二三

十一劃

崛 嶇 八·二二七
峯 峰 八·二二七
崝 崝 八·二三〇
崩 [illegible] 八·二三一
[illegible] 八·二三三
崇 崇 八·二三四
崔 崔 八·二三五
嵐 嵐 八·二三七
崑 崑 八·二三七
崙 崙 八·二三七
崖 崖 八·二三九
庾 庾 八·二六六
𢉉 𢈈 八·二六九
庛 庛 八·二七〇
𢋈 庫 八·二七三

庶 庶 八·二七四
庤 庤 八·二八三
𢉡 𢉡 八·二八四
庱 庱 八·二九二
過 [illegible] 八·三一八
碧 𥒥 八·三二〇
硈 硈 八·三二二
䃲 䃲 八·三三八
研 研 八·三三九
𥐿 𥐿 八·三八〇
豣 豣 八·三八〇
豰 豰 八·三八三
豠 豠 八·三八四
豚 豚 八·四一〇
𠌫 𠌫 八·四二九

象 象 八·四四三
騳 馬 八·四五九
騳 𩡧 八·四六九
鹿 鹿 八·五一三
冤 冤 八·五五九
莧 莧 八·五六一
猈 猈 八·五七五
猗 猗 八·五七五
猝 猝 八·五七六
㹻 㹻 八·五七九
𢊁 𢊁 八·五七九
𢇁 狠 八·五七九
奘 奘 八·五八一
猜 猜 八·五八四
猛 猛 八·五八四

十一劃

倏	倏	八·五八六
猲	猲	八·五八七
㹅	㹅	八·五九一
㷗	㷗	八·六四六
焌	熳	八·六四九
烰	烰	八·六六六
羨	燅	八·六七五
㷉	尉	八·六八四
票	䙴	八·六九四
烖	烖	八·六九六
焆	焆	八·六九九
烺	烺	八·七〇〇
焅	焅	八·七二三
烽	熢	八·七二五
恖	恖	八·七五六
赧	赧	八·七六七
奄	奄	八·七八三
喬	喬	八·八二四
執	執	八·八六一
圉	圉	八·八六七
奢	奢	八·八七五
㥑	㥑	八·八七八
規	規	八·九〇九
恖	思	八·九三四
息	息	八·九四一
情	情	八·九四五
性	性	八·九四五
快	快	八·九五八
惇	惇	八·九六四
悊	悊	八·九六七
悰	悰	八·九六八
恕	恕	八·九七一
恩	恩	八·九七五
惟	惟	八·九八五
惀	惀	八·九八六
怙	怙	八·九九一
怞	怞	八·九九四
㥽	㥽	八·九九八
怕	怕	八·一〇〇〇
㥛	㥛	八·一〇〇六
恁	恁	八·一〇〇七
怚	怚	八·一〇一〇
悆	悆	八·一〇一二
㥔	㥔	八·一〇一四
忮	忮	八·一〇一六

十一劃

字	楷	冊·頁
怪	怪	八·一〇一七
怫	怫	八·一〇一九
[illegible]	[illegible]	八·一〇二二
悅	悅	八·一〇二三
悖	悖	八·一〇二三
惏	惏	八·一〇二五
[illegible]	[illegible]	八·一〇二八
怓	怓	八·一〇二八
惛	惛	八·一〇二九
恚	恚	八·一〇三三
怵	[illegible]	八·一〇三六
怏	怏	八·一〇三八
惆	惆	八·一〇三九
悵	悵	八·一〇三九
怛	怛	八·一〇四〇

字	楷	冊·頁
悽	悽	八·一〇四一
惜	惜	八·一〇四三
怮	怮	八·一〇四七
怲	怲	八·一〇四八
惔	惔	八·一〇四八
惙	惙	八·一〇四九
惂	惂	八·一〇四九
悠	[illegible]	八·一〇五〇
悴	悴	八·一〇五〇
患	患	八·一〇五五
[illegible]	[illegible]	八·一〇五六
悼	[illegible]	八·一〇五七
[illegible]	[illegible]	八·一〇六〇
惕	惕	八·一〇六一
[illegible]	[illegible]	八·一〇六四

字	楷	冊·頁
惡	[illegible]	八·一〇六五
悱	悱	八·一〇六七
怩	怩	八·一〇六七
怊	怊	八·一〇六八
涷	[illegible]	九·七
涪	[illegible]	九·八
淹	[illegible]	九·一七
洮	洮	九·一八
汧	汧	九·二三
洛	洛	九·二五
淯	[illegible]	九·二六
淇	[illegible]	九·三一
深	[illegible]	九·三八
淮	[illegible]	九·四二
淠	[illegible]	九·四四

十一劃

汹 九·四五
淩 九·四八
淨 九·五〇
荷 九·五二
洹 九·五三
洙 九·五五
渚 九·六一
洨 九·六二
淶 九·六七
洵 九·六九
洽 九·七〇
淔 九·七一
淒 九·七二
涺 九·七二
洇 九·七三

淉 九·七三
⿰氵乳 九·七三
洦 九·七四
洍 九·七四
浲 九·七七
衍 九·七七
渟 九·七八
混 九·八〇
淲 九·八四
淢 九·八五
泚 九·八七
洸 九·九五
淪 九·九七
淙 九·一〇一
洞 九·一〇二

洶 九·一〇二
涳 九·一〇三
淑 九·一〇五
清 九·一〇六
漏 九·一〇八
淀 九·一〇九
泏 九·一一三
淫 九·一一六
淺 九·一一九
淖 九·一二〇
溜 九·一二五
派 九·一三三
洼 九·一三六
洫 九·一三九
洐 九·一四七

字頭	隸定	頁碼
注	注	九·一五〇
潧	潧	九·一五三
淜	淜	九·一五五
洄	洄	九·一六〇
淦	淦	九·一六一
漫	没	九·一七〇
淒	漊	九·一七一
涑	涑	九·一七一
涿	涿	九·一七六
溝	溝	九·一八五
淊	淊	九·一八五
涵	涵	九·一八六
洽	洽	九·一八八
涸	涸	九·一九一
洿	洿	九·一九六

字頭	隸定	頁碼
浼	浼	九·一九六
洎	洎	九·二〇二
洝	洝	九·二〇四
洏	洏	九·二〇五
涫	涫	九·二〇五
涾	涾	九·二〇五
淅	淅	九·二〇六
淤	淤	九·二一〇
淰	淰	九·二一一
涼	涼	九·二一五
淡	淡	九·二一五
液	液	九·二一六
淬	淬	九·二二〇
淳	淳	九·二二三
淋	淋	九·二二三

字頭	隸定	頁碼
染	染	九·二三五
洟	洟	九·二四四
涕	涕	九·二四五
泮	泮	九·二四九
萍	蓱	九·二五一
洛	洛	九·二五四
涯	涯	九·二五六
淢	淢	九·二七〇
羕	羕	九·二九八
浴	浴	九·三〇四
泠	泠	九·三二〇
扇	扇	九·三五一
雩	雩	九·三六〇
魚	魚	九·三七三
呰	呰	九·四四四

鹵	鹵	九·四九九
閈	閈	九·五二六
閉	閉	九·五五一
聑	聑	九·五六七
聊	聊	九·五七一
聖	聖	九·五七一
聆	聆	九·五七八
聒	聒	九·五八〇
聥	聥	九·五八一
聘	聘	九·五八七
聳	聳	九·五八八
聉	聉	九·五九〇
聅	聅	九·五九一
捾	捾	九·六二六
推	推	九·六一七

排	排	九·六一九
掔	掔	九·六二六
捦	捦	九·六二九
[illegible]	[illegible]	九·六三六
捫	捫	九·六三六
括	括	九·六四一
按	按	九·六四一
控	控	九·六四二
拍	拍	九·六四三
掊	掊	九·六四四
措	措	九·六四五
掄	掄	九·六四五
批	批	九·六四七
捽	捽	九·六四八
授	授	九·六五〇

拒	拒	九·六五二
接	接	九·六五三
挏	挏	九·六五四
捪	捪	九·六五六
挑	挑	九·六五九
据	据	九·六六一
拹	拹	九·六六三
掌	掌	九·六六五
掉	掉	九·六六六
掀	掀	九·六七六
挾	挾	九·六八一
拾	拾	九·六八七
掇	掇	九·六八八
挺	挺	九·六九二
探	探	九·六九三

十一劃

字頭	頁碼
捼	九·六九三
掎	九·六九四
㧢	九·六九六
拙	九·六九九
揩	九·六九九
捄	九·七〇〇
拮	九·七〇〇
掘	九·七〇一
掩	九·七〇一
挃	九·七〇五
掕	九·七〇九
捲	九·七〇九
抶	九·七一一
捭	九·七一二
捶	九·七一二

字頭	頁碼
挂	九·七一八
挈	九·七一九
挌	九·七二〇
掫	九·七二一
掤	九·七二二
捷	九·七二三
掍	九·七二四
掖	九·七二五
掠	九·七二六
掐	九·七二七
捻	九·七二七
𠦬	九·七二八
娸	九·七五三
娶	九·七五五
婚	九·七五六

字頭	頁碼
婦	九·七六三
娠	九·七六八
婗	九·七七一
娒	九·七九六
婢	九·七九九
媧	九·八〇九
婕	九·八一三
婤	九·八一四
始	九·八一六
媌	九·八二〇
婠	九·八三一
窶	九·八三三
姽	九·八三七
婐	九·八三九
娑	九·八四一

十一劃

婧 嫧 九·八四二
婜 婜 九·八四八
娓 娓 九·八四九
婚 媘 九·八五七
婻 婻 九·八六〇
娽 娽 九·八六六
婟 婟 九·八七四
娑 娑 九·八七七
婼 婼 九·八七八
婞 婞 九·八七九
娺 娺 九·八八〇
婎 婎 九·八八四
嬨 嬨 九·八八五
婪 婪 九·八八八
婁 婁 九·八八九

婓 婓 九·八九三
媕 媕 九·八九三
婬 婬 九·八九四
婥 婥 九·八九六
娷 娷 九·八九六
趹 趹 九·九三六
戟 戟 九·九四五
戞 戞 九·九四九
戜 戜 九·九五六
戢 戢 九·九七六
戚 戚 九·九八六
望 望 九·一〇〇九
區 區 九·一〇一四
匬 匬 九·一〇二八
豊 豊 九·一〇三三

罨 罨 九·一〇四三
瓵 瓵 九·一〇四三
瓻 瓻 九·一〇四九
弴 弴 九·一〇五三
張 張 九·一〇五八
弸 弸 九·一〇六〇
紙 紙 九·一一四〇
紿 紿 九·一一四八
紹 紹 九·一一五五
紓 紓 九·一一五九
細 細 九·一一六一
紾 紾 九·一一六七
絅 絅 九·一一六九
終 終 九·一一七二
紬 紬 九·一一八〇

十一劃

絀	絀	九・二八八
紺	紺	九・二九四
紻	紻	九・三〇一
紳	紳	九・三〇三
組	組	九・三〇四
紴	紴	九・三一〇
⿰糹戉	⿰糹戉	九・三一一
紞	紞	九・三一八
紩	紩	九・三一八
組	組	九・三一九
絇	絇	九・三二四
絚	絚	九・三二九
絆	絆	九・三三四
紲	紲	九・三三五
⿱奴糸	⿱奴糸	九・三四三

絘	絘	九・二四四
紨	紨	九・二四八
紵	紵	九・二四九
紼	紼	九・二五五
率	率	十・八
蛁	蛁	十・一六
蜓	蜓	十・一八
蛵	蛭	十・二〇
蛣	蛣	十・二一
⿰虫出	⿰虫出	十・二一
畫	畫	十・二三
強	強	十・二五
蜀	蜀	十・二六
蛄	蛄	十・三三
蚔	蚔	十・三五

蛅	蛅	十・三九
蛉	蛉	十・四八
菙	菙	十・五二
蛟	蛟	十・五四
⿱㐭土	⿱㐭土	十・五九
蛢	蛢	十・六六
蛧	蛧	十・六七
蚼	蚼	十・六八
坤	坤	十・一九六
堣	堣	十・一九八
埴	埴	十・二〇五
基	基	十・二一〇
堵	堵	十・二一四
堀	堀	十・二一八
堂	堂	十・二一八

十一劃

字頭	隸定	卷·頁
堊	堊	十·二三六
埽	埽	十·二三八
埻	⿰土𦎫	十·二五〇
城	城	十·二五〇
埤	埤	十·二六一
埱	埱	十·二七一
埵	埵	十·二七一
堅	堅	十·二七二
培	培	十·二七二
埩	埩	十·二七三
垝	垝	十·二七四
⿱非土	⿱非土	十·二八四
堋	⿰土扁	十·二八八
場	場	十·三〇三
堇	⿱𦰩土	十·三〇九

字頭	隸定	卷·頁
野	野	十·三二七
畦	畦	十·三七二
畔	畔	十·三七二
時	時	十·三七七
略	略	十·三七七
黄	黄	十·三九三
勖	勖	十·四二四
動	動	十·四二七
勘	勘	十·四三九
⿰金个	釘	十·四九一
釦	釦	十·五二七
釱	釱	十·五五〇
鈒	鈒	十·五八一
釬	釬	十·五九五
釭	釭	十·五九六

字頭	隸定	卷·頁
釳	釳	十·五九六
釣	釣	十·六〇一
⿰金巛	釧	十·六二二
釵	釵	十·六二二
斛	斛	十·六六五
斜	斜	十·六七四
軘	軘	十·七〇八
較	較	十·七一三
⿰車反	⿰車反	十·七一三
軓	軓	十·七一四
軝	軝	十·七二一
軏	軏	十·七二六
軜	軜	十·七二九
⿰車𠬝	⿰車𠬝	十·七四〇
軖	軖	十·七五〇

斬　斬　十·七五一
陵　餕　十·七七二
陰　十·七七七
陸　十·七九二
陬　十·七九六
陮　十·七九九
陷　十·八〇五
阤　十·八一四
阢　十·八二〇
訔　十·八二三
隓　十·八二六
陭　十·八二六
陚　十·八二八
阣　十·八二八
陼　十·八二九

陳　十·八二九
陶　十·八三四
陘　十·八三七
陪　十·八四一
陴　十·八四二
陲　十·八四四
陯　十·八四五
餞　十·八四六
阦　十·八四七
阡　十·八四七
閶　十·八四七
隚　十·八九八
离　十·九〇四
禼　十·九一七
乾　十·九四七

巽　十·一〇〇四
挽　十·一〇八四
羞　十·一一一〇
寅　十·一一一三
悟　十·一一四二
酥　十·一一六六
酌　十·一一七一
酖　十·一一七三
酢　十·一一八四

【十二劃】

禄　一·九一
祥　一·九二
祺　一·一〇七
祰　一·一四六
祼　一·一五八

十二劃

祮 一·一八三
祳 一·一八三
禂 一·一八五
禍 一·一九一
閏 一·二二二
琠 一·二四三
瑛 一·二五五
珛 一·二五五
琳 一·二五八
琮 一·二六二
琥 一·二六三
琬 一·二六四
琰 一·二六五
琫 一·二七一
琢 一·二七八

琱 一·二七八
琤 一·二八二
琚 一·二八三
琟 一·二八七
琨 一·二八九
琖 一·三〇〇
琛 一·三〇〇
琲 一·三〇〇
珝 一·三〇一
琡 一·三〇一
珙 一·三〇二
壻 一·三一九
荅 一·三八一
莠 一·三八四
荏 一·三八六

葵 一·三八七
蒩 一·三八八
葷 一·三九二
茞 一·三九五
营 一·三九七
葌 一·三九八
蕧 一·三九八
苉 一·四〇〇
萹 一·四〇一
茖 一·四〇二
葥 一·四〇五
⿱艹破 一·四〇七
⿱艹毗 一·四〇七
萬 一·四〇七
萸 一·四〇八

十二劃

字頭	冊・頁
蒢	一・四一五
茥	一・四一七
蒷	一・四二二
荌	一・四二三
葍	一・四二六
⿱艹昜	一・四二七
葴	一・四二七
蔽	一・四二八
茈	一・四二八
萷	一・四三〇
蒐	一・四三〇
葎	一・四四〇
茦	一・四四〇
葑	一・四四〇
茩	一・四四六
⿱艹私	一・四四七
萩	一・四五五
蒍	一・四五六
莖	一・四五八
葛	一・四五九
芺	一・四六二
葽	一・四六四
萸	一・四六五
葚	一・四六五
茱	一・四六七
茉	一・四六七
蒃	一・四六七
茁	一・四七三
莛	一・四七四
葉	一・四七四
葩	一・四七六
荾	一・四七九
茲	一・四八六
蔇	一・四八九
荏	一・四九〇
菽	一・四九〇
葻	一・四九二
荒	一・四九六
落	一・四九七
茷	一・五〇三
荋	一・五〇四
荐	一・五一六
葺	一・五一九
荃	一・五二二
茜	一・五三四

字頭	隸定	頁碼
葚	葚	一·五三六
茵	茵	一·五三九
茭	茭	一·五四六
茹	茹	一·五四七
菡	菡	一·五五一
蕧	蕧	一·五五四
荓	荓	一·五六四
葦	葦	一·五六五
葭	葭	一·五六五
荔	荔	一·五六六
𦬁	𦬁	一·五七二
萺	萺	一·五七三
葆	葆	一·五七八
葏	葏	一·五七九
菆	菆	一·五七九

字頭	隸定	頁碼
荀	荀	一·五八七
莋	莋	一·五八七
茗	茗	一·五八八
茻	茻	一·五九二
葬	葬	一·六〇八
曾	曾	一·六二六
番	番	一·六七八
胖	胖	一·六八五
犅	犅	一·六九六
特	特	一·六九八
㹁	㹁	一·七一二
犉	犉	一·七一四
犂	犂	一·七三七
輩	輩	一·七四一
䡴	䡴	一·七四二

字頭	隸定	頁碼
犀	犀	一·七四三
犍	犍	一·七五〇
喙	喙	二·二
喉	喉	二·四
喗	喗	二·七
啾	啾	二·八
喤	喤	二·八
咣	咣	二·九
喑	喑	二·一〇
喘	喘	二·一八
喟	喟	二·二〇
啙	啙	二·六一
啻	啻	二·七七
𡬶	𡬶	二·一〇八
嗢	嗢	二·一一〇

字頭	隸定	卷頁
嗄	哽	二·一一三
嗑	嗑	二·一一八
唸	唸	二·一二四
嗞	嗞	二·一二六
嘅	嘅	二·一二七
喝	喝	二·一二七
⿰口肉	哨	二·一二八
⿰口咅	唁	二·一三七
喈	喈	二·一四二
嘮	哮	二·一四三
喔	喔	二·一四三
喁	喁	二·一四七
喫	喫	二·一五〇
喚	喚	二·一五一
咢	咢	二·一五九

字頭	隸定	卷頁
單	單	二·一六四
弱	朋	二·一八二
喪	喪	二·一八五
超	超	二·一九八
越	越	二·二〇〇
趁	趁	二·二〇一
⿺走弗	⿺走弗	二·二〇三
趆	趆	二·二一六
趉	趉	二·二二〇
趄	趄	二·二二一
趼	趼	二·二二六
堂	堂	二·二三六
峙	峙	二·二三六
⿰山叔	⿰山叔	二·二四四
登	登	二·二五三

字頭	隸定	卷頁
呰	呰	二·二八六
柴	柴	二·二八七
迹	迹	二·三一二
征	征	二·三二一
述	述	二·三二八
退	退	二·三三二
逯	述	二·三三三
逾	逾	二·三四七
遄	遄	二·三五〇
遇	遇	二·三五八
遷	遷	二·三六四
迪	迪	二·三六五
運	運	二·三八六
遁	遁	二·三八七
遄	遄	二·四〇五

逼	遑	道	逮	詗	越	迦	跡	過	舓	遂	達	砥	違	訊
逼	遑	道	逮	詗	越	迦	跡	遏	舓	遂	韃	距	違	訊
逼	遑	道	肆	迴	述	迦	迹	遏	迫	遂	韃	砥	諱	迟
二·四六七	二·四六七	二·四五五	二·四五三	二·四五二	二·四四七	二·四四六	二·四四六	二·四四三	二·四三七	二·四二五	二·四二二	二·四二二	二·四○九	二·四○六

跋	跙	騎	術	街	御	種	很	徧	徥	循	徠	復	詔	遐
跋	跙	騎	術	街	御	種	很	徧	徥	循	徠	復	詔	遐
跋	跙	騎	術	街	御	種	很	徧	徥	循	徠	復	詔	遐
二·五八三	二·五七九	二·五七五	二·五四七	二·五四五	二·五一四	二·五○五	二·四九四	二·四九三	二·四八七	二·四八三	二·四七八	二·四七五	二·四六九	二·四六八

博	喬	馱	品	品	踜	跎	跋	距	跔	跋	跌	跋	蹃	踣
博	喬	馱	品	品	踜	跎	跋	距	跔	跋	跌	跋	蹃	踣
博	喬	馱	品	品	踜	跎	跋	距	跔	跋	跌	跋	蹃	踣
二·七○一	二·六六七	二·六六四	二·六二四	二·六二三	二·六一七	二·六一三	二·六○九	二·六○八	二·六○四	二·六○五	二·六○二	二·六○○	二·五九九	二·五九七

啻	訓	訣	詖	⿰言介	訊	詔	詁	証	託	記	詠	評	訖	訒
啻	訓	訣	詖	訂	訊	詔	詁	証	託	記	詠	評	訖	訒
二・七三三	二・七三三	二・七三七	二・七三七	二・七四三	三・二	三・一六	三・一九	三・二三	三・四四	三・四四	三・四八	三・五〇	三・五〇	三・五四

訹	詑	詒	訕	詛	䛻	詍	⿰言卩	詄	訌	詐	訏	訶	訐	訴
訹	詑	詒	訕	詛	䛻	詍	⿰言卩	詄	訌	詐	訏	訶	訐	訴
三・五八	三・五八	三・六〇	三・六二	三・六四	三・六五	三・八〇	三・八五	三・八六	三・九〇	三・九九	三・一〇〇	三・一〇六	三・一〇八	三・一〇八

詘	詧	詷	詆	診	訧	討	善	章	竟	童	丵	業	畁	軒
詘	詧	詷	詆	診	訧	討	譱	章	竟	童	業	叢	異	軒
三・一一六	三・一一六	三・一一六	三・一一七	三・一二〇	三・一二〇	三・一二三	三・一二九	三・一四一	三・一四四	三・一四八	三・一五七	三・一六九	三・二一七	三・二六一

靸　靸靸　三·二六六

靬　靬靬靬　三·二六八

靪　靪靪靪　三·二六九

爲　爲為　三·三五

晨　晨晨　三·四〇一

叔　叔叔　三·四三一

敊　敊敊　三·四九〇

筆　筆筆　三·五〇二

畫　畫畫　三·五〇五

亞　亞亞　三·五三三

殺　殺殺　三·五三三

殿　殿殿　三·五五四

殼　殼殼　三·五五九

殷　殷殷　三·五六一

弒　弒弒　三·五七四

尋　尋尋　三·五八六

尃　尃尃　三·五九一

皰　皰皰　三·六〇一

皴　皴皴　三·六〇二

敏　敏敏　三·六一八

敗　敗敗　三·六四〇

做　做做　三·六四七

敡　敡敡　三·六七四

敦　敦敦　三·六七五

敛　敛敛　三·六八九

致　致致　三·六九六

敱　敱敱　三·六九六

敮　敮敮　三·七〇一

敠　敠敠　三·七〇二

敫　敫敫　三·七〇七

敧　敧敧　三·七〇八

需　需需　三·七五四

寗　寗寗　三·七六五

梣　梣梣　三·七六九

夐　夐夐　三·七七八

眼　眼眼　三·七八二

睫　睫睫　三·七八四

眣　眣眣　三·七八六

晚　晚晚　三·七九四

明　明明　三·八二三

睎　睎睎　三·八二五

眼　眼眼　三·八三一

督　督督　三·八三四

睉	[illegible]	三・八四〇
睇	眱	三・八四一
睂	眉	四・五
[illegible]	者	四・二九
[illegible]	[illegible]	四・三六
智	𥏼	四・三七
皕	皕	四・四八
翁	翁	四・六四
翕	翕	四・六七
[illegible]	[illegible]	四・七三
翔	翔	四・七四
翌	翌	四・七五
雅	雅	四・八五
[illegible]	[illegible]	四・九三
[illegible]	猚	四・九六
雃	雃	四・一一〇
雂	雂	四・一一七
雁	雁	四・一一七
雇	雇	四・一一九
雑	雑	四・一二一
雄	雄	四・一二四
雋	雋	四・一二六
萑	萑	四・一三五
莧	莧	四・一五四
羜	羜	四・一七五
𦍙	𦍙	四・一七六
羝	羝	四・一七六
羠	羠	四・一七九
𦍩	𦍩	四・一八二
集	雧	四・二〇一
舃	舄	四・二六一
棄	棄	四・二七九
幾	幾	四・三〇二
惠	惠	四・三一八
舒	舒	四・三三〇
𤔔	𤔔	四・三四二
叡	叡	四・三七一
[illegible]	[illegible]	四・三七六
[illegible]	[illegible]	四・三七七
殛	殛	四・三八一
殔	殔	四・三八二
殘	殘	四・三八五
殖	殖	四・三八七
[illegible]	[illegible]	四・三八八
[illegible]	[illegible]	四・四〇〇

十二劃

骨	骨	四·四〇五
骭	骭	四·四〇九
骫	骫	四·四一二
腎	腎	四·四二〇
脾	脾	四·四二一
脅	脅	四·四二八
胳	胳	四·四三〇
腴	腴	四·四三七
脽	脽	四·四三七
胑	肢	四·四三八
胯	胯	四·四三九
胻	胻	四·四四〇
腓	腓	四·四四〇
脙	脙	四·四五四
腄	腄	四·四五九

胅	胅	四·四六〇
朓	朓	四·四六三
隋	隋	四·四六三
腆	腆	四·四六六
胵	胵	四·四七七
脼	脼	四·四八〇
腒	腒	四·四八二
脡	脡	四·四八三
腤	腤	四·四八三
胹	胹	四·四八三
胾	胾	四·四九〇
腌	腌	四·四九五
脃	脃	四·四九五
散	散	四·四九六
腏	腏	四·四九八

[illegible]	[illegible]	四·五〇〇
脊	脊	四·五一三
腔	腔	四·五一四
朐	朐	四·五一四
筋	筋	四·五一五
剴	剴	四·五二三
剪	剪	四·五三三
割	割	四·五六二
劓	劓	四·五七五
劵	券	四·五七八
契	契	四·五八五
耕	耕	四·五九〇
[illegible]	[illegible]	四·六〇〇
[illegible]	[illegible]	四·六〇六
舩	舩	四·六〇九

十二劃

䑣 四·六一八
⿰舟瓜 四·六二一
⿰舟夅 四·六二三
笱 四·六三一
等 四·六四〇
笄 四·六四五
⿱竹⿷匚正 四·六四六
筳 四·六四七
筵 四·六四九
筥 四·六五二
笿 四·六五七
⿱竹夅 四·六五七
筊 四·六七四
筰 四·六七四
策 四·六八二

⿱竹桼 四·六八三
筞 四·六八六
筒 四·六九一
筑 四·六九三
巽 四·七二三
尊 四·七二五
玨 四·七五八
猒 四·七七二
㬱 五·一二
粵 五·六一
喜 五·七三
尌 五·八二
彭 五·八四
登 五·一〇三
虞 五·一二五

虘 五·一五二
虒 五·一五五
盌 五·一七三
飪 五·三二六
飯 五·三三八
飷 五·三三八
⿱夂食 五·三四七
缾 五·四四八
缺 五·四五三
缿 五·四五四
⿰身矢 五·四七〇
短 五·四八五
矮 五·四八九
高 五·四九五
就 五·五四三

十二劃

覃	覃	五・五六二
厚	厚	五・五六七
稟	稟	五・五九〇
愛	愛	五・六五七
舜	舜	五・六九〇
韌	韌	五・七〇九
椉	乘	五・七二三
棃	棃	五・七四〇
梅	梅	五・七四一
棠	棠	五・七五一
棆	棆	五・七五五
榕	榕	五・七五六
椆	椆	五・七五七
棳	棳	五・七五八
棪	棪	五・七五九

椋	椋	五・七六〇
楀	楀	五・七六一
椅	椅	五・七六三
棫	棫	五・七六七
椐	椐	五・七六九
栩	栩	五・七六九
椽	椽	五・七七五
楛	楛	五・七七七
棣	棣	五・七八九
楓	楓	五・七九〇
楮	楮	五・七九四
棱	棱	五・八一三
楰	楰	五・八一三
桅	桅	五・八一三
桼	桼	五・八三九

桂	枉	五・八四六
楣	榴	五・八四八
棟	棟	五・八六六
極	極	五・八六七
栵	栵	五・八七三
桷	桷	五・八七四
植	植	五・八七九
楗	楗	五・八八五
梠	枱	五・九〇〇
椑	椑	五・九一五
㭙	㭙	五・九一六
柭	柭	五・九一六
暴	㬥	五・九一七
棚	棚	五・九二三
棧	棧	五・九二三

十二劃

字頭	隸定	卷·頁
棖	棖	五·九二三
棓	棓	五·九二五
椎	椎	五·九二六
榜	榜	五·九三〇
棊	棊	五·九三三
椄	椄	五·九三四
椌	椌	五·九四八
棨	棨	五·九五二
楇	楇	五·九五五
椆	椆	五·九五五
椓	椓	五·九七一
棱	棱	五·九七二
棷	棷	五·九七八
椷	械	五·九九〇
棺	棺	五·九九八

字頭	隸定	卷·頁
椁	椁	五·九九九
棐	棐	五·一〇〇二
棽	棽	六·二五
棼	棼	六·二九
森	森	六·二九
𢍏	𢍏	六·八二
隆	隆	六·一〇一
甤	甤	六·一〇二
粤	粤	六·一〇六
棷	棷	六·一一〇
桼	桼	六·一一四
圓	圓	六·一三一
圍	圍	六·一五六
賁	賁	六·一七七
賀	賀	六·一七八

字頭	隸定	卷·頁
貸	貸	六·一八二
䝯	䝯	六·一八六
貯	貯	六·一九三
貳	貳	六·二〇〇
貰	貰	六·二〇八
貿	貿	六·二一一
費	費	六·二一二
買	買	六·二一八
貶	貶	六·二二六
貴	貴	六·二二九
貺	貺	六·二三三
貼	貼	六·二三四
貽	貽	六·二三四
邦	邦	六·二四六
邸	邸	六·二六一

字	隸定	卷·頁
⿰契阝	⿰契巳	六·二六四
⿰交巳	郊	六·二六六
⿰龍阝	⿰龍巳	六·二六九
⿰耳巳	耶	六·二七三
⿰由巳	邮	六·二七八
鄆	⿰軍巳	六·二八二
⿰北巳	邶	六·二八四
⿰召巳	邵	六·二八六
⿰御阝	⿰御巳	六·二九〇
⿰必巳	邲	六·二九〇
鄈	⿰癸巳	六·二九二
⿰示巳	祁	六·二九三
⿰甘巳	邯	六·三〇〇
⿰命阝	⿰命巳	六·三〇二
⿰夗阝	⿰夗巳	六·三〇五

字	隸定	卷·頁
郾	⿰匽巳	六·三一〇
⿰具阝	⿰具巳	六·三一二
⿰咒巳	⿰咒阝	六·三一四
⿰里阝	⿰里巳	六·三一五
鄂	⿰咢巳	六·三一七
⿰皀巳	⿰皀阝	六·三二四
⿰朩巳	⿰朩阝	六·三二九
⿰丙巳	邴	六·三二九
鄄	⿰垔巳	六·三三一
⿰禹阝	⿰禹巳	六·三三八
⿰丕巳	邳	六·三四四
⿰合巳	郃	六·三五四
鄔	⿰烏巳	六·三五八
鄉	⿰鄉巳	六·三六五
時	時	六·三七八

字	隸定	卷·頁
暏	暏	六·三八三
晵	晵	六·三九四
暘	暘	六·三九五
景	景	六·三九七
晷	晷	六·四〇一
晚	晚	六·四〇五
晻	晻	六·四一一
晦	晦	六·四一一
暀	暀	六·四二一
暑	暑	六·四二七
⿱𥫗昔	昔	六·四三一
普	暜	六·四三七
晟	晟	六·四三九
晬	晬	六·四四一
朝	⿰𠦝舟	六·四四八

十二劃

旐	旐	六·四五四
游	游	六·四六五
晶	晶	六·四八四
期	期	六·五〇二
盟	盟	六·五一五
東	東	六·五五〇
栗	㮚	六·五五八
棗	棗	六·五七〇
棘	棘	六·五七一
鼎	鼎	六·五七七
稙	稙	六·六〇〇
稠	稠	六·六〇二
稀	稀	六·六〇三
稌	稌	六·六一四
稗	稗	六·六一八
䅘	䅘	六·六一九
稛	稛	六·六二八
稞	稞	六·六二八
稃	稃	六·六二九
稈	稈	六·六三三
䅓	䅓	六·六三四
棃	梨	六·六三四
䅭	䅭	六·六三七
稔	稔	六·六四七
租	租	六·六四七
稅	稅	六·六四八
稍	稍	六·六五一
秦	秦	六·六五六
程	程	六·六六一
兼	兼	六·六六七
黍	黍	六·六六八
臬	臬	六·六九六
𦥯	𦥯	六·七〇七
枲	枲	六·七二一
㪔	㪔	六·七二四
奧	奧	六·七七一
寏	寏	六·七七五
寪	寪	六·七七九
寍	寍	六·七八二
寔	寔	六·七八四
窫	窫	六·七九五
富	富	六·七九八
宵	宵	六·八二六
寑	寑	六·八三〇
寁	寁	六·八三五

十二劃

字頭	隸定	卷·頁
寓	寓	六·八四一
寒	寱	六·八四四
⿱穴㚇	㝲	六·八九四
⿱穴巠	⿱穴巠	六·八九九
窌	窌	六·九〇〇
窖	窖	六·九〇〇
窘	窘	六·九〇六
寐	寐	七·五
寎	寎	七·九
痛	痛	七·二一
痛	痛	七·二四
⿸疒辛	⿸疒辛	七·二八
⿸疒酉	⿸疒酉	七·二九
痒	痒	七·三〇
痵	痵	七·三八
痤	痤	七·三九
痎	痎	七·四七
⿸疒妻	⿸疒妻	七·四七
⿸疒家	⿸疒家	七·四八
痕	痕	七·五六
痙	痙	七·五六
⿸疒夾	⿸疒夾	七·五八
痞	痞	七·五八
疲	疲	七·六二
⿸疒兒	⿸疒兒	七·六七
⿱冖託	⿱冖託	七·七八
冕	冕	七·九九
最	最	七·一〇九
⿱罒每	⿱罒每	七·一二六
⿱罒米	⿱罒米	七·一二六
罣	罣	七·一二九
⿱罒否	⿱罒否	七·一三四
詈	詈	七·一四一
幅	幅	七·一六〇
⿰巾軍	⿰巾軍	七·一七四
幒	幒	七·一七五
⿰巾俞	⿰巾俞	七·一八一
⿰巾前	⿰巾前	七·一八二
⿱封巾	⿰朿刂	七·一八三
幏	幏	七·一八四
幃	幃	七·一八六
⿰巾盾	⿰巾盾	七·一九八
⿰巾豙	⿰巾豙	七·二〇四
⿱祭巾	⿱祭巾	七·二〇五
⿰巿肖	⿰巿肖	七·二三七

十二劃

俊 七·二七七
傑 七·二七七
倩 七·二九一
傛 七·二九三
傀 七·二九四
俟 七·三〇二
儌 七·三〇五
偏 七·三一一
備 七·三二一
倫 七·三二九
併 七·三三三
傅 七·三三三
侳 七·三四一
偁 七·三四二
傆 七·三四七

侵 七·三五三
傍 七·三五九
候 七·三九三
倄 七·三九六
傔 七·四三四
停 七·四三六
虘 七·五〇六
眾 七·五〇八
聚 七·五一九
臮 七·五二〇
重 七·五三〇
量 七·五三五
裁 七·五六七
表 七·五六九
被 七·六〇四

裕 七·六〇八
裂 七·六〇九
補 七·六一〇
裎 七·六一一
裋 七·六一四
裞 七·六二三
䘸 七·六二四
裘 七·六二五
臺 七·六四七
毨 七·六六三
毳 七·六六五
屆 七·六七九
屟 七·六八三
屎 七·六九三
服 七·七一七

十二劃

艇　艇　七·七二〇
⿰米先　⿰米先　七·七六一
視　視　七·七六八
⿰米見　⿰米見　七·七七四
⿰胡見　⿰胡見　七·七七六
⿰臣見　⿰臣見　七·七七七
⿰禾見　⿰禾見　七·七八四
⿰⿱巛火見　⿰⿱巛火見　七·七八五
⿰佀見　⿰佀見　七·七八五
欽　欽　七·七九〇
⿰或欠　⿰或欠　七·七九二
款　款　七·七九六
欲　欲　七·七九七
欻　欻　七·八〇〇
⿰系欠　⿰系欠　七·八〇五

⿸厂欠　⿸厂欠　七·八〇七
欶　欶　七·八〇八
飲　飲　七·八〇八
⿰豕欠　⿰豕欠　七·八一〇
欲　欲　七·八一一
欺　欺　七·八一六
飲　飲　七·八一八
⿸厂⿰豕欠　⿸厂⿰豕欠　七·八三四
盜　盜　七·八三五
⿰歹咼　⿰歹咼　七·八三七
⿰歹京　⿰歹京　七·八三八
頊　頊　八·五
頃　頃　八·六
項　項　八·一〇
順　順　八·一二

頌　頌　八·二八
⿰扌頁　⿰扌頁　八·三〇
面　面　八·三八
須　須　八·五〇
弱　弱　八·六一
斐　斐　八·七一
詞　詞　八·九七
艴　艴　八·一二〇
卿　卿　八·一三三
敬　敬　八·一七三
⿰鬼彡　⿰鬼彡　八·一九二
羑　羑　八·二〇六
嵬　嵬　八·二〇七
嵎　嵎　八·二一八
崵　崵　八·二三〇

字頭	隸定	頁碼
嵒	嵒	八·二二八
嵯	嵳	八·二三〇
嵍	嵍	八·二三二
嵏	嵏	八·二三三
嵌	嵌	八·二三六
嵐	嵐	八·二三七
嵇	嵇	八·二三七
廐	廏	八·二五七
庾	庾	八·二六六
廁	廁	八·二六七
庽	庽	八·二八九
廊	廊	八·二九一
廂	廂	八·二九一
厥	厥	八·二九九
厤	厤	八·三〇四

十二劃

字頭	隸定	頁碼
[illegible]	[illegible]	八·三一八
硞	硞	八·三二二
硍	硍	八·三二二
确	确	八·三二四
硪	硪	八·三二四
硩	硩	八·三三七
破	破	八·三三八
硯	硯	八·三四二
镻	镻	八·三五四
豣	豣	八·三八〇
豠	豠	八·三八四
豦	豦	八·三八九
豨	豨	八·三九二
[illegible]	[illegible]	八·三九九
㲋	㲋	八·四〇二

字頭	隸定	頁碼
貀	貀	八·四二一
貂	貂	八·四二四
貁	貁	八·四二八
[illegible]	[illegible]	八·四六一
馮	馮	八·四八四
逸	逸	八·五五六
娩	娩	八·五六〇
莧	莧	八·五六一
獀	獀	八·五七二
猲	猲	八·五七四
猈	猈	八·五七五
猗	猗	八·五七五
猎	猎	八·五七六
猝	猝	八·五七六
猩	猩	八·五七七

十二劃

字頭	隸定	卷·頁
猥	煨	八·五七七
獎	獎	八·五七八
㹽	㹽	八·五七九
猛	猛	八·五八四
𤞣	𤞣	八·五八七
𤟎	𤟎	八·五八七
烓	狂	八·六〇八
猶	猶	八·六一四
猴	猴	八·六一七
猵	猵	八·六二二
猋	猋	八·六二二
𤟤	𤟤	八·六二三
猰	猰	八·六二三
㷂	㷂	八·六四六
尞	賚	八·六五一

字頭	隸定	卷·頁
然	然	八·六五九
烈	烈	八·六六三
閃	閃	八·六六八
敥	敥	八·六七五
負	負	八·六七六
烘	烘	八·六七八
焠	焠	八·六八九
焚	樊	八·六九〇
焦	𤓰	八·六九六
焞	焞	八·七〇一
焯	焯	八·七〇二
焜	焜	八·七〇六
粦	粦	八·七三五
黑	黑	八·七三八
悤	悤	八·七五六

字頭	隸定	卷·頁
焱	焱	八·七五九
熱	熱	八·七六七
悏	浹	八·七六八
喬	喬	八·八二四
奔	奔	八·八二八
絞	絞	八·八三九
橧	橧	八·八四〇
壺	壺	八·八四二
壼	壼	八·八四五
壹	壹	八·八四六
報	報	八·八七三
執	執	八·八八五
奏	奏	八·八八六
冥	冥	八·八九三
埭	埭	八·九一五

娭	八·九一六
竣	八·九一七
替	八·九二七
悳	八·九四八
⿰忄重	八·九六四
惲	八·九六四
慨	八·九六五
愊	八·九六五
恔	八·九六六
恬	八·九六九
惔	八·九六九
恮	八·九七五
愃	八·九八三
恂	八·九八四
⿰忄彖	八·九八六

悹	八·九八八
⿰忄胥	八·九九三
⿰忄某	八·九九四
愐	八·九九五
恤	八·一〇〇〇
⿰忄禺	八·一〇〇二
惄	八·一〇〇二
⿰忄卻	八·一〇〇三
愒	八·一〇〇四
⿱曲心	八·一〇〇四
慈	八·一〇〇六
⿱金心	八·一〇一一
愉	八·一〇一二
⿱谷心	八·一〇二一
愓	八·一〇二三

惑	八·一〇二八
慍	八·一〇三五
惡	八·一〇三五
⿰忄象	八·一〇三七
愷	八·一〇三八
悶	八·一〇三九
恫	八·一〇四一
悲	八·一〇四一
惻	八·一〇四二
⿱依心	八·一〇四五
慅	八·一〇四六
⿱殹心	八·一〇四七
恙	八·一〇四七
惴	八·一〇四八
悠	八·一〇五〇

字	釋文	頁碼
患	患	八·一〇五五
愸	愸	八·一〇五六
惶	惶	八·一〇六二
惎	惎	八·一〇六三
[illegible]	[illegible]	八·一〇六六
[illegible]	[illegible]	八·一〇六八
惹	[illegible]	八·一〇六八
恰	恰	八·一〇六九
悛	悌	八·一〇六九
惢	[illegible]	八·一〇六九
[illegible]	涐	九·一二
湔	[illegible]	九·一二
温	[illegible]	九·一四
悇	涂	九·一六
[illegible]	涇	九·一八

十二劃

字	釋文	頁碼
渭	[illegible]	九·一八
湟	[illegible]	九·二三
[illegible]	沇	九·三三
溠	[illegible]	九·三五
[illegible]	泠	九·三七
湘	[illegible]	九·三七
湞	[illegible]	九·四一
怈	泄	九·四六
[illegible]	洋	九·五六
溉	[illegible]	九·五八
[illegible]	浯	九·五八
湡	[illegible]	九·六〇
[illegible]	浿	九·六五
湳	[illegible]	九·六八
涶	[illegible]	九·六九

字	釋文	頁碼
瀧	[illegible]	九·七三
渙	[illegible]	九·八三
恬	活	九·八四
湝	[illegible]	九·八四
悎	浩	九·九一
怶	波	九·九六
[illegible]	浮	九·九八
湋	[illegible]	九·一〇〇
測	[illegible]	九·一〇〇
湍	[illegible]	九·一〇一
悀	涌	九·一〇三
[illegible]	[illegible]	九·一〇三
渾	[illegible]	九·一〇四
湜	[illegible]	九·一〇七
淵	[illegible]	九·一〇九

十二劃

滑 九·一二四
湝 九·一二〇
湦 九·一二一
滋 九·一二三
浥 九·一二五
浦 九·一三〇
湀 九·一三五
湖 九·一三八
渠 九·一四〇
湄 九·一四一
渡 九·一五七
湊 九·一六八
湛 九·一六九
湮 九·一六九
渨 九·一七〇

渰 九·一七一
湒 九·一七三
湪 九·一七六
渿 九·一七九
洿 九·一八六
浞 九·一八七
渥 九·一八七
渴 九·一九二
湆 九·一九五
湫 九·一九六
湯 九·二〇三
渜 九·二〇四
涗 九·二〇五
溲 九·二〇七
湑 九·二一二

湎 九·二一二
涒 九·二一五
洱 九·二一九
浴 九·二二八
洗 九·二二九
渫 九·二三三
涑 九·二三四
泰 九·二三六
湩 九·二四四
湅 九·二四六
渝 九·二四七
減 九·二四八
湲 九·二五四
淑 九·二五四
港 九·二五五

十二劃

淼	淼	九·二五五
浹	浹	九·二五五
衂	衂	九·三〇一
睿	睿	九·三〇四
煉	湅	九·三〇七
滕	滕	九·三〇七
淍	淍	九·三〇八
焻	冶	九·三一二
熗	凔	九·三二〇
熛	熛	九·三二一
雲	雲	九·三六八
𦤶	𦤶	九·四八八
壘	壘	九·四九八
屝	扉	九·五一一
扇	扇	九·五一一

閡	閡	九·五二五
閉	閉	九·五三一
開	開	九·五三五
閒	閒	九·五四二
閑	閑	九·五五〇
閔	閔	九·五六三
閌	閌	九·五六四
聊	聊	九·五七一
聒	聒	九·五八〇
聞	聞	九·五八二
聝	聝	九·五九二
聑	聑	九·五九六
聶	聶	九·五九七
掌	掌	九·六〇二
指	指	九·六〇四

揖	揖	九·六〇六
持	持	九·六二五
揲	揲	九·六二七
挾	挾	九·六三六
握	握	九·六三七
提	提	九·六四〇
揗	揗	九·六四二
掾	掾	九·六四二
捋	捋	九·六四四
插	插	九·六四五
捉	捉	九·六四六
挺	挺	九·六四七
揃	揃	九·六四七
捊	捊	九·六四九
撿	撿	九·六五〇

十二劃

揣	揣	九·六五七
搔	搔	九·六五九
挏	挏	九·六六一
报	拔	九·六六五
揂	揂	九·六六七
掔	掔	九·六六七
揚	揚	九·六六八
揭	揭	九·六七六
振	振	九·六七七
揄	揄	九·六八〇
揆	揆	九·六八二
挩	挩	九·六八四
挹	挹	九·六八五
搄	搄	九·六八八
援	援	九·六八九

揠	揠	九·六九一
捼	捼	九·六九三
揻	揻	九·六九四
揮	揮	九·六九五
搑	搑	九·六九六
括	括	九·六九七
撝	撝	九·六九八
挍	挍	九·六九八
捐	捐	九·七〇〇
摡	摡	九·七〇一
揟	揟	九·七〇二
㨐	㨐	九·七一三
捕	捕	九·七一七
捈	捈	九·七一八
抴	抴	九·七一九

揙	揙	九·七一九
搵	搵	九·七二〇
搜	搜	九·七二五
換	換	九·七二五
掖	掖	九·七二五
嫣	嫣	九·七五〇
娸	娸	九·七五三
媒	媒	九·七五三
嫁	嫁	九·七五四
媪	媪	九·七七九
娟	娟	九·七九三
嫂	嫂	九·七九四
媊	媊	九·八〇九
媧	媧	九·八〇九
娀	娀	九·八一〇

十二劃

媚	媚	九·八一九
媄	媄	九·八二〇
嫣	嫣	九·八三三
媞	媞	九·八四六
婺	婺	九·八四七
嬰	嬰	九·八四七
媅	媅	九·八四九
媕	嬐	九·八五〇
媣	媣	九·八五一
媘	媘	九·八五七
娑	娑	九·八六〇
媛	媛	九·八六六
娽	娽	九·八六六
媟	媟	九·八六九
媢	媢	九·八七二

媄	媄	九·八七二
嫪	嫪	九·八七四
媮	媮	九·八七六
娋	娋	九·八七七
媎	媎	九·八七八
婞	婞	九·八七九
婈	婈	九·八八一
媁	媁	九·八八四
媥	媥	九·八八五
媔	媔	九·八八六
嬈	嬈	九·八九一
敂	敂	九·八九二
媆	媆	九·八九三
嫋	嫋	九·八九六
媿	媿	九·八九七

娟	娟	九·九〇一
戢	戢	九·九七六
戠	戠	九·九七七
琴	珡	九·九九七
琵	琵	九·一〇〇〇
琶	琶	九·一〇〇〇
無	橆	九·一〇一〇
匳	匳	九·一〇二七
畚	畚	九·一〇三七
虘	虘	九·一〇三七
㼧	㼧	九·一〇四二
瓽	瓽	九·一〇四二
甀	甀	九·一〇四四
瓿	瓿	九·一〇四五
甃	甃	九·一〇四八

字頭	楷定	册・頁
瓬	瓬	九・一〇四九
弲	弲	九・一〇五六
發	發	九・一〇八三
弻	弻	九・一一〇六
綂	綂	九・一一四〇
絓	絓	九・一一四〇
絉	絉	九・一一四三
統	統	九・一一四六
絶	絶	九・一一五〇
綑	細	九・一一六一
結	結	九・一一六八
綠	綠	九・一一六九
絔	紙	九・一一七〇
給	給	九・一一七〇
絩	絩	九・一一七六
綫	綈	九・一一七八
絢	絢	九・一一八四
絑	絑	九・一一八五
絑	絑	九・一一八六
絀	絀	九・一一八八
絳	絳	九・一一八九
紫	紫	九・一一九二
綎	綎	九・一二〇六
絙	絚	九・一二〇七
絝	絝	九・一二〇八
絛	絛	九・一二一〇
紩	紩	九・一二一八
絬	絬	九・一二一九
絭	絭	九・一二三五
絥	絥	九・一二三九
絆	絆	九・一二三四
綃	緉	九・一二三七
絮	絮	九・一二三九
絡	絡	九・一二四〇
紷	紷	九・一二四四
絟	絟	九・一二四九
経	經	九・一二五一
絜	絜	九・一二五三
絣	絣	九・一二五五
紪	紕	九・一二五五
緅	緅	九・一二七五
絲	絲	十・四
蛹	蛹	十・一六
蛸	蛸	十・一六
蜓	蜓	十・一八

十二劃

三八四

（右起第一列）

字頭	出處
蛵	十二·二〇
蛞	十二·二二
蛩	十二·二二
載	十二·二三
畫	十二·二三
蛾	十二·二四
蜥	十二·三八
蜆	十二·三九
蛺	十二·四一
蜊	十二·四八
蛤	十二·四八
蜉	十二·五〇
蜕	十二·五一
蛘	十二·五二
蛟	十二·五四

字頭	出處
厴	十二·一五九
盦	十二·一五九
蜙	十二·一六六
蚅	十二·一六七
蜙	十二·一六六
蚆	十二·一六八
蛬	十二·一六八
蚰	十二·一七九
颮	十二·一一五
塂	十二·一九八
軍	十二·二〇六
堛	十二·二〇八
墋	十二·二〇八
基	十二·二二〇
塌	十二·二二七

字頭	出處
堪	十二·二二七
堀	十二·二二八
墍	十二·二二六
堤	十二·二二三
坳	十二·二二五
圍	十二·二七五
塝	十二·二七九
墴	十二·二八二
塹	十二·二八四
塓	十二·二八八
坐	十二·二九二
塔	十二·三〇〇
堯	十二·三〇五
疇	十二·三五八

十二劃

畲	畲	十·三六二
晦	畮	十·三六五
晙	畯	十·三八〇
甥	甥	十·四一二
㽘	㽘	十·四二二
勝	勝	十·四二五
勬	勬	十·四二七
勞	勞	十·四二九
劵	券	十·四三三
勢	勢	十·四三五
飭	飭	十·四三八
募	募	十·四三八
恊	恊	十·四四八
鈏	鈏	十·四六九
鈃	鈃	十·四九四

鈕	鈕	十·五三二
鈂	鈂	十·五三九
鈐	鈐	十·五四二
鉺	鉺	十·五四九
鈞	鈞	十·五六三
鈀	鈀	十·五六五
鈁	鈁	十·五七三
釾	釾	十·五八一
鈒	鈒	十·五八一
銃	鋧	十·五八二
鈇	鈇	十·六〇〇
鈔	鈔	十·六〇五
鈌	鈘	十·六〇六
鉅	鉅	十·六〇九
鈋	鈋	十·六一〇

鈍	鈍	十·六一一
鉘	鉘	十·六一一
鈲	鈲	十·六一三
釿	釿	十·六四七
斯	斯	十·六五一
斮	斮	十·六五二
斛	斛	十·六六五
斝	斝	十·六六五
斞	斞	十·六七〇
斛	斛	十·六八六
稂	稂	十·六九三
軺	軺	十·七〇七
軨	軨	十·七一五
軫	軫	十·七一六
軸	軸	十·七一八

字	冊·頁
軹	十·七三三
輗	十·七三七
軥	十·七二八
軷	十·七三六
報	十·七四〇
軼	十·七四一
軻	十·七四四
軵	十·七四四
軧	十·七四六
陽	十·七八四
阪	十·七九五
隅	十·七九六
隗	十·七九九
隊	十·八〇八
隉	十·八一三

字	冊·頁
阬	十·八一六
防	十·八一七
隄	十·八一七
阯	十·八一八
隈	十·八二三
隃	十·八二六
阮	十·八二七
隕	十·八二八
隝	十·八二八
階	十·八三九
阼	十·八三九
隊	十·八四一
陾	十·八四一
隍	十·八四三
絫	十·八五〇

字	冊·頁
禽	十·九〇〇
萬	十·九〇六
乾	十·九四七
[illegible]	十·一〇〇四
祀	十·一〇〇一
辜	十·一〇〇三
孽	十·一〇九二
孱	十·一〇九九
疏	十·一一〇五
酒	十·一一五五
[illegible]	十·一一五九
酤	十·一一六三
酥	十·一一六六
酣	十·一一七三
酌	十·一一七六

楊	裯	禠	褊	祼	祼	禘	禋	神	提	福	禎	【十三劃】	尊	酢
楊楊	裯裯	禠祳	褊禍	祿祿	祼祼	禘禘	禋禋	神神	禔禔	福福	禎禎		敻敻	酢酢
一·九〇	一·八五	一·八四	一·八三	一·八三	一·五八	一·五四	一·二八	一·二三	一·二二	一·九六	一·九二		十二·二九七	十二·二八四

瑰	瑀	瑝	瑕	瑳	璪	瑤	瑞	瑁	瑒	瑗	瑯	璗	瑜	禁
瑰瑰	瑀瑀	瑝瑝	瑕瑕	瑳瑳	璪璪	瑤瑤	瑞瑞	瑁瑁	瑒瑒	瑗瑗	瑯瑯	璗璗	瑜瑜	禁禁
一·二八四	一·二八二	一·二八二	一·二七七	一·二七五	一·二七三	一·二七三	一·二六九	一·二六七	一·二六六	一·二五九	一·二四八	一·二四六	一·二四六	一·一九八

浸	蒏	堇	莒	覓	葟	莆	蓏	莊	瑄	瑚	瑰	瑎	瑂	瑶
浸浸浸	蒏蒏蒏	堇堇堇	莒莒莒	覓覓覓	葟葟葟	莆莆莆	蓏蓏蓏	莊莊莊	瑄瑄瑄	瑚瑚瑚	瑰瑰瑰	瑎瑎瑎	瑂瑂瑂	瑶瑶瑶
一·四〇六	一·四〇六	一·四〇四	一·三九一	一·三八九	一·三八七	一·三八〇	一·三七九	一·三七七	一·三〇一	一·二九六	一·二九四	一·二八九	一·二八七	一·二八六

萬	萬	一·四〇七
莞	莞	一·四一四
蒲	蒲	一·四一五
蒻	蒻	一·四一六
莙	莙	一·四一八
蒚	蒚	一·四一九
莩	莩	一·四二三
荼	荼	一·四二四
蓨	蓨	一·四二六
菟	菟	一·四二八
[illegible]	苦	一·四四〇
蒹	蒹	一·四四七
葪	葪	一·四四八
蓮	蓮	一·四五〇
荷	荷	一·四五二

十三劃

蓍	蓍	一·四五二
莪	莪	一·四五三
菑	菑	一·四五八
蒖	蕒	一·四五八
菶	菶	一·四六〇
莕	莕	一·四六〇
菌	菌	一·四六四
蒟	蒟	一·四六六
莖	莖	一·四七三
蒝	蒝	一·四八〇
莢	莢	一·四八〇
荄	荄	一·四八一
葋	葋	一·四八一
[illegible]	[illegible]	一·四八六
薇	薇	一·四八八
蓁	蓁	一·四八九
蒼	蒼	一·四九一
蒔	蒔	一·四九三
菀	菀	一·五〇六
蓻	蓻	一·五一〇
蓆	蓆	一·五一三
蒩	蒩	一·五一九
茨	茨	一·五一九
葺	葺	一·五一九
蓋	蓋	一·五二〇
[illegible]	[illegible]	一·五二四
菠	菠	一·五三五
荹	荹	一·五四六
萎	萎	一·五四七
蔌	蔌	一·五四七

十三劃

字頭	隸定	頁碼
蒸	蒸	一・五四九
蒜	蒜	一・五六〇
萑	藋	一・五六二
蒙	蒙	一・五六六
蓾	蓾	一・五六八
菩	菩	一・五六九
范	范	一・五六九
荼	荼	一・五七四
蒿	蒿	一・五七五
蓬	蓬	一・五七六
蓄	蓄	一・五八〇
蓉	蓉	一・五八七
蓀	蓀	一・五八七
蓐	蓐	一・五八九
詹	詹	一・六四三

字頭	隸定	頁碼
犅	犅	一・六九六
嗌	嗌	二・六
喤	喤	二・八
喑	喑	二・一〇
嗛	嗛	二・一一
⿰口尃	⿰口尃	二・一四
哲	哲	二・二七
嘄	嘄	二・五四
嗅	唉	二・五五
嗔	嗔	二・六〇
嗂	嗂	二・六四
尋	尋	二・一〇八
嗢	嗢	二・一一〇
嗜	嗜	二・一一三
嗑	嗑	二・一一八

字頭	隸定	頁碼
嗙	嗙	二・一一八
嗷	嗷	二・一二四
嗞	嗞	二・一二六
嗁	嗁	二・一三九
嗀	嗀	二・一三九
嗼	嗼	二・一四〇
嗥	嗥	二・一四二
嗃	嗃	二・一五〇
喚	喚	二・一五一
喪	喪	二・一八五
趣	趣	二・一九六
趆	趆	二・二〇四
趙	趙	二・二〇六
⿺走此	⿺走此	二・二〇八
趌	趌	二・二一三

十三劃

字頭	隸定	冊·頁
赽	赽	二·二二四
趍	趍	二·二一六
趉	趉	二·二三〇
趑	趑	二·二二一
趚	趚	二·二二三
趌	趌	二·二二四
⿺走亘	⿺走亘	二·二二八
趒	趒	二·二三二
歱	歱	二·二三五
歲	歲	二·二六六
⿰止少	⿰止少	二·三一〇
還	還	二·三四七
⿺辶合	⿺辶合	二·三四八
逆	逆	二·三五三
迎	迎	二·三五七
⿺辶交	⿺辶交	二·三五八
遘	遘	二·三六〇
遞	遞	二·三六五
迻	迻	二·三八三
遜	遜	二·三八八
遺	遺	二·三九四
迥	迥	二·四一五
迭	迭	二·四一五
迷	迷	二·四一六
述	述	二·四一八
逃	逃	二·四二八
追	追	二·四二八
逐	逐	二·四三一
遠	遠	二·四四八
⿺辶弔	⿺辶弔	二·四六四
逅	逅	二·四六七
透	透	二·四六九
遙	遙	二·四六九
復	復	二·四七五
微	微	二·四八五
徬	徬	二·四九〇
徯	徯	二·四九二
得	得	二·五〇六
衙	衙	二·五四八
衕	衕	二·五四八
齲	齲	二·五七五
跟	跟	二·五七九
跪	跪	二·五八〇
跧	跧	二·五八六
跨	跨	二·五八七

十三劃

跳	跳	二・五九三
跲	跲	二・五九八
跌	跌	二・六〇〇
跣	跣	二・六〇四
跂	趹	二・六〇六
趼	趼	二・六〇七
路	路	二・六〇七
桌	桌	二・六二二
嗣	嗣	二・六三九
商	商	二・六六八
鉤	鉤	二・六八〇
詵	詵	二・七二二
許	許	二・七二四
詩	詩	二・七二九
詻	詻	二・七三九

訪	訪	二・七四一
詳	詳	二・七四三
詧	詧	三・六
訦	訦	三・一三
誠	誠	三・一三
試	試	三・二四
詹	詹	三・二六
詮	詮	三・二七
訢	訢	三・二七
詥	詥	三・三三
話	話	三・三三
詡	詡	三・三七
詷	詷	三・三八
設	設	三・三八
詠	詠	三・四八

訝	訝	三・五二
詣	詣	三・五二
訥	訥	三・五四
詶	詶	三・六四
誃	誃	三・六五
詯	詯	三・七九
訾	訾	三・八〇
誂	誂	三・八六
誇	誇	三・八七
誕	誕	三・八七
詪	詪	三・八九
詿	詿	三・九五
䛦	詤	三・九六
訬	訬	三・九六
詑	詐	三・九九

詾	三·一〇四
訟	三·一〇四
詎	三·一〇七
誎	三·一一二
詰	三·一一三
詭	三·一一四
誅	三·一二一
誄	三·一二四
詬	三·一二四
該	三·一二五
詢	三·一二七
業	三·一五七
與	三·二三〇
農	三·二四四
報	三·二六六

十三劃

⿰革卬	三·二六六
靶	三·二七六
靳	三·二七六
靷	三·二七八
靲	三·二八三
⿰鬲十	三·三〇五
⿰谷風	三·三六五
⿵門甹	三·三六八
⿰虘攴	三·四〇九
⿱林殳	三·四一三
敹	三·四三一
彗	三·四四四
敲	三·四九〇
肄	三·四九一
肅	三·四九七

畫	三·五一二
毄	三·五四五
殿	三·五五四
毀	三·五五九
弒	三·五七四
鳧	三·五七六
瞢	三·六〇二
敦	三·六七五
敳	三·六八八
⿸广敄	三·六八九
㪘	三·六八九
鼓	三·六九一
殹	三·六九八
甯	三·七六五
⿱北目	三·七八六

十三劃

瞖	瞖	三·七八六
睔	睔	三·七八九
睒	睒	三·七九二
睌	睌	三·七九四
睨	睨	三·七九五
睘	睘	三·七九八
睹	睹	三·八〇一
𥈅	𥈅	三·八一〇
睢	睢	三·八一三
睦	睦	三·八一五
𥈟	𥈟	三·八一七
睗	睗	三·八二一
督	督	三·八二四
睡	睡	三·八二六
睞	睞	三·八三四
睩	睩	三·八三四
眙	眙	三·八四三
睽	眹	三·八四四
睚	睚	三·八四四
㗊	㗊	四·三
奭	奭	四·三
習	習	四·五一
翍	翍	四·六四
翑	翑	四·六六
翏	翏	四·六八
翜	翜	四·六九
翊	翊	四·六九
嵛	嵛	四·七三
翇	翇	四·七五
雉	雉	四·九七
雃	雃	四·一〇〇
雎	雎	四·一一〇
翟	翟	四·一一八
雔	雔	四·一二一
罹	罹	四·一二五
蒦	蒦	四·一三八
莧	莧	四·一五四
𦍩	𦍩	四·一七六
羠	羠	四·一七九
羥	羥	四·一八〇
羣	羣	四·一八一
𦍧	𦍧	四·一八二
鳩	鳩	四·二三〇
惠	惠	四·三一八
舒	舒	四·三三〇

十三劃（續）

右起第一段（自右至左）：

字頭	頁碼
敫	四・三六
殨	四・三七六
殬	四・三七七
殟	四・三八〇
殔	四・三八二
殆	四・三八四
殘	四・三八五
殖	四・三八七
殕	四・三八八
髀	四・四〇五
膜	四・四一三
脣	四・四一八
脛	四・四一九
胑	四・四二四
腸	四・四二四

右起第二段（自右至左）：

字頭	頁碼
肘	四・四二八
腹	四・四三五
脛	四・四三九
喘	四・四四一
胲	四・四四一
脂	四・四四四
脫	四・四四五
腫	四・四四九
睇	四・四六〇
腬	四・四六五
膡	四・四六七
臂	四・四六七
脯	四・四六七
哺	四・四七八
脩	四・四七八
脘	四・四八〇

右起第三段（自右至左）：

字頭	頁碼
腴	四・四八三
腥	四・四八五
階	四・四八七
戴	四・四九〇
朕	四・四九五
贏	四・五〇三
筋	四・五一六
勞	四・五六三
剽	四・五六五
勁	四・五六六
剌	四・五六八
劍	四・五七八
耡	四・六〇一
羹	四・六〇四
觢	四・六〇四

觤	四·六二二
觟	四·六二二
觡	四·六二三
觜	四·六二三
解	四·六二三
觛	四·六一八
觚	四·六二一
⿰角亘	四·六二三
箘	四·六二八
筱	四·六二九
節	四·六三三
筡	四·六三五
⿱𥫗巫	四·六四四
筦	四·六四七
筟	四·六四七

十三劃

筥	四·六五二
筤	四·六五六
⿱𥫗⿰角刖	四·六五九
筩	四·六七一
筰	四·六七四
⿱𥫗色	四·六八一
筭	四·六九七
⿱𥫗釣	四·七〇一
號	五·五二
⿱壴口	五·七三
尌	五·八二
彭	五·八四
鼓	五·八九
愷	五·九六
⿱龹豆	五·一〇一

豐	五·一〇六
虘	五·一二三
虞	五·一二五
⿰虎虒	五·一五四
盛	五·一七四
盇	五·一七九
⿰土夌	五·二三八
⿰阝阱	五·二七〇
飪	五·三三六
飴	五·三三〇
飯	五·三三八
⿰食丑	五·三三八
飵	五·三五八
⿰食占	五·三五八
飶	五·三五九

字	隸定	頁碼
飽	飽	五·三六〇
餀	餕	五·三六三
飻	飻	五·三七一
飥	飥	五·三七四
餗	餗	五·三七七
僉	僉	五·三八四
會	會	五·四〇〇
矮	矮	五·四八九
稟	稟	五·五九〇
亶	亶	五·五九三
嗇	嗇	五·五九八
愛	愛	五·六五七
牽	牽	五·六九〇
楙	楙	五·七四七
楷	楷	五·七五〇

十三劃

字	隸定	頁碼
椲	椲	五·七五三
楢	楢	五·七五四
楄	楄	五·七五五
楑	楑	五·七五六
楀	楀	五·七六一
椶	椶	五·七六二
楸	楸	五·七六四
椽	椽	五·七六五
椵	椵	五·七七六
梢	梢	五·七七九
楋	楋	五·七八〇
楊	楊	五·七八三
楓	楓	五·七九〇
槐	槐	五·七九三
楝	楝	五·八〇一
楡	楡	五·八〇六
楆	梗	五·八一〇
楔	楔	五·八一三
榙	榙	五·八一四
梟	臬	五·八四九
楨	楨	五·八五三
柝	柝	五·八五五
極	極	五·八六七
楹	楹	五·八六八
棔	棔	五·八六九
椽	椽	五·八七四
楣	楣	五·八七四
楯	楯	五·八八一
椳	椳	五·八八三
楫	楫	五·八八四

十三劃

梋	梋	梋	五・八八四
楔	楔	楔	五・八八六
榁	榁	榁	五・八八九
槭	槭	槭	五・八九四
楎	楎	楎	五・九〇一
概	槩	槩	五・九〇四
楣	楣	楣	五・九〇五
棫	棫	棫	五・九一二
榼	榼	榼	五・九一五
槌	槌	槌	五・九一六
㬥	㬥	㬥	五・九一七
椱	椱	椱	五・九二〇
楥	楥	楥	五・九二〇
椯	椯	椯	五・九二四
棊	棊	棊	五・九三三

椄	椄	椄	五・九三四
䅈	䅈	䅈	五・九五二
楇	楇	楇	五・九五五
梁	梁	梁	五・九五七
梭	梭	梭	五・九六一
楫	楫	楫	五・九六一
槎	槎	槎	五・九七四
槶	槶	槶	五・九七八
楄	楄	楄	五・九七九
楅	楅	楅	五・九七九
桓	桓	桓	五・九八九
楬	楬	楬	五・一〇〇一
椸	椸	椸	五・一〇〇六
楚	楚	楚	六・一九
㭇	㭇	㭇	六・二五

賁	賁	賁	六・八二
粤	粤	粤	六・一〇六
葉	葉	葉	六・一一九
圓	圓	圓	六・一二三
壼	壼	壼	六・一四〇
園	園	園	六・一四四
賄	賄	賄	六・一七一
資	資	資	六・一七四
賂	賂	賂	六・一八四
貿	貿	貿	六・二二一
責	責	責	六・二二三
賈	賈	賈	六・二二五
買	買	買	六・二二八
賃	賃	賃	六・二三五
賕	賕	賕	六・二三五

十三劃

貲　六·二二七
郊　六·二六一
郃　六·二七六
邽　六·二七九
鄏　六·二八〇
郹　六·二八九
鄐　六·二九〇
⿰虞阝　六·二九一
邢　六·二九二
鄔　六·二九三
郇　六·三〇一
鄗　六·三〇二
鄭　六·三〇四
郅　六·三〇四
鄎　六·三一一

郎　六·三一一
⿰冢阝　六·三一二
⿰米阝　六·三一八
郥　六·三二〇
⿰馬阝　六·三三三
邸　六·三三〇
酆　六·三三〇
郔　六·三三八
鄒　六·三三八
耶　六·三四一
郈　六·三四六
⿹𢦏邑　六·三五五
邱　六·三五六
⿰女阝　六·三五六
⿰豕阝　六·三五六

郄　六·三五九
暘　六·三九三
暉　六·三九九
暆　六·四〇一
暗　六·四一一
暇　六·四一六
暍　六·四二六
暈　六·四四〇
旇　六·四六三
⿸㫃夋　六·四六九
期　六·五〇二
夢　六·五二四
⿱莫夕　六·五三一
虜　六·五三九
栗　六·五五六

⿰片畐 ⿰片畐 六·五七四
牒 牒 六·五七四
牑 牑 六·五七五
牏 牏 六·五七六
稼 稼 六·五九八
稙 稙 六·六〇〇
稑 稑 六·六〇一
稠 稠 六·六〇二
稬 稬 六·六一五
稗 稗 六·六一八
⿰禾來 ⿰禾來 六·六一九
⿰禾耑 ⿰禾耑 六·六二四
⿰禾曷 ⿰禾曷 六·六二四
稇 稇 六·六二八
稞 稞 六·六二八

十三劃

稭 稭 六·六三三
⿰禾肙 ⿰禾肙 六·六三四
稔 稔 六·六四七
稍 稍 六·六五一
稱 稱 六·六五九
稷 稷 六·六六二
稘 稘 六·六六四
⿰禾𦎫 ⿰禾𦎫 六·六六四
粱 粱 六·六八五
粲 粲 六·六八七
奧 奧 六·七七一
寏 寏 六·七七五
宧 宧 六·七八〇
寍 寍 六·七八二
索 索 六·八五三

寘 寘 六·八七一
躳 躬 六·八八六
⿱宀柬 ⿱宀柬 六·八九六
⿱宀臽 ⿱宀臽 六·八九九
寑 寑 六·九〇三
⿱宀卒 ⿱宀卒 六·九〇六
寐 寐 七·五
⿸㝉米 ⿸㝉米 七·八
寎 寎 七·九
瘏 瘏 七·二八
⿸疒咸 ⿸疒咸 七·二八
瘀 瘀 七·三四
痵 痵 七·三八
痱 痱 七·三八
痳 痳 七·四七

痔	痔	七·四七
痿	痿	七·四七
痺	痺	七·四八
瘃	瘃	七·四八
痏	痏	七·五〇
瘍	瘍	七·六二
罨	罨	七·二二四
罩	罩	七·二二七
罪	罪	七·二二七
罧	罧	七·二三〇
罬	罬	七·二三三
⿱罒否	⿱罒否	七·二三四
署	署	七·二三八
置	置	七·二三九
罭	罭	七·二四三

十三劃

幋	幋	七·一五九
幎	幎	七·一七五
幬	幬	七·一七九
㡘	㡘	七·一七九
幕	幕	七·一八〇
幏	幏	七·一八四
飾	飾	七·一八五
帣	帣	七·一八六
幐	幐	七·一九八
⿰巾宗	⿰巾宗	七·二〇四
晢	晢	七·二二六
僎	僎	七·二七四
僑	僑	七·三〇二
傪	傪	七·三〇六
俺	俺	七·三〇六

偲	偲	七·三〇七
倬	倬	七·三〇七
傭	傭	七·三一二
僁	僁	七·三一四
偫	偫	七·三二一
備	備	七·三二一
傾	傾	七·三二六
傆	傆	七·三四七
僅	僅	七·三五六
傳	傳	七·三七三
僞	僞	七·三八〇
偏	偏	七·三八一
僄	僄	七·三九〇
儋	儋	七·三九一
⿰亻卻	⿰亻卻	七·三九一

十三劃

字	隸定	頁碼
傷	傷	七·三九五
催	催	七·三九八
傴	傴	七·四一四
僂	僂	七·四一四
僇	僇	七·四一五
像	像	七·四二〇
傮	傮	七·四二三
倠	倠	七·四三三
債	債	七·四三五
僦	僦	七·四三六
裁	裁	七·五六七
裹	裹	七·五七〇
⿰衤建	⿰衤建	七·五七三
⿰衤全	⿰衤全	七·五七三
裯	裯	七·五七八

字	隸定	頁碼
裾	裾	七·五八四
裔	裔	七·五八九
裶	裶	七·五九五
裨	裨	七·六〇七
裼	裼	七·六一一
裝	裝	七·六一三
裛	裛	七·六一三
裺	裺	七·六一五
褚	褚	七·六二一
裘	裘	七·六二五
耆	耆	七·六四八
⿰食毛	⿰食毛	七·六六四
屏	屏	七·六八五
艅	艅	七·七二〇
⿰米見	⿰米見	七·七八四

字	隸定	頁碼
欽	欽	七·七九〇
⿰或欠	⿰或欠	七·七九二
[illegible]	[illegible]	七·七九四
歂	歂	七·七九八
欻	欻	七·八〇〇
⿰身欠	⿰身欠	七·八〇六
⿰畐欠	⿰畐欠	七·八〇八
歁	歁	七·八〇八
飲	飲	七·八〇八
[illegible]	[illegible]	七·八〇九
⿰谿欠	⿰谿欠	七·八二一
歆	歆	七·八一七
歙	歙	七·八一八
羨	羨	七·八三四
⿰歹咼	⿰歹咼	七·八三七

頌	頌	八・四
煩	煩	八・一一
碩	碩	八・一二
預	預	八・一二
頒	頒	八・一四
頑	頑	八・一八
頍	頍	八・二〇
顎	顎	八・二〇
頊	頊	八・二三
頓	頓	八・二三
頄	頄	八・三〇
煩	煩	八・三二
預	頟	八・三七
彭	彭	八・六〇
髡	髡	八・八五

十三劃

郄	郄	八・一一〇
辟	辟	八・一三〇
匓	匓	八・一五八
敬	敬	八・一七三
魂	魂	八・一九一
彪	彪	八・一九二
魃	魃	八・一九四
傀	傀	八・一九五
嵬	嵬	八・二〇七
嶅	嶅	八・二二一
嵕	嵕	八・二二六
崝	崝	八・二三〇
嵌	嵌	八・二三六
嵩	嵩	八・二三七
崙	崙	八・二三七

崟	崟	八・二三八
崔	崔	八・二三九
嶏	嶏	八・二四〇
廇	廇	八・二五一
庰	庰	八・二六六
廉	廉	八・二六九
廋	廋	八・二九一
庪	庪	八・二九二
庱	庱	八・二九二
廏	廏	八・二九七
厥	厥	八・二九九
廙	廙	八・三〇四
毄	毄	八・三二〇
碑	碑	八・三三一
𥕢	𥕢	八・三三一

硋　硋　八·三三一
碞　碞　八·三三三
确　确　八·三三四
碎　碎　八·三三八
碓　碓　八·三四〇
磑　磑　八·三四〇
碏　碏　八·三四三
碌　碌　八·三四四
硾　硾　八·三四四
肆　肆　八·三五一
趺　趺　八·三五四
豤　豤　八·三八三
豧　豧　八·三八四
豢　豢　八·三八四
豨　豨　八·三八五

豦　豦　八·三八九
豪　豪　八·三九一
㣇　㣇　八·三九九
㲋　㲋　八·四〇二
貀　貀　八·四二一
豻　豻　八·四二一
貉　貉　八·四二五
貆　貆　八·四二六
馰　馰　八·四六八
馵　馵　八·四六九
馺　馺　八·四八四
馳　馳　八·四八七
馴　馴　八·四九一
馽　馽　八·四九三
馱　馱　八·五〇三

廌　廌　八·五〇四
鹿　鹿　八·五一三
麀　麀　八·五四三
㚟　㚟　八·五五三
獀　獀　八·五七二
猲　猲　八·五七四
猩　猩　八·五七七
獫　獫　八·五七七
猶　猶　八·六一四
猴　猴　八·六一七
⿰犬軍　⿰犬軍　八·六二三
狷　狷　八·六二三
猰　猰　八·六二三
鼠　鼠　八·六二七
鼩　鼩　八·六六六

煨	八·六七七
煁	八·六七七
煎	八·六八〇
煬	八·六八三
煉	八·六八七
煣	八·六八九
煙	八·六九九
焆	八·六九九
熅	八·七〇〇
照	八·七〇二
煒	八·七〇三
煜	八·七〇三
煇	八·七〇四
煌	八·七〇六
煖	八·七一六

十三劃

煗	八·七一六
熙	八·七二七
煥	八·七二九
⿰炎占	八·七三三
赨	八·七六七
赧	八·七六七
赩	八·七七〇
⿹𢦏豆	八·七九一
⿺廴兼	八·八四一
睪	八·八五九
⿰立隶	八·九一四
⿰立享	八·九一四
竫	八·九一五
靖	八·九一六
⿰立彔	八·九一七

⿰立昔	八·九一八
⿰立卑	八·九一八
意	八·九四七
恉	八·九四八
悳	八·九四八
愼	八·九五三
愷	八·九五九
⿸厂恩	八·九六〇
悃	八·九六五
⿱䒮心	八·九六九
慈	八·九七二
⿰忄虒	八·九七四
想	八·九八六
愊	八·九八七
⿱宀悳	八·九八八

字頭	楷定	冊·頁
𢡃	𢡃	八·九八八
愯	愯	八·九八九
悟	悟	八·九九一
慔	慔	八·九九四
慆	慆	八·九九九
惄	惄	八·一〇〇二
⿰忄巠	⿰忄巠	八·一〇〇六
悒	悒	八·一〇一〇
愚	愚	八·一〇一四
悍	悍	八·一〇一六
怠	怠	八·一〇一八
悝	悝	八·一〇二二
悸	悸	八·一〇二三
⿴行心	⿴行心	八·一〇二五
慊	慊	八·一〇二七

字頭	楷定	冊·頁
惑	惑	八·一〇二八
惷	惷	八·一〇二九
惡	惡	八·一〇三五
恨	恨	八·一〇三七
悶	悶	八·一〇三九
愾	愾	八·一〇三九
愴	愴	八·一〇四〇
悲	悲	八·一〇四一
慇	慇	八·一〇四三
悠	悠	八·一〇四五
感	感	八·一〇四六
惙	惙	八·一〇四七
愪	愪	八·一〇四七
愁	愁	八·一〇四九
愵	愵	八·一〇四九

字頭	楷定	冊·頁
𢝊	𢝊	八·一〇五二
⿰忄亥	⿰忄亥	八·一〇六二
悑	悑	八·一〇六二
⿰忄備	⿰忄備	八·一〇六三
⿱弭心	⿰忄弭	八·一〇六六
涑	涑	九·七
涪	涪	九·八
滇	滇	九·一五
溺	溺	九·一七
洈	洈	九·三四
漂	漂	九·三七
溱	溱	九·三八
溜	溜	九·四一
激	激	九·四二
淮	淮	九·四二

滍	九·四四
湞	九·四四
淠	九·四四
洧	九·四六
淨	九·五〇
治	九·五九
寖	九·六〇
湡	九·六〇
滮	九·六一
涑	九·六七
洽	九·七〇
淔	九·七一
涹	九·七二
涺	九·七二
淉	九·七三

十三劃

湞	九·七三
[illegible]	九·七三
泈	九·七四
漠	九·七五
海	九·七五
溥	九·七六
洪	九·七六
滔	九·七九
混	九·八〇
淲	九·八四
減	九·八五
滂	九·八六
汪	九·八六
淙	九·一〇一
涳	九·一〇三
洌	九·一〇五
淑	九·一〇五
溶	九·一〇六
溷	九·一〇八
淫	九·一一六
淺	九·一一九
洔	九·一一九
溽	九·一二一
溜	九·一二五
溝	九·一四〇
涂	九·一六一
滃	九·一七〇
溟	九·一七一
滈	九·一七九
[illegible]	九·一七九

淊	淊	九·一八五
澤	澤	九·一八六
潅	潅	九·一八八
溓	溓	九·一八八
涸	涸	九·一九一
涇	涇	九·一九三
浼	浼	九·一九六
湫	湫	九·一九六
準	準	九·一九八
涫	涫	九·二〇五
湝	湝	九·二〇五
淅	淅	九·二〇六
滫	滫	九·二一〇
滓	滓	九·二一〇
漿	漿	九·二一四

十三劃

涼	涼	九·二二五
淡	淡	九·二二五
渦	渦	九·二二七
溢	溢	九·二二七
滌	滌	九·二二八
滄	滄	九·二二九
淬	淬	九·二三〇
淋	淋	九·二三三
漨	漨	九·二三五
減	減	九·二四八
滁	滁	九·二五三
溘	溘	九·二五六
涯	涯	九·二五六
涀	涀	九·三〇一
清	清	九·三〇七

潬	潬	九·三二〇
雷	靁	九·三二七
電	電	九·三三三
雹	雹	九·三三七
零	零	九·三四六
魚	魚	九·三七三
魫	魫	九·四〇五
陮	陮	九·四四五
犖	犖	九·四四六
開	開	九·五三一
間	間	九·五三七
閘	閘	九·五三七
閔	閔	九·五三八
聖	聖	九·五七一
聘	聘	九·五八七

字	卷·頁
掌	九·六〇二
掔	九·六〇五
掣	九·六〇五
拱	九·六〇九
捧	九·六〇九
捾	九·六一六
搯	九·六一六
推	九·六一七
排	九·六一九
捦	九·六二九
搏	九·六三〇
捫	九·六三六
搞	九·六三九
摛	九·六四一
捨	九·六四一

十三劃

字	卷·頁
控	九·六四二
掊	九·六四四
搤	九·六四七
摵	九·六四七
捽	九·六四八
授	九·六五〇
承	九·六五一
接	九·六五三
捪	九·六五六
据	九·六六一
搳	九·六六二
拲	九·六六三
摇	九·六六六
搈	九·六六六
掔	九·六六七
捀	九·六六八
損	九·六八二
掇	九·六八八
搜	九·六八八
㨨	九·六八九
搦	九·六九四
掎	九·六九四
⿰扌鬼	九·六九五
⿰扌圂	九·七〇〇
撽	九·七〇五
⿰扌系	九·七一二
捭	九·七一二
摧	九·七一三
搒	九·七二〇
搴	九·七二〇

十三劃

字	頁碼
掍	九·七二四
撍	九·七二六
掠	九·七二六
掐	九·七二七
捌	九·七二七
嫁	九·七五四
媲	九·七六七
媦	九·七六九
媼	九·七七九
媾	九·七九六
𡟭	九·七九九
嫄	九·八一二
婕	九·八一三
媄	九·八二〇
嬙	九·八二一

字	頁碼
窶	九·八三三
姸	九·八三三
嫋	九·八三五
嫇	九·八三五
媱	九·八三六
婆	九·八四一
婧	九·八四二
婏	九·八五〇
媕	九·八五〇
媻	九·八六〇
嫈	九·八七四
嫌	九·八七八
嫢	九·八八二
婭	九·八八三
嫸	九·八九一

字	頁碼
嫫	九·八九二
嫯	九·八九四
姘	九·八九四
㛴	九·八九六
媿	九·八九七
戣	九·九四四
賊	九·九五一
戢	九·九六五
義	九·九九四
瑟	九·九九八
匿	九·一〇二五
匽	九·一〇二八
匬	九·一〇二八
匯	九·一〇二九
甄	九·一〇三九

甗	甗	九·一〇四四
甃	甃	九·一〇四八
甄	甄	九·一〇四八
彀	彀	九·一〇七九
彈	彈	九·一〇七九
㢣	㢣	九·一一一四
綃	綃	九·一一三九
經	經	九·一一四一
㬎	㬎	九·一一六四
綠	綠	九·一一六九
綈	綈	九·一一七八
絹	絹	九·一一八五
緌	緌	九·一二〇二
緞	緞	九·一二一〇
絛	絛	九·一二一〇

十三劃

縵	縵	九·一二一六
縶	縶	九·一二二一
綊	綊	九·一二二九
緐	緐	九·一二三〇
紬	紬	九·一二三五
綆	綆	九·一二三六
緝	緝	九·一二四四
絺	絺	九·一二四八
綌	綌	九·一二四九
綏	綏	九·一二五六
綀	綀	九·一二七五
素	素	十·二
約	約	十·二
蛹	蛹	十·一六
蛕	蛕	十·一六

蜥	蜥	十·一八
蛵	蛵	十·二一
蜭	蜭	十·二一
蜀	蜀	十·二六
蛾	蛾	十·三四
蜋	蜋	十·三七
蛸	蛸	十·三八
蜆	蜆	十·三九
蛺	蛺	十·四一
蜙	蜙	十·四三
蜩	蜩	十·四五
蜺	蜺	十·四六
蛚	蛚	十·四八
蜽	蜽	十·四九
蜉	蜉	十·五〇

蜕	蛻	十·五一
蛬	蛬	十·五三
蜑	蜑	十·五二
蜃	蜃	十·五八
蜎	蜎	十·六一
蜩	蜩	十·六四
蛫	蛫	十·六六
蜮	蜮	十·六六
蜽	蜽	十·六七
蜼	蜼	十·六七
閩	閩	十·七〇
蝀	蝀	十·七七
蜢	蜢	十·七八
蝨	蝨	十·八三
蜂	蠭	十·八六

⿱亼䖵	虹	十·八七
颰	颰	十·一二一
颯	颯	十·一二四
颶	颶	十·一二五
颭	颭	十·一二六
黽	黽	十·一三三
塙	塙	十·二〇四
垟	垟	十·二〇五
塍	塍	十·二〇八
⿱淩土	⿱淩土	十·二三五
塡	塡	十·二三五
塒	塒	十·二五〇
塞	塞	十·二六一
埽	埽	十·二七二
堨	壔	十·二七二

塏	塏	十·二八〇
毀	毀	十·二八〇
墟	墟	十·二八二
埃	埃	十·二八四
塋	塋	十·二八九
墓	墓	十·二八九
塗	塗	十·三〇二
塓	塓	十·三〇三
塘	塘	十·三〇四
野	野	十·三一七
⿰日柔	⿰日柔	十·三六四
⿰日奇	⿰日奇	十·三六四
晦	晦	十·三六五
晼	晼	十·三七二
⿰日叕	⿰日叕	十·三七三

十三劃

時	時	十·三七七
當	當	十·三七八
畱	留	十·三八三
畺	畺	十·三九〇
舅	舅	十·四一一
甥	甥	十·四二三
勠	勠	十·四二六
勨	勨	十·四二七
勦	勦	十·四三二
勤	勤	十·四三三
勭	勭	十·四三七
飭	飭	十·四三八
勢	勢	十·四三九
鉛	鉛	十·四六五
鉉	鉉	十·五二〇
録	鉥	十·五三一
鍜	鍜	十·五三一
鉵	鉵	十·五四三
鉏	鉏	十·五四三
鉊	鉊	十·五四五
鉆	鉆	十·五四九
鉗	鉗	十·五五〇
鈀	鈀	十·五六五
鈴	鈴	十·五六六
鉦	鉦	十·五六七
鉈	鉈	十·五八四
鉞	鉞	十·五九九
鈆	鈆	十·六〇〇
鈸	鈌	十·六〇六
鉅	鉅	十·六〇九
鉥	鉥	十·六二一
鈿	鈿	十·六二二
斯	斯	十·六五一
新	新	十·六五四
斞	斞	十·六七〇
魁	魁	十·六七一
斟	斟	十·六七四
稓	稓	十·六九三
軿	軿	十·七〇六
軾	軾	十·七二二
輅	輅	十·七二二
輈	輈	十·七二五
衛	衛	十·七三〇
翬	翬	十·七三〇
載	載	十·七三〇

十三劃（上段，右起）

- 軼 軼軼 十二·七四一
- 輕 輕輕 十二·七四二
- 軤 軤軤 十二·七四三
- 軒 軒軒 十二·七四六
- 華 蘭蓳 十二·七四七
- 羣 蓳羣 十二·七四八
- 飼 阿阿 十二·七九四
- 組 岨阻 十二·七九六
- 陲 餘 十二·八〇〇
- 隕 韻韻 十二·八〇三
- 陸 隨隨 十二·八〇四
- 䏌 附附 十二·八〇九
- 眡 眂眡 十二·八一九
- 陳 㒸㒸 十二·八二〇
- 䚢 䚢陀 十二·八二〇

中段（右起）

- 隔 隔隔 十二·八二〇
- 鮎 鮎阽 十二·八三八
- 隙 隙隟 十二·八四〇
- 骸 骱陔 十二·八四三
- 陽 陽鴋 十二·八四五
- 隘 關關 十二·八四八
- 齡 齡 十二·八六〇
- 馗 馗馗 十二·八九八
- 亂 亂亂 十二·九四七
- 祀 祀祀 十二·一〇一一
- 皋 皋皋 十二·一〇三一
- 毃 毃毃 十二·一〇八六
- 葬 葬葬 十二·一〇九二
- 舂 舂舂 十二·一一〇〇
- 寅 寅 十二·一一二三

下段（右起）

- 䉜 䉜䉜 十二·一二五九
- 醤 醤茜 十二·一二六八
- 戝 戝戝 十二·一二八四
- 僑 僑僑 十二·一二九四
- 酩 酩酩 十二·一二九四
- 酪 酪酪 十二·一二九四
- 䈤 䈤尊 十二·一二九七

【十四劃】

- 禎 禎禎 一·九〇
- 祿 祿禄 一·九一
- 禤 禤禤 一·九一
- 禎 禎禎 一·九一
- 福 福福 一·九六
- 祺 祺祺 一·一〇七
- 禔 禔禔 一·一二

十四劃

字	頁碼
禘	一・一五四
⿰示留	一・一六八
禖	一・一八三
禡	一・一八四
禓	一・一九〇
禍	一・一九一
⿰示芺	一・一九五
琠	一・二四三
瑱	一・二七一
璹	一・二七四
瑮	一・二七六
瑲	一・二八一
瑣	一・二八二
瑝	一・二八二
璓	一・二八三
⿱臤王	一・二八六
瑪	一・二八七
碧	一・二八九
瑤	一・二九〇
瑰	一・二九四
琅	一・二九五
墒	一・三一九
熏	一・三七六
莥	一・三八三
⿱艹異	一・三八四
蓼	一・三八八
⿱艹碓	一・三八九
菊	一・三九二
菁	一・三九三
葱	一・四〇三
萇	一・四〇四
蓩	一・四〇六
莀	一・四〇七
菩	一・四一二
菅	一・四一三
⿱艹深	一・四一六
蓷	一・四一六
萑	一・四一七
蓲	一・四二〇
菌	一・四二〇
蔗	一・四二一
⿱艹弦	一・四二三
⿱艹黃	一・四二三
荓	一・四二三
蔞	一・四二八

芞 芞 一·四三三
蔁 蔁 一·四三七
蔦 蔦 一·四三八
莿 莿 一·四四一
䓡 䓡 一·四四三
蔆 蔆 一·四四五
葥 荝 一·四四九
蔤 蔤 一·四五二
⿱艹鼓 ⿱艹鼓 一·四五三
菻 菻 一·四五四
蔚 蔚 一·四五四
⿱艹⿰火木 萩 一·四五五
菋 菋 一·四五八
蔓 蔓 一·四六〇
萎 萎 一·四六〇

蔣 蔣 一·四六二
薖 ⿱艹⿰言咼 一·四六四
荊 荆 一·四六七
蔈 薁 一·四七七
⿱艹移 ⿱艹移 一·四七九
蔕 蔕 一·四八一
蓻 蓻 一·四八三
⿱艹斦 ⿱艹斦 一·四八五
蔭 蔭 一·四八六
葻 葻 一·四九二
萃 萃 一·四九二
⿱艹爭 ⿱艹爭 一·四九七
蔽 蔽 一·四九七
蔫 蔫 一·四九八
菸 菸 一·四九九

蔡 蔡 一·四九九
菜 菜 一·五〇三
菑 菑 一·五〇七
⿱艹業 ⿱艹業 一·五一〇
蔪 蔪 一·五一〇
蔎 蔎 一·五一三
蓴 蓴 一·五三四
蒬 草 一·五三六
薑 薑 一·五四七
蔟 蔟 一·五四八
蔥 蔥 一·五六二
菫 菫 一·五六四
菲 菲 一·五六四
萑 萑 一·五六五
萊 萊 一·五六六

十四劃

字頭	隸定	冊·頁
蓸	蓸	一·五六八
萄	萄	一·五七二
葵	苳	一·五七二
茆	茆	一·五七三
葆	葆	一·五七八
萅	春	一·五八〇
菿	菿	一·五八七
薌	薌	一·五八八
犗	犗	一·七一一
犖	犖	一·七一二
⿰牜雈	⿰牜雈	一·七一四
犓	犓	一·七三六
犕	犕	一·七三六
⿰牜焉	⿰牜壽	一·七四一
噣	噣	二·二
⿰口率	⿰口率	二·一三
嘘	噓	二·一九
嘈	嘈	二·五九
嘌	嘌	二·六〇
嘑	嘑	二·六〇
嗿	嗿	二·六五
嘐	嘐	二·一一三
嗻	嗻	二·一一八
嘖	嘖	二·一二三
嘅	嘅	二·一二七
嘆	嘆	二·一二七
嗀	嗀	二·一三九
嗾	嗾	二·一四〇
⿺走囷	⿺走囷	二·二〇五
⿺走巠	⿺走巠	二·二〇五
⿺走里	⿺走里	二·二二一
趙	趙	二·二二七
趁	趁	二·二三一
⿺走戔	⿺走戔	二·二三三
⿺走亘	⿺走亘	二·二三八
⿺走甬	⿺走甬	二·二三一
歷	歷	二·二四〇
⿱羽足	⿱羽足	二·二五一
登	登	二·二五三
⿺辶率	⿺辶率	二·三一四
隨	隨	二·三一八
適	適	二·三三五
誥	造	二·三四一
誎	速	二·三五一
話	适	二·三五三

十四劃

字頭	頁碼
遭	二·三五九
誦	二·三六六
遰	二·四〇五
逗	二·四〇六
誘	二·四〇六
連	二·四一六
詪	二·四一九
遯	二·四二一
誧	二·四三二
迺	二·四三五
遮	二·四四三
詍	二·四四四
遱	二·四四五
逞	二·四四七
偏	二·四九三

字頭	頁碼
御	二·五一四
衛	二·五四七
跟	二·五七九
跽	二·五八〇
踽	二·五八二
□	二·五八四
踊	二·五八四
踄	二·五八八
□	二·五九三
□	二·五九八
跇	二·五九九
□	二·六〇二
□	二·六〇三
踒	二·六〇四
跣	二·六〇四

字頭	頁碼
□	二·六〇四
□	二·六四六
□	二·六五三
碭	二·六五三
□	二·六八二
碬	二·六八九
語	二·七一九
誦	二·七三三
誨	二·七三五
訣	二·七三七
諴	三·一四
記	三·一四
詰	三·一五
詔	三·一六
誓	三·一六

十四劃

詁	詁	三·一九
諫	諫	三·二〇
証	証	三·二三
説	説	三·二八
誐	誐	三·三七
誧	誧	三·四三
訏	評	三·五〇
詧	詧	三·五五
訹	訹	三·五八
詑	訛	三·五八
詐	詐	三·五九
誑	讙	三·六一
誣	誣	三·六二
詛	詛	三·六四
䛆	䛆	三·六五
諄	諄	三·六五
誒	謑	三·七八
誤	誤	三·九五
訶	訶	三·一〇六
訴	訴	三·一〇八
詗	詗	三·一一六
詆	詆	三·一一七
診	診	三·一二〇
詎	詎	三·一二八
誌	誌	三·一二八
語	語	三·一二八
詔	詔	三·一四〇
童	童	三·一四八
對	對	三·一六〇
業	業	三·一六九
僕	儀	三·一七〇
菐	菐	三·一七七
奉	奉	三·一八〇
與	與	三·二三〇
晨	晨	三·二四一
鞄	鞄	三·二六二
靼	靼	三·二六三
鞀	鞀	三·二六九
鞃	鞃	三·二七三
鞁	鞁	三·二七四
鞁	鞁	三·二七五
靶	靶	三·二七六
鞊	鞊	三·二八〇
鞅	鞅	三·二八六
鞑	鞑	三·二八七

十四劃

字頭	楷定	頁碼
敲	敲	三·三〇三
閺	閿	三·三七三
肄	肆	三·四九一
畫	畫	三·五〇五
緊	緊	三·五一九
臧	臧	三·五三四
殼	殼	三·五四五
毃	毃	三·五五四
㱿	㱿	三·五五九
殺	殺	三·五五九
鞁	鞁	三·六〇二
肇	肇	三·六一四
敷	敷	三·六三九
敕	敕	三·六四〇
敳	敳	三·六四六

字頭	楷定	頁碼
儆	儆	三·六四七
數	數	三·六八八
戰	戰	三·六九〇
鼓	鼓	三·六九一
敲	敲	三·六九五
毃	毃	三·七〇二
爾	爾	三·七七一
夐	夐	三·七七七
暖	暖	三·七八七
睴	睴	三·七八七
瞐	瞐	三·七九六
睽	睽	三·八〇七
督	督	三·八一六
睊	睊	三·八二三
睼	睼	三·八二三

字頭	楷定	頁碼
瞀	瞀	三·八二四
睩	睩	三·八三四
瞂	瞂	三·八三九
瞍	瞍	三·八四〇
瞂	瞂	四·一五
臱	臱	四·二一
鼻	鼻	四·四六
翟	翟	四·六一
翡	翡	四·六三
翠	翠	四·六三
羿	羿	四·六六
翦	翦	四·六六
翕	翕	四·六七
翜	翜	四·七七
雒	雒	四·八九

十四劃

字	頁碼
雁	四·二一〇
雐	四·二一八
雌	四·二二五
罹	四·二二五
奪	四·二三〇
蒦	四·二三八
蔑	四·二五五
羥	四·一八〇
⿰羊委	四·一八一
羣	四·一八一
鳳	四·二〇八
鳴	四·二五二
麼	四·二九五
壼	四·三三一
敳	四·三三四
敘	四·三六八
⿰虘又	四·三六九
殙	四·三七六
殛	四·三八一
募	四·三八二
殠	四·三八三
⿰歹豈	四·三八六
⿰歹欠	四·四〇〇
髀	四·四〇五
胎	四·四一四
腎	四·四二〇
脾	四·四二一
膏	四·四二五
膀	四·四二八
胂	四·四二九
脢	四·四二九
脽	四·四三七
腓	四·四四〇
膌	四·四五七
⿰月鬼	四·四七六
膎	四·四七九
⿰月兩	四·四八〇
膊	四·四八〇
腒	四·四八二
⿰月咅	四·四八三
⿰月員	四·四八四
⿰月貞	四·四八八
膜	四·四八八
⿰月弱	四·四八九
⿰月雚	四·四八九

劇	劋	罰	㓞	劀	劃	劻	筋	腏	腔	膌	腐	膜	膎	腏
劇	劋	罰	㓞	劀	劃	劻	筋	腏	腔	脊	腐	膜	膎	腏
劇	劋	罰	刻	劀	劃	罰	筋	腏	腔	脊	腐	膜	膎	
四·五七九	四·五七七	四·五七三	四·五六八	四·五六四	四·五六三	四·五二〇	四·五一五	四·五一五	四·五一四	四·五一三	四·五〇八	四·五〇二	四·五〇〇	四·四九八

十四劃

算	篓	等	簇	箬	筶	箘	弱	解	觜	骼	雜	翪	耕	耤
算	篓	等	簇	箬	筶	箘	弱	解	觜	爾	雜	翪	耕	耤
算	篓	等	簇	箬	筶	箘	觡	解	觜	骼	雜	翪	耕	
四·六五一	四·六四二	四·六四〇	四·六三八	四·六三三	四·六三三	四·六二八	四·六二三	四·六二三	四·六二三	四·六二三	四·六二二	四·六〇四	四·六〇〇	四·五九三

算	篓	簇	觚	筆	管	管	簸	簚	箝	篷	箈	箘	箸	簹
算	篓	簇	觚	筆	管	管	簸	簚	箝	篷	箈	箘	箸	簹
簨	篓	簇	觚	筆	管	管	簸	簚	箝			箘		
四·六九八	四·六九七	四·六九五	四·六九五	四·六九四	四·六九二	四·六八七	四·六八四	四·六八三	四·六七八	四·六七五	四·六七二	四·六五五	四·六五五	四·六五五

箕 四·七〇二
差 四·七三九
硯 四·七六四
寧 五·三五
嘗 五·七二
嘉 五·八六
豋 五·一〇三
[illegible] 五·一〇三
盡 五·二二二
竭 五·二三八
監 五·二三八
⿰山舀 五·二四二
[illegible] 五·二七〇
餅 五·三三二
養 五·三三五

餉 五·三五一
⿰飠占 五·三五八
⿰飠弋 五·三五九
飽 五·三六〇
⿰飠㐱 五·三七一
館 五·三七四
⿰飠朱 五·三七七
牄 五·四一七
錇 五·四四八
鍼 五·四五一
婸 五·四八五
麧 五·六三六
對 五·六三九
要 五·六八五
舞 五·六八五

韎 五·七〇一
⿰木林 五·七四一
梫 五·七五〇
[illegible] 五·七五四
棆 五·七五五
橘 五·七五五
栟 五·七六一
榛 五·七六五
楒 五·七六九
槽 五·七七五
⿰木畟 五·七八〇
樺 五·七八〇
檓 五·七八三
樛 五·七八八
槐 五·七九三

十四劃

字	頁碼
榖	五・七九四
榮	五・八〇三
椶	五・八三〇
槇	五・八四一
椻	五・八四三
榣	五・八四四
槀	五・八五二
榑	五・八五八
[illegible]	五・八六〇
榦	五・八六四
構	五・八六五
模	五・八六六
楮	五・八六九
[illegible]	五・八六九
櫰	五・八七四
[illegible]	五・八七五
槏	五・八八〇
槍	五・八八五
槈	五・八九六
槃	五・九〇七
榹	五・九一一
榼	五・九一五
槤	五・九一七
榺	五・九一九
槾	五・九二〇
[illegible]	五・九二四
榜	五・九三〇
槅	五・九五四
榷	五・九五六
横	五・九七〇
棱	五・九七二
檮	五・九七四
梱	五・九七八
樹	五・一〇〇三
槊	五・一〇〇六
榻	五・一〇〇七
槔	五・一〇〇七
敖	六・八〇
積	六・一〇九
稽	六・一一〇
巢	六・一一三
團	六・一三一
圖	六・一三四
園	六・一四四
[illegible]	六・一六六

資 六・一七四
賑 六・一七五
[illegible] 六・一八六
賓 六・二〇一
賒 六・二〇七
貰 六・二〇八
賕 六・二二五
賏 六・二三二
郡 六・二五一
鄙 六・二五八
郛 六・二六二
鄠 六・二七〇
[illegible] 六・二七二
郲 六・二七三
[illegible] 六・二七八

十四劃

[illegible] 六・二七八
郖 六・二八〇
[illegible] 六・二八一
[illegible] 六・二八二
[illegible] 六・二八五
郤 六・二九一
[illegible] 六・三〇四
[illegible] 六・三一〇
鄉 六・三一四
[illegible] 六・三一四
[illegible] 六・三一五
郢 六・三一五
鄢 六・三一六
鄘 六・三二一
鄞 六・三二九

䣜 六・三二九
郶 六・三三〇
[illegible] 六・三三九
鄣 六・三四四
郘 六・三四七
[illegible] 六・三五〇
[illegible] 六・三五五
[illegible] 六・三五五
[illegible] 六・三五八
鄝 六・三五八
鄿 六・三五九
[illegible] 六・三六〇
[illegible] 六・三六〇
[illegible] 六・三六四
晢 六・三八三

暉　六·三九八
暗　六·四一一
皆　六·四二二
㬎　六·四二七
暵　六·四二七
暜　六·四三七
暖　六·四三九
厤　六·四四一
暨　六·四四五
旗　六·四五五
旖　六·四六五
斿　六·四六五
朗　六·五○一
龠　六·五一二
夢　六·五二四

奮　六·五二五
祼　六·五三五
㝵　六·五三六
齊　六·五三九
鼏　六·五八四
鼏　六·五八四
種　六·六○○
稑　六·六○一
穉　六·六○一
概　六·六○二
稹　六·六○二
稻　六·六一二
稷　六·六一五
稊　六·六二四

褐　六·六二四
稭　六·六三三
稾　六·六三四
稷　六·六三七
稱　六·六四九
稷　六·六五九
黎　六·六七八
精　六·六八九
粹　六·七○一
糕　六·七○二
糧　六·七一五
舂　六·七○五
康　六·六八○

十四劃

察	察	六·七九六
實	實	六·八〇一
寬	寬	六·八三四
寡	寡	六·八三六
寠	寠	六·八四三
⿱宀索	⿱宀索	六·八五三
⿱宀執	⿱宀執	六·八六一
窨	窨	六·八八七
窬	窬	六·九〇一
寤	寤	七·六
寐	寐	七·八
寣	寣	七·一〇
瘣	瘣	七·二三
痟	痟	七·二九
瘍	瘍	七·三〇

瘻	瘻	七·三〇
⿸疒為	⿸疒爲	七·三一
瘖	瘖	七·三一
瘕	瘕	七·四四
瘧	瘧	七·四五
⿸疒扁	⿸疒扁	七·四八
⿸疒盍	⿸疒盍	七·四九
瘦	瘦	七·五七
瘌	瘌	七·六九
瘥	瘥	七·六九
瘉	瘉	七·七〇
⿱冖託	⿱冖託	七·七八
⿱罒毒	⿱罒毒	七·一二六
罪	罪	七·一二七
罧	罧	七·一三〇

罬	罬	七·一三三
置	置	七·一三九
署	署	七·一四一
罭	罭	七·一四三
罳	罳	七·一四四
⿱執巾	⿱執巾	七·一五八
幣	幣	七·一六〇
幘	幘	七·一六九
幔	幔	七·一七九
⿰巾祭	⿰巾祭	七·一八一
⿰巾俞	⿰巾俞	七·一八一
徽	徽	七·一八二
幖	幖	七·一八三
幡	幡	七·一八三
飾	飾	七·一八五

十四劃

幗	幗	七·二〇六
僮	僮	七·二五七
僎	僎	七·二七四
僕	僕	七·二九三
僚	僚	七·二九六
僨	僨	七·三〇一
僑	僑	七·三〇二
僤	僤	七·三〇四
僩	僩	七·三〇七
傓	傓	七·三一一
儌	儌	七·三一二
僾	僾	七·三一三
僟	僟	七·三一四
㒤	㒤	七·三二九
偺	借	七·三五二

僖	僖	七·三六六
偭	偭	七·三六七
⿰亻癸	⿰亻癸	七·三七二
傳	傳	七·三七三
⿰亻然	⿰亻然	七·三七九
僭	僭	七·三八〇
僞	偽	七·三八八
僐	僐	七·三九〇
⿰亻敫	⿰亻敫	七·三九二
債	債	七·三九四
僔	僔	七·四二〇
僊	僊	七·四三〇
僰	僰	七·四三〇
僥	僥	七·四三三
傔	傔	七·四三四

僦	僦	七·四三六
僧	僧	七·四三七
聚	聚	七·五一九
朢	望	七·五二五
監	監	七·五三九
褕	褕	七·五六八
⿰衤建	⿰衤建	七·五七三
褘	褘	七·五七四
褧	褧	七·五七八
裿	裿	七·五七九
⿰衤毒	⿰衤毒	七·五七九
褎	褎	七·五七九
褍	褍	七·五八七
複	複	七·五八八
褆	褆	七·五八八

十四劃

裂	裂	七·五八九
褊	褊	七·五九六
裂	裂	七·六〇九
裹	裹	七·六一三
褐	褐	七·六一四
複	複	七·六一五
製	製	七·六二二
臺	臺	七·六四七
壽	壽	七·六五一
毴	毴	七·六六二
乾	乾	七·六六三
髦	髦	七·六六四
屟	屟	七·六八三
屢	屢	七·六八六
屈	屈	七·六九一

艐	朕	七·七〇六
兟	兟	七·七六一
覣	覣	七·七七〇
規	規	七·七七一
覞	覞	七·七八六
歓	歓	七·七九三
歐	歐	七·七九四
歌	歌	七·七九八
歂	歂	七·七九八
歍	歍	七·七九九
歑	歑	七·八〇〇
歊	歊	七·八〇〇
欽	欽	七·八〇一
歔	歔	七·八〇五
欬	欬	七·八〇六

歃	歃	七·八〇八
歁	歁	七·八〇八
歉	歉	七·八〇九
欺	欺	七·八一六
頤	頤	八·九
領	領	八·一〇
碩	碩	八·一四
頰	頰	八·二〇
彭	彭	八·二三
頓	頓	八·二六
頗	頗	八·三〇
預	預	八·三七
脜	脜	八·三八
彰	彰	八·五九
髦	髦	八·七六

十四劃

⿱髟介	⿱髟介	八·八二
⿱髟目	髶	八·八三
詗	詗	八·九七
⿸厂耑	⿸厂耑	八·九八
⿱卷皿	卷	八·一一一
辟	辟	八·一三〇
匓	匓	八·一五八
⿹勹复	⿹勹复	八·一五九
䰠	䰠	八·一九〇
魂	魂	八·一九一
魄	魄	八·一九一
⿰鬼夫	⿰鬼夫	八·一九一
⿰鬼支	⿰鬼支	八·一九二
傀	傀	八·一九五
島	島	八·二一七

⿱臤山	⿱臤山	八·二一八
嶠	嶠	八·二三六
廏	廏	八·二五七
廣	廣	八·二六四
⿸广恩	⿸广恩	八·二六九
廙	廙	八·二八三
廔	廔	八·二八四
廑	廑	八·二八五
廖	廖	八·二九二
厜	厜	八·二九七
⿸厂敢	⿸厂敢	八·二九七
厬	厬	八·二九九
厲	厲	八·三〇二
⿸厂異	⿸厂異	八·三〇四
⿸厂晉	⿸厂晉	八·三〇八

厭	厭	八·三一五
碭	碭	八·三一七
磌	磌	八·三一八
⿰石咼	⿰石咼	八·三一九
碬	碬	八·三三〇
碧	碧	八·三三〇
⿰石彖	⿰石彖	八·三三一
磕	磕	八·三三二
碞	碞	八·三三五
⿰石晉	⿰石晉	八·三四〇
碌	碌	八·三四四
豧	豧	八·三八四
豨	豨	八·三八五
豪	豪	八·三九一
⿰豕系	⿰豕系	八·三九二

十四劃

豚	豚	八·四一〇
貍	貍	八·四二六
駁	駁	八·四六八
駇	駇	八·四七七
馶	馶	八·四七七
駠	駠	八·四七八
馭	馭	八·四八四
馮	馮	八·四八四
馲	馲	八·四八五
馸	馸	八·四九二
馵	馵	八·四九三
馹	馹	八·四九七
駃	駃	八·四九九
廌	廌	八·五〇四
㲋	㲋	八·五五三

焙	犃	八·五七六
獥	獥	八·五七七
㺒	㺒	八·五七八
㺑	㺑	八·五七八
㹜	㹜	八·五八二
猜	猜	八·五八四
㺡	㺡	八·六〇七
狻	狻	八·六一三
㱿	㱿	八·六一八
狼	狼	八·六一九
獌	獌	八·六二〇
獄	獄	八·六二四
獄	獄	八·六二五
熊	熊	八·六四〇
焌	焌	八·六四九

㸌	炁	八·六六四
熇	熇	八·六七一
熄	熄	八·六七七
熬	熬	八·六八〇
熩	熩	八·六八四
熑	熑	八·六九三
熅	熅	八·七〇〇
煌	煌	八·七〇六
煸	煸	八·七二九
煥	煥	八·七二九
𤉷	𤉷	八·七三三
粦	粦	八·七三五
黑	黑	八·七三八
熒	熒	八·七六〇
烴	烴	八·七六八

赫　赫　八·七六九
𡚁　𡚁　八·七九一
執　執　八·八六一
𡕧　𡕧　八·八七八
𡗗　𡗗　八·八七八
端　端　八·九一四
靖　靖　八·九一六
竭　竭　八·九一六
𥪰　𥪰　八·九一七
愨　愨　八·九五七
㥯　㥯　八·九六〇
愿　愿　八·九六五
悰　悰　八·九六八
怡　怡　八·九七一
悈　悈　八·九七七

十四劃

㤅　㤅　八·九七七
愻　愻　八·九八三
憲　憲　八·九八四
惟　惟　八·九八五
想　想　八·九八六
㦎　㦎　八·九八六
憀　憀　八·九八八
𡨦　𡨦　八·九八八
恃　恃　八·九九一
慒　慒　八·九九一
慕　慕　八·九九七
𢜊　𢜊　八·九九八
㥔　㥔　八·一〇〇二
慓　慓　八·一〇〇七
㥻　㥻　八·一〇一四

態　態　八·一〇一七
慢　慢　八·一〇一七
懣　懣　八·一〇二一
恑　恑　八·一〇二三
惏　惏　八·一〇二五
惛　惛　八·一〇二九
悔　悔　八·一〇三七
惆　惆　八·一〇三九
悵　悵　八·一〇三九
慘　慘　八·一〇四一
𢡉　𢡉　八·一〇四三
慇　慇　八·一〇四五
感　感　八·一〇四六
惔　惔　八·一〇四八
惙　惙　八·一〇四九

慯	慯	八・一〇四九
惂	惂	八・一〇四九
悴	悴	八・一〇五〇
慁	慁	八・一〇五〇
慽	慽	八・一〇五二
㥑	㥑	八・一〇五二
恐	恐	八・一〇五八
慴	慴	八・一〇六〇
愓	愓	八・一〇六一
⿰忄共	⿰忄共	八・一〇六二
惎	惎	八・一〇六三
⿱連心	⿱連心	八・一〇六六
憣	憣	八・一〇六七
悱	悱	八・一〇六七
慟	慟	八・一〇六八

十四劃

漾	漾	九・一九
漢	漢	九・二〇
漆	漆	九・二四
滻	滻	九・二五
潩	潩	九・二七
漳	漳	九・三一
淇	淇	九・三一
漸	漸	九・三六
湘	湘	九・三七
湞	湞	九・四一
渦	渦	九・四六
漷	漷	九・五〇
⿰氵虘	⿰氵虘	九・六六
滱	滱	九・六七
漹	漹	九・六九

渟	淳	九・七八
渦	涓	九・八〇
演	演	九・八三
湝	湝	九・八四
漻	漻	九・八七
漂	瀴	九・九八
湋	湋	九・一〇〇
測	測	九・一〇〇
湍	湍	九・一〇一
渾	渾	九・一〇四
清	清	九・一〇六
湜	湜	九・一〇七
滲	滲	九・一〇八
溷	溷	九・一〇八
漼	漼	九・一〇九

十四劃

字	頁碼
淵	九·一〇九
滿	九·一一三
漘	九·一三〇
滎	九·一三六
漥	九·一三六
潢	九·一三七
渠	九·一四〇
滴	九·一五〇
沃	九·一五三
津	九·一五四
渡	九·一五七
泝	九·一五九
湛	九·一六九
淒	九·一七一
漆	九·一七九

字	頁碼
漊	九·一七九
瀆	九·一八七
漚	九·一八七
渥	九·一八七
滯	九·一九〇
消	九·一九二
渴	九·一九二
滌	九·一九三
湯	九·二〇三
渜	九·二〇四
澆	九·二〇六
溲	九·二〇七
灑	九·二〇八
淤	九·二一〇
淰	九·二一一

字	頁碼
洒	九·二一七
漱	九·二一九
潎	九·二三五
涑	九·二四六
減	九·二四八
漕	九·二四九
漏	九·二五〇
溥	九·二五二
湲	九·二五四
溘	九·二五六
粼	九·二六五
澌	九·三〇七
滄	九·三一〇
涵	九·三一〇
霆	九·三一三

十四劃

⿱雨各	⿱雨各	九·三四五
⿱雨乑	⿱雨乑	九·三四九
需	需	九·三六五
⿱雨羽	⿱雨羽	九·三六七
⿰魚乞	⿰魚乞	九·三九一
臺	臺	九·四八八
閏	閏	九·五二五
閤	閤	九·五二五
閭	閭	九·五二七
⿵門殳	⿵門殳	九·五三一
開	開	九·五三五
閣	閣	九·五三八
⿵門夋	⿵門夋	九·五五三
閥	閥	九·五六四
聑	聑	九·五六八
聯	聯	九·五六九
聞	聞	九·五八二
⿰耳宰	⿰耳宰	九·五八八
聝	聝	九·五九二
掔	掔	九·六〇五
摳	摳	九·六〇五
拲	拲	九·六一七
摧	摧	九·六一九
握	握	九·六三七
提	提	九·六四〇
揗	揗	九·六四二
掾	掾	九·六四二
插	插	九·六四五
掬	掬	九·六四八
摕	摕	九·六四八
⿰手堇	⿰手堇	九·六五二
揣	揣	九·六五七
摜	摜	九·六五七
搔	搔	九·六五九
摽	摽	九·六五九
摘	摘	九·六六二
摲	摲	九·六六三
摺	摺	九·六六三
摟	摟	九·六六四
揂	揂	九·六六七
揚	揚	九·六六八
掀	掀	九·六七六
揭	揭	九·六七六
捎	捎	九·六七九
搫	搫	九·六八〇

十四劃

摍	⿰虫宿	九·六八八
蝯	援	九·六八九
蝘	揠	九·六九一
蝛	揻	九·六九四
⿰虫軍	揮	九·六九五
摹	蟇	九·六九九
⿰虫皆	揩	九·六九九
摶	蟤	九·七〇〇
⿰虫圂	⿰扌圂	九·七〇〇
⿰虫敫	撽	九·七〇五
摎	蟉	九·七〇六
摷	⿰虫巢	九·七一〇
摬	⿰虫竟	九·七一三
慳	⿰虫堅	九·七一四
蜎	捐	九·七二二
螋	搜	九·七二五
⿰扌㼌	⿰虫㼌	九·七二六
⿰虫僉	捻	九·七二七
摵	⿰虫戚	九·七二七
⿰扌雩	⿰虫雩	九·七二八
嫛	嫛	九·七七〇
嫗	嫗	九·七七九
嫄	嫄	九·八一二
[illegible]	[illegible]	九·八二一
媌	媌	九·八三〇
嫣	嫣	九·八三三
嫘	⿰女具	九·八三五
嫙	嫙	九·八四五
覣	⿱⿰禾見女	九·八四六
嫡	⿰女音	九·八四九
⿰女冤	⿰女冤	九·八五〇
⿰女業	姝	九·八五一
嫥	嫥	九·八五一
嫧	嫧	九·八五四
⿱埶女	[illegible]	九·八五七
媟	媟	九·八六九
⿰女虘	⿰女虘	九·八七五
媮	婾	九·八七六
媢	媢	九·八七八
婼	婼	九·八七八
嫯	嫯	九·八七九
嬒	嬒	九·八八〇
⿰女袁	⿰女袁	九·八八二
嫖	嫖	九·八八三
媥	媥	九·八八五

十四劃

字	頁碼
嫚	九·八八五
嫪	九·八八八
媕	九·八九三
婥	九·八九六
嬌	九·九〇一
嫠	九·九〇二
甗	九·九三五
肇	九·九四一
戟	九·九四七
戠	九·九七〇
戢	九·九七七
義	九·九九四
琵	九·一〇〇〇
匽	九·一〇二八
匱	九·一〇二八
匰	九·一〇三〇
豊	九·一〇三二
辪	九·一〇三七
盧	九·一〇三七
甍	九·一〇三九
瓴	九·一〇四五
甄	九·一〇四八
彄	九·一〇五七
彀	九·一〇七九
彉	九·一〇七九
彈	九·一〇七九
發	九·一〇八三
緆	九·一一一四
緒	九·一一三八
綜	九·一一四四
綹	九·一一四五
絹	九·一一四八
緈	九·一一六一
緢	九·一一六三
暴	九·一一六四
綝	九·一一七一
緂	九·一一七二
綺	九·一一七六
緊	九·一一八〇
綾	九·一一八二
縷	九·一一八五
綠	九·一一八六
緰	九·一一八六
綰	九·一一八九
綪	九·一一九一

十四劃

綼	綼	九·一一九五
緇	緇	九·一一九六
綟	綟	九·一一九八
緂	緂	九·一一九八
緌	緌	九·一二〇二
緄	緄	九·一二〇二
紳	紳	九·一二〇三
綬	綬	九·一二〇四
緺	緺	九·一二〇五
綸	綸	九·一二〇六
緥	緥	九·一二〇九
縦	縦	九·一二一一
綱	綱	九·一二一五
綫	綫	九·一二一七
緁	緁	九·一二一八

⿰糸爭	⿰糸爭	九·一二二三
維	維	九·一二二八
緐	緐	九·一二三〇
絠	絠	九·一二三七
緍	緡	九·一二三九
⿰糸咅	⿰糸咅	九·一二四三
緆	緆	九·一二五〇
緉	緉	九·一二五三
綢	綢	九·一二五四
緋	緋	九·一二七四
緅	緅	九·一二七五
綣	繙	九·一二七六
蜥	蜥	十·一八
蝘	蝘	十·一八
蝚	蝚	十·二〇

蜭	蜭	十·二一
萬	蠆	十·二三
蝤	蝤	十·二四
蝎	蝎	十·二五
蝝	蝝	十·三三
⿰長虫	⿰長虫	十·三六
⿰虫肉	蛸	十·三八
蜑	蜑	十·三九
⿱罒⿱巴虫	⿱罒⿱巴虫	十·四〇
蜨	蜨	十·四一
蝥	蝥	十·四三
蜙	蜙	十·四三
蜩	蜩	十·四五
蜺	蜺	十·四六
蜻	蜻	十·四八

十四劃

蜡	蜡	十・五〇
蝡	蝡	十・五〇
蜑	蜑	十・五二
蜦	蜦	十・五八
蝸	蝸	十・六〇
蜎	蜎	十・六一
⿰虫幽	⿰虫幽	十・六三
⿰虫匊	⿰虫匊	十・六四
蝦	蝦	十・六五
蜮	蜮	十・六六
蜽	蜽	十・六七
蝯	蝯	十・六七
蜼	蜼	十・六七
蛩	蛩	十・六八
蝠	蝠	十・六八

閩	閩	十・七〇
蝀	蝀	十・七七
蜢	蜢	十・七八
⿱叉䖵	蚤	十・八二
⿱夆䖵	⿱夆䖵	十・八三
⿱矛䖵	⿱矛䖵	十・八四
蜚	⿱非䖵	十・九四
颰	颰	十・一一一
颯	颯	十・一一四
颲	颲	十・一一五
颭	颭	十・一一六
黽	黽	十・一三二
⿱⿰忄舟一	恒	十・一六四
埄	埄	十・二〇五
墐	墐	十・二三五

墍	墍	十・二三六
墉	墉	十・二五四
墊	墊	十・二五八
墇	墇	十・二七三
塹	塹	十・二七九
⿰土虖	⿰土虖	十・二八二
⿸广坐	⿸广坐	十・二八三
塿	塿	十・二八三
堅	堅	十・二八四
塡	塡	十・三〇三
境	境	十・三〇三
塾	塾	十・三〇三
墜	墜	十・三〇五
墓	堇	十・三〇九
⿰目耎	⿰目耎	十・三五八

十四劃

睬	睬	十·三六四
暛	暛	十·三六四
暘	暘	十·三八八
勱	勱	十·四二三
勵	勵	十·四二三
動	動	十·四二七
勮	勮	十·四三一
勤	勤	十·四三三
銀	鋃	十·四六四
銅	銅	十·四六九
銑	銑	十·四七八
鋌	鋌	十·四九二
鉹	鉹	十·四九三
銒	銒	十·四九四
鉶	鉶	十·五〇九
銚	銚	十·五一一
鋈	鋈	十·五三三
鋻	鋻	十·五三三
銛	銛	十·五三九
鉇	鉇	十·五三九
鉵	鉵	十·五四三
鋞	鋞	十·五四六
銓	銓	十·五五五
銖	銖	十·五五五
鋋	鋋	十·五八一
銜	銜	十·六〇〇
鉻	鉻	十·六〇六
銕	銻	十·六一〇
銘	銘	十·六二二
斲	斲	十·六四七
㫁	㫁	十·六五四
斡	斡	十·六七〇
魁	魁	十·六七一
斠	斠	十·六七四
斞	斞	十·六八五
稂	稂	十·六九三
稭	秸	十·六九三
輕	輕	十·七〇七
輯	輯	十·七一〇
軓	軓	十·七一四
軨	軨	十·七一五
輑	輑	十·七一五
載	載	十·七三〇
輓	輓	十·七五〇
輔	輔	十·七五二

字	卷·頁
陬	十·七九六
⿰阝區	十·八〇八
降	十·八一〇
⿰阝頁	十·八一五
陊	十·八一五
障	十·八二一
⿰阝衣	十·八二五
際	十·八四〇
⿰阝亍	十·八六〇
綴	十·八六四
晉	十·八七四
巹	十·一〇〇三
辡	十·一〇四八
㱿	十·一〇八六
疑	十·一〇九四

字	卷·頁
䡅	十·一二五〇
酴	十·一二五九
酮	十·一二六〇
酷	十·一二六五
酺	十·一二七五
酲	十·一二七七
醙	十·一二八四
截	十·一二八四
酹	十·一二九二

【十五劃】

字	卷·頁
禛	一·九〇
禠	一·九二
禜	一·一七七
禡	一·一八四
祲	一·一九一
璠	一·二四五
瑾	一·二四五
瑜	一·二四六
瑛	一·二五五
璜	一·二六二
璋	一·二六四
瑬	一·二七四
瑩	一·二七六
璊	一·二七六
璅	一·二八五
璡	一·二八五
璁	一·二八五
瑚	一·二九六
琛	一·三〇〇
璀	一·三〇一

十五劃

第一行（右起）

珊	墫	萁	篳	蘩	褎	複	蔜	蔟	瞔	毗	嵲	薄	褎	薔
一·三〇七	一·三一〇	一·三八一	一·三八二	一·三九二	一·三九八	一·四〇〇	一·四〇一	一·四〇七	一·四一九	一·四二〇	一·四二二	一·四二三	一·四二五	一·四二六

第二行（右起）

薔	蕩	蔖	蕆	蘊	勒	蕫	葎	蔽	蔕	薐	董	葎	蒢	葛	葡	蒲	蒩	穚
一·四二六	一·四二七	一·四二七	一·四二七	一·四二八	一·四二九	一·四三〇	一·四三一	一·四三九	一·四四〇	一·四四一	一·四四二	一·四四三	一·四五二	一·四五六	一·四五九	一·四六一

第三行（右起）

葺	蕣	甚	蘚	甚	蘜	蔟	葽	蕤	蒦	薝	葆	蓓	隋	蔓	蓤	蔬	萺	蒢	蒩	藍
一·四六四	一·四六五	一·四六五	一·四六六	一·四六六	一·四六七	一·四六九	一·四七三	一·四七五	一·四七八	一·四七九	一·四八〇	一·四八三	一·四八九	一·四九〇	一·四九五	一·四九七

薀	蘊	一・四九八
蔫	蔫	一・四九八
蕢	蕢	一・五二二
蒩	蒩	一・五一九
蕝	蕝	一・五一九
葢	蓋	一・五二〇
⿱艹渴	⿱艹渴	一・五二一
⿱艹酤	⿱艹酤	一・五二三
⿱艹尊	⿱艹尊	一・五三五
⿱艹是	⿱艹是	一・五三六
⿱艹貫	⿱艹貫	一・五三七
蕘	蕘	一・五四八
蕉	蕉	一・五五〇
⿱艹囪	⿱艹囪	一・五五一
蕇	蕇	一・五六三

十五劃

蕨	蕨	一・五六三
莎	莎	一・五六三
葦	葦	一・五六五
葭	葭	一・五六五
蒙	蒙	一・五六六
蒃	蒃	一・五六八
萺	萺	一・五七三
蕃	蕃	一・五七八
草	草	一・五七九
⿱艹狐	⿱艹狐	一・五八六
蔬	蔬	一・五八八
蔵	蔵	一・五八九
詹	詹	一・六四三
犙	犙	一・七一〇
⿰牜坴	⿰牜坴	一・七一六

犕	犕	一・七三六
犀	犀	一・七五一
氂	氂	一・七五一
嗛	嗛	二・一
⿰口集	⿰口集	二・一
噍	噍	二・三
嘰	嘰	二・四
嘽	嘽	二・六
唾	唾	二・六
噓	噓	二・九
噱	噱	二・五三
噂	噂	二・五七
嘫	嘫	二・五九
嘾	嘾	二・一〇九
噎	噎	二・一〇九

十五劃

字	頁
噧	二·一一九
嘮	二·一二〇
噴	二·一二〇
嘺	二·一二一
嘵	二·一二三
噆	二·一二八
噳	二·一四六
嘲	二·一五一
趣	二·一九六
趞	二·二〇二
趦	二·二〇三
⿺走㕡	二·二〇三
⿺走囷	二·二〇五
⿺走有	二·二〇六
⿺走金	二·二一二

字	頁
趠	二·二一八
⿺走弗	二·二二〇
趜	二·二二一
趢	二·二二二
⿺走咅	二·二二六
趡	二·二二七
邁	二·三一五
邀	二·三一八
遵	二·三三四
遦	二·三三九
進	二·三四〇
遇	二·三五八
逢	二·三六三
遷	二·三八四
選	二·三九三

字	頁
送	二·三九三
逮	二·三九八
遲	二·四〇二
適	二·四〇七
遴	二·四一一
逭	二·四二〇
遺	二·四二三
遂	二·四二五
逵	二·四三七
迵	二·四四五
⿺辶𠂢	二·四四五
⿺辶賣	二·四四七
逖	二·四五一
迸	二·四六九
德	二·四七〇

十五劃

字	隸定	冊·頁
徲	徲	二·五〇三
徸	徸	二·五〇五
衙	衙	二·五四八
衛	衞	二·五四九
齒	齒	二·五五五
踝	踝	二·五七九
踦	踦	二·五八〇
跪	跪	二·五八〇
跽	跽	二·五八〇
踧	踧	二·五八一
踖	踖	二·五八一
踐	踐	二·五八九
踔	踔	二·五九〇
踤	踤	二·五九二
踞	踞	二·六〇一
踣	踣	二·六〇二
蹊	蹊	二·六〇三
踒	踒	二·六〇四
⿰⻊困	⿰⻊困	二·六〇四
⿰⻊非	⿰⻊非	二·六〇六
⿰冊司	⿰冊司	二·六三九
話	話	二·六五三
談	談	二·七二〇
諒	諒	二·七二一
請	請	二·七二三
諾	諾	二·七二五
諸	諸	二·七二七
諄	諄	二·七三八
詻	詻	二·七三九
闇	闇	二·七三九
諏	諏	二·七四一
論	論	二·七四二
詧	詧	三·六
諗	諗	三·二四
課	課	三·二四
試	試	三·二四
詮	詮	三·二七
詥	詥	三·三三
調	調	三·三三
諈	諈	三·三四
諉	諉	三·三五
誼	誼	三·三七
諓	諓	三·三七
詷	詷	三·三八
諍	諍	三·四九

十五劃

字頭	字形	頁碼
諎	諎	三·五六
諛	諛	三·五七
訛	詐	三·五九
誹	誹	三·六三
詶	詶	三·六四
誃	誃	三·六五
詯	詯	三·七九
訾	訾	三·八〇
詾	詾	三·八一
諂	諂	三·八三
訮	訮	三·八三
說	說	三·八六
誂	誂	三·八六
誒	詄	三·八六
謈	謈	三·八六

字頭	字形	頁碼
誇	誇	三·八七
誕	誕	三·八七
諣	諣	三·九一
諕	諕	三·九二
誤	誤	三·九五
註	註	三·九五
𧩝	𧩝	三·九六
諆	諆	三·九七
𧩨	𧩨	三·一〇二
詾	詾	三·一〇四
𧧑	𧧑	三·一〇七
誎	誎	三·一一二
誶	誶	三·一一三
詰	詰	三·一一三
詘	詘	三·一一六

字頭	字形	頁碼
誰	誰	三·一一七
誅	誅	三·一二一
詬	詬	三·一二四
詢	詢	三·一二七
訣	訣	三·一二八
詔	詔	三·一四〇
樊	樊	三·二一一
鞈	鞈	三·二六一
鞏	鞏	三·二六五
靶	靷	三·二六六
鞎	鞎	三·二七二
𩋙	𩋙	三·二七五
𩊲	𩊲	三·二八〇
鞈	鞈	三·二八一
敲	敲	三·三〇三

融	融	三・三一二
飌	飌	三・三五六
閧	鬭	三・三七四
豎	豎	三・五二〇
毆	毆	三・五五四
毅	毅	三・五六〇
[illegible]	尋	三・五八六
導	導	三・五九七
徹	徹	三・六一二
數	數	三・六四〇
敹	敹	三・六五六
敲	敲	三・六五七
敶	敶	三・六五九
敵	敵	三・六五九
戰	戰	三・六九〇

斁	斁	三・六九八
夐	夐	三・七七七
閿	閿	三・七七八
睔	睔	三・七八九
[illegible]	[illegible]	三・八〇九
[illegible]	瞲	三・八一〇
睦	睦	三・八一五
瞋	瞋	三・八二〇
䁘	䁘	三・八二三
䁮	䁮	三・八二三
眷	眷	三・八二四
䁊	瞑	三・八二六
[illegible]	眼	三・八三一
眢	眢	三・八四〇
睡	睉	三・八四〇

頡	頡	四・一六
鼻	鼻	四・二一
魯	魯	四・二五
奭	奭	四・四九
翫	翫	四・五六
翟	翟	四・五九
翦	翦	四・六三
翰	翰	四・六四
翭	翭	四・六五
翬	翬	四・六七
翩	翩	四・六九
翾	翾	四・六九
翔	翔	四・七四
翎	翎	四・七八
䧹	鷹	四・一〇六

十五劃

字頭	隸定	頁碼
瞢	瞢	四・一五三
薎	蔑	四・一五五
⿱㚘牛	⿱㚘牛	四・一七五
羭	羭	四・一七八
羯	羯	四・一七九
⿰羊垔	⿰羊垔	四・一八二
鳺	鳺	四・二三五
魴	魴	四・二三五
駃	駃	四・二三六
⿰馬乏	⿰馬乏	四・二三七
鴈	鴈	四・二三三
鴾	鴾	四・二三七
鳽	鳽	四・二四一
⿰亻鳥	⿰亻鳥	四・二四八
⿰火鳥	⿰火鳥	四・二五一

字頭	隸定	頁碼
⿱分鳥	⿱分鳥	四・二五四
棄	棄	四・二七九
疐	疐	四・三二一
罽	罽	四・三四二
殟	殟	四・三八〇
殤	殤	四・三八〇
殣	殣	四・三八三
殠	殠	四・三八三
⿰歹豈	⿰歹豈	四・三八六
骿	骿	四・四〇七
⿰骨舌	⿰骨舌	四・四〇九
骹	骹	四・四〇九
骭	骭	四・四〇九
骸	骸	四・四〇九
骼	骼	四・四一一

字頭	隸定	頁碼
骴	骴	四・四一二
骫	骫	四・四一二
腜	腜	四・四一三
胃	胃	四・四二三
腸	腸	四・四二四
腴	腴	四・四三七
腨	腨	四・四四一
膌	膌	四・四五四
膢	膢	四・四六二
腬	腬	四・四六五
腯	腯	四・四六七
膘	膘	四・四七七
胥	胥	四・四七七
腝	腝	四・四八三
腥	腥	四・四八五

字	隸定	頁碼
⿰月柬	⿰月枼	四·四九五
膞	膞	四·四九八
膠	膠	四·五〇三
筋	筋	四·五一六
劊	劊	四·五五一
劌	劌	四·五五四
劈	劈	四·五六一
剝	剝	四·五六六
⿰尊刀	⿰尊刂	四·五七七
魝	⿰魚刂	四·五七八
劇	劇	四·五七九
耦	耦	四·五九一
耡	耡	四·六〇一
觬	觬	四·六〇四
觭	觭	四·六〇六

十五劃

字	隸定	頁碼
觰	觰	四·六一二
⿰角匝	⿰角巨	四·六二三
箭	箭	四·六二八
⿱竹息	⿱竹息	四·六三三
篆	篆	四·六三七
篇	篇	四·六三七
篁	篁	四·六三八
⿱竹枼	⿱竹枼	四·六三八
⿱竹觔	⿱竹⿰角刂	四·六五九
篅	篅	四·六六九
⿱竹昜	⿱竹昜	四·六七〇
箯	箯	四·六七一
箠	箠	四·六七五
箱	箱	四·六八〇
箴	箴	四·六八八

字	隸定	頁碼
箾	箾	四·六八九
⿱竹⿷匚是	⿱竹⿺辶是	四·六九〇
箹	箹	四·六九二
篎	篎	四·六九三
築	筑	四·六九三
篍	篍	四·六九五
算	算	四·六九八
箕	箕	四·七〇二
猒	猒	四·七七二
寧	寧	五·三五
嘗	嘗	五·七二
嘉	嘉	五·八六
鼓	鼓	五·八九
豐	豐	五·一〇〇
[illegible]	彝	五·一〇三

十五劃

虢	五·一五七
盡	五·二一二
堎	五·二一八
盡	五·二三三
𢍰	五·二七〇
餈	五·三三三
餔	五·三四八
餉	五·三五一
䬜	五·三六〇
䬼	五·三六二
餘	五·三六二
餓	五·三七五
䬽	五·三七七
餕	五·三七七
䍃	五·四四六
𩫖	五·五五四
管	五·五五八
𩫏	五·五五九
𣗳	五·六二九
麩	五·六三七
麫	五·六三七
憂	五·六五五
𩏑	五·七〇七
磔	五·七二二
櫨	五·七三四
槢	五·七五三
槉	五·七五六
樕	五·七五七
𧇯	五·七五八
梈	五·七六一
𣜿	五·七六九
樣	五·七七〇
楷	五·七七七
樜	五·七八一
樗	五·七八二
機	五·七八三
椷	五·七八三
檉	五·七八四
㲉	五·七九四
橎	五·八〇六
榆	五·八〇六
樠	五·八一二
樅	五·八一二
標	五·八四二
樛	五·八四四

槮	槮	五・八四八
槷	槷	五・八五一
榦	榦	五・八六四
樘	樘	五・八六八
樀	樀	五・八七八
樞	樞	五・八八〇
樓	樓	五・八八〇
槾	槾	五・八八三
椳	椳	五・八八三
榍	榍	五・八八四
槩	概	五・九〇四
楷	楷	五・九〇五
槶	槶	五・九二三
槽	槽	五・九三六
樂	樂	五・九三九

槧	槧	五・九四九
樠	樠	五・九五四
橋	橋	五・九五七
樔	樔	五・九六三
橫	橫	五・九七〇
楄	楄	五・九七九
標	標	五・九八三
[illegible]	[illegible]	五・九九九
樕	樕	五・一〇〇三
椿	椿	五・一〇〇七
賣	賣	六・八〇
[illegible]	[illegible]	六・八一
稽	稽	六・一一〇
[illegible]	[illegible]	六・一一二
團	團	六・一三一

壼	壼	六・一四〇
賄	賄	六・一七一
賢	賢	六・一七五
賚	賚	六・一八七
賞	賞	六・一八八
賜	賜	六・一八九
質	質	六・二〇九
賫	賫	六・二二六
賤	賤	六・二三〇
賦	賦	六・二三一
賓	賓	六・二三七
賣	賣	六・二三七
賭	賭	六・二三四
[illegible]	貽	六・二三四
鄰	鄰	六・二五七

十五劃

鄯	六・二六四
郘	六・二六五
郁	六・二六九
鄭	六・二七四
部	六・二七九
鄠	六・二八二
鄨	六・二八五
[illegible]	六・二九一
鄲	六・三〇一
鄦	六・三〇五
[illegible]	六・三一二
鄧	六・三一二
䣝	六・三一五
鄗	六・三一七
郫	六・三三三
鄱	六・三二四
郴	六・三二六
䢹	六・三二八
[illegible]	六・三二八
䣉	六・三二八
[illegible]	六・三四〇
[illegible]	六・三四一
郯	六・三四六
鄫	六・三四八
郳	六・三五二
郣	六・三五四
鄿	六・三五四
䣑	六・三五六
[illegible]	六・三五七
鋁	六・三五八
瀄	六・三五九
郡	六・三六二
郒	六・三六四
曄	六・三九八
晻	六・四一一
暫	六・四一六
睢	六・四二一
暵	六・四三〇
暬	六・四三五
旗	六・四五五
旟	六・四六三
㮚	六・五五八
牒	六・五七四
牑	六・五七五
牖	六・五七五

牏	牏	六·五七六
鼏	鼏	六·五八一
稼	稼	六·五九八
稺	稺	六·六〇一
稹	稹	六·六〇二
穊	穊	六·六〇二
穆	穆	六·六〇五
稷	稷	六·六〇八
穄	穄	六·六一二
稻	稻	六·六一二
稴	稴	六·六一五
穎	穎	六·六一九
穅	穅	六·六三〇
穛	穛	六·六三三
稿	稾	六·六三四

𥠇	𥠇	六·六三七
毇	毇	六·六四六
𪏰	𪏰	六·六七七
黎	黎	六·六七八
粱	粱	六·六八五
糂	糂	六·六九二
糈	糈	六·六九六
糉	糉	六·七〇二
粦	粦	六·七三六
寪	寪	六·七七九
寫	寫	六·八二五
寑	寑	六·八三〇
寬	寬	六·八三四
寂	寂	六·八五六
窨	窨	六·八八七

窯	窯	六·八八七
窳	窳	六·八九九
竇	竇	六·九〇四
窮	窮	六·九〇八
竂	竂	六·九一〇
寤	寤	七·六
瘣	瘣	七·二三
瘨	瘨	七·二五
瘼	瘼	七·二六
𤹪	𤹪	七·二六
𤸱	𤸱	七·三〇
瘖	瘖	七·三一
瘚	瘚	七·三七
瘤	瘤	七·三八
瘜	瘜	七·四一

瘒	瘒	瘒	七·四八
⿸疒盍	⿸疒盍	⿸疒盇	七·四九
痳	痳	痳	七·五三
瘢	瘢	瘢	七·五六
⿸疒恖	⿸疒恖	⿸疒恖	七·六七
⿸疒衰	⿸疒衰	⿸疒衰	七·七〇
罶	罶	罶	七·一二九
罷	罷	罷	七·一三九
罯	罯	罯	七·一四一
罵	罵	罵	七·一四一
憁	憁	憁	七·一七五
⿰巾兼	⿰巾兼	⿰巾兼	七·一七九
⿰巾俞	⿰巾俞	⿰巾俞	七·一八二
幡	幡	幡	七·一八三
幝	幝	幝	七·一八四

幠	幠	幠	七·一八五
幩	幩	幩	七·一九九
幢	幢	幢	七·二〇六
幟	幟	幟	七·二〇六
幞	幞	幞	七·二〇七
⿰目隺	⿰目隺	⿰目隺	七·二二七
⿰目豈	⿰目豈	⿰目豈	七·二二七
皛	皛	皛	七·二三九
儇	儇	儇	七·二九二
儆	儆	儆	七·三一二
僾	僾	僾	七·三一三
儋	儋	儋	七·三一九
儃	儃	儃	七·三三九
儀	儀	儀	七·三五九
僖	僖	僖	七·三六六

儉	儉	儉	七·三六七
億	億	億	七·三七〇
⿰亻屛	⿰亻屛	⿰亻屛	七·三七八
僻	僻	僻	七·三八六
傜	傜	傜	七·三九一
僵	僵	僵	七·三九四
僇	僇	僇	七·四一五
⿰亻夐	⿰亻夐	⿰亻夐	七·四二〇
儈	儈	儈	七·四三五
儥	儥	儥	七·四三五
價	價	價	七·四三六
徵	徵	徵	七·五二二
襁	襁	襁	七·五七一
⿰衤壽	⿰衤壽	⿰衤壽	七·五七九
⿴衣夾	⿴衣夾	⿴衣夾	七·五七九

十五劃

褢	褢	七·五八〇
褎	褎	七·五八七
褫	褫	七·六一〇
⿺毛隹	⿺毛隹	七·六六二
⿺毛㒼	⿺毛㒼	七·六六三
毳	毳	七·六六五
⿸尸奠	⿸尸奠	七·六六九
屠	屠	七·六八二
層	層	七·六八六
履	履	七·六九四
艐	艐	七·七〇六
艎	艎	七·七二一
覣	覣	七·七七〇
覞	覞	七·七七〇
親	親	七·七七一
⿰来見	⿰来見	七·七七四
覢	覢	七·七七七
靚	靚	七·七八二
歔	歔	七·七九二
歌	歌	七·七九八
⿰馬欠	⿰馬欠	七·七九九
⿸厂⿰𠂤欠	⿸厂⿰𠂤欠	七·八〇〇
歊	歊	七·八〇〇
⿰䍃欠	⿰䍃欠	七·八〇一
歎	歎	七·八〇二
⿱髟欠	欸	七·八〇四
歐	歐	七·八〇四
歑	歑	七·八〇四
⿰齒欠	⿰齒欠	七·八〇五
⿸厂⿰束欠	⿸厂⿰束欠	七·八一六
歆	歆	七·八一七
盜	盜	七·八三五
頟	頟	八·八
⿰女頁	⿰女頁	八·八
頜	頜	八·九
頢	頢	八·一八
頸	頸	八·一八
頎	頎	八·一九
⿰昃頁	⿰昃頁	八·二〇
頫	頫	八·二四
頤	頤	八·二四
頡	頡	八·二五
⿰出頁	⿰出頁	八·二六
⿰犭頁	⿰犭頁	八·二七
頛	頛	八·二八

十五劃

頪 頪 八·一三
頦 頦 八·三四
[illegible] [illegible] 八·四四
彰 彰 八·五九
[illegible] [illegible] 八·七二
髮 髮 八·七四
髦 髦 八·七六
髲 髲 八·八〇
[illegible] [illegible] 八·八一
鬀 鬀 八·八三
髻 髻 八·八六
栔 栔 八·一一〇
[illegible] [illegible] 八·一三四
魄 魄 八·一九一
鬾 鬾 八·一九二

魃 魃 八·一九四
[illegible] [illegible] 八·二一八
崋 崋 八·二一九
隓 隓 八·二二六
嶬 嶬 八·二二七
[illegible] [illegible] 八·二二九
嶢 嶢 八·二三二
嶙 嶙 八·二三五
嶠 嶠 八·二三六
嶏 嶏 八·二四〇
嶏 嶏 八·二四〇
廇 廇 八·二五一
廡 廡 八·二五三
廚 廚 八·二五五
廛 廛 八·二六七

[illegible] [illegible] 八·二六九
廉 廉 八·二六九
廙 廙 八·二八三
廢 廢 八·二八五
廟 廟 八·二八五
廞 廞 八·二九〇
[illegible] [illegible] 八·二九七
厱 厱 八·三〇三
[illegible] [illegible] 八·三一四
磏 磏 八·三一九
磒 磒 八·三二一
[illegible] [illegible] 八·三二一
硍 硍 八·三二二
磕 磕 八·三二二
磿 磿 八·三二三

十五劃

字頭	隸定	頁碼
晢	晢	八·三三七
磑	磑	八·三四〇
⿰石鬲	⿰石鬲	八·三四三
磊	磊	八·三四三
肆	肆	八·三五一
豬	豬	八·三七八
豭	豭	八·三八一
彙	彙	八·四〇〇
貓	貓	八·四二九
豫	豫	八·四四七
駒	駒	八·四五九
駓	駓	八·四六七
駮	駮	八·四七七
駜	駜	八·四七七
駕	駕	八·四七九
駟	駟	八·四八一
駙	駙	八·四八二
駊	駊	八·四八二
駒	駒	八·四八六
駃	駃	八·四八九
駐	駐	八·四九一
駗	駗	八·四九一
駘	駘	八·四九四
駔	駔	八·四九四
駧	駧	八·四九八
駃	駃	八·四九九
麃	麃	八·五三一
麀	麀	八·五四三
獢	獢	八·五七四
猥	猥	八·五七七
⿰犭參	⿰犭參	八·五七八
獎	獎	八·五七八
⿰犭番	⿰犭番	八·五七九
猲	猲	八·五八〇
獜	獜	八·五八五
獠	獖	八·五九四
獘	獘	八·六〇一
獟	獟	八·六〇七
⿱殸犬	⿱殸犬	八·六一八
獌	獌	八·六二〇
猵	猵	八·六二三
獄	獄	八·六二四
能	能	八·六三四
尞	尞	八·六五一
燔	燔	八·六六二

熚	熚	八·六六四
熯	熯	八·六六六
熮	熮	八·六六八
熲	熲	八·六七〇
熛	熛	八·六七一
羨	羨	八·六七五
煨	煨	八·六七七
熄	熄	八·六七七
燭	燭	八·六八七
熜	熜	八·六八八
熷	熷	八·六九六
煸	焯	八·七〇二
熠	熠	八·七〇三
熱	爇	八·七一三
熭	熭	八·七二七

赭	赭	八·七六八
夐	夐	八·八三八
趥	趥	八·八四〇
𧽝	𧽝	八·八四一
壺	壺	八·八四二
報	報	八·八七三
奢	奢	八·八七五
暴	暴	八·八八五
𥽈	𥽈	八·八八五
睪	睪	八·八九二
竢	竢	八·九一六
竣	竣	八·九一七
替	替	八·九二七
巤	巤	八·九三一
慮	慮	八·九三六

情	情	八·九四五
意	意	八·九四七
憕	憕	八·九六三
惲	惲	八·九六四
愊	愊	八·九六五
慧	慧	八·九六六
憭	憭	八·九六六
悊	悊	八·九六七
慈	慈	八·九七二
憳	憳	八·九七五
㥯	㥯	八·九七七
慶	慶	八·九七八
愃	愃	八·九八三
愻	愻	八·九八三
憮	憮	八·九九二

慰	慰	八・九九三
㥼	㥼	八・九九四
⿰忄曳	⿰忄曳	八・九九五
愒	愒	八・一〇〇四
⿰忄亟	⿰忄亟	八・一〇〇六
憪	憪	八・一〇一二
惷	惷	八・一〇一五
⿰忄象	⿰忄象	八・一〇一七
憜	憜	八・一〇一八
慫	慫	八・一〇一九
愓	愓	八・一〇二三
憧	憧	八・一〇二三
憰	憰	八・一〇二三
憒	憒	八・一〇三〇
悁	悁	八・一〇三二
憎	憎	八・一〇三六
⿰忄彖	⿰忄彖	八・一〇三七
憤	憤	八・一〇三九
憯	憯	八・一〇四一
悽	悽	八・一〇四一
惻	惻	八・一〇四二
慇	慇	八・一〇四五
慅	慅	八・一〇四六
惴	惴	八・一〇四八
⿱敖心	⿱敖心	八・一〇五一
悄	悄	八・一〇五二
憚	憚	八・一〇五七
惶	惶	八・一〇六二
慹	慹	八・一〇六二
慙	慙	八・一〇六五
憐	憐	八・一〇六五
憬	憬	八・一〇六七
⿱沾心	⿱沾心	八・一〇六八
⿱㳄心	⿱㳄心	八・一〇六九
潼	潼	九・八
淅	淅	九・一二
溫	温	九・一四
滇	滇	九・一五
浪	浪	九・二三
湟	湟	九・二三
澇	澇	九・二四
淯	淯	九・二六
蕩	蕩	九・三三
涯	涯	九・三五
潓	潓	九・三六

十五劃

潭 九・三九
[illegible] 九・四一
潕 九・四二
溠 九・四四
溳 九・四四
潁 九・四五
潧 九・四八
淩 九・四八
[illegible] 九・六一
湳 九・六八
滜 九・七二
湞 九・七三
溥 九・七六
滔 九・七九
潒 九・八一

潔 九・八一
潚 九・八二
渙 九・八三
潝 九・九三
滕 九・九三
潏 九・九五
澐 九・九六
淪 九・九七
溶 九・一〇六
激 九・一〇六
潤 九・一〇七
潿 九・一〇八
潯 九・一一二
潪 九・一一三
潰 九・一一八

溽 九・一二一
滋 九・一二三
瀆 九・一二九
涘 九・一二九
潨 九・一三三
滎 九・一三六
溝 九・一四〇
澗 九・一四七
澳 九・一四七
潛 九・一六一
澰 九・一七一
湨 九・一七一
澍 九・一七二
潦 九・一七三
滈 九・一七九

十五劃

字	頁碼
溦	九・一七九
涵	九・一八六
淮	九・一八八
泐	九・一九〇
澌	九・一九一
潐	九・一九二
湆	九・一九五
潤	九・一九八
準	九・一九八
浚	九・二〇八
潘	九・二〇九
滓	九・二一〇
漀	九・二一三
漿	九・二一四
澆	九・二一六
滈	九・二一七
溢	九・二一七
瀸	九・二一八
滄	九・二一九
塗	九・二三五
潸	九・二四五
減	九・二四八
湏	九・二五一
潺	九・二五四
淼	九・二五五
潔	九・二五五
潩	九・二五六
⿱雨害	九・三三三
震	九・三三四
霄	九・三三六
零	九・三四六
霖	九・三四七
霓	九・三四八
䨞	九・三四九
魴	九・三八七
魵	九・三九四
魳	九・三九四
魦	九・三九五
魿	九・四〇一
魧	九・四〇三
⿰魚夫	九・四〇五
⿰魚匕	九・四〇五
魮	九・四〇六
靠	九・四四五
垔	九・四九八

十五劃

閭	閭	九·五二七
閬	閬	九·五三三
⿵門阿	⿵門阿	九·五四七
閱	閱	九·五六〇
聥	聥	九·五八一
⿸厂齊	廦	九·五九六
⿱龹舛	拳	九·六〇四
撎	撎	九·六〇六
搯	搯	九·六一六
搜	捘	九·六一九
⿰扌垔	挫	九·六二〇
摯	縶	九·六二七
搏	搏	九·六三〇
掤	掤	九·六三六
撣	撣	九·六三八
搞	搞	九·六三九
撩	撩	九·六四四
掄	掄	九·六四五
搤	搤	九·六四七
搣	搣	九·六四七
撮	撮	九·六四八
掬	掬	九·六四八
撿	拚	九·六五〇
撫	撫	九·六五五
撓	撓	九·六六〇
擖	擖	九·六六一
搳	搳	九·六六二
擵	擵	九·六六五
搖	搖	九·六六六
搈	搈	九·六六六
⿰扌貳	⿰扌貳	九·六六六
撟	撟	九·六七九
搫	搫	九·六八〇
損	損	九·六八二
撥	撥	九·六八四
摣	摣	九·六八九
擣	擣	九·六九一
攓	攓	九·六九三
探	探	九·六九三
撢	撢	九·六九三
撆	撆	九·六九四
摩	摩	九·六九五
掍	掍	九·六九五
揖	揖	九·六九六
撞	撞	九·六九六

十五劃

播	九·七〇三
撻	九·七〇六
捘	九·七〇九
挨	九·七一一
撲	九·七一一
搉	九·七一三
撚	九·七一七
撅	九·七一九
搵	九·七二〇
搒	九·七二〇
捷	九·七二三
換	九·七二五
嬀	九·七五〇
⿰女然	九·七五三
鬼妻	九·七六九

媊	九·八〇九
嬃	九·八一三
嫽	九·八一四
媢	九·八一九
嫵	九·八二〇
嫿	九·八三〇
嬌	九·八三一
嫋	九·八三五
嫺	九·八四七
嫡	九·八四九
嫥	九·八五一
嫜	九·八五九
嫌	九·八七八
⿰女善	九·八七九
嫖	九·八八二

嫸	九·八八七
嬈	九·八九一
娷	九·八九六
嬌	九·九〇一
嬋	九·九〇一
戟	九·九四七
截	九·九六〇
戮	九·九六三
戭	九·九六五
琴	九·九九七
瑟	九·九九八
琶	九·一〇〇〇
匯	九·一〇二九
⿱艹豆	九·一〇三九
甌	九·一〇四二

甂	甂	九・一〇四四
甐	甐	九・一〇四八
彈	彈	九・一〇八〇
緜	緜	九・一一二六
緬	緬	九・一一三八
綃	綃	九・一一三九
緒	緒	九・一一四〇
緯	緯	九・一一四五
緷	緷	九・一一四六
縕	縕	九・一一五七
緈	緈	九・一一六一
縒	縒	九・一一六二
縃	縃	九・一一六八
締	締	九・一一六九
緭	緭	九・一一七六

練	練	九・一一七八
縷	縷	九・一一八五
絹	絹	九・一一八五
綠	綠	九・一一八六
緹	緹	九・一一九一
綼	綼	九・一一九五
緇	緇	九・一一九六
緺	緺	九・一二〇五
縌	縌	九・一二〇五
緣	緣	九・一二〇八
緥	緥	九・一二〇九
緟	緟	九・一二一二
緉	緉	九・一二一五
緛	緛	九・一二一九
緱	緱	九・一二三〇

縋	縋	九・一二三五
緎	緎	九・一二三六
編	編	九・一二三七
緧	緧	九・一二三四
縆	緪	九・一二三六
綆	綆	九・一二三六
緝	緝	九・一二四四
緫	緫	九・一二五〇
緰	緰	九・一二五一
緶	緶	九・一二五一
緻	緻	九・一二五二
縕	縕	九・一二五五
緗	緗	九・一二七四
縈	素	十・一
蝮	蝮	十・一四

十五劃

字頭	楷定	卷・頁
[illegible]	蚦	十・一四
螝	螝	十・一六
蝘	蝘	十・一八
螟	螟	十・一九
蝚	蝚	十・二〇
蝤	蝤	十・二四
蝎	蝎	十・二五
蝹	蝹	十・三三
蝝	蝝	十・三三
螘	螘	十・三五
蝱	蝱	十・三六
蝒	蝒	十・三六
蜋	蜋	十・三七
蛢	蛢	十・三八
[illegible]	[illegible]	十・三九
蜸	蜸	十・四〇
蝍	蝍	十・四〇
蜨	蜨	十・四一
螌	螌	十・四二
蝥	蝥	十・四三
蝑	蝑	十・四四
蝗	蝗	十・四五
螇	螇	十・四七
蜻	蜻	十・四八
[illegible]	[illegible]	十・四九
蜽	蜽	十・四九
蛸	蛸	十・四九
蝡	蝡	十・五〇
蜦	蜦	十・五八
蝓	蝓	十・六一
[illegible]	[illegible]	十・六三
蝦	蝦	十・六五
蝯	蝯	十・六七
蝙	蝙	十・六八
蝠	蝠	十・六八
蝨	蝨	十・八三
[illegible]	[illegible]	十・八七
蟁	蟁	十・八七
蟲	蟲	十・九二
[illegible]	[illegible]	十・一一六
墺	壞	十・一九七
墣	墣	十・二〇六
堵	堵	十・二一四
墳	墳	十・二一六
墬	墬	十・二三五

墀	墀	十·二二六
墨	墨	十·二四七
塒	塒	十·二五〇
墉	墉	十·二五四
墣	墣	十·二五七
增	增	十·二六〇
墬	埵	十·二七一
墇	墇	十·二七三
墠	墠	十·二七四
壔	壔	十·二八五
瘞	瘞	十·二八八
墤	墤	十·二九〇
塗	塗	十·三〇二
境	境	十·三〇三
塔	塔	十·三〇五

十五劃

畿	畿	十·三七一
晼	晼	十·三七二
暖	晙	十·三八〇
勵	勵	十·四二三
劉	劉	十·四二六
勮	勮	十·四三一
勰	勰	十·四四九
銀	銀	十·四六四
鋈	鋈	十·四六五
鋚	鋚	十·四七五
銑	銑	十·四七八
銷	銷	十·四九〇
鋏	鋏	十·四九二
鋞	鋞	十·五〇五
銼	銼	十·五〇八

鋗	鋗	十·五二〇
鋊	鋊	十·五二一
鋑	鈹	十·五三一
鋣	鉺	十·五四九
銳	銳	十·五五三
鋝	鋝	十·五五六
鋡	鈴	十·五六六
鋋	鋋	十·五八一
鋧	銃	十·五八二
鋻	鋻	十·五九六
鋃	鋃	十·六〇二
鋂	鋂	十·六〇二
鋪	鋪	十·六〇三
銽	銽	十·六〇五
銻	銕	十·六一〇

十五劃

字	卷·頁
鋑	十·六二一
新	十·六五四
斡	十·六七〇
斣	十·六八五
稽	十·六九三
輜	十·七〇三
輬	十·七〇七
輣	十·七〇八
輢	十·七一四
輮	十·七二〇
輥	十·七二一
輨	十·七二五
暈	十·七二六
範	十·七三七
輖	十·七三九
輩	十·七三九
輚	十·七四一
輟	十·七四二
輪	十·七四四
輗	十·七四六
輐	十·七四七
輂	十·七四七
輦	十·七四八
輓	十·七五〇
軖	十·七五〇
陂	十·七九五
限	十·七九八
阮	十·七九九
隥	十·八〇〇
陃	十·八〇一
陜	十·八〇一
陟	十·八〇二
隤	十·八〇八
陘	十·八一八
隩	十·八二三
陝	十·八二五
⿰阝無	十·八二六
⿰阝告	十·八二八
除	十·八三八
陛	十·八三九
陔	十·八四〇
院	十·八四五
陙	十·八四六
⿰阝𠂤	十·八四七
㗊	十·九一九

辭 辭 十·一〇三九
疑 疑 十·一〇九四
醇 醇 十·一一六一
⿱智酉 ⿱智酉 十·一一六三
醆 醆 十·一一六九
醋 醋 十·一一七二
醅 醅 十·一一七五
醉 醉 十·一一七六
醬 醬 十·一一八六
醬 醬 十·一一九一
醇 醇 十·一一九二

【十六劃】

禧 禧 一·一八九
禪 禪 一·一八〇
禍 禍 一·一八三

禫 禫 一·一九八
璙 璙 一·二四三
璬 璬 一·二四三
璠 璠 一·二四五
璑 璑 一·二五五
璋 璋 一·二六四
瑑 瑑 一·二七二
⿱埶玉 ⿱埶玉 一·二八三
璓 璓 一·二八三
⿰王朁 ⿰王朁 一·二八五
璁 璁 一·二八五
瑁 瑁 一·二八七
璒 璒 一·二八七
璣 璣 一·二九四
璩 璩 一·三〇〇

壞 壞 一·三二〇
蓏 蓏 一·三七九
⿱艹建 ⿱艹建 一·三八〇
萉 萉 一·三八四
⿱艹豈 ⿱艹豈 一·三八七
葵 葵 一·三八七
蒩 蒩 一·三八八
蒙 蒙 一·三八八
薇 薇 一·三八九
菔 菔 一·三九四
⿱艹宮 ⿱艹宮 一·三九七
薊 薊 一·四〇四
葥 葥 一·四〇五
薛 薛 一·四〇八
薏 蕾 一·四一二

字	頁碼
薷	一·四一九
籔	一·四二〇
蒐	一·四三〇
薛	一·四三三
薜	一·四三三
甗	一·四三七
對	一·四四〇
薟	一·四四三
薢	一·四四六
蘥	一·四四七
麴	一·四四八
薕	一·四四八
煩	一·四四八
菌	一·四五〇
蕭	一·四五五

中段

字	頁碼
菀	一·四五七
賞	一·四五八
墓	一·四六〇
稦	一·四六一
莧	一·四六三
菁	一·四六三
莨	一·四六四
蒩	一·四六六
葩	一·四六六
苵	一·四六九
蔍	一·四七六
稊	一·四七九
廪	一·四八〇
菽	一·四八八
資	一·四八九
薈	一·四九〇
蒼	一·四九一
蕆	一·四九六

下段

字	頁碼
薄	一·五〇四
雍	一·五一〇
銎	一·五一〇
蓆	一·五一三
蒩	一·五二二
瓶	一·五二三
莘	一·五二四
蔓	一·五二九
薮	一·五四〇
薪	一·五四九
蒜	一·五六〇
雚	一·五六二
茵	一·五六八
菬	一·五六八
薔	一·五七三

十六劃

𦽙	𦽙	一·五七三
蘇	蘇	一·五七五
蒿	蒿	一·五七五
蓄	蓄	一·五八〇
蓉	蓉	一·五八七
薳	藚	一·五八七
蓀	蓀	一·五八七
蓐	蓐	一·五八九
媷	媷	一·五九一
莫	莫	一·五九三
莽	莽	一·六〇六
犝	犝	一·七五一
氂	氂	一·七五一
噭	噭	二·二
噣	噣	二·二

噲	噲	二·五
嗌	嗌	二·一三
𡄯	嚽	二·一六
噫	噫	二·一六
噤	噤	二·二三
噱	噱	二·五三
噂	噂	二·五七
嘈	嘈	二·五九
嘯	嘯	二·六一
噦	噦	二·一一一
嗜	嗜	二·一一二
嘐	嘐	二·一一三
嘖	嘖	二·一一三
噳	噳	二·一四六
噞	噞	二·一五〇

毀	毀	二·一五三
趥	趥	二·二〇四
趨	趨	二·二一二
趙	趙	二·二一七
𧼯	𧼯	二·二二〇
趢	趢	二·二二三
趧	趧	二·二三三
𧽯	𧽯	二·二三五
歷	歷	二·二四〇
䟫	䟫	二·二五一
躛	躛	二·三一四
過	過	二·三三七
遄	遄	二·三五〇
運	運	二·三八六
遁	遁	二·三八七

還 二·三九二
⿺辶訓 二·四〇五
避 二·四〇八
違 二·四〇九
逯 二·四一五
過 二·四四三
⿺辶義 二·四四四
迦 二·四四六
建 二·四五三
遽 二·四六一
邂 二·四六七
逼 二·四六七
遐 二·四六八
逍 二·四六九
德 二·四七〇

十六劃

徼 二·四八二
踽 二·五八二
踰 二·五八三
踵 二·五八九
踶 二·五九〇
踏 二·五九七
踼 二·六〇〇
⿰足荂 二·六〇一
蹁 二·六〇三
⿰足叚 二·六〇五
蹉 二·六〇九
踸 二·六一〇
器 二·六四七
語 二·七一九
謂 二·七二一

詵 二·七二二
⿰言咼 二·七二三
諷 二·七三一
誦 二·七三二
諭 二·七三七
詖 二·七三七
謀 二·七三九
詳 二·七四三
諟 二·七四三
諦 二·七四三
諶 三·九
諱 三·一四
詰 三·一五
誎 三·二〇
諝 三·二一

十六劃

諫	諫	三・二三
諴	諴	三・二五
說	説	三・二八
諧	諧	三・三一
話	話	三・三三
諉	諉	三・三五
誼	誼	三・三七
諓	諓	三・三七
誧	誧	三・四三
諰	諰	三・四三
諺	諺	三・五一
諳	諳	三・五二
謍	謍	三・五五
諼	諼	三・五七
誣	誣	三・六二
詍	詍	三・八〇
諞	諞	三・八五
諕	諕	三・八九
誏	誏	三・八九
譌	譌	三・九四
譱	譱	三・一〇〇
諯	諯	三・一一〇
詧	詧	三・一一六
譁	譁	三・一一八
諳	諳	三・一二三
謚	謚	三・一二三
誄	誄	三・一二四
諜	諜	三・一二五
該	該	三・一二五
謏	謏	三・一二八
謎	謎	三・一二八
叢	叢	三・一五九
對	對	三・一六〇
僕	僕	三・一七〇
𠦬	𠦬	三・一七七
羃	羃	三・一九一
樊	樊	三・二一一
與	與	三・二二八
興	興	三・二三四
鞔	鞔	三・二六五
鞅	鞅	三・二六七
鞎	鞎	三・二七二
鞜	鞜	三・二七五
鞁	鞁	三・二七五
鞓	鞓	三・二七九

鞙	鞙	三·二八三
⿰革見	⿰革見	三·二八七
鞘	鞘	三·二八八
⿸虍亭	⿸虍亭	三·三〇九
融	融	三·三一二
羴	羴	三·三一三
⿲弓鬲弓	⿲弓鬲弓	三·三一七
⿰埶風	埶	三·三四七
閧	鬨	三·三七〇
隷	隷	三·五一六
軗	軗	三·六〇二
整	整	三·六二六
潄	潄	三·六四三
敲	敲	三·六五七
敵	敵	三·六五九

⿰鬲攴	⿰鬲攴	三·六八三
⿺走敼	敼	三·七一三
闅	闅	三·七七八
瞞	瞞	三·七八七
睘	睘	三·七九八
瞟	瞟	三·八〇〇
⿰目祭	⿰目祭	三·八〇一
瞗	瞗	三·八二一
瞥	瞥	三·八二九
瞚	瞚	三·八四二
𥏼	智	四·三七
勳	勳	四·四八
翰	翰	四·六〇
翟	翟	四·六一
翡	翡	四·六二

翠	翠	四·六二
翮	翮	四·六五
翺	翺	四·七四
翯	翯	四·七四
⿱羽要	⿱羽要	四·七七
閵	閵	四·八九
雕	雕	四·一〇六
䧚	䧚	四·一一〇
雜	雜	四·一二〇
奮	奮	四·一三四
瞢	瞢	四·一五三
犨	犨	四·一七五
羯	羯	四·一七九
雔	雔	四·一九七
霍	靃	四·一九八

字	頁碼
鴡	四·二三三
[illegible]	四·二三五
駃	四·二三六
鳿	四·二三九
鴐	四·二三二
奮	四·二三二
駉	四·二三二
駊	四·二三八
鴗	四·二三九
鴠	四·二四三
[illegible]	四·二四六
鴝	四·二四六
鴇	四·二四九
鴣	四·二五四
鴨	四·二五五

字	頁碼
叡	四·三七一
殤	四·三八〇
殪	四·三八一
殨	四·三八三
殫	四·三八六
薨	四·三九九
薧	四·三九九
骾	四·四一一
[illegible]	四·四一八
膏	四·四二五
腹	四·四三五
脋	四·四五八
膳	四·四六四
腆	四·四六六
膍	四·四七六

字	頁碼
膫	四·四七八
膎	四·四七九
膊	四·四八〇
膴	四·四八一
䐶	四·四八四
膮	四·四八五
䐈	四·四八八
膩	四·四八八
臛	四·四八九
膭	四·四八九
膴	四·四八九
腌	四·四九五
鬑	四·四九六
䐜	四·五〇二
朘	四·五一四

舲	衡	餿	觭	觬	鰓	賴	耦	劍	劋	剹	劃	劈	辦	劚
四·六一二	四·六〇九	四·六〇六	四·六〇六	四·六〇四	四·六〇四	四·六〇〇	四·五九一	四·五八二	四·五七五	四·五六四	四·五六三	四·五六一	四·五五七	四·五二三

簃	筆	箹	篋	箱	箈	簺	箎	箾	篨	簍	篁	簎	舳	毤
四·七〇一	四·六九六	四·六八一	四·六八〇	四·六七八	四·六七五	四·六六六	四·六五六	四·六五二	四·六五〇	四·六四六	四·六三八	四·六三六	四·六二三	四·六二二

盩	盥	盦	盬	盧	虩	虦	虤	愷	憙	義	曆	簪	篙	篦
五·二三八	五·二二六	五·二二四	五·一九三	五·一八二	五·一六四	五·一六四	五·一六三	五·一五四	五·九六	五·七六	五·四五	四·七六九	四·七〇二	四·七〇一

靜　靜　五·二六二
餿　餿　五·三一五
餳　餳　五·三三一
餈　餈　五·三三二
養　養　五·三三五
餔　餔　五·三四八
餐　餐　五·三四八
餘　餘　五·三六二
餞　餞　五·三六三
館　館　五·三六四
餧　餧　五·三七四
餓　餓　五·三七五
餟　餟　五·三七六
[illegible]　[illegible]　五·三七七
餕　餕　五·三七七

十六劃

㲉　㲉　五·四四一
䍃　䍃　五·四四六
鉼　鉼　五·四四八
罃　罃　五·四五〇
矯　矯　五·四七六
[illegible]　[illegible]　五·五二五
𦎫　𦎫　五·五五四
嗇　嗇　五·五九八
麮　麮　五·六三八
[illegible]　[illegible]　五·六三九
[illegible]　[illegible]　五·六九〇
[illegible]　[illegible]　五·七一三
橋　橋　五·七三四
橙　橙　五·七三四
樿　樿　五·七五三

樕　樕　五·七五七
[illegible]　[illegible]　五·七六〇
[illegible]　[illegible]　五·七六一
橲　橲　五·七六四
[illegible]　[illegible]　五·七六七
樻　樻　五·七六九
橞　橞　五·七七六
樲　樲　五·七七八
橪　橪　五·七七九
[illegible]　[illegible]　五·七九四
橎　橎　五·八〇六
樵　樵　五·八一一
榙　榙　五·八一四
樹　樹　五·八一八
[illegible]　[illegible]　五·八三三

十六劃

字	隸定	頁碼
[illegible]	櫜	五·八四〇
橺	橺	五·八四三
橈	橈	五·八四六
樸	樸	五·八五三
築	築	五·八六三
橑	橑	五·八七三
楣	楣	五·八七四
橝	橝	五·八七八
[illegible]	樀	五·八七八
槏	槏	五·八八〇
橦	橦	五·八八九
[illegible]	[illegible]	五·八九六
[illegible]	樠	五·九一五
機	機	五·九一九
檿	檿	五·九二四

字	隸定	頁碼
樴	樴	五·九二五
檄	檄	五·九三一
橋	橋	五·九五七
橃	橃	五·九六一
樵	樵	五·九七一
[illegible]	[illegible]	五·九九四
榻	榻	五·一〇〇七
[illegible]	[illegible]	六·九
[illegible]	[illegible]	六·八一
曄	曅	六·一〇九
麭	麭	六·一一六
橐	橐	六·一二三
圜	圜	六·一三〇
圛	圛	六·一三六
[illegible]	[illegible]	六·一七四

字	隸定	頁碼
蕡	賁	六·一七七
賷	賷	六·一八〇
賴	賴	六·一九一
貴	貴	六·二三九
賵	賵	六·二三三
[illegible]	郶	六·二六三
[illegible]	[illegible]	六·二六四
[illegible]	鄆	六·二八二
[illegible]	[illegible]	六·二九〇
鄰	鄰	六·二九九
[illegible]	[illegible]	六·三〇五
鄢	鄢	六·三一〇
[illegible]	[illegible]	六·三一一
鄍	鄍	六·三一二
[illegible]	[illegible]	六·三一六

鄳	鄳	六·三二六
鄶	鄶	六·三三六
鄹	郰	六·三三八
鄰	鄰	六·三四六
鄯	郶	六·三五九
曙	暏	六·三八三
普	普	六·三八八
曄	曄	六·三九八
曀	曀	六·四一三
曏	曏	六·四一五
暑	暑	六·四二七
㬎	㬎	六·四二七
曉	曉	六·四三八
曈	曈	六·四三八
曇	曇	六·四四一

十六劃

曆	曆	六·四四一
暨	暨	六·四四五
穢	穢	六·五〇七
夐	夐	六·五二五
種	種	六·六〇〇
穆	穆	六·六〇五
穄	穄	六·六一二
稴	稴	六·六一五
穎	穎	六·六一九
穖	穖	六·六二四
積	積	六·六二七
穅	穅	六·六三〇
穬	穬	六·六四九
穌	穌	六·六四九
黏	黏	六·六七七

黏	黏	六·六七七
䵒	䵒	六·六七七
香	香	六·六八〇
精	精	六·六八九
糒	糒	六·六九四
糗	糗	六·六九五
粲	粲	六·七〇一
糖	糖	六·七〇三
毇	毇	六·七〇三
䌛	䌛	六·七三六
瓢	瓢	六·七三八
寡	寡	六·八三六
寂	寂	六·八五六
寰	寰	六·八七二
營	營	六·八八〇

十六劃

窯　窯　六・八八七
𥨊　𥨊　六・八九四
窻　窻　六・八九七
窬　窬　六・九〇一
窵　窵　六・九〇一
窺　窺　六・九〇二
窱　窱　六・九一〇
瘇　瘇　七・二五
瘵　瘵　七・二五
瘲　瘲　七・二八
瘻　瘻　七・三二
瘚　瘚　七・三七
痤　痤　七・三九
瘜　瘜　七・四一
瘧　瘧　七・四五

瘒　瘒　七・四八
㾫　㾫　七・四八
瘕　瘕　七・六五
瘛　瘛　七・六七
瘉　瘉　七・七〇
瘳　瘳　七・七一
䍡　䍡　七・一二九
罻　罻　七・一三三
罯　罯　七・一四一
𦋐　罵　七・一四一
罵　𦋐　七・一四二
羅　羅　七・一四四
幘　幘　七・一六九
幦　幦　七・二〇五
幟　幟　七・二〇六

幧　幧　七・二〇六
錦　錦　七・二一四
幡　幡　七・二一六
黺　黺　七・二五〇
儒　儒　七・二七六
儌　儌　七・三〇五
儐　儐　七・三三七
儕　儕　七・三三九
僅　僅　七・三五六
儀　儀　七・三五九
僭　偆　七・三六七
儗　儗　七・三八一
儔　儔　七・三八三
僻　僻　七・三八六
傞　傞　七・三九一

十六劃

字頭	篆文楷定	冊·頁
儌	儌	七·三九二
[illegible]	倦	七·四二一
[illegible]	[illegible]	七·四三三
冀	冀	七·四九三
量	量	七·五三五
褕	褕	七·五六八
襁	襁	七·五七一
褸	褸	七·五七二
[illegible]	[illegible]	七·五七八
[illegible]	[illegible]	七·五七九
裹	裹	七·五八〇
褱	褱	七·五八〇
褰	褰	七·五八六
褎	褎	七·五八七
複	複	七·五八八

字頭	篆文楷定	冊·頁
[illegible]	[illegible]	七·五九四
褊	褊	七·五九六
褖	褖	七·六〇五
[illegible]	[illegible]	七·六一二
褔	褔	七·六一四
裺	裺	七·六一五
[illegible]	衰	七·六一五
褮	褮	七·六二三
褰	褰	七·六二四
[illegible]	[illegible]	七·六四七
壽	壽	七·六五一
[illegible]	[illegible]	七·六六三
[illegible]	[illegible]	七·六六三
毹	毹	七·六六四
[illegible]	[illegible]	七·六六四

字頭	篆文楷定	冊·頁
[illegible]	[illegible]	七·六六五
艎	艎	七·七二一
[illegible]	[illegible]	七·七七一
[illegible]	[illegible]	七·七七一
[illegible]	[illegible]	七·七七四
[illegible]	[illegible]	七·七七五
[illegible]	[illegible]	七·七七九
[illegible]	[illegible]	七·七八〇
靚	靚	七·七八二
親	親	七·七八二
歔	歔	七·七九二
歎	歎	七·七九三
款	款	七·七九六
歖	歖	七·八〇二
歐	歐	七·八〇四

十六劃

瀲	瀲	七・八〇五
歙	歙	七・八二一
歈	歈	七・八一八
㱃	飲	七・八一八
頭	頭	八・三
頪	頪	八・八
頰	頰	八・九
頣	頣	八・九
頸	頸	八・一〇
頜	領	八・一〇
頵	頵	八・一二
䪼	䪼	八・一六
顈	顈	八・一七
頤	頤	八・一八
頷	頷	八・一九
顊	顊	八・二八
頗	頗	八・三〇
頦	頦	八・三四
䤎	䤎	八・三九
酺	酺	八・三九
縣	縣	八・四七
頭	頭	八・五二
頛	頛	八・五二
髲	髮	八・八一
髺	髺	八・八一
髶	髶	八・八三
鬀	鬀	八・八五
髻	髻	八・八六
廜	廜	八・九八
㟰	㟰	八・九八
豝	豝	八・一二〇
𨐨	𨐨	八・一三四
窌	窌	八・一四四
𡪗	𡪗	八・一五九
魅	魅	八・一九一
醜	醜	八・一九六
篡	篡	八・二〇六
嶧	嶧	八・二一八
嵒	嵒	八・二二一
嶭	嶭	八・二二九
隱	隱	八・二三〇
嶼	嶼	八・二三六
廬	廬	八・二五三
廚	廚	八・二五五
廦	廦	八・二六四

十六劃

廥　廥　八·二六六
廞　廞　八·二九〇
廖　廖　八·二九二
㕒　㕒　八·二九七
廦　廦　八·三一四
磺　磺　八·三一四
磧　磧　八·三三〇
磛　磛　八·三三三
磬　磬　八·三三五
磻　磻　八·三四〇
⿰石鬲　⿰石鬲　八·三四三
豰　豰　八·三七八
貕　貕　八·三七九
貑　貑　八·三八一
豢　豢　八·三八四

彙　彙　八·四〇〇
⿰㣇㣇　⿰㣇㣇　八·四〇一
貐　貐　八·四一九
貒　貒　八·四二八
豫　豫　八·四四七
駱　駱　八·四六四
駰　駰　八·四六六
⿰山馬　⿰山馬　八·四七六
傌　傌　八·四七七
駀　駀　八·四七八
駢　騈　八·四八〇
篤　篤　八·四八二
⿱列馬　⿱列馬　八·四八八
駃　駃　八·四八九
駉　駉　八·四八九

駭　駭　八·四九〇
⿰馬㐬　⿰馬㐬　八·四九〇
駐　駐　八·四九一
駪　駪　八·四九八
駮　駮　八·四九八
駛　駛　八·五〇二
駴　駴　八·五〇三
薦　薦　八·五〇七
⿸鹿禾　⿸鹿禾　八·五二九
麈　麈　八·五三一
⿱㲋昏　⿱㲋昏　八·五五〇
逸　逸　八·五五六
⿰夋兔　⿰夋兔　八·五六一
獪　燴　八·五七四
⿰犭農　燶　八·五七四

獫	獫	八・五七五
默	默	八・五七六
㺌	㺌	八・五七七
獥	獥	八・五七七
獡	獡	八・五八〇
獧	獧	八・五八五
獨	獨	八・五九〇
獲	獲	八・五九九
獟	獟	八・六〇七
鼩	鼩	八・六三三
燹	燹	八・六四七
燔	燔	八・六六二
燒	燒	八・六六二
⿸厂焦	⿸厂焦	八・六七〇
燋	燋	八・六七四

燀	燀	八・六七八
熹	熹	八・六七九
⿱前火	煎	八・六八〇
⿱𠂊⿱罒火	⿱𠂊⿱罒灬	八・六八一
熜	熜	八・六八八
燓	焚	八・六九〇
熑	熑	八・六九三
燎	燎	八・六九三
⿰火⿴囗垔	煙	八・六九九
燂	燂	八・七〇一
燁	爗	八・七〇七
熾	熾	八・七一四
燠	燠	八・七一五
煸	煽	八・七二九
餤	餤	八・七三一

⿱炎回	⿱炎回	八・七三三
燅	燅	八・七三三
黗	黗	八・七四四
黔	黔	八・七四七
黕	黕	八・七四八
燊	燊	八・七六一
煆	煆	八・七七一
⿱大歲	⿱大歲	八・七九一
⿱亶大	⿱亶大	八・八三八
⿸厂⿱目疋	⿸厂⿱目疋	八・八四一
⿱䀠大	⿱䀠大	八・九〇四
塼	塼	八・九一五
慎	慎	八・九五三
愨	愨	八・九五七
愷	愷	八・九五九

憲 憲 八·九六一
愿 愿 八·九六五
瘱 瘱 八·九六六
憼 憼 八·九七〇
㥴 㥴 八·九七四
懘 懘 八·九七五
懋 懋 八·九七五
惀 惀 八·九八六
愊 愊 八·九八七
𢡖 𢡖 八·九八七
𢤬 𢤬 八·九八九
慰 慰 八·九九三
𢡱 𢡱 八·九九三
𢟪 悛 八·九九八
慆 慆 八·九九九

憯 憯 八·一〇〇〇
憸 憸 八·一〇〇四
𢤻 𢤻 八·一〇〇四
懁 懁 八·一〇〇六
㦟 㦟 八·一〇一七
懈 懈 八·一〇一八
慫 慫 八·一〇一九
憿 憿 八·一〇二四
懜 懜 八·一〇二五
𢖩 𢖩 八·一〇二五
憝 憝 八·一〇三四
慍 慍 八·一〇三五
愷 愷 八·一〇三八
愾 愾 八·一〇三九
懆 懆 八·一〇四〇

愴 愴 八·一〇四〇
愪 愪 八·一〇四七
惌 惌 八·一〇四八
憷 憷 八·一〇五一
𢝊 𢝊 八·一〇五六
㥏 㥏 八·一〇六四
慙 慙 八·一〇六五
懌 懌 八·一〇六九
淹 淹 九·一七
漾 漾 九·一九
澾 澾 九·二五
澮 澮 九·二八
潞 谿 九·三〇
漸 漸 九·三六
深 深 九·三八

十六劃

澧	九·四四
澺	九·四五
潁	九·四五
菏	九·五二
澶	九·五四
濁	九·五七
溉	九·五八
瀘	九·六六
滱	九·六七
澥	九·七四
漀	九·八一
激	九·一〇一
洽	九·一〇三
滲	九·一〇八
漼	九·一〇九

澹	九·一一二
滿	九·一一三
濤	九·一一五
澤	九·一一五
淯	九·一二〇
淖	九·一二〇
潒	九·一三三
漥	九·一三六
潢	九·一三七
湖	九·一三八
滋	九·一五四
渨	九·一七〇
瀕	九·一七三
濩	九·一七四
漊	九·一七九

濛	九·一八〇
滐	九·一八六
漚	九·一八七
濃	九·一八八
滯	九·一九〇
滜	九·二〇〇
潘	九·二〇九
澱	九·二一〇
滑	九·二一二
滌	九·二一八
[illegible]	九·二一八
澡	九·二三九
渫	九·二三三
漱	九·二三五
濋	九·二四四

十六劃

渝	九·二四七
漏	九·二五〇
萍	九·二五一
濊	九·二五一
淑	九·二五四
潩	九·二五六
粼	九·二六五
㓖	九·三二〇
電	九·三三三
⿱雨戔	九·三四七
霤	九·三四八
霖	九·三四八
霑	九·三五〇
⿱雨婁	九·三五三
霓	九·三五九
霸	九·三六七
霏	九·三六八
⿱雨要	九·三六八
霒	九·三七三
魼	九·三七七
鮍	九·三八八
魩	九·三八八
鮒	九·三八八
魾	九·三八九
魠	九·三九一
鮀	九·三九一
鮎	九·三九一
鮐	九·三九八
鮊	九·三九八
鮭	九·四〇〇
鮑	九·四〇一
魿	九·四〇一
鮩	九·四〇三
鮅	九·四〇四
鮁	九·四〇四
燕	九·四一三
臻	九·四八七
臺	九·四八七
閶	九·五二四
閻	九·五二九
闍	九·五三〇
閾	九·五三三
閼	九·五四七
閹	九·五五七
闇	九·五五七

十六劃

字	冊·頁
聰	九·五七五
䏁	九·五八八
聲	九·五九八
掣	九·六〇五
摳	九·六〇五
撿	九·六〇九
摧	九·六一九
揲	九·六二七
操	九·六二八
據	九·六三五
摛	九·六四一
擇	九·六四六
揤	九·六四七
摕	九·六四八
摜	九·六五七
撕	九·六六三
摟	九·六六四
擗	九·六六五
掉	九·六六六
舉	九·六七二
撟	九·六七九
揄	九·六八〇
擭	九·六八〇
擅	九·六八一
擐	九·六八八
摍	九·六八八
擊	九·六九四
摩	九·六九五
掩	九·七〇一
摡	九·七〇一
揟	九·七〇二
播	九·七〇三
掔	九·七一四
揙	九·七一九
抓	九·七二六
摵	九·七二七
摴	九·七二八
脊	九·七二八
嬴	九·七四七
嫢	九·七六九
嬹	九·八一三
嬛	九·八三六
嫧	九·八五四
嬐	九·八五五
嬗	九·八五九

字頭	隸定	頁碼
寠	寠	九·八七〇
嬖	嬖	九·八七〇
𡣍	𡣍	九·八七一
嫪	嫪	九·八七四
𡢿	𡢿	九·八八〇
嫛	嫛	九·八九二
嬒	嬒	九·八九三
嬙	嬙	九·九〇一
𢧵	𢧵	九·九四四
戰	戰	九·九五三
匴	匴	九·一〇二六
𤱶	𤱶	九·一〇三二
䪥	䪥	九·一〇三六
䪞	䪞	九·一〇三七
甄	甄	九·一〇三九
甑	甑	九·一〇三九
彊	彊	九·一〇六〇
繇	繇	九·一一四八
縛	縛	九·一一六九
縪	縪	九·一一七一
縠	縠	九·一一七七
縑	縑	九·一一七八
縞	縞	九·一一七九
綾	綾	九·一一八二
綺	綺	九·一一八六
縉	縉	九·一一九一
綪	綪	九·一一九一
縓	縓	九·一一九二
縐	縐	九·一一九八
縟	縟	九·一一九九
綸	綸	九·一二〇六
纍	纍	九·一二〇七
縜	縜	九·一二一六
綾	綾	九·一二一六
縫	縫	九·一二一八
𦃃	𦃃	九·一二一八
縭	縭	九·一二三〇
縈	縈	九·一二三三
絭	絭	九·一二三五
縢	縢	九·一二三七
䌟	䌟	九·一二四四
縐	縐	九·一二四九
縗	縗	九·一二五一
𦄽	𦄽	九·一二五二
縕	縕	九·一二五五

十六劃

絣	絣	九·二五五
縊	縊	九·二五六
緻	緻	九·二七四
縡	縡	九·二七五
縩	縩	十·二
蝮	蝮	十·一四
螣	螣	十·一四
螉	螉	十·一五
蜙	蜙	十·一五
雖	雖	十·一七
螟	螟	十·一九
蟜	蟜	十·二二
螝	螝	十·三三
螻	螻	十·三三
螘	螘	十·三五
蟥	蟥	十·三八
蝍	蝍	十·四〇
螌	螌	十·四二
蟠	蟠	十·四三
蝑	蝑	十·四四
蟅	蟅	十·四四
螇	螇	十·四七
蜋	蜋	十·四九
蛸	蛸	十·四九
蝙	蝙	十·五一
蝥	蝥	十·五二
蝕	蝕	十·五三
螭	螭	十·五四
蠊	蠊	十·五八
螷	螷	十·六〇
蝓	蝓	十·六一
蟆	蟆	十·六五
螹	螹	十·六五
蝙	蝙	十·六八
螮	螮	十·七七
蟋	蟋	十·七八
螳	螳	十·七九
蟲	蟲	十·八七
蠡	蠡	十·九一
飄	飄	十·一一二
颲	颲	十·一一五
颲	颲	十·一一六
鼀	鼀	十·一二八
蝦	蝦	十·一五六
壞	壞	十·一九七

墽	墽	十·二〇四
壁	壁	十·二一六
墼	墼	十·二二七
壇	壇	十·二九一
堀	堀	十·三〇二
墾	墾	十·三〇四
壏	壏	十·三〇五
⿰目翏	⿰目翏	十·三六二
黇	黇	十·四〇六
勳	勳	十·四一八
勝	勝	十·四二五
勩	勩	十·四三二
勦	勦	十·四三二
勤	勤	十·四三三
勢	勢	十·四三五
辨	辨	十·四三九
鋈	鋈	十·四六五
錫	錫	十·四六五
鋻	鋻	十·四七八
錄	錄	十·四七九
錮	錮	十·四九一
錪	錪	十·五〇八
鍵	鍵	十·五二〇
錠	錠	十·五二三
錯	錯	十·五二七
錡	錡	十·五二八
錍	錍	十·五三三
⿰金危	⿰金危	十·五三九
錢	錢	十·五四〇
鋸	鋸	十·五五一
錐	錐	十·五五二
錙	錙	十·五六三
錘	錘	十·五六三
錚	錚	十·五七八
錟	錟	十·五八七
錞	錞	十·五八九
錏	錏	十·五九五
鋂	鋂	十·六〇二
錔	錔	十·六〇五
錉	錉	十·六〇九
鍒	鍒	十·六一一
錭	錭	十·六一一
錗	錗	十·六一一
斮	斮	十·六五二
稓	稓	十·六九三

輜	十·七〇三
轀	十·七〇七
輶	十·七〇八
輯	十·七一〇
輹	十·七一八
輮	十·七二〇
輻	十·七二四
暈	十·七二六
輝	十·七二八
輸	十·七三九
輭	十·七五一
陰	十·七七七
隅	十·七九六
險	十·七九七
陮	十·七九九
陷	十·八〇五
隊	十·八〇八
⿰阝解	十·八二四
陭	十·八二六
陚	十·八二八
陶	十·八三四
陘	十·八三七
陪	十·八四一
陴	十·八四二
陵	十·八四六
⿱隊火	十·八四九
亂	十·九四七
辥	十·一〇三三
⿰酉冡	十·一二五八
⿰酉甚	十·一二五八
醞	十·一二五九
酮	十·一二六〇
醋	十·一二六三
醬	十·一二九一
⿰酉俞	十·一二九二
醐	十·一二九四
醒	十·一二九四
醍	十·一二九五

【十七劃】

禮	一·八七
禧	一·八九
齋	一·一一七
禋	一·一一八
⿱彭示	一·一二四
⿱壴示	一·一六三

十七劃

𥜽	𥜽	一·一六八
禬	禬	一·一七九
禪	禪	一·一八〇
禦	禦	一·一八一
璙	璙	一·二四三
𤩽	𤩽	一·二四三
璵	璵	一·二四五
璐	璐	一·二四九
環	環	一·二六〇
璬	璬	一·二六八
琫	琫	一·二七一
璣	璣	一·二七二
璪	璪	一·二七四
𡓷	𡓷	一·二七四
璱	璱	一·二七六

瑮	瑮	一·二七六
琥	琥	一·二八五
瑋	瑋	一·二八五
璗	璗	一·二九八
璩	璩	一·三〇〇
璫	璫	一·三〇〇
璨	璨	一·三〇一
熏	熏	一·三七六
蓶	蓶	一·三八九
𧁳	𧁳	一·三八九
薲	薲	一·三九六
藍	藍	一·三九六
薰	薰	一·四〇〇
藊	萹	一·四〇一
藕	藕	一·四〇一

藎	藎	一·四〇三
藋	藋	一·四〇五
蓩	蓩	一·四〇六
蓲	蓲	一·四一〇
蘇	蘇	一·四一〇
蔗	蔗	一·四一一
蘽	蔂	一·四一三
蘉	蘉	一·四一四
蕧	蕧	一·四一五
蔞	蔞	一·四一八
蒬	蒬	一·四一八
蔦	蔦	一·四三八
薺	薺	一·四四一
藗	藗	一·四四七
葩	葩	一·四四九

第一欄（右起）：

字頭	出處
蕊	一·四五二
蕆	一·四五四
蔓	一·四六〇
蔣	一·四六二
蕢	一·四六四
葉	一·四七二
蕜	一·四七四
薾	一·四七八
薿	一·四七九
鞾	一·四七九
蔕	一·四八一
蕩	一·四八六
歡	一·四八八
蔇	一·四八九
蕎	一·四九七

第二欄（右起）：

字頭	出處
薇	一·四九七
藥	一·四九九
蔡	一·四九九
蕲	一·五一〇
藉	一·五一七
壐	一·五四七
族	一·五四八
薶	一·五五一
藻	一·五六八
蕃	一·五七八
疏	一·五八八
藏	一·五八八
彊	一·七八四
嶷	二·一〇
嚌	二·一一

第三欄（右起）：

字頭	出處
嚏	二·二一
嚌	二·五九
嗷	二·一二四
嘆	二·一二七
齺	二·一九六
趨	二·二〇五
鶵	二·二〇七
塞	二·二〇八
趬	二·二一三
趬	二·二一三
趩	二·二一三
趪	二·二二五
顚	二·二三一
趨	二·二三一
壁	二·二二四

字頭	隸定	冊・頁
𧬉	逝	二・三三〇
譝	遝	二・三四七
講	遘	二・三六〇
謕	遞	二・三六五
䜌	遜	二・三八八
䛨	逡	二・四一一
𧩑	達	二・四二二
邇	邇	二・四三九
諻	遑	二・四六七
謠	遥	二・四六九
䜝	𢕟	二・四八五
譸	𢖍	二・四八九
衛	衛	二・五四九
齔	齔	二・五六一
䟸	䟸	二・五七九

字頭	隸定	冊・頁
蹌	蹌	二・五八四
蹋	蹋	二・五八八
蹈	蹈	二・五八八
踰	蹓	二・五九七
蹎	蹎	二・五九九
蹐	躋	二・六〇〇
蹇	蹇	二・六〇三
龠	龠	二・六二三
談	談	二・七二〇
諒	諒	二・七二一
詩	詩	二・七二九
諷	諷	二・七三一
誨	誨	二・七三五
謜	謜	二・七三六
諢	諢	二・七三八

字頭	隸定	冊・頁
闇	闇	二・七三九
謨	謨	二・七四一
誠	誠	三・一三
諴	誠	三・一四
諰	諰	三・一四
課	課	三・二四
調	調	三・三三
謐	謐	三・三五
謙	謙	三・三五
詡	詡	三・三七
諓	諓	三・三七
謝	謝	三・四六
諍	諍	三・四九
講	講	三・五三
謄	謄	三・五三

十七劃

讀	諲	譽	譁	號	說	諔	讄	辭	誹	詔	諫	警	營
讀	諲	圖	譁	諕	說	諔	譱	諄	誹	詔	諫	警	營
讀	諲	譽	譁	號	說	諔	諄	謗	誹	詒	諫	警	營
三•一〇五	三•一〇二	三•九六	三•九三	三•九二	三•八六	三•八一	三•八〇	三•六五	三•六三	三•六〇	三•六〇	三•五八	三•五六

鞭	�	鞋	鞞	鞠	鞍	輿	輿	戴	羉	謚	譟	雖	詭	辭
鞭	鞱	鞋	鞞	鞠	鞍	興	輿	戴	羉	謚	譟	誰	詭	辭
鞭	鞱	鞋	鞞	鞠	鞍	興	輿	戴	罘	謚	譟	誰	詭	辭
三•二八〇	三•二七九	三•二七七	三•二七〇	三•二六八	三•二六五	三•二三四	三•二三八	三•二三六	三•一九一	三•一二六	三•一二四	三•一二一	三•一一四	三•一一三

敽	瞉	斂	徼	毅	毅	隸	隸	燮	闉	薑	補	鞏	鞻	輟
敽	瞉	斂	徼	毅	毅	隸	隸	燮	闉	薑	補	鞏	鞻	輟
瞉	瞉	斂	徹	毅	毅	隸	隸	燮	闉	薑	補	鞏	鞻	輟
三•六八〇	三•六六三	三•六五六	三•六一二	三•六〇二	三•六〇〇	三•五一六	三•五一六	三•三九七	三•三七三	三•三三三	三•三〇八	三•二八四	三•二八三	三•二八〇

十七劃

戩	戩	三・六九八
瞦	瞦	三・七八五
瞵	瞵	三・七九一
瞴	瞴	三・七九四
睹	睹	三・八〇一
睽	睽	三・八〇七
瞤	瞤	三・八一〇
瞶	瞶	三・八一七
瞫	瞫	三・八二五
睡	睡	三・八二六
蔑	蔑	三・八三〇
瞷	瞷	三・八三三
鼾	鼾	四・四八
齕	齕	四・五六
翼	翼	四・五九
翱	翱	四・六四
翭	翭	四・六五
翬	翬	四・六七
翳	翳	四・七六
藋	藋	四・一四〇
舊	舊	四・一四四
摯	摯	四・一八〇
羵	羵	四・一八一
鵃	鵃	四・二二三
鴿	鴿	四・二二三
鵝	鵝	四・二二五
螐	螐	四・二二九
鵠	鵠	四・二三〇
鵒	鵒	四・二三〇
鴻	鴻	四・二三一
鴸	鴸	四・二三三
鶇	鶇	四・二三九
鳾	鳾	四・二四〇
駮	駮	四・二四〇
鴈	鴈	四・二四一
鴜	鴜	四・二四一
鳶	鳶	四・二四二
鴳	鴳	四・二五一
鳷	鳷	四・二五五
糞	糞	四・二七七
觶	觶	四・三八六
殬	殬	四・三八六
髆	髆	四・四〇八
髁	髁	四・四〇八
髑	髑	四・四一〇

十七劃

膽	四·四三三
膺	四·四二六
臂	四·四三三
腳	四·四三九
膻	四·四五三
膢	四·四六二
䐹	四·四八三
臊	四·四八五
膾	四·四九五
罰	四·五七三
[角虒]	四·六〇五
觲	四·六〇八
衡	四·六〇九
[角耑]	四·六二二
[角酋]	四·六二三
㲉	四·六二三
箸	四·六三三
節	四·六三三
篸	四·六三六
篇	四·六三七
[竹將]	四·六三八
節	四·六四〇
簀	四·六四九
[竹延]	四·六五五
[竹尊]	四·六五五
簍	四·六五六
簋	四·六五九
簏	四·六七〇
[竹復]	四·六七一
[竹免]	四·六七七
筋	四·六八九
簧	四·六九〇
篳	四·六九六
簃	四·七〇一
虧	五·六〇
豐	五·一〇六
虨	五·一三八
虡	五·一三八
[虎兔]	五·一六四
盧	五·一八二
盨	五·一九七
盥	五·二一六
盪	五·二三〇
薀	五·二三八
臛	五·二五八

十七劃

爵	[illegible]	五・三〇六
餿	餿	五・三一五
[illegible]	飴	五・三三〇
餳	餳	五・三三一
餱	餱	五・三三三
餋	餋	五・三三三
餯	餯	五・三四四
餬	餬	五・三五九
[illegible]	[illegible]	五・三六三
餞	餞	五・三六三
餫	餫	五・三六四
館	館	五・三六四
餲	餲	五・三七二
餽	餽	五・三七六
餟	餟	五・三七六
殼	殼	五・四四一
[illegible]	[illegible]	五・四五四
罄	罄	五・四五四
矯	矯	五・四七六
矰	矰	五・四七七
亭	亭	五・五二五
牆	牆	五・六〇六
[illegible]	[illegible]	五・六三六
夓	夓	五・六五五
[illegible]	[illegible]	五・六九一
韔	韔	五・七〇五
韓	韓	五・七〇八
罤	罤	五・七一三
槢	槢	五・七五三
檍	檍	五・七六〇
櫝	櫝	五・七六二
[illegible]	[illegible]	五・七六五
榛	榛	五・七六五
橿	橿	五・七八二
檗	檗	五・七八三
檉	檉	五・七八四
檀	檀	五・八〇〇
[illegible]	[illegible]	五・八〇二
檜	檜	五・八一二
[illegible]	[illegible]	五・八一四
樹	樹	五・八一八
樛	樛	五・八四四
橚	橚	五・八四八
檥	檥	五・八六五
檣	檣	五・八六九

十七劃

字頭	楷定	頁碼
檐	檐	五·八七六
櫛	櫛	五·八九五
檈	檈	五·九一二
槌	槌	五·九一六
檕	檕	五·九一八
檿	檿	五·九二四
檠	檠	五·九三一
隰	隰	五·九三一
檢	檢	五·九五一
檄	檄	五·九五一
橾	橾	五·九五四
樔	樔	五·九六三
㯕	㯕	五·九九四
槽	槽	五·九九九
隆	隆	六·一〇一

字頭	楷定	頁碼
稺	稺	六·一一二
稽	稽	六·一一二
麭	麭	六·一一六
櫜	櫜	六·一二三
橐	橐	六·一二七
圈	圈	六·一四二
賮	賮	六·一八〇
賸	賸	六·一八四
贅	贅	六·二〇八
購	購	六·二二六
賽	賽	六·二三四
賻	賻	六·二三五
鄏	鄏	六·二八〇
鄍	鄍	六·二八九
鄐	鄐	六·二九〇

字頭	楷定	頁碼
鄘	鄘	六·二九一
郾	郾	六·二九二
鄔	鄔	六·二九三
鄗	鄗	六·三〇二
鄖	鄖	六·三二〇
鄯	鄯	六·三二二
𨞧	𨞧	六·三二二
鄸	鄸	六·三二三
鄢	鄢	六·三二三
那	那	六·三二四
鄛	鄛	六·三三八
郎	郎	六·三四三
邦	邦	六·三五七
曬	曬	六·四三四
曙	曙	六·四四一

十七劃

𦩍	朝	六·四四八
旚	旚	六·四六五
旛	旛	六·四七一
曐	星	六·四八六
曑	參	六·四八九
朦	朦	六·五〇三
穜	穜	六·五九九
穟	穟	六·六二三
穖	穖	六·六二四
積	積	六·六二七
⿰禾會	⿰禾會	六·六二九
䆃	䆃	六·六四八
穌	穌	六·六四九
黏	黏	六·六七七
黏	黏	六·六七七
糜	糜	六·六九二
糟	糟	六·六九三
糒	糒	六·六九四
糈	糈	六·六九六
⿰米悉	⿰米悉	六·七〇一
粲	粲	六·七〇一
⿸麻攴	⿸麻攴	六·七二八
韱	韱	六·七三四
⿱宀高	⿱宀高	六·八〇四
⿱宀執	⿱宀執	六·八六一
營	營	六·八八〇
⿱穴复	⿱穴复	六·八八八
竂	竂	六·八九二
⿱穴商	⿱穴商	六·八九六
窻	窻	六·八九七
窺	窺	六·九〇三
邃	邃	六·九〇九
竁	竁	六·九一〇
寐	寐	七·九
⿱宀⿰爿言	⿱宀⿰爿言	七·一〇
癇	癇	七·二六
癈	癈	七·二七
瘏	瘏	七·二八
⿸疒斯	⿸疒斯	七·三一
⿸疒爲	⿸疒爲	七·三一
癘	癘	七·四五
⿸疒童	⿸疒童	七·四九
癉	癉	七·五七
癰	癰	七·六五
癆	癆	七·六九

十七劃

字頭	楷定	頁碼
罨	罨	七·一二四
⿱罒異	⿱罒異	七·一二六
罩	罩	七·一二七
⿱罒晉	⿱罒晉	七·一二七
⿱罒厨	⿱罒厨	七·一二八
罿	罿	七·一三三
⿱罒癸	罻	七·一三三
罳	罳	七·一四四
⿱埶巾	⿱埶巾	七·一五八
⿰巾監	⿰巾監	七·一七五
幬	幬	七·一七九
幭	幭	七·一八四
幐	幐	七·一九八
幞	幞	七·二〇七
⿰巾堯	⿰巾堯	七·二三六
⿰日番	⿰日番	七·二三六
黻	黻	七·二四九
僮	僮	七·二五七
僚	僚	七·二九六
儳	儳	七·二九八
儦	儦	七·二九八
儋	儋	七·三一九
儲	儲	七·三三一
儥	儥	七·三五五
償	償	七·三五六
優	優	七·三六五
億	億	七·三七〇
儗	儗	七·三八一
儡	儡	七·四一五
⿰亻尌	⿰亻尌	七·四三二
冀	冀	七·四九三
臨	臨	七·五四三
⿱臤食	⿱臤食	七·五四四
軀	軀	七·五五一
襋	襋	七·五七一
⿱臤衣	⿱臤衣	七·五七二
襆	襆	七·五七六
襑	襑	七·五八七
⿰衤啻	⿰衤啻	七·五八七
⿰衤畺	⿰衤畺	七·五八八
褻	褻	七·五九四
襡	襡	七·五九五
襌	襌	七·五九六
襄	襄	七·五九六
褻	褻	七·六〇五

十七劃

襔 七·六一〇
褚 七·六二一
襚 七·六二二
襖 七·六二五
氈 七·六六三
⿰昜毛 七·六六四
⿱鼓毛 七·六六五
屨 七·六九七
屩 七·六九八
覞 七·七七一
覭 七·七七五
覯 七·七七六
覰 七·七七八
覬 七·七八〇
覜 七·七八五

歟 七·七九二
歙 七·七九三
歗 七·八〇一
歔 七·八〇四
歜 七·八〇五
歊 七·八〇六
歉 七·八〇九
⿰骨欠 七·八〇九
⿰鼠欠 七·八一〇
羨 七·八三四
顊 八·八
頤 八·九
傾 八·一一
顯 八·一五
頣 八·一六

⿰豸頁 八·一七
穌 八·一八
顆 八·一八
頠 八·一九
⿰金頁 八·二三
頴 八·二七
⿰犭頁 八·二七
顧 八·二八
頤 八·二八
頼 八·二八
頵 八·二九
頽 八·三四
頣 八·三四
⿰其頁 八·三五
髮 八·八〇

十七劃

字頭	楷定	頁碼
⿱髟矣	髮	八·八一
⿱髟⿱舌日	髺	八·八一
鬀	鬀	八·八五
⿱髟巠	⿱髟巠	八·八六
⿱辟廾	⿱辟廾	八·二三四
⿺鬼虎	⿺鬼虎	八·一九五
醜	醜	八·一九六
魋	魋	八·一九七
篡	篡	八·二〇六
嶽	嶽	八·二一一
嶷	嶷	八·二一八
嶅	嶅	八·二二一
⿰山屬	崛	八·二二七
嵳	嵯	八·二三〇
嶸	嶸	八·二三一
嶙	嶙	八·二三五
嶼	嶼	八·二三六
嶺	嶺	八·二三六
廦	廦	八·二六四
廢	廢	八·二八五
廛	廛	八·二八五
厭	厭	八·三一五
磏	磏	八·三一九
磿	磿	八·三三三
磽	磽	八·三三四
磻	磻	八·三四〇
⿰石晉	碏	八·三四三
磯	磯	八·三四四
硾	硾	八·三四四
豰	豰	八·三七八
豯	豯	八·三七九
豵	豵	八·三七九
豲	豲	八·三八五
貎	貎	八·四一七
貘	貘	八·四一九
駽	駽	八·四六三
⿰馬虒	⿰馬虒	八·四六七
駿	駿	八·四七三
駥	駥	八·四八二
騢	駊	八·四八二
駸	駸	八·四八四
⿰馬瓜	⿰馬耴	八·四八五
騃	騃	八·四八五
騁	騁	八·四八八
駾	駾	八·四八九

駻 八·四八九
駭 八·四九〇
駪 八·四九八
駼 八·五〇一
駷 八·五〇二
麗 八·五二〇
麇 八·五二五
麐 八·五二八
麋 八·五二九
麃 八·五三一
塵 八·五三六
獪 八·五七四
獫 八·五七五
𤢖 八·五七八
獷 八·五八一

獳 八·五八二
獄 八·六二五
鼢 八·六二九
䶔 八·六三三
燬 八·六四六
熮 八·六六八
熹 八·六七九
稫 八·六八二
燭 八·六八七
熠 八·七〇三
燠 八·七一五
燥 八·七二一
熭 八·七二七
燦 八·七二九
燮 八·七三三

䵣 八·七四三
黝 八·七四四
點 八·七四四
黚 八·七四五
黜 八·七五〇
縠 八·七六七
赊 八·七六九
盩 八·八七〇
𦊓 八·八九四
塼 八·九一五
頸 八·九一七
𡋤 八·九一八
增 八·九一九
慮 八·九三六
應 八·九五二

十七劃

憲	憲	八·九六一
慨	慨	八·九六五
瘱	瘱	八·九六六
[illegible]	[illegible]	八·九七五
蕙	蕙	八·九八七
㥠	㥠	八·九九三
[illegible]	[illegible]	八·九九三
懋	懋	八·九九五
惥	惥	八·九九九
[illegible]	[illegible]	八·一〇〇三
懦	懦	八·一〇〇七
愉	愉	八·一〇一二
懱	懱	八·一〇一四
懝	懝	八·一〇一五
慢	慢	八·一〇一七

慲	慲	八·一〇二二
[illegible]	[illegible]	八·一〇三三
慘	慘	八·一〇四一
[illegible]	[illegible]	八·一〇四八
愓	愓	八·一〇四九
慽	慽	八·一〇五二
悼	悼	八·一〇五七
[illegible]	[illegible]	八·一〇六三
[illegible]	[illegible]	八·一〇六三
懇	懇	八·一〇六八
惹	惹	八·一〇六八
湍	湍	九·一二
溺	溺	九·一七
澇	澇	九·二四
漆	漆	九·二四

潩	潩	九·二七
漳	漳	九·三二
[illegible]	[illegible]	九·三七
溱	溱	九·三八
溜	溜	九·四一
濦	濦	九·四六
潧	潧	九·四八
濮	濮	九·四九
濕	濕	九·五〇
濰	濰	九·五八
渚	渚	九·六一
濟	濟	九·六二
濡	濡	九·六三
涶	涶	九·六九
湶	湶	九·七二

十七劃

演	九・七九
潚	九・八二
濞	九・九二
潏	九・九五
澐	九・九六
濫	九・九九
澂	九・一〇六
潤	九・一〇七
潿	九・一〇八
濔	九・一一一
潯	九・一一二
滑	九・一一四
澤	九・一二一
涘	九・一三五
濘	九・一三五
湄	九・一四一
澗	九・一四七
學	九・一四八
滴	九・一五〇
⿰氵昔	九・一五三
湊	九・一六八
湮	九・一六九
滃	九・一七〇
溓	九・一八八
潐	九・一九二
潤	九・一九八
瀸	九・二〇一
滰	九・二〇六
澱	九・二一〇
湎	九・二一二
澆	九・二一六
瀕	九・二一九
漱	九・二一九
濯	九・二三四
湩	九・二四四
湏	九・二五一
溥	九・二五二
潺	九・二五四
濤	九・二五四
潔	九・二五五
流	九・二五七
涉	九・二五八
谿	九・三〇三
⿰礻善	九・三〇三
澌	九・三〇七

⿰火栗 九·三二一
⿱雨害 九·三三三
⿱雨肙 九·三三六
霝 九·三四二
⿱雨淋 九·三四七
⿱雨沋 九·三四八
⿱雨禹 九·三四九
⿱雨梁 九·三五〇
⿱雨韋 九·三五二
⿱雨婁 九·三五三
霜 九·三五五
⿱雨殺 九·三五六
霞 九·三六八
鰤 九·三七七
鯆 九·三七八

十七劃

鮥 九·三八〇
鮦 九·三八五
儵 九·三八六
魴 九·三八七
鮆 九·三九一
魵 九·三九四
魦 九·三九五
鮮 九·三九五
鮫 九·三九九
鮨 九·四〇〇
鮺 九·四〇〇
⿰魚令 九·四〇一
魧 九·四〇三
鮚 九·四〇三
⿰魚夫 九·四〇五

鮡 九·四〇五
魮 九·四〇六
龍 九·四一七
⿱羊鹵 九·五〇六
闈 九·五二四
闉 九·五三〇
闔 九·五三三
⿵門為 九·五三五
⿵門曷 九·五四七
闌 九·五四八
闇 九·五五三
闋 九·五六一
闊 九·五六二
闃 九·五六五
聯 九·五六九

十七劃

字頭	楷定	頁碼
聰	聰	九·五七五
職	職	九·五七八
聲	聲	九·五八一
聳	徻	九·五八八
靡	曆	九·五九六
擠	擠	九·六一九
據	據	九·六三五
攝	攝	九·六三五
擥	鑑	九·六三七
撣	撣	九·六三八
措	措	九·六四五
揃	揃	九·六四七
擿	擿	九·六五八
撓	撓	九·六六〇
摘	摘	九·六六二
⿰扌貳	⿰扌貳	九·六六六
擩	擩	九·六八〇
揆	揆	九·六八二
擬	擬	九·六八二
⿰糸留	⿰扌留	九·六八九
擢	擢	九·六九〇
擣	擣	九·六九一
搦	搦	九·六九四
擘	擘	九·六九七
撝	撝	九·六九八
搏	搏	九·七〇〇
揟	揟	九·七〇〇
擊	擊	九·七一一
捶	捶	九·七一二
摬	摬	九·七一三
擧	擧	九·七一四
擊	擊	九·七一四
籍	籍	九·七一七
撚	撚	九·七一七
嫂	嫂	九·八一三
嬮	壓	九·八二九
嫿	嫿	九·八三〇
齋	齋	九·八四五
嬥	嬥	九·八四六
嬪	嬪	九·八五六
勢	勢	九·八五七
嬰	嬰	九·八六三
嬖	嬖	九·八七〇
嫛	嫛	九·八七一
嫖	嫖	九·八八二

十七劃

字頭	楷定	頁碼
嬬	嬬	九·八八六
嬯	嬯	九·八八七
嬧	嬧	九·八九四
嫯	嫯	九·八九四
甄	甄	九·九三五
戲	戲	九·九五五
戮	戮	九·九六三
戭	戭	九·九六五
[匚+夏]	[匚+夏]	九·一〇二六
匵	匵	九·一〇二九
甓	甓	九·一〇四五
[糸+樂]	[糸+樂]	九·一一三七
繀	繀	九·一一四一
縱	縱	九·一一五八
緢	緢	九·一一六二
繙	繙	九·一一六二
縮	縮	九·一一六三
總	總	九·一一六四
繃	繃	九·一一六九
縪	縪	九·一一七一
縠	縠	九·一一七七
縳	縳	九·一一七七
縵	縵	九·一一八二
縹	縹	九·一一八六
縓	縓	九·一一九二
縷	縷	九·一二一六
縭	縭	九·一二三〇
緊	緊	九·一二三一
縿	縿	九·一二三一
徽	徽	九·一二三一
編	編	九·一二三七
縼	縼	九·一二三五
縻	縻	九·一二三五
績	績	九·一二四五
[糸+冓]	[糸+冓]	九·一二四八
緫	緫	九·一二五〇
緰	緰	九·一二五一
緶	緶	九·一二五一
繆	繆	九·一二五四
螼	螼	十·一四
蠙	蠙	十·一五
螉	螉	十·一五
[虫+從]	[虫+從]	十·一五
蠁	蠁	十·一五
蟯	蟯	十·一七

十七劃

字	楷	卷・頁
雖	雖	十・一七
蟦	蟦	十・一九
蟣	蟣	十・二〇
螻	螻	十・三三
蝒	蝒	十・三六
蟜	蟜	十・三八
蟥	蟥	十・三八
蟅	蟅	十・四四
蟬	蟬	十・四六
蜡	蜡	十・五〇
蝥	蝥	十・五一
蝙	蝙	十・五一
螌	螌	十・五二
蠊	蠊	十・五八
螷	螷	十・六〇

字	楷	卷・頁
蠇	蠇	十・六一
蟉	蟉	十・六三
蟄	蟄	十・六四
螹	螹	十・六五
螮	螮	十・七七
蟋	蟋	十・七八
螳	螳	十・七九
⿱我䖵	⿱我䖵	十・八二
蠭	蠭	十・八三
蝨	蝨	十・八四
螬	蠤	十・八五
蟁	蟁	十・八七
飄	飄	十・一一一
颮	颮	十・一一五
颺	颺	十・一一五

字	楷	卷・頁
颼	颼	十・一一六
鼀	鼀	十・一二八
黿	黿	十・一四〇
墣	墣	十・二〇六
塍	塍	十・二〇八
壁	壁	十・二一六
墐	墐	十・二二五
墼	墼	十・二二七
壞	壞	十・二三六
壐	壐	十・二四五
墨	墨	十・二四七
墊	墊	十・二五八
⿰土㬎	⿰土㬎	十・二五九
壔	壔	十・二七二
壙	壙	十・二八〇

壓	壓	十・二八一
墍	墍	十・二八八
堀	堀	十・三〇二
艱	艱	十・三一七
疄	疄	十・三八三
疃	疃	十・三八七
䵍	䵍	十・四〇六
黊	黊	十・四〇六
勶	勶	十・四二五
⿰畾力	⿰畾力	十・四二九
勰	勰	十・四四九
鍇	鍇	十・四七五
錄	錄	十・四七九
銷	銷	十・四九〇
鍊	鍊	十・四九〇
鍛	鍛	十・四九二
鍾	鍾	十・四九六
鍑	鍑	十・五〇八
鍪	鍪	十・五〇八
鍋	鋗	十・五二〇
鍱	鍱	十・五二三
鍤	鍤	十・五二八
鍼	鍼	十・五三一
鋻	鋻	十・五三三
鍥	鍥	十・五四五
鍰	鍰	十・五六〇
錙	錙	十・五六三
鍠	鍠	十・五七六
鍭	鍭	十・五九四
鍜	鍜	十・五九六
鍡	鍡	十・六〇三
鍦	鍦	十・六〇三
錔	錔	十・六〇五
鍒	鍒	十・六一一
⿰豦且	⿰豦且	十・六三九
⿰𠦝斤	⿰𠦝斤	十・六七五
斣	斣	十・六八五
輧	輧	十・七〇六
轀	轀	十・七〇七
輿	輿	十・七〇九
輹	輹	十・七一八
⿱𤇾車	⿱𤇾車	十・七二〇
轂	轂	十・七二一
轅	轅	十・七二五
轄	轄	十・七三八

字頭	楷體	冊・頁
輴	輴	十・七四一
軭	軭	十・七四二
輪	輪	十・七四四
轃	轃	十・七四六
輓	輓	十・七四七
陽	陽	十・七八四
隊	隊	十・八〇〇
陗	陗	十・八〇〇
隰	隰	十・八〇七
隍	隍	十・八一三
隄	隄	十・八一七
隱	隱	十・八二一
訔	訔	十・八二三
隕	隕	十・八二八
階	階	十・八三九
隊	隊	十・八四一
陜	陜	十・八四一
孺	孺	十・一〇八七
𣐁	𣐁	十・一一五〇
𨡅	𨡅	十・一一五八
醞	醞	十・一一五九
䣼	䣼	十・一一六〇
醘	醘	十・一一六二
醋	醋	十・一一六三
醻	醻	十・一一七一
醠	醠	十・一一七二
醟	醟	十・一一七六
醨	醨	十・一一八三
酸	酸	十・一一八四
醢	醢	十・一一九一

【十八劃】

字頭	楷體	冊・頁
禱	禱	一・一七五
禬	禬	一・一七九
禰	禰	一・一九九
𤪌	𤪌	一・二四四
璵	璵	一・二四五
瑾	瑾	一・二四五
瓊	瓊	一・二四六
璿	璿	一・二五七
璧	璧	一・二五八
璩	璩	一・二七四
璹	瑦	一・二七四
瑳	瑳	一・二七五
璅	璅	一・二八五
璶	璶	一・二八七

璒 璒 一·二八七
蕒 蕒 一·三八四
藘 藘 一·三八八
藭 藭 一·三九七
蕗 蒾 一·四〇三
薐 薐 一·四〇六
蓳 蓳 一·四一二
蒲 蒲 一·四一五
蒻 蒻 一·四一六
蔲 蔲 一·四一九
蕁 蕁 一·四二〇
藷 藷 一·四二一
蔐 蔐 一·四二一
蕾 蕾 一·四二六
舊 舊 一·四二七

藟 藟 一·四二八
蔁 蔁 一·四三七
蔆 蔆 一·四四三
蔗 藨 一·四四四
蒹 蒹 一·四四七
蔿 蔿 一·四五六
藸 藸 一·四五九
蘢 蘢 一·四六三
蔛 蔛 一·四七五
薄 薄 一·四八三
蓁 蓁 一·四八九
蒔 蒔 一·四九三
藪 藪 一·五〇六
藥 藥 一·五一二
蕝 蕝 一·五一九

藩 藩 一·五二一
蔖 蔖 一·五二三
蕁 蕁 一·五三四
蕘 蕘 一·五四八
蕉 蕉 一·五五〇
葠 葠 一·五五四
蕙 蕙 一·五六二
蕇 蕇 一·五六三
蓶 蓶 一·五六五
藚 藚 一·五七二
藜 藜 一·五七七
蕆 蕆 一·五八九
犡 犡 一·七一二
犂 犂 一·七三七
犞 犞 一·七四一

字頭	楷定	頁碼
⿰口疑	⿰口疑	二・一一〇
嚛	嚛	二・一一五
噫	噫	二・一一六
⿰口⿱罒胃	喟	二・一二〇
噴	噴	二・一二一
嗅	嗅	二・一五四
嚘	嚘	二・二一一
趫	趫	二・一九八
⿺走票	⿺走樂	二・二〇三
⿺走蜀	⿺走蜀	二・二〇四
趩	趩	二・二一四
⿺走韋	趠	二・二一八
⿺走曼	⿺走曼	二・二三〇
⿺走軍	⿺走軍	二・二三一
⿺走斬	⿺走斬	二・二三二
⿱辟止	壁	二・二四四
歸	歸	二・二四五
韙	韙	二・三〇九
⿺辶卒	⿺辶卒	二・三一四
遺	遺	二・三三九
逾	逾	二・三四七
選	選	二・三九三
⿺辶黎	⿺辶黎	二・四〇五
遰	遰	二・四〇五
⿺辶䜌	⿺辶䜌	二・四三六
遮	遮	二・四四三
遱	遱	二・四四五
遠	遠	二・四四八
違	違	二・四五二
⿺辶⿱巛百	道	二・四五五
邊	邊	二・四六四
衞	衞	二・五四七
⿰齒干	⿰齒干	二・五六八
齕	齕	二・五七〇
⿱登足	⿱登足	二・五八二
踰	踰	二・五八三
蹻	蹻	二・五八三
蹴	蹴	二・五八七
⿰足韋	踔	二・五九〇
蹛	蹛	二・五九〇
蹩	蹩	二・五九〇
⿱埶足	⿱埶足	二・五九一
蹢	蹢	二・五九一
躅	躅	二・五九二
⿰足屠	躇	二・五九六

十八劃

蹠 蹠 蹠 二·五九七
蹁 蹁 蹁 二·六〇三
蹷 蹷 蹷 二·六一〇
囂 囂 囂 二·六四四
謦 謦 謦 二·七一八
謁 謁 謁 二·七二三
謀 謀 謀 二·七三九
諟 諟 諟 二·七四三
諦 諦 諦 二·七四三
謹 謹 謹 三·七
諶 諶 諶 三·九
諱 諱 諱 三·一四
諫 諫 諫 三·二三
諗 諗 諗 三·二四
諴 諴 諴 三·二五

諧 諧 諧 三·三一
謳 謳 謳 三·四八
謼 謼 謼 三·五〇
諺 諺 諺 三·五一
謯 謯 謯 三·五五
諛 諛 諛 三·五七
諼 諼 諼 三·五七
謾 謾 謾 三·五九
諸 諸 諸 三·五九
謺 謺 謺 三·五九
謱 謱 謱 三·六〇
診 診 診 三·六一
諂 諂 諂 三·八三
謩 謩 謩 三·八六
識 識 識 三·八七

諣 諣 諣 三·九一
謣 謣 謣 三·九三
謬 謬 謬 三·九五
諆 諆 諆 三·九七
謵 謵 謵 三·一〇二
讆 讆 讆 三·一〇四
謫 謫 謫 三·一一〇
諯 諯 諯 三·一一〇
諲 諲 諲 三·一一四
譁 譁 譁 三·一一八
謚 謚 謚 三·一二三
謏 謏 謏 三·一二八
詰 詰 詰 三·一二八
叢 叢 叢 三·一五九
鬭 鬭 鬭 三·二五一

韗	韗	三·二六三
韖	韖	三·二六三
韏	韏	三·二六五
鞮	鞮	三·二六六
鞶	鞶	三·二七三
鞥	鞥	三·二七五
[illegible]	[illegible]	三·二八〇
鞙	鞙	三·二八三
[illegible]	[illegible]	三·二八三
鞭	鞭	三·二八四
鞘	鞘	三·二八八
[illegible]	[illegible]	三·三〇六
[illegible]	[illegible]	三·三一七
[illegible]	[illegible]	三·三五六
[illegible]	[illegible]	三·三七三
畫	畫	三·五〇三
𣪘	𣪘	三·五五三
潄	潄	三·六四三
斀	斀	三·六八〇
敳	敳	三·七〇二
敹	敹	三·七一三
瞏	瞏	三·七八二
瞦	瞦	三·七八五
䁴	䁴	三·八〇〇
瞲	瞲	三·八一〇
矆	矆	三·八一五
瞻	瞻	三·八一六
䁹	䁹	三·八一七
蔑	蔑	三·八三〇
矇	矇	三·八三七
瞽	瞽	三·八三九
瞚	瞚	三·八四二
瞼	瞼	三·八四三
魯	魯	四·二五
翦	翦	四·六三
翹	翹	四·六五
翮	翮	四·六五
翱	翱	四·七四
翯	翯	四·七四
翻	翻	四·七八
雟	雟	四·九一
雗	雗	四·九六
雞	雞	四·一〇一
雛	雛	四·一〇三
離	離	四·一〇四

十八劃

雝 雝 四·二一〇
舊 舊 四·一四四
羭 羭 四·一七八
羳 羳 四·一七九
羴 羴 四·一九四
瞿 瞿 四·一九五
雙 雙 四·一九九
鴺 鴺 四·二三六
舄 舄 四·二三六
鶂 鶂 四·二三九
鴲 鴲 四·二三〇
鵠 鵠 四·二三一
鵝 鵝 四·二三三
鵖 鵖 四·二三七
鴰 鴰 四·二四〇

鴿 鴿 四·二四六
駿 鬉 四·二四七
殯 臏 四·三八二
殬 殬 四·三八六
薨 薨 四·三九九
髃 髃 四·四〇七
骹 骹 四·四〇九
骼 骼 四·四一一
骴 骴 四·四一二
⿰月幾 ⿰月幾 四·四一八
臑 臑 四·四三三
臍 ⿱齊月 四·四三四
腄 腄 四·四五九
腫 腫 四·四五九
膮 膮 四·四八五

膩 膩 四·四八八
⿰月弱 ⿰月弱 四·四八九
臇 臇 四·四八九
膞 膞 四·四九八
𣎆 𣎆 四·五〇三
劈 劈 四·五五二
頛 頛 四·六〇〇
觠 觠 四·六〇四
⿰角虒 ⿰角虒 四·六〇五
觵 觵 四·六一六
觴 觴 四·六一九
箭 箭 四·六二八
簜 簜 四·六三〇
⿱竹翁 ⿱竹翁 四·六三六
簡 簡 四·六三九

簟 簟 四·六四九
⿱竹奠 ⿱竹奠 四·六五一
籍 籍 四·六五二
簞 簞 四·六五四
⿱竹尃 ⿱竹尃 四·六五五
箸 箸 四·六五五
簋 簋 四·六五九
簠 簠 四·六六五
簝 簝 四·六七七
⿱竹象 ⿱竹象 四·六七七
簦 簦 四·六七八
⿱竹坙 ⿱竹坙 四·六八三
箙 箙 四·六八四
⿱竹殷 ⿱竹殷 四·六八八
⿱竹傅 ⿱竹傅 四·六九六

十八劃

籆 籆 四·六九六
篽 篽 四·六九七
寷 寷 四·七五九
羲 羲 五·四五
憙 憙 五·七六
鬄 鬄 五·八三
⿱艹鼓 ⿱艹鼓 五·九二
⿱癶卷 卷 五·一〇一
豐 豐 五·一一四
虩 虩 五·一二三
⿸虍異 ⿸虍異 五·一三八
虤 虤 五·一五六
⿱幾皿 ⿱幾皿 五·二三八
靜 靜 五·二六二
⿰飠畾 ⿰飠畾 五·三三六

餱 餱 五·三三三
⿰飠兼 ⿰飠兼 五·三五〇
饁 饁 五·三五〇
⿰飠豈 ⿰飠豈 五·三五九
⿰飠矣 ⿰飠矣 五·三六〇
⿰飠員 ⿰飠員 五·三六二
⿰飠軍 ⿰飠軍 五·三六四
餲 餲 五·三七二
⿰飠羔 ⿰飠羔 五·三七七
糇 糇 五·六二九
韘 韘 五·七〇四
⿰韋段 ⿰韋段 五·七〇五
⿰韋殳 ⿰韋殳 五·七〇六
橙 橙 五·七三四
橞 橞 五·七七六

十八劃

字	隸定	卷·頁
櫅	櫅	五·七七七
欉	欉	五·七七八
橪	橪	五·七七九
檗	檗	五·七八三
檵	檵	五·七九四
[厤木]	[厤木]	五·八〇一
槗	槗	五·八四七
樸	樸	五·八五三
梛	梛	五·八六〇
檥	檥	五·八六五
櫽	櫽	五·八七三
樢	樢	五·八七六
橬	橬	五·九〇二
槤	槤	五·九一七
櫎	櫎	五·九一七

字	隸定	卷·頁
檕	檕	五·九一八
檷	檷	五·九一八
膝	膝	五·九一九
樴	樴	五·九二五
橃	橃	五·九六一
檮	檮	五·九七四
櫃	桓	五·九八九
櫪	櫪	五·九九三
檻	檻	五·九九四
櫂	櫂	五·一〇〇七
橎	椿	五·一〇〇七
蕐	華	六·一〇七
櫜	櫜	六·一二一
橐	橐	六·一二七
鄙	鄙	六·二五八

字	隸定	卷·頁
鄠	鄠	六·二七〇
鄦	鄦	六·二七七
鄿	鄿	六·二八〇
[縣阝]	[縣阝]	六·二八一
鄃	鄃	六·三〇二
鄡	鄡	六·三〇四
鄎	鄎	六·三一一
鄾	鄾	六·三一三
鄸	鄸	六·三一四
鄨	鄨	六·三一四
鄱	鄱	六·三一四
[虘阝]	[虘阝]	六·三三九
[奄阝]	[奄阝]	六·三四二
[虖阝]	[虖阝]	六·三五八
曠	曠	六·三八七

曓	曓	六・四二九
暵	暵	六・四三〇
暬	暬	六・四三五
斡	斡	六・四四七
旞	旞	六・四五九
旟	旟	六・四六三
𣄠	𣄠	六・四六五
旛	旛	六・四七一
穡	穡	六・五九八
齋	齋	六・六一〇
穬	穬	六・六一六
穧	穧	六・六二六
穫	穫	六・六二七
穦	穦	六・六二七
𥢶	𥢶	六・六二九

十八劃

馥	馥	六・六八二
糕	糕	六・六八七
糲	糲	六・六八九
䊤	䊤	六・六九三
糧	糧	六・六九六
縈	縈	六・七二三
寡	寡	六・八〇四
寱	寱	六・八八八
竈	竈	六・八八九
竅	竅	六・八九七
竄	竄	六・九〇六
竆	竆	六・九〇八
瘱	瘱	七・九
㾷	㾷	七・三二
瘤	瘤	七・三八

癑	癑	七・五四
瘳	瘳	七・七一
罾	罾	七・一二七
罽	罽	七・一二八
罶	罶	七・一二九
署	署	七・一三八
罵	罵	七・一四二
覆	覆	七・一四五
幪	幪	七・一八四
幢	幢	七・二〇六
噭	噭	七・二二七
儇	儇	七・二九二
儥	儥	七・三〇一
儆	儆	七・三八二
儔	儔	七・三八三

十八劃

儹	儹	七·三九四
軀	軀	七·五五一
褏	褏	七·五六八
襘	襘	七·五七七
襜	襜	七·五八二
襗	襗	七·五八三
襛	襛	七·五八九
襡	襡	七·五九五
雜	雜	七·六〇八
襖	襖	七·六二五
氈	氈	七·六六三
屩	屩	七·六九八
兢	兢	七·七四七
⿰票見	⿰票見	七·七七四
覻	覻	七·七七五
覦	覦	七·七八〇
⿰舀見	⿰舀見	七·七八一
親	親	七·七八二
覲	覲	七·七八三
歗	歗	七·八〇一
歖	歖	七·八〇二
⿰桼欠	⿰康欠	七·八一六
顏	顏	八·三
題	題	八·七
顄	顄	八·九
顒	顒	八·一五
顝	顝	八·一六
⿰豸頁	⿰豸頁	八·一七
⿰頁桼	⿰頁桼	八·一八
⿰𠬤頁	⿰𠬤頁	八·一九
⿰⿱山冊頁	⿰⿱山冊頁	八·二三
⿰契頁	⿰契頁	八·二九
⿺鬼頁	⿰鬼頁	八·三〇
顣	顣	八·三一
䫏	䫏	八·三五
顛	顛	八·三七
⿰齒首	⿰齒首	八·四四
⿺辶頁	⿺辶頁	八·五三
辬	辬	八·七二
鬈	鬈	八·七六
⿱髟高	⿱髟高	八·七七
⿱髟吾	⿱髟吾	八·七七
鬄	鬄	八·八〇
⿱髟彖	⿱髟彖	八·八五
⿱辟廾	⿱辟廾	八·一三四

魌 魌 八·一九〇
魑 魑 八·一九五
魋 魋 八·一九七
嶷 嶷 八·二一八
巀 巀 八·二一九
嶹 嶹 八·二二〇
廫 廫 八·二九一
礐 礐 八·三二八
磧 磧 八·三三〇
礜 礜 八·三三二
礊 礊 八·三三四
磬 磬 八·三三五
礎 礎 八·三四四
豬 豬 八·三七八
豵 豵 八·三七九

櫜 櫜 八·三九九
繇 繇 八·四〇一
貙 貙 八·四一七
貐 貐 八·四一九
[豸庸] [豸番] 八·四二〇
貓 貓 八·四二九
騏 騏 八·四六一
騅 騅 八·四六四
騧 騧 八·四六七
[馬岸] [馬岸] 八·四六八
騋 騋 八·四七五
騎 騎 八·四七九
騑 騑 八·四八〇
颿 颿 八·四八六
[𦥯馬] 駕 八·四八八

駘 駘 八·四九四
騊 騊 八·五〇一
麐 麐 八·五二一
麎 麎 八·五二八
毚 毚 八·五四八
默 默 八·五七六
獷 獷 八·五八一
獒 獒 八·五八二
獳 獳 八·五八二
獜 獜 八·五八五
獵 獵 八·五九三
獲 獲 八·五九九
鼮 [鼠平] 八·六二九
[鼠卯] [鼠耎] 八·六三〇
鼫 鼫 八·六三〇

鼨	鼨	八·六三〇
鼩	鼩	八·六三一
鼬	鼬	八·六三二
䶂	䶂	八·六三三
燹	燹	八·六四七
爇	爇	八·六六一
熯	熯	八·六六六
齌	齌	八·六七八
熬	熬	八·六八〇
穮	穮	八·六八二
𤐫	票	八·六九四
燿	燿	八·七〇四
熾	熾	八·七一四
燾	燾	八·七二二
燚	燚	八·七三二

黗	黗	八·七四四
黰	黰	八·七四六
黠	黠	八·七四六
黔	黔	八·七四七
黕	黕	八·七四八
儵	儵	八·七五一
黟	黟	八·七五三
𪑾	𪑾	八·七六七
䵖	䵖	八·七六九
盭	盭	八·八七〇
䍐	䍐	八·九〇五
壐	壐	八·九一六
𣎆	𣎆	八·九一七
憧	憧	八·九六四
慧	慧	八·九六六

憼	憼	八·九七〇
𢡖	𢡖	八·九七七
慶	慶	八·九七八
𢥊	𢥊	八·九九三
𢡄	𢡄	八·九九三
愐	愐	八·九九五
懋	懋	八·九九五
懕	懕	八·九九九
辨	辨	八·一〇〇五
憪	憪	八·一〇二二
憍	憍	八·一〇二三
鋻	鋻	八·一〇二四
慊	慊	八·一〇二七
憎	憎	八·一〇三六
懟	懟	八·一〇三七

十八劃

澫	八·一〇三八
潛	八·一〇四一
惜	八·一〇四三
簡	八·一〇四五
愵	八·一〇四九
懾	八·一〇五七
憚	八·一〇五七
憬	八·一〇六七
慵	八·一〇六七
遷	八·一〇六八
懇	八·一〇六八
鯊	八·一〇七〇
澮	九·二八
潞	九·三〇
溧	九·三七
潰	九·四一
爍	九·四九
澶	九·五四
寖	九·六〇
演	九·八三
懰	九·八五
漻	九·八七
激	九·一〇一
澤	九·一一五
湑	九·一三〇
櫝	九·一四〇
澳	九·一四七
學	九·一四八
瀅	九·一五四
潢	九·一五六
潛	九·一六一
瀑	九·一七二
澍	九·一七三
慢	九·一八六
漬	九·一八七
濮	九·一八八
號	九·一九〇
澌	九·一九一
溓	九·一九三
湋	九·二〇〇
漉	九·二〇八
滫	九·二一〇
穀	九·二一三
潘	九·二一八
覵	九·二三〇

澡 澡 九·三二九
濋 濋 九·三四四
濊 濊 九·三五一
瀦 瀦 九·三五五
繆 繆 九·三〇三
澟 澟 九·三〇六
滕 滕 九·三〇七
瀨 瀨 九·三二一
賈 賈 九·三三三
霢 霢 九·三四七
䨘 䨘 九·三四八
䨡 䨡 九·三四八
䨵 䨵 九·三四九
霑 霑 九·三五〇
霤 霤 九·三五〇

霩 霩 九·三五四
魼 魼 九·三七七
魧 魧 九·三八〇
鯀 鯀 九·三八一
鯉 鯉 九·三八四
𩵦 𩵦 九·三八六
𩵽 𩵽 九·三八八
鮒 鮒 九·三八八
䲕 䲕 九·三八八
𩵩 𩵩 九·三八九
鯇 鯇 九·三九一
鮀 鮀 九·三九一
鮎 鮎 九·三九一
鰋 鰋 九·三九二
鮷 鮷 九·三九二

鮸 鮸 九·三九三
鮇 鮇 九·三九四
鮊 鮊 九·三九八
鰒 鰒 九·三九九
鮭 鮭 九·四〇〇
鮑 鮑 九·四〇一
鮩 鮩 九·四〇三
鮅 鮅 九·四〇四
鮁 鮁 九·四〇四
臻 臻 九·四八七
鹽 鹽 九·五〇八
闒 闒 九·五二五
闕 闕 九·五三〇
闔 闔 九·五三三
闌 闌 九·五三三

字頭	隸定	頁碼
闃	闃	九·五三三
闓	闓	九·五三七
闇	闇	九·五三三
關	關	九·五五三
闐	闐	九·五五六
闖	闖	九·五六四
職	職	九·五七八
聵	聵	九·五八九
聶	聶	九·五九七
聱	聱	九·五九八
撿	撿	九·六〇九
操	操	九·六二八
攕	攕	九·六三七
擪	擪	九·六四一
擇	擇	九·六四六
摺	摺	九·六六三
擅	擅	九·六八一
摎	摎	九·七〇六
擊	擊	九·七一一
擧	擧	九·七一四
擨	擨	九·七一九
嫺	娟	九·七九三
嫽	嫽	九·八一四
嬛	嬛	九·八三〇
嬌	嬌	九·八三一
嬻	嬻	九·八七〇
嫢	嫢	九·八八一
舋	舋	九·九三六
匵	匵	九·一〇二八
繇	繇	九·一一三六
繭	繭	九·一一三六
緒	緒	九·一一三八
緬	緬	九·一一三八
織	織	九·一一四二
繢	繢	九·一一四六
繦	繦	九·一一四八
繎	繎	九·一一六〇
繙	繙	九·一一六二
繐	繐	九·一一六四
繚	繚	九·一一六六
繞	繞	九·一一六六
緭	緭	九·一一六八
[糹集]	[糹集]	九·一一七四
繒	繒	九·一一七四
縛	縛	九·一一七七

十八劃

上段（自右至左）

字頭	異體	編號
縑	縑 縑	九·二一八
繟	繟 繟	九·二〇三
繛	繛 繛	九·二〇七
繑	繑 繑	九·二〇九
繵	繵 繑	九·二〇九
緟	緟 緟	九·二一二
繕	繕 繕	九·二一九
繁	繁 繁	九·二二一
繩	繩 繩	九·二二三
額	額 額	九·二二四
緪	緪 緪	九·二二六
綃	綃 綃	九·二二六
彝	彝 彝	九·二六二
纖	纖 纖	九·二六五
豹	豹 豹	十·二

中段（自右至左）

字頭	異體	編號
辥	辥 辥	十·三
蠙	蠙 蠙	十·一五
蠜	蠜 蠜	十·一六
毊	毊 毊	十·一七
蟯	蟯 蟯	十·一九
蟣	蟣 蟣	十·二〇
蟬	蟬 蟬	十·二一
蟜	蟜 蟜	十·二三
蠹	蠹 蠹	十·二三
蟷	蟷 蟷	十·三六
蟜	蟜 蟜	十·三八
蠗	蠗 蠗	十·四一
蟠	蟠 蟠	十·四三
蟬	蟬 蟬	十·四六
蠨	蠨 蠨	十·四九

下段（自右至左）

字頭	異體	編號
螨	螨 螨	十·六一
蟺	蟺 蟺	十·六二
蠻	蠻 蠻	十·六三
蠆	蠆 蠆	十·六六
蟟	蟟 蟟	十·六八
蠤	蠤 蠤	十·七八
蟲	蟲 蟲	十·九二
蠡	蠡 蠡	十·一一五
颽	颽 颽	十·一一五
颭	颭 颭	十·一二六
颺	颺 颺	十·一二六
鼀	鼀 鼀	十·一四〇
黿	黿 黿	十·一四〇
黽	黽 黽	十·一四四
鼂	鼂 鼂	十·一五二

字頭	隸定	冊·頁
墤	墤	十·二一六
壘	壘	十·二七四
塾	塾	十·三〇三
壒	壒	十·三〇五
釐	釐	十·三三三
㬔	㬔	十·三六二
歎	歎	十·四〇五
募	募	十·四三八
勢	勢	十·四三九
鏈	鏈	十·四七二
鎔	鎔	十·四九一
鍑	鍑	十·五〇八
錪	錪	十·五〇八
鎬	鎬	十·五〇九
鏗	鏗	十·五一四
鎣	鎣	十·五二三
鍦	鍦	十·五二六
鎩	鎩	十·五三三
鎌	鎌	十·五四四
鎮	鎮	十·五四七
鎛	鎛	十·五七三
鍠	鍠	十·五七六
鎗	鎗	十·五七七
鏌	鏌	十·五八一
鏠	鏠	十·五八九
鎧	鎧	十·五九五
鏨	鏨	十·五九六
鋃	鋃	十·六〇二
鎎	鎎	十·六〇三
鎦	鐂	十·六〇七
鎕	鎕	十·六一〇
鎖	鎖	十·六一二
䖶	䖶	十·六三九
斷	斷	十·六五二
轈	轈	十·七〇九
輿	輿	十·七〇九
輓	輓	十·七一一
轂	轂	十·七二一
轅	轅	十·七二五
輦	輦	十·七三〇
轉	轉	十·七三八
輸	輸	十·七三九
轚	轚	十·七四一
聲	聲	十·七四四
輂	輂	十·七四八

陵　十·七七二
陸　十·七九二
隗　十·七九九
陖　十·八〇〇
隕　十·八一三
⿰阝差　十·八一四
隫　十·八一六
隔　十·八二〇
隙　十·八四〇
隍　十·八四三
隝　十·八四五
陯　十·八四五
醪　十·一一六一
⿱知酉　十·一一六三
醧　十·一一七四

醫　十·一二七七
醨　十·一二八三
醬　十·一二八六
⿰酉俞　十·一二九二
⿰酉畢　十·一二九二
醐　十·一二九四

【十九劃】

禰　一·一九九
⿱毄玉　一·二四四
瓊　一·二四六
璧　一·二五八
瓃　一·二七四
璡　一·二八五
瓐　一·二八七
瓅　一·二九二

璽　一·二九七
璗　一·二九八
藿　一·三八二
蘇　一·三八五
薑　一·三八七
蓼　一·三八八
薇　一·三八九
蘧　一·三九一
蘆　一·三九三
蕙　一·三九六
藕　一·四〇一
蘄　一·四一三
藺　一·四一五
蓷　一·四一六
⿱艹鼓　一·四二一

[艹黃]　一・四二三
蕕　一・四二三
蓨　一・四二六
薁　一・四二七
藐　一・四二九
薛　一・四三三
藪　一・四三九
薟　一・四四三
藕　一・四四六
薊　一・四四七
薠　一・四四八
蕅　一・四五二
蓍　一・四五二
蕭　一・四五五
落　一・四七一

十九劃

菶　一・四七八
[艹曾]　一・四九〇
薉　一・四九六
蒕　一・四九七
蘀　一・四九八
蓶　一・五一〇
蔎　一・五二二
[艹檳]　一・五二四
蕁　一・五三五
蕨　一・五六三
蓱　一・五六四
[艹秝]　一・五七三
[艹嬦]　一・五九一
釋　一・六八二
櫝　一・七〇四

[牜蕉]　一・七一三
衞　一・七四一
犝　一・七五一
蔡　一・七五二
啍　二・二一
嚏　二・二一
噴　二・一一〇
嗼　二・一四〇
嚴　二・一五六
趫　二・一九八
[走𠂢]　二・二〇〇
趞　二・二〇二
趬　二・二〇二
趩　二・二一四
[走幾]　二・二三〇

趫　二·二二〇
邁　二·三一五
邀　二·三一八
適　二·三三五
遺　二·三三九
⿺辶昔　二·三五〇
⿺辶睪　二·三六四
遲　二·四〇二
遹　二·四〇七
遷　二·四三七
邍　二·四五四
遽　二·四六一
⿺辶頁　二·四六八
⿰彳歰　二·四八五
⿰彳粤　二·四八九

衛　二·五四九
齗　二·五六一
⿰齒今　二·五六二
⿰齒巨　二·五六六
踖　二·五八一
蹻　二·五八三
蹴　二·五八七
躡　二·五八七
踢　二·五八八
踵　二·五八九
蹢　二·五九一
蹶　二·五九二
踏　二·五九七
蹲　二·六〇〇
跨　二·六〇一

蹸　二·六〇八
躚　二·六〇八
蹭　二·六〇九
蹬　二·六〇九
龠　二·六二三
請　二·七二三
譔　二·七三六
⿰言犀　二·七三八
論　二·七四二
識　三·一
誓　三·一六
藹　三·一九
警　三·三五
謚　三·三五
譒　三·四五

十九劃

字	隸定	頁碼
講	講	三·五三
譊	譊	三·五五
謍	謍	三·五六
譏	譏	三·六二
䜌	䜌	三·六七
⿰言臭	誒	三·七八
譆	譆	三·七九
⿰言幵	詽	三·八二
譄	譄	三·八六
⿰言萬	⿰言萬	三·八九
⿰言貴	⿰言貴	三·九〇
譑	譑	三·九八
謓	謓	三·一〇五
⿰言晉	⿰言晉	三·一〇九
譙	譙	三·一一一
證	證	三·一一五
⿱斬言	⿱斬言	三·一二〇
諳	諳	三·一二三
謑	謑	三·一二四
謚	謚	三·一二六
譜	譜	三·一二八
誌	誌	三·一二八
韻	韻	三·一四五
戴	戴	三·一三六
鬭	鬭	三·一五一
⿰革鄉	⿰革鄉	三·一六〇
⿱殸革	⿱殸革	三·一六四
鞵	鞵	三·一六八
⿰革宛	⿰革宛	三·一七〇
⿰革僉	⿰革弇	三·一七五
⿰革蚩	⿰革蚩	三·二七七
⿰革專	⿰革專	三·二七九
⿰革眉	⿰革眉	三·二八〇
⿰革華	⿰革雩	三·二八九
⿰殺殳	⿰殺殳	三·三〇五
燮	燮	三·三九七
⿸厂敞	⿸厂敞	三·六八三
⿱⺮敷	⿱⺮敷	三·七一三
⿰目鳥	⿰目鳥	三·七八五
瞵	瞵	三·七九一
⿲辛廾辛	⿲辛廾辛	三·八〇九
矉	矉	三·八一一
矆	矆	三·八一五
⿰目監	⿰目監	三·八一七
疇	⿰田㠯	四·三六

十九劃

翰 四·六〇
翾 四·六七
翩 四·六九
翽 四·七四
鷖 四·七五
翳 四·七六
翻 四·七八
雗 四·九六
雡 四·一〇三
離 四·一〇四
雓 四·一二〇
雚 四·一四〇
羸 四·一八〇
羶 四·一八二
鷗 四·二二〇

雝 四·二二〇
鶹 四·二二九
鴻 四·二三一
鷄 四·二三二
騤 四·二三三
騀 四·二三八
騏 四·二四一
殰 四·三七七
殯 四·三八二
殣 四·三八三
髆 四·四〇七
骷 四·四〇九
骸 四·四〇九
膻 四·四五三
臘 四·四六一

隋 四·四六三
䐹 四·四八三
臊 四·四八五
膾 四·四九五
膠 四·五〇三
劉 四·五六九
䚡 四·六〇四
觵 四·六〇六
觼 四·六〇七
觸 四·六〇七
觲 四·六〇八
觵 四·六一六
觶 四·六一八
觴 四·六一九
𧥄 四·六二三

十九劃

轂 四·六二三
簬 四·六二九
⿱竹微 四·六三〇
⿱竹意 四·六三二
籀 四·六三七
簾 四·六四八
⿱竹賓 四·六四九
⿱竹奭 四·六五一
⿱竹稍 四·六五二
簏 四·六七〇
籇 四·六七七
⿱竹殿 四·六八八
簫 四·六九〇
簺 四·六九六
⿱竹夒 四·六九六

⿱竹𣪊 四·七一二
⿱宀夢 四·七五九
⿰𠅘言 五·七七
⿱鬯蚤 五·八三
⿱敄言 五·九四
⿱𣪊言 五·九四
齍 五·一七六
⿱漻皿 五·二〇一
⿱醓皿 五·二〇二
盪 五·二二〇
盥 五·二二七
臒 五·二五八
⿱𩰲鬲 五·三一三
⿰金𦍣 五·三二三
⿰飠并 五·三三二

⿰飠豈 五·三五九
饉 五·三七三
餽 五·三七六
餕 五·三七七
⿰飠𡕩 五·三七七
罄 五·四五四
⿱毄缶 五·四五四
夏 五·六六〇
⿱巳夏 五·六六九
韠 五·七〇一
韜 五·七〇三
韝 五·七〇四
⿰韋專 五·七〇七
韏 五·七〇七
檍 五·七六〇

櫟 櫟 五・八〇〇
築 築 五・八六三
檼 檼 五・八七三
橑 橑 五・八七三
櫋 櫋 五・八七六
檐 檐 五・八七六
橦 橦 五・八八九
櫝 櫝 五・八九四
櫌 櫌 五・九〇二
櫑 櫑 五・九一三
櫓 櫓 五・九三八
槎 槎 五・九七四
檟 檟 五・一〇〇七
𣡌 𣡌 六・一四
麓 麓 六・二六

十九劃

賣 賣 六・八〇
⿰木韋 ⿰木韋 六・一二三
櫜 櫜 六・一二六
圜 圜 六・一三〇
⿰貝爲 ⿰貝爲 六・一七四
贎 贎 六・一七五
贊 贊 六・一七九
贈 贈 六・一八六
賭 賭 六・二三四
都 都 六・二五二
郵 郵 六・二六二
⿰竆⻏ ⿰竆⻏ 六・二六四
鄺 鄺 六・二六九
鄭 鄭 六・二七四
鄩 鄩 六・二八二

⿰⿱米夊⻏ ⿰⿱米夊⻏ 六・二九二
鄰 鄰 六・二九九
鄲 鄲 六・三〇一
鄂 鄂 六・三一七
鄘 鄘 六・三二一
鄄 鄄 六・三三一
鄣 鄣 六・三四四
鄶 鄶 六・三四八
郲 郲 六・三五〇
酀 酀 六・三五六
鄔 鄔 六・三五八
[illegible] 六・三五九
鄙 鄙 六・三五九
⿰亶⻏ ⿰亶⻏ 六・三五九
[illegible] 六・四一二

十九劃

曈	曈	六·四三八
⿰亶丮	⿰亶丮	六·四四七
旟	旟	六·四五七
旝	旝	六·四六〇
曟	晨	六·四九一
曡	曡	六·四九二
朦	朦	六·五〇三
⿰禾⿱咸灬	⿰禾咸	六·五〇七
⿱艹夢	⿱艹夢	六·五三一
⿰𠦝柬	⿰𠦝柬	六·五五一
牘	牘	六·五七四
穜	穜	六·五九九
穖	穖	六·六〇三
齋	齋	六·六一〇
穔	穔	六·六一六
穟	穟	六·六二三
穧	穧	六·六二六
穩	穩	六·六六四
粺	粺	六·六七七
釋	釋	六·六九一
糪	糪	六·六九二
⿸广敢	⿸广敢	六·七二八
⿰耒雝	⿰耒雝	六·七三三
瓣	瓣	六·七三七
寴	寴	六·七九七
竅	竅	六·八五三
寰	寰	六·八七二
⿱穴賓	⿱穴賓	六·八九二
癧	癧	七·二五
癈	癈	七·二七
瘥	瘥	七·六九
癡	癡	七·七二
罷	罷	七·一二九
羅	羅	七·一三〇
⿱网舞	⿱网舞	七·一三七
覈	覈	七·一四五
覆	覆	七·一四五
幕	幕	七·一八〇
⿰巾奮	⿰巾奮	七·一九八
幩	幩	七·一九九
幰	幰	七·二〇七
黼	黼	七·二四八
僕	僕	七·二九三
儦	儦	七·二九八
優	優	七·三六五

十九劃

儳	七·三九〇
襤	七·五七八
襦	七·五九五
襞	七·六〇九
[illegible]	七·六一一
[illegible]	七·六六四
[illegible]	七·六七三
穳	七·七六三
覶	七·七七〇
[illegible]	七·七八一
[illegible]	七·七九二
[illegible]	七·八〇二
[illegible]	七·八〇五
[illegible]	七·八〇七
[illegible]	七·八一〇
[illegible]	七·八二一
[illegible]	七·八二八
顛	八·六
[illegible]	八·七
[illegible]	八·一三
[illegible]	八·一三
類	八·一五
願	八·一六
贅	八·一六
顗	八·二八
[illegible]	八·二八
[illegible]	八·三〇
[illegible]	八·三九
[illegible]	八·三九
[illegible]	八·五三
頷	八·五三
鬘	八·七六
[illegible]	八·七七
鬋	八·八〇
[illegible]	八·八三
鬠	八·八四
[illegible]	八·八五
[illegible]	八·九八
魑	八·一九七
嶽	八·二一一
嶭	八·二一九
嶺	八·二三六
廬	八·二四七
礐	八·三二八
[illegible]	八·三三四

十九劃

- 礙 礙 八·三三七
- [illegible] 八·三四二
- 礪 礪 八·三四三
- [illegible] 八·三八一
- [illegible] 八·三八三
- [illegible] 八·三八三
- [illegible] 八·三九九
- [illegible] 八·四一七
- 獮 八·四二〇
- [illegible] 八·四五八
- 騏 八·四六一
- 駽 八·四六三
- 騩 騩 八·四六三
- 騢 騢 八·四六三
- 騧 騧 八·四六七
- 騑 八·四七二
- [illegible] 八·四七四
- [illegible] 八·四八二
- 騤 騤 八·四八三
- 颿 颿 八·四八六
- 騖 騖 八·四八八
- 騷 騷 八·四九三
- 騠 騠 八·四九九
- [illegible] 八·五〇〇
- 駴 八·五〇三
- 騣 騣 八·五〇三
- 麗 八·五二〇
- 麒 麒 八·五二〇
- 麋 麋 八·五二五
- 麔 麔 八·五三〇
- [illegible] 八·五三二
- 麑 麑 八·五三三
- 麈 麈 八·五三六
- 麗 麗 八·五三七
- [illegible] 八·五六一
- 獵 獵 八·五九三
- 獠 八·五九四
- 類 類 八·六〇九
- 獺 八·六二三
- [illegible] 八·六二九
- [illegible] 八·六三三
- 熊 八·六四〇
- 羆 羆 八·六四一
- 爆 爆 八·六八三
- 燎 八·六九三

烽　八·七二五
爈　八·七二九
爍　八·七二九
䵣　八·七四三
黝　八·七四四
點　八·七四四
黚　八·七四五
繙　八·七六四
赭　八·七六八
壹　八·八四五
暴　八·八八五
𢋄　八·九七七
懷　八·九八五
憀　八·九八八
恖　八·九九九

十九劃

憸　八·一〇〇四
惷　八·一〇一五
憿　八·一〇二四
惷　八·一〇二九
衞　八·一〇二九
黎　八·一〇三三
懆　八·一〇四〇
簡　八·一〇四五
慴　八·一〇六〇
慹　八·一〇六二
慤　八·一〇六三
𢟍　八·一〇六六
懲　八·一〇六七
懌　八·一〇六九
漢　九·二〇

溠　九·三五
潓　九·三六
潷　九·三七
激　九·四二
灦　九·四二
濰　九·五八
濟　九·六二
濡　九·六三
瀤　九·六六
澥　九·七四
瀻　九·八六
濞　九·九二
瀹　九·九三
滕　九·九三
濫　九·九九

⿰沝屈	淈	九·一〇八
⿰沝爾	瀰	九·一一一
⿰沝薦	⿰沝蕩	九·一一三
⿰沝賴	⿰沝賴	九·一一八
⿰沝賓	濱	九·一七三
⿰沝蒦	濩	九·一七四
⿰沝靜	⿰沝靜	九·二〇〇
⿰沝歷	瀝	九·二〇八
⿰沝番	潘	九·二一八
⿰沝閻	⿰沝閻	九·二四三
⿰沝⿱林月	潸	九·二四五
⿰沝翟	⿰沝翟	九·二五三
⿰沝盧	⿰沝盧	九·二五三
⿰沝肅	⿰沝肅	九·二五三
瀛	⿰沝嬴	九·二五三

瀕	頻	九·二六一
懍	澟	九·三〇六
雪	䨮	九·三三五
⿱雨眔	⿱雨⿱罒水	九·三四七
⿱雨梁	⿱雨梁	九·三五〇
⿱雨執	⿱雨執	九·三六〇
鰤	鰤	九·三七七
鯍	鯍	九·三八〇
鮥	鮥	九·三八〇
鮦	鮦	九·三八五
⿰魚果	⿰魚果	九·三九〇
鯢	鯢	九·三九〇
鮆	鮆	九·三九一
鮷	鮷	九·三九二
鮨	鮨	九·三九三

鰕	鰕	九·三九三
鯜	鯜	九·三九四
⿰魚匊	⿰魚匊	九·三九五
鮫	鮫	九·三九九
⿰魚谷	⿰魚谷	九·四〇二
鮚	鮚	九·四〇三
鯛	鯛	九·四〇四
⿰魚卓	⿰魚卓	九·四〇四
鯕	鯕	九·四〇五
鮡	鮡	九·四〇五
靡	靡	九·四四五
陛	陛	九·四四五
監	監	九·五〇八
⿵門頁	⿵門頁	九·五三〇
闂	闂	九·五四八

關	九·五五三
闉	九·五五六
閹	九·五五七
闚	九·五五七
闋	九·五六一
闞	九·五六二
聸	九·五六八
攘	九·六〇五
捧	九·六〇九
擠	九·六一九
摯	九·六二七
擥	九·六三七
[illegible]	九·六五二
舉	九·六七二
擩	九·六八〇

擭	九·六八〇
撥	九·六八四
攈	九·六八七
揯	九·六八八
擘	九·六九七
掘	九·七〇一
捲	九·七〇九
操	九·七一〇
撲	九·七一一
擊	九·七一四
攎	九·七一九
嬿	九·八二二
嬹	九·八二九
嬛	九·八三〇
嬛	九·八三六

嬥	九·八四六
嫸	九·八七九
嬾	九·八八八
蔞	九·八九二
嬙	九·九〇一
[illegible]	九·一〇〇三
弴	九·一〇五三
繹	九·一一三七
織	九·一一四二
纕	九·一一五七
繯	九·一一六七
繡	九·一一八三
繪	九·一一八四
繰	九·一一九六
縌	九·一二〇五

十九劃

繩	繩	九·一三三
縚	縚	九·一三五
繮	繮	九·一三三
緐	緐	九·一三八
繴	繴	九·一三八
繫	繫	九·一四三
繢	繢	九·一四五
縛	縛	九·一四八
繆	繆	九·一五四
繾	繾	九·一七六
緩	緩	十·三
螣	螣	十·一四
螼	螼	十·一四
蠐	蠐	十·二五
蠖	蠖	十·三三

蟷	蟷	十·三六
蠕	蠕	十·四一
蠃	蠃	十·四一
蠓	蠓	十·四八
蟰	蟰	十·四九
蠉	蠉	十·五〇
蟺	蟺	十·六二
蟄	蟄	十·六四
蠏	蠏	十·六五
蟪	蟪	十·七八
蛾	蛾	十·八二
蠇	蠇	十·八四
蠡	蠡	十·九〇
蝨	蝨	十·九一
蠹	蠹	十·九二

颸	颸	十·一一六
鼃	鼃	十·一四〇
鼅	鼅	十·一四四
蠅	蠅	十·一四四
鼀	鼀	十·一四五
鼂	鼂	十·一五二
壚	壚	十·二〇四
埻	埻	十·二五〇
壏	壏	十·二五九
壞	壞	十·二八一
墓	墓	十·二八九
墳	墳	十·二九〇
墜	墜	十·三〇五
鼈	鼈	十·三三三
疇	疇	十·三五八

䁟	十·三六四
瞵	十·三八三
䵍	十·四〇六
勳	十·四一八
勸	十·四二五
勶	十·四二五
鏤	十·四七七
鏡	十·四九三
鐈	十·五〇三
鏲	十·五〇五
⿰金垔	十·五〇八
鐙	十·五一四
鐕	十·五二〇
鍱	十·五二三
鏠	十·五二四
鏇	十·五二六
鎩	十·五三二
鏨	十·五三三
鏧	十·五四〇
鐫	十·五四二
鏝	十·五五四
鐲	十·五六六
鏞	十·五七〇
鏓	十·五七七
鏜	十·五七八
鏢	十·五八一
鏦	十·五八六
鏐	十·五九二
鏑	十·五九四
鐊	十·五九九
⿱埶金	十·六〇二
鍡	十·六〇三
鐉	十·六〇五
鏃	十·六〇六
鏉	十·六〇六
斷	十·六五二
⿰車童	十·七〇八
轐	十·七一六
轑	十·七二四
轉	十·七三八
轃	十·七四六
轒	十·七四六
轏	十·七五三
轔	十·七五四
⿰車敫	十·七五四

十九劃

軀	十·八〇八
顜	十·八一五
朣	十·八二三
臉	十·八二六
陳	十·八二九
際	十·八四〇
獸	十·九二三
辭	十·一〇四一
嬖	十·一〇九一
醰	十·一一六六
釀	十·一一七〇
醋	十·一一七一
醋	十·一一七二
釀	十·一一七四
醨	十·一一九二

【二十劃】

疊	一·一六三
環	一·一二六〇
鑿	一·一二九七
襄	一·一二九二
贊	一·一三九六
藍	一·一三九六
蘭	一·一三九八
蘪	一·一四〇〇
轂	一·一四二〇
綦	一·一四二三
夢	一·一四二四
覆	一·一四二五
薺	一·一四四一
薜	一·一四四六

龠	一·一四四七
蕅	一·一四五〇
蓮	一·一四五二
藕	一·一四五五
蘢	一·一四五七
牆	一·一四六一
薯	一·一四六一
薷	一·一四六一
薤	一·一四六六
蘭	一·一四七八
暘	一·一四八三
蕗	一·一四八六
薂	一·一四八六
蕺	一·一四八九
榮	一·一四九九
犦	一·一五二一

巀 巀巀 一·五二一		

上欄（右→左）

巀　巀巀　一·五二一
蘊　蘊蘊蘊　一·五二三
齒（圍）　一·五四七
貛　貛貛　一·五五一
墓　墓墓　一·五五四
蘇　蘇蘇蘇　一·五五五
藜　藜藜藜　一·五五七
蘁　蘁蘁　一·五七三
蕇　蕇蕇蕇　一·五七九
藏　藏藏藏　一·五八八
韱　韱韱韱葬　一·六〇八
釋　釋釋釋　一·六八二
犉　犉犉犉　一·七一四
雙　雙雙雙　一·七一五
犧　犧犧犧　一·七五〇
釁　釁釁釁　一·七六〇

中欄（右→左）

嚨　嚨嚨　二·一四
嚲　嚲嚲嚲　二·一三
嚘　嚘嚘嚘　二·一一
嘆　嘆嘆嘆　二·一四
嚶　嚶嚶嚶　二·一四
嚴　嚴嚴嚴　二·一五六
譟　譟譟譟　二·一九〇
蹶　蹶蹶蹶　二·二〇〇
趞　趞趞趞　二·二〇二
趡　趡趡趡　二·二〇四
趩　趩趩趩　二·二〇六
趨　趨趨趨　二·二〇九
趮　趮趮趮　二·二二三
辥　辥辥辥　二·二三四
躦　躦躦　二·二三四

下欄（右→左）

齘　齘齘齘　二·五六三
齟　齟齟齟　二·五六六
齝　齝齝齝　二·五六七
齞　齞齞齞　二·五七〇
齫　齫齫齫　二·五七一
齡　齡齡齡　二·五七三
躅　躅躅躅　二·五九二
蹥　蹥蹥蹥　二·六〇〇
躋　躋躋躋　二·七二五
譁　譁譁譁　二·七二六
膺　膺膺膺　二·七二六
辥　辥辥辥　二·七三六
譬　譬譬譬　二·七三六
諑　諑諑諑　二·七三六
論　論論諭　二·七三七

二十劃

議	議	議	二·七四二
譣	譣	譣	三·一九
譪	譪	譪	三·二一
護	護	護	三·四二
譞	譞	譞	三·四三
謥	謥	諰	三·四三
譽	譽	譽	三·四五
譒	譒	譒	三·四五
譤	譤	謝	三·四六
謳	謳	謳	三·四八
譸	譸	譸	三·五〇
謯	謯	謯	三·五五
謦	謦	謦	三·五五
謾	謾	謾	三·五九
謱	謱	謱	三·六〇

謲	謲	謲	三·六一
譔	譔	譔	三·六一
謧	謧	謧	三·八〇
䜕	䜕	䜕	三·八二
諞	諞	諞	三·八五
謕	謕	謯	三·八九
諴	諴	諴	三·九〇
譟	譟	譟	三·九二
謣	謣	謣	三·九三
譴	譴	譴	三·一〇九
諫	諫	諜	三·一二五
譯	譯	譯	三·一二五
競	競	競	三·一三一
響	響	響	三·一三九
餢	餢	餢	三·一四〇

韻	韻	韻	三·一四五
龔	龔	龔	三·二〇四
農	農	農	三·二四四
鞿	鞿	鞿	三·二六七
鞔	鞔	鞔	三·二七〇
鞥	鞥	鞥	三·二八〇
鞭	鞭	鞭	三·二八四
鬻	鬻	鬻	三·三一七
鬵	鬵	鬵	三·三三七
鬭	鬭	鬧	三·三七四
肄	肄	肄	三·五一六
導	導	導	三·五九七
齤	齤	齤	三·六〇三
敶	敶	敶	三·六五九
敦	敦	敦	三·六七五

二十劃

斆	斆	三·七一六
矏	矏	三·七八五
瞻	瞻	三·八一六
矇	矇	三·八三七
瞽	瞽	三·八三九
翹	翹	四·六五
⿱丵羽	⿱丵羽	四·六六
翿	翿	四·七五
⿰垂隹	⿰垂隹	四·一一〇
⿰⿱𣏟隹攴	⿰⿱𣏟隹攵	四·一一三
⿰羊責	⿰羊責	四·一八一
矍	矍	四·一九六
鶻	鶻	四·二二三
⿰貝鳥	⿰貝鳥	四·二二四
⿰⿱屮木鳥	⿰⿱屮木鳥	四·二二五
鶤	鶤	四·二二六
⿰⿱林夫鳥	⿰⿱林夫鳥	四·二二六
鶨	鶨	四·二二七
⿰鳥眇	⿰鳥眇	四·二二八
鷗	鷗	四·二二九
鶩	鶩	四·二三三
⿰⿱丯大鳥	⿰⿱丯大鳥	四·二三四
鷀	鷀	四·二三六
⿰鳥青	⿰鳥青	四·二四一
⿰⿱丷凶鳥	⿰⿱丷凶鳥	四·二四八
薨	薨	四·三九九
髏	髏	四·四〇七
髃	髃	四·四〇七
髀	髀	四·四〇八
髁	髁	四·四〇八
⿰骨易	⿰骨易	四·四一〇
髍	髍	四·四一一
臚	臚	四·四一五
臂	臂	四·四三二
臑	臑	四·四三三
⿱齊肉	臍	四·四三四
㪔	散	四·四九六
⿰叀刀	⿰叀刂	四·五六五
⿰⿱⺈𡋬刀	⿰⿱⺈𡋬刂	四·五六九
耤	耤	四·五九三
觸	觸	四·六〇七
觷	觷	四·六〇九
觰	觰	四·六一二
觶	觶	四·六一八
⿱殸角	⿱殸角	四·六二三

二十劃

簜	簜	四·六三〇
篹	篹	四·六三六
籍	籍	四·六三七
[illegible]	[illegible]	四·六五二
籃	籃	四·六五六
籋	籋	四·六七八
簦	簦	四·六七八
籌	籌	四·六九五
𣍘	曹	五·一一五
[illegible]	[illegible]	五·七七
豑	[illegible]	五·一一三
豐	豐	五·一一四
[illegible]	[illegible]	五·一六六
巇	巇	五·二四八
[illegible]	[illegible]	五·三一三
饊	饊	五·三三一
饎	饎	五·三三三
[illegible]	餯	五·三四四
饋	饋	五·三五一
餬	餬	五·三五九
饒	饒	五·三六二
饐	饐	五·三七二
饑	饑	五·三七三
餻	餻	五·三七七
[illegible]	[illegible]	五·四〇七
[illegible]	[illegible]	五·四四五
罄	罄	五·四五四
[illegible]	[illegible]	五·五三五
牆	牆	五·六〇六
[illegible]	[illegible]	五·六三六
[illegible]	[illegible]	五·六五九
韠	韠	五·七〇一
韘	韘	五·七〇四
韣	韣	五·七〇四
韓	韓	五·七〇八
椯	椯	五·七六〇
櫝	櫝	五·七六九
榗	榗	五·七七五
[illegible]	[illegible]	五·七七八
樸	樸	五·七七八
[illegible]	[illegible]	五·八〇二
檈	檈	五·八〇二
槷	槷	五·八五一
模	模	五·八六六
榑	榑	五·八七〇

櫨 櫨 五・八七〇
櫰 櫰 五・八七四
櫄 櫄 五・八八七
檈 檈 五・九一二
櫪 櫪 五・九九三
櫬 櫬 五・九九九
櫂 櫂 五・一〇〇七
櫜 櫜 六・一二六
贏 贏 六・一九〇
賺 賺 六・二三四
贍 贍 六・二三五
鄴 鄴 六・三二四
鄳 鄳 六・三二六
酃 酃 六・三三五
鄖 鄖 六・三三八

鄧 鄧 六・三三〇
鄶 鄶 六・三三六
酄 酄 六・三四三
鄹 鄹 六・三五七
鄝 鄝 六・三五八
朁 朁 六・三九七
暴 暴 六・四二九
旟 旟 六・四五七
疊 疊 六・四九二
穡 穡 六・五九八
穮 穮 六・六二五
稕 稕 六・六六四
䵗 䵗 六・六七七
𪏾 𪏾 六・六八〇
馨 馨 六・六八二

糴 糴 六・六九八
𥼎 𥼎 六・六九八
糮 糮 六・七〇一
䌶 䌶 六・七二八
𦇧 𦇧 六・七二九
播 播 六・七三五
寶 寶 六・八〇五
寵 寵 六・八一九
竈 竈 六・八八九
竇 竇 六・八九五
邃 邃 六・九〇九
竁 竁 六・九一〇
寢 寢 七・一
寱 寱 七・八
癑 癑 七・四九

古文字詁林　十二

二十劃

⿸疒樂　⿸疒樂　七·六八
癡　癡　七·七二
羅　羅　七·一三〇
⿱罒⿰巾隹　⿱罒⿰巾隹　七·一四四
⿰巾韱　⿰巾韱　七·一八四
⿰忄憲　⿰忄憲　七·二〇七
⿲米辛卒　⿲米辛卒　七·二五〇
⿰亻⿸戶爾　倗　七·三〇八
⿰亻聶　⿰亻聶　七·三二九
⿰亻⿰帶欠　⿰亻帶　七·三八二
⿰亻⿱興大　僄　七·三九〇
儳　儳　七·三九〇
襮　襮　七·五七二
襜　襜　七·五八二
褻　褻　七·五九四

⿱罒⿴衣幸　⿱罒⿴衣幸　七·五九五
⿰衤頻　⿰衤頻　七·六二二
齎　齎　七·六二三
襚　襚　七·六二三
⿱韭毳　⿱韭毳　七·六六六
屬　屬　七·六九〇
⿸尸歷　⿸尸歷　七·六九七
⿰貝戠　⿰貝戠　七·七七六
覺　覺　七·七八一
⿰䖵見　⿰䖵見　七·七八一
歡　歡　七·七九九
⿰⿸虍糸欠　⿰⿸虍糸欠　七·八〇七
歠　歠　七·八二八
類　類　八·一五
願　願　八·一六

⿰豸頁　⿰豸頁　八·三三
⿰臽頁　⿰臽頁　八·五三
⿱髟冄　⿱髟冄　八·八〇
鬑　鬑　八·八〇
⿱髟般　⿱髟般　八·八一
鬒　鬒　八·八一
鬄　鬄　八·八四
⿱髟豆　⿱髟豆　八·八五
⿱髟坙　⿱髟坙　八·八六
鬙　鬙　八·八六
魖　魖　八·一九一
⿰鬼堇　⿰鬼堇　八·一九六
魔　魔　八·一九七
⿰山魏　⿰山魏　八·二〇七
⿰山蠆　⿰山蠆　八·二三七

廬 八·二四七
龐 八·二七〇
⿸厂夒 八·二七二
廟 八·二八五
廊 八·二九一
礫 八·三三〇
礙 八·三三七
磧 八·三四四
騩 八·四六三
驑 八·四六三
鶾 八·四七一
騑 八·四七二
驐 八·四七二
駿 八·四七三
騯 八·四七八

蔦 八·四七九
駢 八·四八〇
⿰馬舀 八·四八二
駸 八·四八四
騃 八·四八五
騫 八·四九〇
騋 八·四九二
騶 八·四九六
騰 八·四九七
騅 八·四九八
⿰馬彖 八·五〇〇
騱 八·五〇一
騂 八·五〇三
⿰豸鳥 八·五〇六
蔦 八·五〇七

⿸厂⿱艹叚 八·五一七
⿸厂⿱艹賁 八·五一八
⿸厂⿱艹骨 八·五一九
⿸厂⿱艹咨 八·五二一
⿸厂⿱艹辰 八·五二八
⿸厂⿱艹昏 八·五二八
⿸厂⿱艹咸 八·五三三
獧 八·五八五
獻 八·六〇二
獺 八·六二三
燹 八·六六四
焞 八·七〇一
燿 八·七〇四
爆 八·七〇七
爓 八·七〇七

熱 熱 八·七一三
壽 壽 八·七二二
黤 黤 八·七四四
黔 黔 八·七四五
薰 薰 八·七四六
黠 黠 八·七四六
黨 黨 八·七四八
黜 黜 八·七五〇
黬 黬 八·七五一
黥 黥 八·七五二
黟 黟 八·七五三
燔 燔 八·七六四
燎 燎 八·七六四
應 應 八·九五二
懇 懇 八·九五八

憕 憕 八·九六三
懽 懽 八·一〇〇二
龜 龜 八·一〇〇四
辨 辨 八·一〇〇五
懦 懦 八·一〇〇七
態 態 八·一〇一七
懈 懈 八·一〇一八
懖 懖 八·一〇二四
懜 懜 八·一〇二五
憐 憐 八·一〇六五
懲 懲 八·一〇六七
慟 慟 八·一〇六八
憧 憧 九·八
憪 憪 九·一八
蕩 蕩 九·三

灌 灌 九·三六
瀷 瀷 九·四一
澺 澺 九·四五
濦 濦 九·四六
濼 濼 九·四九
潤 潤 九·七六
濬 濬 九·九三
瀾 瀾 九·九七
瀰 瀰 九·一〇四
澮 澮 九·一二
瀸 瀸 九·一一七
濘 濘 九·一三五
瀘 瀘 九·一四一
潢 潢 九·一五六
濆 濆 九·一七三

瀧	瀧	九·一七八
濛	濛	九·一八〇
㶁	㶁	九·一九〇
瀵	瀵	九·二〇〇
瀸	瀸	九·二〇一
瀹	瀹	九·二一一
[illegible]	[illegible]	九·二一一
瀕	濵	九·二一九
[illegible]	[illegible]	九·二三三
瀼	瀼	九·二五二
[illegible]	滁	九·二五三
[illegible]	港	九·二五五
[illegible]	[illegible]	九·三〇三
瀨	瀨	九·三二一
霰	霰	九·三三六

霢	霢	九·三四七
[illegible]	[illegible]	九·三四七
[illegible]	[illegible]	九·三四八
霤	霤	九·三五〇
[illegible]	[illegible]	九·三七八
鮔	鮔	九·三八〇
鯀	鯀	九·三八一
鯉	鯉	九·三八四
儵	儵	九·三八六
[illegible]	[illegible]	九·三八六
鯁	鯁	九·三八六
鮍	鮍	九·三八八
[illegible]	[illegible]	九·三八八
鰌	鰌	九·三九一
鯇	鯇	九·三九一

[illegible]	[illegible]	九·三九二
鮮	鮮	九·三九五
鰅	鰅	九·三九七
鰂	鰂	九·三九八
鰒	鰒	九·三九九
鮨	鮨	九·四〇〇
魿	魿	九·四〇一
鰕	鰕	九·四〇二
鯸	鯸	九·四〇四
鰈	鰈	九·四〇六
[illegible]	[illegible]	九·四三四
鹹	鹹	九·五〇七
闟	闟	九·五二五
闠	闠	九·五二九
闉	闉	九·五三〇

二十劃

字頭	楷定	頁碼
闍	闍	九・五三〇
⿵門爲	⿵門為	九・五三五
闡	闡	九・五三五
闞	闞	九・五六二
⿵門緺	闊	九・五六二
闥	闢	九・五六四
瞶	瞶	九・五八九
攕	蠘	九・六〇五
攘	蠰	九・六〇九
擸	擸	九・六三七
攋	撩	九・六四四
擖	擖	九・六六一
擬	擬	九・六八二
撞	撞	九・六九六
攙	攙	九・七二六

字頭	楷定	頁碼
⿱雨要	⿱雨要	九・八一三
嬹	嬹	九・八二九
嬮	嬮	九・八二九
孅	孅	九・八三五
⿰女盧	⿰女盧	九・八四二
孃	孃	九・八九三
戠	戠	九・九七〇
甗	甗	九・一〇四〇
⿰弓雚	⿰弓雚	九・一〇五七
繇	繇	九・一一二六
繅	繅	九・一一三七
繼	繼	九・一一五二
縒	縒	九・一一六二
辧	辧	九・一一六七
纁	纓	九・一一八七

字頭	楷定	頁碼
繐	繐	九・一一九四
繻	繻	九・一一九九
纂	纂	九・一二〇六
繐	繐	九・一二〇七
纍	纍	九・一二〇七
纀	纀	九・一二〇八
縢	縢	九・一二一七
繯	縹	九・一二三六
緬	絙	九・一二三六
繴	繴	九・一二三八
纊	纊	九・一二四〇
繫	繫	九・一二四三
彝	彝	九・一二六二
綣	綣	九・一二七六
鬆	鬆	十・三

二十劃

（右→左・上段）

| 齋 十二・二五 | 蠕 十二・四一 | 蠨 十二・四四 | 蠳 十二・四八 | 蠮 十二・四七 | 蟲 十二・四六 | 飆 十二・四三 | 飆 十二・四三 | 蠱 十二・九四 | 竈 十二・一四〇 | 鼃 十二・一四五 | 壞 十二・二〇三 | 爐 十二・二〇四 |

（右→左・中段）

| 壞 十二・二二六 | 壞 十二・二二五 | 壓 十二・二八一 | 壟 十二・二九〇 | 曨 十二・三八七 | 耑 十二・四〇五 | 勳 十二・四三七 | 鐐 十二・四六五 | 鎮 十二・四六八 | 鏡 十二・四九三 | 鍾 十二・四九六 | 鐈 十二・五〇三 | 鎳 十二・五一九 | 鐙 十二・五三三 | 鎳 十二・五三三 |

（右→左・下段）

| 錯 十二・五二七 | 鋤 十二・五二八 | 鑴 十二・五三四 | 鐓 十二・五三二 | 鎌 十二・五二四 | 鐯 十二・五六三 | 錘 十二・五二二 | 鐃 十二・五六〇 | 鐘 十二・五六〇 | 鑣 十二・五六八 | 鐏 十二・五七〇 | 鐔 十二・五七七 | 鐏 十二・五六八 | 鏑 十二・五九一 | 鑹 十二・五九四 | 銅 十二・五九六 |

鐉 十·六〇五
鍬 十·六〇六
鑿 十·六一〇
轖 十·七一五
轙 十·七二八
轚 十·七四三
輩 十·七四四
轘 十·七五一
隒 十·八二〇
障 十·八二一
隴 十·八二四
隖 十·八二八
陼 十·八二九
陲 十·八四四
陕 十·八四八

醴 十·二六〇
醪 十·二六一
醲 十·二六二
醵 十·二七四
醶 十·二八四

【二十一劃】

禱 一·一七五
禳 一·一七八
瓘 一·二四三
瓏 一·二六四
瓔 一·二八六
蘺 一·三九九
薵 一·四〇〇
藎 一·四〇三
薊 一·四〇四

蓡 一·四〇六
蒢 一·四一五
蕀 一·四二〇
蕮 一·四二一
藑 一·四二五
藟 一·四二八
蓳 一·四四一
蔆 一·四四五
薕 一·四四八
薿 一·四七九
藃 一·四八八
薀 一·四九八
薄 一·五〇四
藪 一·五〇六
蘨 一·五〇九

二十一劃

蹉	嚚	譽	譜	謎	謙	譊	譆	譙	譺	譏	繼	譸	譖	讕
二·六〇九	二·六四四	二·七一七	二·七二七	三·三四	三·三五	三·五五	三·五六	三·六一	三·六一	三·六二	三·六四	三·六四	三·六七	三·八六	三·八七

講	譌	譑	譝	譜	譩	譙	讟	譶	贛	輀	鸞	彌
三·八九	三·九四	三·九八	三·一〇五	三·一〇九	三·一一〇	三·一一七	三·一二六	三·一四〇	三·二〇四	三·二六四	三·二六四	三·二八三	三·三〇四	三·三三三

闕	闤	覽	歠	矇	矓	矏	雛	翻	隴	摯	羴	屩	鶄	鶒
三·三七〇	三·三七一	三·三七三	三·六〇三	三·七八二	三·七八四	三·八一〇	四·七四	四·一〇三	四·一二八	四·一八〇	四·一九〇	四·一九五	四·二三五	四·二三六

第一段（右→左）

字	編號
鸕	四·二三七
鶴	四·二三〇
鷈	四·二三二
鷘	四·二三三
鸌	四·二三五
鷫	四·二三六
鶼	四·二三八
鷸	四·二三九
鷍	四·二四三
鷮	四·二四六
鶯	四·二四七
鷂	四·二四七
鶾	四·二五〇
㲉	四·二五一
騫	四·二五四
鷖	四·三八二

第二段

字	編號
贙	四·三八三
殲	四·三八六
髖	四·四〇八
髕	四·四〇九
髊	四·四一〇
髓	四·四一一
髑	四·四二三
癯	四·四二六
癰	四·四五三
臗	四·四五七
臘	四·四六一
臟	四·四七八
臕	四·四九六
礵	四·六〇七
礵	四·六〇九

第三段

字	編號
鬛	四·六二三
鰻	四·六二三
鰼	四·六三六
劖	四·六三九
籧	四·六四〇
籟	四·六四八
籃	四·六五〇
藩	四·六五一
籔	四·六五一
籑	四·六七七
顥	五·九二
鼕	五·九三
韄	五·九四
鼞	五·九四

字頭	楷書	頁碼
虩	虩	五·一五二
巇	巇	五·二四八
饘	饘	五·三三三
饃	饃	五·三三四
𩞄	𩞄	五·三五〇
饗	饗	五·三五七
饛	饛	五·三五八
饒	饒	五·三六二
饖	饖	五·三七一
饑	饑	五·三七三
饆	饆	五·四〇七
覃	覃	五·五六二
類	類	五·六三六
鬖	鬖	五·六三八
夔	夔	五·六七五

字頭	楷書	頁碼
韢	韢	五·七〇三
權	權	五·七九〇
檿	檿	五·八〇一
欏	欏	五·八一四
欒	欒	五·八一八
櫨	櫨	五·八七〇
龔	龔	五·八八一
櫺	櫺	五·八八二
櫼	櫼	五·八八六
櫰	櫰	五·八八七
櫛	櫛	五·八九五
櫌	櫌	五·九〇二
櫳	櫳	五·九九四
槨	椁	五·九九九
櫻	櫻	五·一〇〇七

字頭	楷書	頁碼
麓	麓	六·二六
韡	韡	六·一〇七
鬑	鬑	六·一一六
贊	贊	六·一七九
齎	齎	六·一八〇
臢	臢	六·一八四
贅	贅	六·二〇八
賣	賣	六·二二七
鄰	鄰	六·二五七
酆	酆	六·二七四
鄧	鄧	六·三二二
鄉	鄉	六·三二四
鄿	鄿	六·三三九
鄴	鄴	六·三四六
酈	酈	六·三四七

二十一劃

鄒	鄒	鄒	六・三五六
鄹	鄹	鄹	六・三五九
鄉	鄉	鄉	六・三六五
曩	曩	曩	六・四一五
曨	曨	曨	六・四三八
旞	旞	旞	六・四五九
霸	霸	霸	六・四九九
朧	朧	朧	六・五〇四
⿰韋柬	⿰韋柬	⿰韋柬	六・五五一
穰	穰	穰	六・六〇八
穮	穮	穮	六・六二五
⿰米畐	⿰米畐	⿰米畐	六・六八〇
⿰米蔑	⿰米蔑	⿰米蔑	六・六九八
鐆	鐆	鐆	六・七三三
鏠	鏠	鏠	六・七三三

⿰重番	⿰重番	⿰重番	六・七三五
寷	寷	寷	六・七七四
寒	寒	寒	六・八四四
⿸疒寮	⿸疒寮	⿸疒寮	七・九
瘼	瘼	瘼	七・二六
⿸疒衰	⿸疒衰	⿸疒衰	七・七〇
壘	壘	壘	七・一三三
羆	羆	罷	七・一三九
⿰忄嬰	⿰忄嬰	慓	七・一八三
儺	儺	儺	七・二九八
儼	儼	儼	七・三〇五
儹	儹	儹	七・三三一
儷	儷	儷	七・三七三
襄	襄	襄	七・五九六
薹	薹	薹	七・六四七

屬	屬	屬	七・六九〇
覽	覽	覽	七・七七四
覾	覾	覾	七・七七七
覶	覶	覶	七・七八一
⿰蓺見	⿰蓺見	⿰蓺見	七・七八三
歎	歎	歎	七・七九三
歡	歡	歡	七・七九四
歊	歊	歊	七・八〇六
⿰賴頁	⿰賴頁	⿰賴頁	八・一三
顩	顩	顩	八・一六
顡	顡	顡	八・一六
顧	顧	顧	八・二〇
⿰貝粦	⿰貝粦	⿰貝粦	八・二三
⿰喜頁	⿰喜頁	⿰喜頁	八・二五
顥	顥	顥	八・二六

二十一劃

顛	顚	八·一三四
醮	醮	八·一四〇
鬗	鬗	八·一七六
鬐	鬐	八·一八三
饕	饕	八·一九五
魑	魑	八·一九七
魔	魔	八·一九七
[illegible]	陖	八·二二六
嚧	嚧	八·二二七
隱	隱	八·二三〇
[illegible]	崩	八·二三一
[illegible]	[illegible]	八·二四六
[illegible]	[illegible]	八·三五三
驄	驄	八·四六六
驃	驃	八·四六七

騽	騽	八·四七〇
[illegible]	鶾	八·四七一
驕	驕	八·四七四
驂	驂	八·四八〇
騤	騤	八·四八三
驅	驅	八·四八六
鷙	鷙	八·四九二
驊	驊	八·五〇三
[illegible]	[illegible]	八·五〇六
瀳	灋	八·五〇九
[illegible]	[illegible]	八·五一九
[illegible]	[illegible]	八·五三〇
[illegible]	[illegible]	八·五三三
麝	[illegible]	八·五三六
[illegible]	麗	八·五三七

[illegible]	[illegible]	八·六三〇
[illegible]	鼨	八·六三〇
爚	爚	八·六七一
爛	爤	八·六八四
[illegible]	[illegible]	八·六八五
爟	爟	八·七二三
爝	[illegible]	八·七二七
黯	黯	八·七四二
[illegible]	[illegible]	八·七四三
儵	儵	八·七五一
[illegible]	[illegible]	八·七五二
黮	黮	八·七五二
黭	[illegible]	八·七五二
[illegible]	壹	八·八四六
[illegible]	埻	八·九一四

二十一劃

懇	八・九五八
憭	八・九六六
懼	八・九九〇
慕	八・九九七
憺	八・一〇〇〇
懱	八・一〇一四
懝	八・一〇一五
憧	八・一〇二二
懤	八・一〇二三
懟	八・一〇三七
懣	八・一〇三八
懾	八・一〇五七
懘	八・一〇六八
⿱縈心	八・一〇七〇
懠	九・一五

灈	九・四五
濄	九・四六
濮	九・四九
濕	九・五〇
灘	九・五四
灅	九・六四
瀤	九・六六
漠	九・七五
濱	九・七九
瀋	九・一〇二
溜	九・一一三
濇	九・一一五
瀆	九・一一八
澤	九・一三一
瀨	九・一二八

濆	九・一二九
瀀	九・一八六
涇	九・一九三
漢	九・二〇〇
潚	九・二〇六
瀙	九・二二〇
淳	九・二三三
濯	九・二三四
⿰氵閻	九・二四三
澄	九・二五三
瀘	九・二五三
濤	九・二五四
瀕	九・二六一
雪	九・三三五
⿱雨叕	九・三五〇

字頭	隸定	頁碼
露	露	九·三五四
霿	霿	九·三五九
⿰魚納	⿰𩵋納	九·三七七
鰨	⿰𩵋𦐇	九·三七七
鰫	⿰𩵋容	九·三七八
⿰𩵋有	鮪	九·三七八
⿰魚⿱罒木	⿰𩵋⿱罒木	九·三八二
鰜	⿰𩵋兼	九·三八六
鰱	⿰𩵋連	九·三八七
鰿	⿰𩵋脊	九·三八八
⿰𩵋果	⿰魚果	九·三九〇
⿰𩵋兒	鯢	九·三九〇
⿰魚翁	⿰𩵋翁	九·三九二
⿰𩵋臽	⿰魚臽	九·三九三
⿰𩵋免	鮸	九·三九三

字頭	隸定	頁碼
⿰𩵋妾	鯜	九·三九四
⿰𩵋匊	⿰魚匊	九·三九五
⿰𩵋禺	鰅	九·三九七
⿰𩵋台	鮐	九·三九八
鰝	⿰𩵋高	九·四〇二
⿰𩵋各	鮥	九·四〇二
⿰𩵋同	鮦	九·四〇四
鰩	⿰𩵋䍃	九·四〇七
闟	闟	九·五二四
闢	闢	九·五三三
⿵門司	⿵門司	九·五四七
闤	闤	九·五六四
聽	聽	九·五七六
聾	聾	九·五八七
攫	攫	九·六二九

字頭	隸定	頁碼
攝	攝	九·六三五
攜	攜	九·六三九
⿱𦥯手	⿱𦥯手	九·六六八
攡	攡	九·六八〇
擐	擐	九·六八八
擢	擢	九·六九〇
摹	摹	九·六九九
撻	撻	九·七〇六
搢	搢	九·七二六
嬴	嬴	九·七四七
孈	孈	九·七八二
⿰女⿱覀火	嫖	九·八八三
⿱癶繇	⿱癶繇	九·一〇五七
彌	弸	九·一〇六〇
⿰韋益	⿰韋益	九·一一一一

二十一劃

字	卷·頁
纅	九·一四一
纇	九·一四八
纘	九·一五三
繚	九·一六六
纏	九·一六六
緭	九·一七六
纂	九·二〇六
縫	九·二一八
纍	九·二三〇
辮	十·二
躅	十·三三
蠜	十·三六
蠉	十·五〇
蟆	十·六五
蠗	十·六七

字	卷·頁
蠥	十·七七
蠡	十·九〇
蠢	十·九一
飆	十·一一三
飂	十·一一四
[illegible]	十·一三一
巃	十·一四〇
鼅	十·一四四
堋	十·二八八
艱	十·三一七
勸	十·四二五
鐵	十·四七二
鑊	十·五〇六
鑣	十·五一一
鑮	十·五二〇

字	卷·頁
鑄	十·五二六
鐲	十·五六六
鐸	十·五六八
鐏	十·五九一
鏐	十·五九二
鐺	十·六〇二
鐘	十·六〇六
鎦	十·六〇七
轈	十·七〇九
轛	十·七一四
轐	十·七一六
轙	十·七二八
聾	十·七四三
[illegible]	十·七四三
轟	十·七五三

轔	轔	十·七五四
轍	轍	十·七五四
⿰阝縣	⿰阝縣	十·七七七
險	險	十·七九七
隩	隩	十·八二三
辯	辯	十·一〇四八
醹	醹	十·一一六一
⿰酉監	⿰酉監	十·一一六三
醻	醻	十·一一七一
醺	釀	十·一一七六
⿱漸酉	⿱漸酉	十·一一九四

【二十二劃】

禮	禮	一·八七
靈	靈	一·二九八
⿱艹彊	⿱艹彊	一·三八七
藋	藋	一·四〇五
薛	薛	一·四〇八
蘄	蘄	一·四一三
蘭	蘭	一·四一五
藻	藻	一·四一六
⿱艹鼓	⿱艹鼓	一·四二一
蘋	蘋	一·四二九
蕼	蕼	一·四三三
⿱艹甄	⿱艹甄	一·四三七
蘩	蘩	一·四四三
⿱艹鵙	⿱艹鵙	一·四四五
蘜	蘜	一·四四六
藺	莟	一·四五〇
蘿	蘿	一·四五四
蘷	蘷	一·四六一
⿱艹難	⿱艹難	一·四六三
藹	薖	一·四六四
蕣	蕣	一·四六六
蔭	蔭	一·四八六
蕡	蕡	一·五一二
⿱艹麗	⿱艹麗	一·五一三
藩	藩	一·五二一
蕢	蕢	一·五三七
薔	薔	一·五七三
叢	叢	一·五七九
蘸	蘸	一·五八九
櫻	櫻	一·七三六
噎	噎	二·一〇九
⿰口嚴	⿰口嚴	二·一二五
邊	⿰鳥邊	二·二〇六

𧾟	𧾟	二·二一八
𧾧	𧾧	二·二二七
邐	邐	二·三九七
邋	邋	二·四三六
讉	遼	二·四四七
邏	邏	二·四六九
𪘲	𪘲	二·五六五
齦	齦	二·五六八
齬	齬	二·五七一
齛	齛	二·五七一
𪘂	𪘂	二·五七二
齡	齡	二·五七三
躐	躐	二·五八三
躔	躔	二·五八九
躗	躗	二·五九一

躇	躇	二·五九六
躓	躓	二·五九八
龢	龢	二·六二六
謦	謦	二·七一八
讀	讟	二·七三三
識	識	三·一
譣	譣	三·一九
警	警	三·三五
譽	譽	三·五五
譔	譔	三·六一
譆	譆	三·七九
譿	譿	三·九〇
譟	譟	三·九二
謬	謬	三·九五
謵	謵	三·一〇二

𧮃	誓	三·一二〇
讄	讄	三·一二三
譯	譯	三·一二五
謎	謎	三·一二八
競	競	三·一三一
奱	變	三·二二二
韄	韄	三·二八七
䰝	䰝	三·三〇七
鬻	鬻	三·三三〇
𩰲	𩰲	三·三三七
𦏁	孰	三·三五二
曤	曤	三·七九一
隸	隸	四·四八
𪐏	𪐏	四·二一八
鸋	鸋	四·二一九

字	楷定	頁碼
鵝	鵝	四·二三〇
鷚	鷚	四·二三四
鶙	鶙	四·二三五
鶔	鶔	四·二三六
鷎	鷎	四·二三七
鷖	鷖	四·二三三
驃	驃	四·二三七
驅	驅	四·二三八
鷊	鷊	四·二四五
鷙	鷙	四·二四五
鷩	鷩	四·二四七
鶮	鶮	四·二四七
鶬	鶬	四·二四九
鷕	鷕	四·二四九
鶾	鶾	四·二五〇

字	楷定	頁碼
鷇	鷇	四·二五一
鷉	鷉	四·二五四
殲	殲	四·三八六
髑	髑	四·四〇六
髆	髆	四·四〇七
骿	骿	四·四〇七
體	體	四·四一〇
⿰骨會	⿰骨會	四·四一二
臚	臚	四·四一五
臞	臞	四·四五四
膳	膳	四·四六四
膜	膜	四·四八八
膹	膹	四·四八九
觻	觻	四·六〇四
⿰角發	⿰角發	四·六二三

字	楷定	頁碼
籧	籧	四·六五〇
籓	籓	四·六五一
籗	籗	四·六七二
籚	籚	四·六七七
籟	籟	四·六九一
籌	籌	四·六九五
籔	籔	四·七一二
齍	齍	五·九三
謦	謦	五·九四
⿰豈幾	⿰豈幾	五·九六
虤	虤	五·一五二
藍	藍	五·二三八
⿱爫⿰鬯寸	爵	五·三〇六
鐂	餾	五·三三六
饘	饘	五·三三三

字頭	頁碼
饎	五·三三三
饐	五·三五九
饕	五·三六七
饟	五·三七一
羅	五·四三一
饢	五·四五一
䊤	五·六三七
糲	五·六三八
虀	五·六九一
虆	五·七〇四
鞠	五·七五七
藭	五·七六一
樏	五·七七九
槀	五·八四〇
櫻	五·八四二

字頭	頁碼
欁	五·九〇二
楄	五·九二三
躁	五·九二一
欙	五·九三八
椾	五·九九九
鞻	六·一〇七
鬚	六·一一六
囊	六·一二六
贖	六·二一二
賺	六·二二四
贍	六·二三五
酅	六·二五八
彎	六·二七七
酈	六·二七八
輨	六·二八〇

字頭	頁碼
酅	六·三三七
酈	六·三六一
酈	六·三七〇
曬	六·四四一
龕	六·五六六
穰	六·六〇八
虌	六·六三六
廮	六·六四八
糵	六·六六〇
籟	六·六九三
糧	六·六九六
糶	六·六九八
竊	六·七〇一
龢	六·七二九

上段（右起）

字	出處
癆	七·一
癟	七·八
癭	七·一三
癬	七·四三
癘	七·六五
癢	七·一八五
懷	七·一九
儳	七·三〇五
儹	七·四二三
儻	七·四三五
襗	七·五七六
襱	七·五八六
襄	七·六〇五
纕	七·六四四
戲	七·六六四

中段（右起）

字	出處
屨	七·六九七
爐	七·七〇五
穳	七·七六三
覿	七·七七〇
覿	七·七七七
覿	七·七八五
霝	七·七八六
霾	七·七八六
糵	七·八〇七
顪	八·一二
顛	八·三一
顡	八·三三
顥	八·五一
鬢	八·八二

下段（右起）

字	出處
髻	八·八四
魖	八·一九一
巒	八·一九五
龕	八·二二三
巂	八·二二六
巖	八·二二七
麢	八·二五三
廖	八·二九一
廎	八·二九一
龍	八·三三九
巂	八·三八一
騽	八·四六一
驑	八·四六三
驄	八·四六六
驕	八·四六六

驔	驔	八·四七〇
驍	驍	八·四七三
騒	騒	八·四七四
驕	驕	八·四七四
驟	驟	八·四八六
驚	驚	八·四九〇
騋	騋	八·四九二
驒	驒	八·五〇〇
蕸	蕸	八·五一七
蘆	蘆	八·五一八
麒	麒	八·五二〇
蔁	蔁	八·五三〇
薉	薉	八·五三三
獿	獿	八·五七八
玁	玁	八·五九二

鼲	鼲	八·六三四
鼳	鼳	八·六三四
熛	熛	八·六七一
爞	爞	八·六八五
爞	爞	八·七二九
黔	黔	八·七四五
黥	黥	八·七四五
黨	黨	八·七四八
黴	黴	八·七五〇
黱	黱	八·七五一
黬	黬	八·七五一
黫	黫	八·七五二
黥	黥	八·七五二
爐	爐	八·八四二
懿	懿	八·八四八

憛	惇	八·九六四
懷	懷	八·九八五
慔	慔	八·九九四
懕	懕	八·九九九
懁	懁	八·一〇〇六
憒	憒	八·一〇三〇
憤	憤	八·一〇三九
灃	灃	九·四四
瀷	瀷	九·六九
瀏	瀏	九·八五
瀾	瀾	九·九七
瀋	瀋	九·一〇二
瀸	瀸	九·一一七
瀶	瀶	九·一四一
瀧	瀧	九·一七八

二十二劃

字頭	楷定	冊·頁
瀌	瀌	九·一八八
瀞	瀞	九·二〇〇
灑	灑	九·二三五
灒	灒	九·二四四
繁	繁	九·二八八
⿱雨酸	⿱雨酸	九·三四七
霽	霽	九·三五二
霾	霾	九·三五七
⿱雨稽	⿱雨稽	九·三五九
⿱雨執	⿱雨執	九·三六〇
⿱雨封	⿱雨封	九·三六八
鰭	鰭	九·三七七
鱄	鱄	九·三八五
⿰魚婁	⿰魚婁	九·三八五
鰻	鰻	九·三八九
鰼	鰼	九·三九一
鰌	鰌	九·三九一
鰸	鰸	九·三九四
鱅	鱅	九·三九七
鰂	鰂	九·三九八
鯾	鯾	九·三九九
鰕	鰕	九·四〇二
鯸	鯸	九·四〇四
鯕	鯕	九·四〇五
⿱魚魚	⿱魚魚	九·四〇七
龔	龔	九·四三四
⿱番囟	⿱番囟	九·五〇六
闢	闢	九·五三三
聽	聽	九·五七六
攕	攕	九·六〇五
壓	壓	九·六四一
攖	攖	九·六六〇
⿰扌業	⿰扌業	九·六八七
攎	攎	九·七一九
攤	攤	九·七二七
嫵	嫵	九·八二〇
⿰女齊	⿰女齊	九·八二一
⿰女贊	⿰女贊	九·八三一
孎	孎	九·八五〇
孌	孌	九·八六八
[illegible]	無	九·一〇一〇
⿰弓雚	⿰弓雚	九·一〇五七
彎	彎	九·一〇六二
⿰弓璽	⿰弓璽	九·一〇七五
鎰	鎰	九·一一一一

纘	纘	九·一二四六
繯	繯	九·一二六七
縉	縉	九·一一九一
纖	纖	九·一二〇八
繕	繕	九·一二一九
纑	纑	九·一二四七
纕	纕	九·一二五一
轡	轡	十·六
蠪	蠪	十·三四
蠜	蠜	十·三六
蠕	蠕	十·四一
蠥	蠥	十·七七
蠶	蠶	十·八一
⿱隹䖵	⿱隹䖵	十·九一
䵷	⿰舟黽	十·一三一

塞	塞	十·二六一
壇	壇	十·二八五
⿰金肆	鏈	十·四七二
鐵	鐵	十·四七二
鏐	鏐	十·四七八
鑄	鑄	十·四七九
鑑	鑑	十·五〇一
鑊	鑊	十·五〇六
鐙	鐙	十·五二三
鏺	鏺	十·五四二
⿱輕金	⿱輕金	十·五七八
⿰車童	⿰車童	十·七〇八
⿰車賚	轑	十·七二四
轢	轢	十·七四〇
⿱算車	⿱算車	十·七四三

隥	隥	十·八〇〇
⿰阝解	⿰阝解	十·八二四
⿰阝番	⿰阝卷	十·八二六
辭	辭	十·一〇四一
孿	孿	十·一〇八七

【二十三劃】

襰	襰	一·二三八
瓘	瓘	一·二四三
瓔	瓔	一·二四四
瓚	瓚	一·二四九
⿰王森	璑	一·二五五
⿰王變	⿰王變	一·二八六
⿱艹鼓	⿱艹鼓	一·三八三
蘇	蘇	一·三八五
藼	藼	一·三九六

蘭	蘭	一·三九八
蘪	蘪	一·四〇〇
藇	[illegible]	一·四〇〇
[illegible]	藨	一·四四四
蘢	蘢	一·四五二
[illegible]	蒲	一·四五六
蘜	蘜	一·四五七
蘦	蘦	一·四六一
蘳	蘳	一·四七六
[illegible]	[illegible]	一·五二四
蘱	蘱	一·五二四
櫌	櫌	一·七三六
衞	衞	一·七四一
[illegible]	[illegible]	二·一二五
[illegible]	趯	二·二〇〇

[illegible]	[illegible]	二·二〇五
[illegible]	[illegible]	二·二〇六
[illegible]	[illegible]	二·二一三
還	還	二·三九二
遺	遺	二·四二三
[illegible]	[illegible]	二·四六八
齵	齵	二·五六四
齱	齱	二·五六四
齯	齯	二·五六七
齮	齮	二·五六七
齰	齰	二·五六七
[illegible]	[illegible]	二·五六八
[illegible]	[illegible]	二·五六八
[illegible]	齝	二·五七〇
齗	齗	二·五七〇

躍	躍	二·五八六
躋	躋	二·六〇〇
[illegible]	[illegible]	二·六二六
囂	囂	二·六四六
嚚	嚚	二·七一七
[illegible]	[illegible]	二·七二六
譬	譬	二·七三六
議	議	二·七四二
謹	謹	三·七
護	護	三·四二
譽	譽	三·四五
[illegible]	[illegible]	三·五三
[illegible]	[illegible]	三·五七
[illegible]	[illegible]	三·五九
[illegible]	[illegible]	三·八五

疊	曡	三·九六
謠	䚻	三·一〇〇
謵	謵	三·一一四
證	證	三·一一五
譜	譜	三·一一八
龔	龔	三·一一六
韄	韄	三·二八七
鬻	鬻	三·三三〇
𣀮	𣀮	三·六四〇
變	變	三·六四八
瞟	瞟	三·八〇〇
𩁰	𩁰	四·一一八
鶻	鶻	四·二三三
鷲	鷲	四·二三五
𩦜	𩦜	四·二三六

鶤	鶤	四·二二七
鷞	鷞	四·二二九
鷸	鷸	四·二三四
鷿	鷿	四·二三五
鷧	鸕	四·二三七
鷫	鷫	四·二三八
鷻	鷻	四·二四一
鷳	鷳	四·二四三
鷹	鷹	四·二四三
鷮	鷮	四·二四九
𣩵	𣩵	四·三八六
髑	髑	四·四〇六
髏	髏	四·四〇七
髖	髖	四·四〇八
髕	髕	四·四〇八

髍	髍	四·四一一
礫	𦢊	四·六〇四
䐢	䐢	四·六二三
臠	臠	四·六二五
籀	籀	四·六三七
籥	籥	四·六三八
劉	劉	四·六三九
籆	笠	四·六四四
籔	籔	四·六五八
籠	籠	四·六七五
籑	籑	四·六七六
籣	籣	四·六八三
籤	籤	四·六八七
鼛	鼛	五·九二
鼙	鼙	五·九三

蘴	䓥	五·一〇〇
豒	豒	五·一一三
𧈀	𧈀	五·一二四
贙	贙	五·一六七
𥂵	𥂵	五·二〇一
饉	饉	五·三七三
鑐	鑐	五·四五一
鑵	鑵	五·四五五
鼔	歖	五·五三五
䵂	䵂	五·六三七
韢	韢	五·七〇三
韤	韤	五·七〇六
𣡎	𣡎	五·七七九
欒	欒	五·七八八
權	權	五·七九〇
欘	欘	五·九〇二
櫹	椭	五·九一五
櫕	櫕	五·九二九
曅	曄	六·一〇九
鬱	鬱	六·二七七
𨟻	鄚	六·三〇四
𨞛	鄯	六·三二二
𨟓	鄑	六·三三〇
𨟹	鄸	六·三五六
𨞶	鄐	六·三五九
鄻	鄻	六·三五九
𧭹	𧭹	六·四一一
𦧝	𦧝	六·四二七
曬	曬	六·四三〇
𪈍	𪈍	六·四八四
𪚗	𪚗	六·五〇七
𥩷	竈	六·五六六
𢋡	𢋡	六·六七六
䫻	䫻	六·七三四
𤬮	瓢	六·七三八
豐	豐	六·七七四
瀷	瀷	七·三六
癰	癰	七·四一
癘	癘	七·五三
黸	黸	七·二四七
儲	儲	七·三二一
儹	儹	七·三三一
儇	儇	七·三四一
儥	儥	七·三五五
儷	儷	七·三七三

二十三劃

儹　七·四三〇
襲　七·五七四
襴　七·五七六
褰　七·五八六
醲　七·六四四
氍　七·六六四
龖　七·六六六
覼　七·七七七
纞　七·七九一
欎　七·八〇七
贊　八·一六
𧸘　八·二二
顯　八·三五
靨　八·四〇
鬠　八·八六

鬢　八·八七
魗　八·一九五
覷　八·一九六
魘　八·一九八
巖　八·二二七
礸　八·三四二
獮　八·四一九
驖　八·四六八
騽　八·四七〇
驗　八·四七六
鸒　八·四八三
驚　八·四九〇
驙　八·四九二
驛　八·四九六
羸　八·四九九

麟　八·五一八
㸕　八·五七八
𤓹　八·五九二
玃　八·六〇四
鼶　八·六二九
𪕤　八·六三一
鼷　八·六三一
鼸　八·六三三
爚　八·六七一
爢　八·六八四
爟　八·七二三
黳　八·七四三
𪐏　八·七四三
黲　八·七四三
黴　八·七五〇

黮	八·七五二
黬	八·七五三
獠	八·七六四
𩏊	八·八七四
𩏓	八·八七六
𩘨	八·九一七
戁	八·九六三
濟	九·一五
瀙	九·四二
濯	九·四五
灘	九·五四
灅	九·六四
瀾	九·七六
瀴	九·九八
瀱	九·一〇四

灓	九·一五〇
淜	九·一五五
瀕	九·二〇六
灡	九·二〇九
𦋺	九·二一一
瀸	九·二三三
𤅓	九·二四六
瀦	九·二五五
繁	九·二八八
靁	九·三二七
𩅦	九·三六八
𩺞	九·三七七
鱒	九·三七七
贊	九·三七八
鰫	九·三七八

𩽉	九·三八二
鱏	九·三九〇
𩽋	九·三九二
鱖	九·三九三
鱓	九·三九三
鱗	九·四〇〇
鰝	九·四〇二
鰩	九·四〇七
龕	九·四二九
𩯳	九·四三〇
闠	九·五二四
聾	九·五八七
𦗴	九·五九一
擢	九·六二九
攜	九·六三九

字頭	楷定	頁碼
攩	欓	九·六五三
㯹	摽	九·六五九
轝	擧	九·六六八
攡	攤	九·六八〇
攫	欔	九·六八六
攣	攣	九·六九二
攬	欖	九·六九五
籍	籍	九·七一七
𣝁	掤	九·七二三
摩	摩	九·七二三
攙	攙	九·七二六
匵	匵	九·一〇二九
𢑺	𢑺	九·一〇五七
彏	彏	九·一〇六〇
綫	綫	九·一一五七
纖	纖	九·一二六一
纗	纁	九·一二八七
纔	纔	九·一二九六
纓	纓	九·一三〇一
纕	纕	九·一三一四
纑	纑	九·一三四七
繝	繝	九·一三五六
蠸	蠸	十·一九
蠲	蠲	十·三三
蠪	蠪	十·三四
蠰	蠰	十·三七
蠃	蠃	十·四一
𧕋	𧕋	十·六五
蠶	蠶	十·八五
蠹	蠹	十·八五
蠡	蠡	十·九二
蜚	蜚	十·九四
蠱	蠱	十·九四
飂	飂	十·一一五
鼅	鼅	十·一四三
龔	龔	十·一五四
鐐	鐐	十·四六五
鏐	鏐	十·四七八
鑠	鑠	十·四九〇
鑣	鑣	十·五一一
鑞	鑞	十·五二八
鑼	鑼	十·五四四
鑪	鑪	十·五五四
鑲	鑲	十·五八九
鑣	鑣	十·六〇〇

上欄（右→左）

字	出處
厬	十·六四六
孿	十·六八五
轡	十·六八二
轠	十·七一四
蠜	十·七一五
轤	十·七四一
轣	十·七四六
隱	十·八二一
轘	十·七五一
辯	十·一〇四八
醇	十·一二六一
醬	十·一二九四

【二十四劃】

字	出處
禶	一·三八
瓛	一·二六七
靈	一·二九八

中欄（右→左）

字	出處
籭	一·三九七
蘱	一·三九九
譖	一·四二一
繭	一·四二三
薈	一·四二七
蘠	一·四五九
奰	一·四七七
襗	一·四九八
藉	一·五一七
蘺	一·五六五
歸	一·五七七
蹇	一·五八七
犢	一·七〇四
嚕	二·一〇九
儦	二·二〇六

下欄（右→左）

字	出處
竈	二·二〇八
趲	二·二二四
爥	二·二二九
趨	二·二三四
讘	二·二四四
鐻	二·二四五
衢	二·二五四
鑫	二·二五四
齺	二·二五四
齲	二·二六四
鼃	二·五六四
鹹	二·五六六
髗	二·五六九
齰	二·五七二
竈	二·六〇三

二十四劃

囂	囂	二·六四六
[illegible]	謂	二·七二二
譍	膺	二·七二六
讖	讖	二·七三一
藹	藹	三·一九
譮	譮	三·五九
譺	譺	三·六一
讈	讈	三·九一
讙	讙	三·九二
讋	讋	三·一〇一
讒	讒	三·一〇九
讓	讓	三·一一一
讂	讂	三·一一七
讕	讕	三·一一九
讄	讄	三·一二三

韇	韇	三·二八四
鬻	鬻	三·三一九
鬻	鬻	三·三二八
鬻	鬻	三·三三〇
鬭	鬭	三·三七〇
䦉	䦉	三·三七二
闠	闠	三·三七二
曫	曫	三·七八七
曤	曤	三·七九一
曥	膴	三·七九四
齅	齅	四·四七
羀	羀	四·六七
鷹	䧹	四·一〇六
雗	雗	四·一二〇
羼	羼	四·一九五

靃	霍	四·一九八
雥	雥	四·二〇〇
鶾	鶾	四·二一九
鷚	鷚	四·二三四
鸒	鸒	四·二三四
鷽	鷽	四·二三四
鷺	鷺	四·二三一
鸏	鸏	四·二三四
鸊	鸊	四·二三五
鷢	鷢	四·二四三
鷣	鷣	四·二四四
鸃	鸃	四·二四七
殪	殪	四·三八一
臞	臞	四·四五四
膘	膘	四·四七七

二十四劃

上段（右→左）

字頭	出處
罐	四·六〇三
鷖	四·六二五
籩	四·六六八
鼕	五·九二
蠹	五·九三
饌	五·二四一
饢	五·三三三
籑	五·三三四
餭	五·三三八
饟	五·三五九
蠻	五·四四九
羅	五·四三一
欐	五·七五七

中段（右→左）

字頭	出處
槽	五·九三六
櫱	五·九七二
贛	六·一八六
觀	六·二七七
酇	六·三三三
鄳	六·三三三
酅	六·三三五
嚭	六·三五一
嚶	六·三五七
爋	六·四六五
巊	六·四八四
癜	七·四〇
環	七·一二五
儺	七·二九八

下段（右→左）

字頭	出處
儻	七·四三五
襺	七·五七六
鱻	七·六一一
鸛	七·七二二
觀	七·七八一
觀	七·七八六
觀	七·七九四
歡	七·七九九
顥	八·五
顥	八·二七
纇	八·四〇
釀	八·七五
鬢	八·七六
鬘	八·七六
鬟	八·七六

二十四劃

字	楷	頁碼
鬤	鬤	八·七七
⿱髟爾	⿱髟爾	八·七七
⿱髟晉	⿱髟晉	八·八四
魗	魗	八·一九五
⿺鬼堇	⿺鬼堇	八·一九六
⿰覞鬼	⿰覞鬼	八·一九六
巒	巒	八·二三三
礹	礹	八·三三三
⿰石靡	⿰石靡	八·三三九
貛	貛	八·四二八
⿰阝襄	⿰阝襄	八·四五八
驖	驖	八·四六八
驐	驐	八·四七二
驟	驟	八·四八六
鷙	鷙	八·四九二

字	楷	頁碼
⿰舟藤	騰	八·四九七
灢	灢	八·五〇九
⿸虍盧	⿸虍盧	八·五三〇
⿸厂藂	⿸厂藂	八·五三六
⿸广薦	⿸广薦	八·五三六
獿	獿	八·五七四
玃	玃	八·六一四
⿰鼠番	⿰鼠番	八·六二八
⿰虫鼺	⿰虫鼺	八·六三四
爆	爆	八·六八三
⿰火⿱艹曹	⿰火⿱艹曹	八·六九六
黯	黯	八·七四二
⿱般黑	⿱般黑	八·七五〇
⿰黑僉	⿰黑弁	八·七五二
⿰扌鬳	⿰扌鬳	八·八四一

字	楷	頁碼
⿱罒⿰犬犬	⿱罒⿰犬犬	八·九〇五
寋	寋	八·九八四
懼	懼	八·九九〇
⿰忄爂	慓	八·一〇〇七
⿰忄雟	懤	八·一〇二三
⿺辶衛	⿱衛心	八·一〇二九
懽	灌	九·三六
⿰忄⿱林無	潕	九·四二
⿰氵爂	懪	九·六六
⿰忄藏	瀸	九·八六
⿰忄龠	瀹	九·一二一
灝	灝	九·一二七
⿰忄蕭	瀟	九·一五三
⿰氵爾	瀰	九·一五五
⿱䪻韋	⿱䪻韋	九·一六二

襱	襱	九・三〇三
靄	靄	九・三六八
鰯	鰯	九・三七八
鱣	鱣	九・三八四
⿰魚婁	⿰魚婁	九・三八五
鯾	鯾	九・三八六
鱮	鱮	九・三八七
鰻	鰻	九・三八九
鱯	鱯	九・三八九
鱧	鱧	九・三九〇
鰟	鰟	九・三九四
鰸	鰸	九・三九四
鰒	鰒	九・三九九
⿰魚畺	⿰魚畺	九・三九九
鱢	鱢	九・四〇〇
⿱羔鬲	羹	九・四〇〇
鱆	鯙	九・四〇四
鰈	鰈	九・四〇六
龕	龕	九・四二九
鹽	鹽	九・五〇七
鹼	鹼	九・五〇九
闠	闠	九・五二九
闤	闤	九・五六四
⿰耳關	⿰耳關	九・五九一
⿰扌懿	撎	九・六〇六
撫	撫	九・六五五
擿	擿	九・六五八
攖	攖	九・六六〇
摩	摩	九・七二三
⿰女贊	⿰女贊	九・八三一
孎	孎	九・八五〇
孌	孌	九・八六八
嬗	嬗	九・八八七
孃	孃	九・八九三
彎	彎	九・一〇六二
纓	縹	九・一一八六
繱	繱	九・一一九四
纔	纔	九・一一九六
纗	纗	九・一二一五
⿰糸罽	⿰糸罽	九・一二五六
蠸	蠸	十・一九
蠵	蠵	十・六五
蠶	蠶	十・八一
蠹	蠹	十・八五
[illegible]	[illegible]	十・八六

躍 二·五八一

躃 二·五八七

燹 二·六二六

雥 二·七二六

韠 二·七三八

譐 二·七四一

讔 三·四三

調 三·五七

譬 三·五八

辴 三·六○

讟 三·六四

讗 三·八三

讀 三·九○

讕 三·一○四

讘 三·一○五

善 三·一二九

變 三·二二

襲 三·二二六

爨 三·二五三

韊 三·二六四

韉 三·二八八

變 三·六四○

戁 三·六四八

曬 三·七九二

蠃 四·一八○

鸑 四·二二八

鷗 四·二三○

鸛 四·二三三

鸍 四·二三四

鸒 四·二三七

玃 四·二三七

鷙 四·二四五

鷲 四·二四七

鱶 四·四○八

鱵 四·四一二

鱻 四·四五五

轡 四·四八一

膰 四·六一五

觀 四·六三八

籭 四·六五○

籮 四·六五一

籫 四·六五八

籬 四·六九六

鼛 五·九三

饟 五·三五○

饢　五・三五一
鑱　五・四五一
鑲　五・四五一
罐　五・四五五
龘　五・六八五
蘽　五・六六一
欐　五・七六八
欒　五・七六八
欖　五・七八七
欃　五・八八四
欂　五・八九四
櫏　五・九〇二
欑　五・九二九
欛　五・九五六
櫼　五・九六二
糶　六・八一
贏　六・一九〇

鼅　六・三三〇
觀　六・三四七
彎　六・四一一
矙　六・四一三
矗　六・四一五
曩　六・四一五
曬　六・四三〇
龘　六・五〇七
牘　六・五七四
穰　六・六三六
糲　六・七〇一
鼉　六・七三三
癟　七・五
癬　七・四三
癯　七・五四

襶　七・五七二
襺　七・五八九
襹　七・六一二
襯　七・六七四
覽　七・七七六
觀　七・八〇七
鱲　七・八〇七
顱　八・五
顬　八・二五
顴　八・三三
額　八・三三
顯　八・三五
鬢　八・七七
鬘　八・八〇
鬚　八・八二
礦　八・三三三

獮 八·三八三
麞 八·五三〇
[illegible] 八·六二八
鼸 八·六三二
羆 八·六四一
燂 八·七〇一
[illegible] 八·七四二
黳 八·七四三
黲 八·七四三
黤 八·七四四
[illegible] 八·七四五
黵 八·七四九
黴 八·七五〇
[illegible] 八·八四一
[illegible] 八·八七四

憮 八·九九二
懽 八·一〇〇二
憜 八·一〇一八
愨 八·一〇三四
瀷 九·四一
瀕 九·六九
瀳 九·一一三
[illegible] 九·一四八
瀑 九·一七二
濃 九·一八八
瀗 九·二四六
漕 九·二四九
[illegible] 九·三四六
[illegible] 九·三四七
鰨 九·三七七

贅 九·三七八
鱄 九·三八五
鰜 九·三八六
鱛 九·三九〇
[illegible] 九·三九二
鱓 九·三九三
鱅 九·三九七
[illegible] 九·四〇七
鹽 九·五〇七
[illegible] 九·五四七
[illegible] 九·五五六
[illegible] 九·五六四
攫 九·六八六
攬 九·六九五
嬻 九·八七〇

二十五劃（續）

- 纘　九·一五五
- 編　九·二七〇
- 繼　九·一二七
- 纏　九·二九〇
- 釁　九·二九〇
- 蠻　九·一五
- 屬　九·六九
- 戲　十·八四
- 蠱　十·八四
- 蠶　十·八五
- 蠹　十·八四
- 蠭（蜂）　十·八六
- 蠹　十·九一
- 蚍　十·九四
- 靁　十·九四
- 籠　十·一三九

- 竈　十·一四一
- 籠　十·一一四
- 壞　十·二〇三
- 勸　十·四二
- 釀　十·四九
- 鐵　十·五二
- 鑪　十·五二
- 鏡　十·五三
- 鑞　十·五四
- 錫　十·五九
- 鑲　十·六〇〇
- 斸　十·六四六
- 彎　十·六八五
- 輴　十·七〇八
- 龐　十·八二四

- 贛　十一·二六四

【二十六劃】

- 襪　一·一七八
- 襄　一·一九八
- 禮　一·一七六
- 蘆　一·三九三
- 攀　一·四〇七
- 繫　一·四四三
- 鸝　一·四四五
- 羅　一·四五四
- 牆　一·四五七
- 纛　一·五〇九
- 轡　一·五六八
- 贊　一·五七二
- 齇　一·五八八
- 龠　二·二二九

趲　二·二三三
隨　二·三三八
齹　二·五六二
齱　二·五六四
顲　二·五六九
釁　二·五九一
躘　二·六〇五
鱠　二·六三〇
讖　二·七三一
讝　三·八二
讟　三·一〇一
釁　三·二一九
讕　三·二五三
彎　三·三二五
彎　三·三三四

灣　三·三三八
釁　三·三七一
彎　三·七八七
曮　三·八二五
隴　四·一二八
雧　四·二三五
鸂　四·二三〇
鸒　四·二三九
鸒　四·二三四
鸒　四·二三四
鹹　四·二四一
鷿　四·二四九
牘　四·三七七
髖　四·四〇八
驪　四·六一五

籍　四·六三七
籯　四·六五九
籭　四·六九六
釁　五·一九四
蘨　五·一五四
麷　五·六三六
寶　六·二三四
釂　六·三〇五
釂　六·三二二
觀　六·三四三
羉　六·四二七
糟　六·六九三
斆　六·七〇三
寶　六·八九五
癧　七·八四〇

字頭	古文字形	編號
觀	觀 觀 觀	七·七六九
觀	觀 觀 觀	七·七七二
覾	覾 覾 覾	七·七七一
纞	纞 纞	七·七九一
顠	顠 顠 顠	八·一一七
䫢	顠 顠 顠	八·一二七
鬢	鬢 鬢	八·八一
賢	賢 賢	八·八二
鬢	鬢 鬢	八·八三
盧	盧 盧	八·八七
鬢	鬢 鬢	八·四一三
衡	衡 鬢	八·四二八
雛	雛 雛	八·四二八
驂	驂 驂	八·四三二
驪	驪 驪	八·四七二
鼇	鼇 鼇 鼇	八·四七九

驢	驢 驢	八·五○○
盧	盧 盧 盧	八·五三○
爇	爇 爇	八·六六一
爓	爓 爓 爓	八·七二七
厭	厭 厭 厭	八·七四三
簒	簒 簒 簒	八·七四六
飆	飆 飆	八·七五三
懵	懵 懵	八·九一
懤	懤 懤	九·三九
㦂	㦂 㦂	九·六六
爌	爌 爌	九·一四○
濆	濆 濆	九·一四○
戀	戀 戀 戀	九·一五○
顥	顥 顥	九·二一七
懹	懹 懹	九·二三五
懽	懽 懽	九·二四四

懹	懹 懹	九·二五一
爐	爐 爐 爐	九·二五三
纚	纚 纚	九·二五五
霭	霭 霭	九·三六八
鱒	鱒 鱒	九·三七七
鱣	鱣 鱣	九·三八四
鱓	鱓 鱓	九·三九一
鱨	鱨 鱨	九·三九二
鱏	鱏 鱏	九·三九三
鱧	鱧 鱧	九·三九四
鱨	鱨 鱨	九·三九五
鱷	鱷 鱷	九·三九九
鱨	鱨 鱨	九·四○○
鼇	鼇 鼇	九·四○七
懹	懹 懹	九·六○九

【二十七劃】

二十七劃

讒	讒	三·一〇九
嚞	嚞	三·一二六
讜	讜	三·一二八
⿰車巂	⿰車巂	三·一八四
⿰車䨻	⿰車華	三·一八九
彎	彎	三·二三二
⿵鬥賓	⿵鬥賓	三·三七〇
鬮	鬮	三·三七一
⿵鬥爾	⿵鬥爾	三·三七二
⿵鬥賣	⿵鬥賣	三·三七二
矘	矘	三·七九二
鸑	鸑	四·二一八
⿰鳥盧	⿰鳥盧	四·二三六
髕	髕	四·四〇八
⿰月襄	⿰月襄	四·四五三

⿱䜌冏	⿱䜌冏	四·四五五
⿰𠂤雚	⿰𠂤雚	四·六〇三
簟	簟	四·六四九
籭	籭	四·六五一
籫	籫	四·六五八
籩	籩	四·六六八
⿱竹襄	⿱竹襄	四·六七六
饔	饔	五·三一七
饡	饡	五·三四三
⿰蔑隹	⿰蔑隹	五·七〇七
檈	檈	五·八〇二
囊	囊	六·一二六
酆	酆	六·二七四
馥	馥	六·六八二
⿰米覃	⿰米覃	六·六九三

⿰亻譱	僐	七·三九〇
⿰齒留	⿰齒留	八·四五
⿱髟盧	⿱髟盧	八·八三
魘	魘	八·一九八
⿰禾盧	⿰禾盧	八·三八三
玃	玃	八·四二一
驥	驥	八·四七二
驩	驩	八·四七六
驤	驤	八·四七八
騫	騫	八·四九〇
⿰馬爾	⿰馬爾	八·四九二
麟	麟	八·五一八
⿸鹿蓮	⿸鹿蓮	八·五一九
⿸鹿䔧	⿸鹿䔧	八·五三六
⿱兔⿰兔兔	⿱兔⿰兔兔	八·五六一

爛	八·六八四
⿰黑會	八·七四二
⿰黑藏	八·七四三
黷	八·七四九
韠	八·八七六
戁	八·九六三
灂	九·九三
灥	九·二八九
⿰魚亘	九·三八〇
鱮	九·三八七
鰱	九·三八七
鱯	九·三八九
⿰魚賴	九·三九二
鱗	九·四〇〇
⿵門龠	九·五五六

⿵門䜌	九·五五八
攩	九·六五三
攤	九·七二七
匵	九·一〇二七
續	九·一一五三
纘	九·一一五五
繃	九·一一六九
纚	九·一一九九
纕	九·一二一四
蠽	十·八四
蠹	十·九一
⿱爾黽	十·一四一
勴	十·四二一
⿰金𣎆	十·五〇九
[illegible]	十·五四二

鑽	十·五五四
鑾	十·五九七
⿰車獻	十·七三七
⿰阝無	十·八二六
醲	十·一一六二

【二十八劃】

⿱艹雜	一·四六三
⿺走斷	二·二〇五
⿺辶賣	二·三三九
遷	二·三八四
邐	二·三九七
⿰齒賣	二·五六二
躧	二·六〇五
蹮	二·六〇八
⿱炏龠	二·六二六

鼬鼬鼬	二·六三〇	
蓶蓶蓶	三·九二	
鱬醫醫	三·一〇四	
轛轛轛	三·二八八	
彌彌彌	三·三三八	
闟闟闟	三·三七二	
雧雧集	四·二〇一	
鸛鸛鶴	四·二四四	
鸚鸚鸚	四·二四九	
寠寠寠	四·二五四	
顃顃顃	四·四〇九	
籆籆籆	四·六九六	
豔豔豔	五·二三三	
艤艤艤	五·一六二	
鬱鬱鬱	五·三〇四	

饡饡饡	五·三七二	
耀耀耀	六·八一	
贖贖贖	六·二二三	
齝齝齝	六·二五八	
嶼嶼嶼	六·二七二	
觀觀觀	六·三三四	
觀觀觀	六·三六一	
郒郒郒	六·三六二	
羅羅環	七·一二五	
觀觀觀	七·七六九	
鰍鰍鰍	七·八〇七	
驃驃驃	八·四六七	
贏贏贏	八·四九九	

鏖鏖鏖	八·五三三	
雧雧焦	八·六九六	
鱸鱸鱸	八·七五一	
艦艦騰	八·八四二	
爐爐爐	八·一〇一四	
戇戇戇	九·二〇九	
灝灝瀾	九·三三六	
霹霹霹	九·三三五	
霾霾霾	九·三九〇	
彎彎彎	九·三九五	
鱳鱳鱳	九·五四八	
攘攘攘	十·九四	
亹亹亹	十一·一四一	
䨣䨣䨣		

五九四

[illegible]	[illegible]	[illegible]	十·一五四
鑿	鑿	鑿	十·五三四
钁	钁	钁	十·五四二
[illegible]	[illegible]	[illegible]	十·六一〇
[illegible]	[illegible]	[illegible]	十·七七七
釀	釀	釀	十·一一五九
釃	釃	釃	十·一一五九
醰	醰	醰	十·一一六六

【二十九劃】

虋	虋	虋	一·三八一
[illegible]	[illegible]	[illegible]	二·四〇五
齹	齹	齹	二·五六四
䶵	䶵	䶵	二·六二六
[illegible]	[illegible]	[illegible]	三·一〇四
讟	讟	讟	三·一三六

[illegible]	[illegible]	[illegible]	三·三七二
豔	豔	豔	五·一二二
虪	虪	虪	五·一五四
[illegible]	[illegible]	[illegible]	五·三三一
麷	麷	麷	五·六三八
鬱	鬱	鬱	六·一七
馨	馨	馨	六·六八二
[illegible]	[illegible]	[illegible]	七·三六
[illegible]	[illegible]	[illegible]	八·四〇
驪	驪	驪	八·四六二
驩	驩	驩	八·四七六
驖	驖	驖	八·七四三
[illegible]	[illegible]	[illegible]	八·七四六
黵	黵	黵	八·七四九
灪	灪	灪	九·五〇

顰	顰	顰	九·二六二
厵	厵	原	九·二八九
[illegible]	[illegible]	[illegible]	九·三八八
[illegible]	[illegible]	[illegible]	九·三九二
[illegible]	[illegible]	[illegible]	九·四〇四
[illegible]	[illegible]	[illegible]	九·五五八
鑲	鑲	鑲	十·四九一
鑼	鑼	鑼	十·五四四
鑽	鑽	鑽	十·五五四
鑮	鑮	鑮	十·五七〇
鐔	鐔	鐔	十·五七八
鑾	鑾	鑾	十·五九七
隫	隫	隫	十·八一六
醽	醽	醽	十·一一七二

【三十劃】

【三十一劃】

【三十六劃】

【三十七劃】

【三十九劃】

第十一册檢字表

筆劃檢字表

【三劃】

乞
一

【四劃】

丰	友	夂	爿
一	一	一	一

【五劃】

邗	卌	丂	扚
二	二	三	三

戉	由	囙	団	牜	钯	仰	仈	[仏]	介	匀	匃
三	六	五	六	七	七	三	三	二〇	三	三	三

忉	汈	汋	氿	氾	函	妞
三	三	三	三	三	三	三

【六劃】

吞	坋	[夎]	[利]	[劤]
三	七	四	六	六

[杈]	芍	杏	机	杚	权	夶	狄	邡	非	岢	屵
六	七	六	六	二	二	二	二	二	三	三	三

[弄]　忼　夆　狃　狂　奀　夵　杀　[夈]　狄　忻　伃　[伵]　伎　囝

四　四　四　四　四　四　三六　三二　四　三三　三三　三二　三三　三三　三三

奻　妿　�　虸　[弖]　弙　[尿]　宇　宄　突　方　[汅]　[沪]　汱　关

五二　五二　五二　五二　五二　五二　三二　五二　五二　五五　五五　三二　三二　四九　四

叞　枊　苪　攽　芇　卅　殳　叵　戓　邔　【七劃】　台　矣　孖　[妃]

五九　五九　五九　五九　五九　五七　五七　五六　五五　五五　　五五　五五　五三　二〇

旵　辻　卣　玄　坘　志　咠　托　扤　扡　抔　杔　态　垪　医

八八　八八　六六　六六　六五　六五　六三　六三　六三　六三　六三　六三　六三　六三　五

甶	佪	但	佢	佘	敀	邗	叙	臭	炭	吼	串	吕	昊	囩
八九	八九	八八	八八	八七	八七	八三	八三	八二	八二	八二	八二	八一	八一	八〇

姿	吠	声	疠	疫	庎	返	务	狆	犾	肜	妥	企	舡	彷
一〇二	一〇二	一〇二	一〇二	一〇〇	一〇〇	一〇〇	九九	九九	九九	九五	九〇	九〇	八九	八九

弤	厈	㕣	宆	实	牢	淄	沙	㳉	涓	沃	泮	泚	沌	洴
一一七	一一三	一一一	一一一	一一一	一一〇	一一〇	一一〇	一〇七	一〇六	一〇三	一〇三	一〇三	一〇三	一〇三

䊵	杏	阤	阢	阦	阪	迂	畗	㚮	姒	妐	㚨	妦	叩	戕
一三三	一三三	一三三	一三三	一三三	一三三	一三一	一三一	一三一	一三〇	一二九	一二九	一二九	一二七	一二七

晋　一五三
肵　一五三
朋　一五三
曺　一五六
免　一六〇
⿺辶勾　一六五
⿰犭氐　一六五
⿰犭召　一六五
阜　一六六
⿰夗阝　一六六
⿱夂囟　一六六
留　一六八
⿱夗口　一六九
妴　一六九
⿸广句　一六九

⿺辶方　一七〇
⿸疒子　一七〇
⿸疒土　一七〇
豹　一七〇
⿰方旁　一七一
恒　一七一
⿰忄弘　一七一
炋　一七一
炘　一七一
炈　一七二
炆　一七二
沶　一七二
洍　一七二
洰　一七三
⿰氵北　一七三

泪　一七五
沃　一七五
泃　一七五
泂　一七五
⿱宀申　一七六
⿱宀百　一七六
⿱宀夊　一七六
戉　一七六
⿱穴木　一七七
〔勃〕　一八〇
妻　一八〇
⿸尸氐　一八四
⿰正阝　一八四
⿰凶阝　一八四
⿱山本　一八六

⿰爿爿　一八六
姌　一八七
⿰女只　一八七
〔姖〕　二三〇
⿰女白　一八七
〔妳〕　七五九
姛　一八七
妮　一九一
⿱汈木　一九一
⿱丕口　一九二
⿱丕山　一九二
阦　一九二
陀　一九三
⿰糹兒　一九三
函　一九三

⿱罒又 二三〇
⿰皿殳 二三〇
㓻 二三〇
⿱网廾 二三〇
⿴囗米 二三〇
⿰钅殳 二三〇
盂 二三一
⿰耒开 二三一
⿱⺮女 二三一
⿱⺮子 二三一
敏 二三四
兵 二三四
俈 二三四
祡 二三四
帛 二三五

既 二三五
欥 二三五
奥 二三五
徉 二三五
⿰舟犬 二三一
⿰舟乇 二三一
郍 二三二
［拼］ 三六
郷 二三四
⿰月石 二三四
⿰月立 二三四
胴 二三四
⿰月皮 二三四
⿱氏皿 二三五
⿹勹貝 二三五

郘 二三八
⿺辶冊 二三八
⿰犭囬 二三九
猧 二三九
殇 二四〇
蝦 二四〇
亯 二四〇
［訊］ 四〇五
衮 二四〇
庲 二四〇
庣 二四二
⿸疒朮 二四五
⿸疒夹 二四五
肩 二四六
⿰方⿱𠂉全 二四六

⿰忄式 二四六
⿰忄行 二四六
⿰火匹 二四六
炷 二四六
炤 二四七
⿰羊土 二四七
恙 二四七
郑 二四八
垩 二四八
洱 二四八
⿰氵戌 二四八
⿰氵廻 二四九
⿰氵吴 二四九
浖 二四九
洴 二五一

宜 二五一
宋 二五一
宥 二五三
攸 二五三
迱 二五七
宰 二五七
窀 二五八
宧 二五八
⿱穴知 二五九
居 二五九
剧 二五九
⿱凶皿 二六〇
⿺辶必 二六〇
書 二六四
⿸尸目 二六四

［屎］ 一二三
弧 二六六
［弢］ 一一七
［蚩］ 一九五
［⿱止虫］ 一九五
肯 二六六
⿰女西 二六八
姖 二六八
娍 二六八
⿰女坴 二六九
⿰女自 二六九
［臯］ 一六六
啓 二六九
郱 二七一
⿰自瓦 二七一

舁 二七一
陜 二七一
⿰阝关 二七四
⿰糸才 二七四
紉 二七四
絳 二七五

【十劃】

袁 二七五
袂 二七五
［⿰礻冊］ 一五六
戜 二七五
⿰走阝 二七五
削 二七六
⿰土每 二七六
柜 二七七

恝 二七七
桁 二七七
刺 二七九
郲 二七九
速 二七九
戒 二八一
巽 二八一
⿰臣攵 二八一
恧 二八一
奠 二八一
鬲 二八三
⿰酉彡 二八四
⿰啇戈 二八七
⿸尸長 二八七
⿸厂臤 二八七

帍 二八七
〔㕞〕 二〇六
〔厡〕 二〇六
豙 二八九
旣 二八九
㣇 二八九
剢 二八九
捍 二九〇
刻 二九〇
逘 二九〇
鄄 二九四
𨛦 二九四
豈 二九四
慮 二九四
㥚 二九五

宗 二九五
豋 二九五
昬 二九五
眤 二九六
〔娶〕 一八七
〔䀐〕 四二一
郘 二九六
眩 二九六
過 二九六
叜 二九六
晦 二九七
蚘 二九七
昷 二九八
哭 二九八
毀 三〇〇

圁 三〇一
柭 三〇一
炎 三〇一
烋 三〇二
牿 三〇三
攷 三〇三
鈇 三〇三
秬 三〇三
笈 三〇四
呈 三〇四
偖 三〇七
俅 三〇七
倈 三〇七
悠 三一〇
傂 三一〇

俚 三一一
倕 三一二
飳 三一二
俯 三一二
啟 三一三
〔師〕 四七〇
蚨 三一三
惢 三一三
衕 三一三
徣 三一四
衛 三一四
律 三一四
航 三一五
遡 三一六
〔虎〕 五九二

叜	三一七
畱	三一七
[𠂤目]	四
脨	三一八
𦞙	三一八
䏭	三一八
胉	三一八
胶	三一九
𧥧	三一九
㹳	三一九
狽	三一九
狺	三二〇
敆	三二〇
𧦝	三二〇
詑	三二〇
麻	三二〇
疳	三二一
𤵸	三二一
疷	三二三
𤸂	三二三
痆	三二三
𨒏	三二三
郲	三二三
叙	三二三
恪	三二三
熜	三二三
羢	三二三
羊	三二四
逆	三二四
欸	三二四
𨥥	三二五
浗	三二六
浧	三二六
溲	三二六
涚	三二七
洎	三二七
洸	三二七
宔	三二七
𡧐	三二八
宩	三二九
𡧔	三二九
臭	三二九
𥘸	三三〇
𨒅	三三〇
𠭥	三三〇
𡱂	三三一
𨺉	三三一
娕	三三三
娊	三三三
𡝗	三三三
娃	三三三
𡜪	三三三
𡟺	三三三
姘	三三三
娘	三三四
㛖	三三四
盁	三三四
𡋯	三三四
盍	三四二
[𡚸]	一八七

莘	絜	狱	祱	祴	黻	郫	珸	【十一劃】	納	紃	紱	紤	紋	[詞]
三五〇	三四九	三四九	三四九	三四九	三四五	三四四	三四四		三四四	三四三	三四二	三四二	三四二	一八七

桲	梂	補	桲	狱	叙	斩	菓	郫	埌	劼	堆	萁	莽	菜
三五八	三五七	三五六	三五六	三五五	三五二	三五二	三五一	三五一	三五一	三五一	三五〇	三五〇	三五〇	三五〇

酙	酗	猷	敊	昪	曹	軟	郵	宼	郖	奢	趌	梂	桲
三六二	三六二	三六一	三六一	三六一	三六〇	三六〇	三六〇	三五九	三五九	三五九	三五八	三五八	三五八

販	虐	[虍]	尪	逆	救	貧	雲	悪	硙	爽	脣	奡	屒	唇
三七三	三六〇		三七〇	三六九	三六九	三六九	三六八	三六八	三六三	三六三	三六三	三六三	三六三	三六二

【十二劃】

盾 四七四
⿰彳肖 四七四
⿲彳函亍 四七四
逕 四七四
舿 四七五
肆 四七五
銭 四七六
⿰金井 四七六
稌 四七六
斌 四七六
⿰食戈 四七六
尋 四七七
睪 四七八
腋 四七八
⿰鬲攴 四七八

猲 四八一
⿰犭差 四八一
匋 四八一
⿱免口 四八二
⿺辶囱 四八四
⿰言冗 四八四
裒 四八四
⿸广晉 四八五
⿸疒吾 四八五
⿸疒酉 四八五
⿸疒目 四八五
瘇 四八六
⿸疒言 四八六
⿸疒敄 四八七
欶 四八七

⿰忄奂 四八七
悺 四八七
⿱丷華 四八七
⿱次虫 四八七
澍 四八七
⿰氵壴 四八八
湶 四八八
激 四八八
⿱宀耶 四八八
⿱宀易 四九〇
⿱宀缶 四九〇
⿰礻条 四九一
⿱⿰阝聿土 四九一
⿰豕彖 四九一
⿰爿畗 四九一

⿰爿卑 四九二
［㱿］ 三五二
［⿰女壴］ 六七一
媏 四九二
娘 四九二
⿰女咎 四九二
⿱次山 四九二
⿰阝关 四九三
⿰京彡 四九三
⿰糸耳 四九三
⿰糸羊 四九四
絽 四九五

【十三劃】

⿰豕阝 四九五
舂 四九六

字	頁
瑂	四九六
［視］	一九七
𥙊	四九七
襏	四九七
𡒄	四九八
趦	四九九
𧯷	四九九
塢	四九九
塝	五〇一
塚	五〇二
範	五〇七
萰	五〇七
教	五〇七
慦	五〇八
敲	五〇八

字	頁
鄗	五〇八
郱	五〇九
款	五〇九
𠢒	五一一
棽	五一一
楙	五一一
𢧵	五一一
酟	五一二
酔	五一二
聑	五一二
肩	五一三
雁	五一三
殿	五一三
［屢］	四五〇
硂	五一三

字	頁
𡙹	五一四
𤞞	五一四
𣧑	五一四
𩂁	五一四
携	五一五
搐	五一五
盞	五一五
𧶠	五一六
肆	五一七
䌢	五一七
𩡧	五一九
貴	五一九
鼓	五一九
［虍巨］	五八四
粈	五二三

字	頁
崇	五二三
𣢾	五二五
𢿢	五二五
𢾎	五二五
遏	五二五
敬	五二五
閑	五二七
剄	五二七
唬	五二七
畾	五二八
勳	五二八
㝵	五二八
毁	五二九
冢	五二九
［䍜］	三七八

叙 五三　髟 五三　猷 五三　傲 五三　隽 五二　[集] 八二六　㒸 五二　備 五二　煲 五二　嫯 五二　箫 五〇　筆 五〇　稭 五〇　圖 五九　綴 五九

郯 五三八　[稱] 一五六　逭 五三七　鮌 五三七　愈 五三七　鉾 五三六　鈲 五三五　鈌 五三五　鈷 五三五　循 五三五　衒 五三四　[戲] 四三　叙 五三四　辟 五三四　酯 五三四

郎 五四五　[厲] 八九三　肆 五四五　詨 五四五　戙 五四五　詫 五四五　詷 五四四　鋬 五四四　頎 五四四　猾 五四二　猿 五四二　[朕] 五九八　[辈] 一六六　磐 五四二　貂 五四〇

涼 五五三　滭 五五三　馮 五五三　猷 五五二　幣 五五二　愩 五五一　旒 五四八　旆 五四八　斎 五四七　赼 五四七　瘩 五四七　虩 五四七　詹 五四六　疫 五四六　廚 五四六

⿰氵臬　五五四
滐　五五四
⿰氵射　五五四
盜　五五四
袁　五五五
⿰彳虎　五五五
⿰家阝　五五六
⿱宀焉　五五六
⿱宀惡　五五六
⿱宀㱃　五五六
辟　五五七
⿰衤肯　五五七
⿱聿貝　五五九
⿺辶⿱冋口　五五九
⿺辶彖　五五九

⿰阝复　五六〇
嫀　五六〇
媢　五六〇
⿰女烏　五六二
婷　五六二
⿰女彖　五六二
⿰杀支　五六二
［殺］　五六二
⿰木頁　五六三
⿰糸酉　五六四
綻　五六四
綐　五六五
⿰糸⿱口己　五六五

【十四劃】

褘　五六五
塼　五六五
⿰正頁　五六六
⿺走甫　五六七
⿺走沐　五六七
蒙　五六七
蒦　五六七
莽　五六七
⿱艹坴　五六八
⿱艹害　五六九
墁　五七一
鼓　五七一
截　五七一
聘　五七一
彭　五七一
⿰革卂　五七二

⿰木茲　五七四
楅　五七五
⿺辶副　五七五
敲　五七五
⿰鬲丑　五七五
［繫］　三五一
⿰覃彡　五七五
⿰酉束　五七六
鄙　五七六
鄭　五七六
摑　五七六
⿰至隹　五七六
鳶　五七七
⿱髟木　五七八
⿰馬攴　五七九

【十五劃】

厤	六四一
𧳜	六四一
𩃗	六四一
𩂣	六四一
擒	六四一
[鳶]	五七七
駉	六四二
駒	六四二
䮄	六四二
戲	六四二
膚	六四三
賗	六四三
賙	六四三
鼾	六四五
[囁]	七六九
闈	六四六
闋	六四六
闋	六四七
覞	六四七
蛞	六四八
圇	六四八
署	六四八
雕	六四九
[罍]	三七八
冕	六四九
[喙]	三七〇
黓	六五〇
虢	六五〇
[矰]	六一〇
䅙	六五〇
敷	六五一
數	六五一
䁥	六五一
艁	六五一
鍾	六五一
鋁	六五二
銖	六五二
綸	六五三
餱	六五四
䙴	六五五
鄆	六五五
騡	六五五
鵬	六五六
[獋]	六九二
鵬	六五六
諱	六五六
誇	六五七
麃	六五七
賡	六五七
瘟	六五七
瘠	六五七
鄭	六五七
適	六五八
憢	六五九
𢢔	六五九
斢	六六〇
糅	六六〇
𥃳	六六〇
䊵	六六三
[粺]	六六〇

敳	嚴	茖	澎	潒	澄	潷	澫	潣	潑	郼	窬	憲	憲
六六三	六六三	六六三	六六四	六六四	六六四	六六五	六六五	六六六	六六六	六六六	六六六	六六八	六六八

寮	欽	窨	歝	[牖]	嵞	嶭	甖	嬉	嬐	嬾	嬐	壐	隱
六六八	六六九	六六九	六六九	一九五	六七〇	六七〇	六七〇	六七一	六七六	六七六	六七七	六七七	六八〇

陣	陞	雒	緺	【十六劃】	[璞]	襷	禐	贅	[鞍]	薔	鄹	醒	屟	輵
六八〇	六八一	六八一	六八一		八七五	六八一	六八四	六八四	四一五	六八五	六八八	六八八	六八九	六九〇

戟	猥	敷	髭	驂	駝	駱	棶	蝨	叡	戣	[觀]	鴟	䐑	踹
六九一	六九二	六九三	六九四	六九四	六九五	六九五	六九五	六九五	六九五	六九五	八五九	六九七	六九七	六九七

戠	㬜	〔圖〕	國	嚛	鄡	斁	猷	罷	還	頯	貂	鼾	鼻	暖
七八	七七	七六四	七〇七	七〇六	七〇六	七〇六	七〇五	七〇五	七〇一	七〇一	七〇〇	七〇〇	六九九	六九八

稤	篹	鄉	塱	曾	儷	簪	儈	趪	槃	䏰	艦	鈺	銷	遏
七一八	七一九	七一九	七一〇	七一一	七一一	七一一	七一一	七一一	七一二	七一二	七一二	七一三	七一三	七一三

遊	旇	麻	廊	橐	誚	諲	鄙	魯	鮏	盌	躲	朘	膌	遷
七二八	七二八	七二七	七二七	七二七	七二七	七二六	七二六	七二六	七二五	七二五	七二五	七二四	七二三	七二三

窋	節	鄯	敊	敽	鼜	彀	〔戥〕	燙	潏	溝	焆	燁	懥	誙
七三四	七三四	七三三	七三三	七三三	七三三	七三三	四三三	七三二	七三一	七三一	七二九	七二九	七二九	七二八

隮	隤	隣	嬾	嬭	戀	羴	鴽	蠱	爛	謷	癌	麻	襄
七六一	七六一	七六○	七六○	七五九	七五九	七五九	七五八	七五七	七五五	七五五	七五五	七五四	七五三

鞠	趰	蘁	[綡]	[篝]	蘨	蔂	蕣	[戳]	璱	襫	【十八劃】	繽	縫	[薩]
七六五	七六四	七六四	四三一	五六九	七六三	七六三	七六三	四五○	七六三	七六一		七六一	七六一	二七一

嚘	礜	戯	蹠	騅	驍	霸	蠹	[戳]	[斷]	曍	橐	夒	鞴
七六八	七六八	七六八	七六七	七六七	七六六	七六六	七六六	六四○	六九五	七六六	七六六	七六五	七六五

鵑	嚘	斳	蟒	闉	鸝	罻	鄙	犕	魁	遆	儵	償	儵	衢
七六八	七六九	七七一	七七一	七七二	七七三	七七三	七七三	七七四	七七四	七七九	七七九	七七九	七七九	七八○

觀	遳	癃	燥	臺	譲	彙	腜	餞	籃	簥	鑑	樓	艘	篷
七八七	七八七	七八五	七八五	七八五	七八四	七八三	七八三	七八二	七八二	七八二	七八二	七八二	七八一	七八一

竂	竂	瀘	瀿	濇	濇	糧	糕	粦	頯	憀	爐	韒	韻	盧
七九〇	七九〇	七九〇	七八九	七八九	七八九	七八八	七八八	七八八	七八八	七八八	七八八	七八七	七八七	七八七

鞿	[轔]	蕌	藉	趮	顙	【十九劃】	繸	嬲	孎	嬝	[嬥]	嬗	嬈	鬻
七九四	四三一	七九三	七九三	七九三	七九三		七九三	七九二	七九二	七九一	七九〇	七九〇	七九〇	七九〇

鼬	盬	奰	酈	鱠	羅	羉	[難]	蹳	蟶	酈	霺	鶒	攱	韝
八〇四	八〇四	八〇三	八〇二	七九九	七九九	七九九	五八七	七九九	七九九	七九八	七九八	七九四	七九四	七九四

字	頁
鄭	八四
鑄	八四
鎴	八五
鋸	八五
釃	八五
甌	八五
餽	八五
膃	八六
魯	八六
颮	八六
餟	八七
譔	八七
譖	八八
鵜	八八
癟	八八

字	頁
廬	八〇九
糦	八〇九
[濾]	六六五
糞	八〇九
孃	八一四
觜	八一五
隦	八一五
繺	八一五
繻	八一六
繏	八一六
纊	八一六

【二十劃】

字	頁
趲	八一七
[纞]	七二八
蕏	八一七

字	頁
櫨	八二一
纂	八二二
斄	八二二
瞀	八二二
歠	八二二
霾	八二三
櫱	八二三
鞻	八二四
戳	八二四
變	八二四
顬	八二五
鰡	八二五
瀺	八二五
[歠]	八六六
麗	八二五

字	頁
[嘆]	七六九
豐	八二六
鼭	八二六
酀	八二六
纍	八三〇
曅	八三〇
龕	八三〇
獵	八三一
觿	八三一
瀨	八三一
竆	八三一
鼛	八三二
鼇	八三二
嬬	八三八

繅 八三八
飄 八三九

【廿一劃】

鼙 八三九
蘚 八四〇
韄 八四〇
歟 八四〇
醺 八四〇
歠 八四一
豶 八四一
覿 八四二
靈 八四二
齇 八四三
囁 八四三
蠹 八四四

嚶 八四四
黮 八四四
簹 八四四
黌 八四五
鐋 八四六
鱄 八四七
霤 八四七
謨 八四七
癟 八四八
瀹 八四八
瀿 八四九
蠨 八四九
廱 八四九

【嫣】 七五九

隬 八四九

瓊 八四九
襘 八五〇
禳 八五〇
黐 八五〇
壞 八五一
蠚 八五一
盬 八五四
戲 八五四
關 八五四

【巌】

鐘 八五五
鏆 八五六
懸 八五七
黼 八五七

饗 八五八
騹 八五八
纂 八五八
譽 八五八
孍 八五九
雙 八五九

【廿三劃】

觀 八六〇
贊 八六〇
翼 八六一
難 八六一
黐 八六一
纖 八六一
籤 八六二
鑼 八六二

鏽 八六二
錙 八六二
鑞 八六三
饎 八六五
譾 八六五
雦 八六五
廮 八六五
戀 八六五
灡 八六六
灅 八六六
罋 八六六
[將鼎] 八三
孂 八六六
爠 八六六
劙 八六八

【廿四劃】

斄 八六九
鸊 八七一
䴕 八七一
蘲 八七一
轣 八七四
[巚] 八七五
[巚] 八七五
灂 八七四
【廿五劃】
[獮] 六九二
[麠] 五九一
巚 八七五
酅 八七八
鼺 八七八

鼉 八七八
鑞 八七九
曫 八七九
爨 八八〇
靉 八八〇
審 八八二
寲 八八三
舋 八八五
靈 八八六
戁 八八六
籫 八八六
鑞 八八六
【廿六劃】
[龑] 八七二
[鱶] 八八九
[醼] 八八九

霝 八八七
[麠] 五七九
鑾 八八八
鸄 八八八
鸞 八八八
【廿七劃】
[戁] 八五〇
龞 八八三
鸄 八八九
爨 八八九
【廿八劃】
醼 八八九
霝 八八九
鑾 八九〇
齾 八九〇

重印後記

《古文字詁林》自一九九九年十二月出版第一册，至二〇〇四年十二月出版第十二册，歷時五載，始得出齊，編纂工作更是持續了十餘年。全書出版後，曾獲得第一届中國出版政府獎圖書獎、首届中華優秀出版物獎、二〇〇三—二〇〇五年上海圖書獎特等獎、上海市第八届哲學社會科學優秀成果著作類一等獎等獎項。

古文字學是中國近百年來發展最快的人文科學之一，資料衆多，成果豐碩。編纂者雖不懈努力蒐集前人考釋成果，仍難以包羅無遺。然《古文字詁林》畢竟爲檢索一個歷史階段内古文字研究資料提供了前所未有之便利，是以頗得學界同仁鼓勵。《古文字詁林》問世迄今已近廿年，各册初版基本售罄，上海教育出版社爲滿足讀者及學界研究之需，提出擬重印《古文字詁林》。編委會商討後同意重印，除更正第一次印刷中若干明顯訛誤，並在個别地方略作技術處理外，其餘則一仍其舊。

《古文字詁林》係由時任上海市古籍整理出版規劃小組組長、著名學者王元化先生倡議編纂。從立項到組建編纂隊伍，再到印刷出版，元化先生自始至終一直十分關注，爲《古文字詁林》殫精竭慮。主編李圃先生身先士卒，從製訂凡例到審定全稿，孜孜矻矻，爲《古文字詁林》嘔心瀝血。學術顧問朱德熙、李學勤、胡厚宣、馬承源、張政烺、戴家祥、顧廷龍諸先生，均不辭辛勞，悉心指導，爲《古文字詁林》傾注了大量心血。編委王文耀先生勤而且恒，爲《古文字詁林》克盡厥職。在《古文字詁林》重印之際，我們抱著無比崇敬的心情，深切緬懷這些先生。他們爲《古文字詁林》所作的傑出貢獻、所起的重要作用，值得我們永遠感謝，永遠銘記。

《古文字詁林》編纂委員會

二〇一九年四月

圖書在版編目 (CIP) 數據

古文字詁林：全 12 冊 / 李圃主編 . —修訂本 . —
上海：上海教育出版社 , 2019.3
ISBN 978-7-5444-8779-5

Ⅰ . ①古… Ⅱ . ①李… Ⅲ . ①漢字—古文字—訓詁
Ⅳ . ① H121

中國版本圖書館 CIP 數據核字 (2019) 第 027136 號

古文字詁林 修訂本 全十二冊

編纂 《古文字詁林》編纂委員會
出版發行 上海教育出版社有限公司
地址 上海市永福路一二三號
郵編 二〇〇〇三一
排版 上海傑申電腦排版有限公司
印刷 上海中華印刷有限公司
開本 七八七・一〇九二 十六開
印張 七二四
版次 二〇一九年六月第一版
印次 二〇一九年六月第一次印刷
定價 壹萬玖仟捌佰圓

书号：ISBN 978-7-5444-8779-5/H・0304
官网：www.seph.com.cn